성경적 남녀 리더십과 헤드십

Leadership and Headship of Biblical Men and Women

여성 안수 금지 남녀차별인가

김세윤 교수의 "그리스도가 구속한 여성"에 대한 비평

송명덕 지음

워킹바이블

저자는 평생 동안 목회와 성경 연구에 매진해 온 귀한 사역자입니다. '워킹 바이블 연구소' 소장으로서 매우 유익한 소논문들을 꾸준히 발표해 오셨습니다. 저자의 글들은 한결같이 철저한 개혁신학에 기초를 두고 저술되었습니다. 저자는 긴 세월 동안 성경의 절대적인 권위와 무오류성을 전제로 많은 주제들을 연구해 오셨습니다.

저자께서 금번에 펴낸 책, "여성 안수 금지 남녀 차별인가: 성경적 남녀 리더십과 헤드십" 역시 철저히 개혁신학을 토대로 저술된 매우 가치 있는 책입니다. 서론 부분에서 여성 안수에 관한 다양한 신학자들의 견해와 주장들을 일목요연하게 정리해줌으로서 독자들로 하여금 다양한 견해들을 쉽게 이해할 수 있도록 도움을 주고 있습니다.

저자는 구약과 신약에 기록된 하나님의 말씀을 토대로 여성안수의 문제점과 오류를 학문적이고 논리적으로 지혜롭게 다루고 있습니다. 하나님의 창조 섭리를 통한 남녀 관계와 리더십을 신학적으로 매우 설득력 있게 그려내고 있습니다.

특별히 구약성경이 보여주는 남녀 관계와 헤드십을 심도 있게 분석함으로서 하나님의 창조 질서와 헤드십에 대해 탁월한 통찰들을 보여주고 있습니다. 특별히, 여성안수를 지지하는 학자들이 자주 인용하는 구약성경의 사례들을 개혁신학적 입장에서 적절히 다루고 있는 점은 매우 인상적입니다. 저자는 신약성경 해석을 통해서도 여성안수를 주장하는 신학자들의 오류와 한계를 잘 지적해 주고 있습니다.

신약성경에 기록된 남녀 관계와 헤드십을 정확한 성경적 근거와 논리를 통해 설득력 있게 정리한 부분도 눈에 띕니다. 마지막 장의 Q&A는 독자들이 여성안수의 문제점과 오류를 쉽게 이해할 수 있도록 일목요연하게 잘 정리되어 있습니다.

현대 기독교계의 핫 이슈인 여성안수 문제를 시의적절하게 다루어 준 저자의 노고에 찬사를 보내고 싶습니다. 저자가 여성안수 문제를 다루는 과정에서 처음부터 끝까지 철저하게 성경의 절대적인 권위를 놓치지 않고 있다는 점이 매우 귀해 보입니다. 여성안수를 허락하지 않는 성경 근거와 신학적 해석을 찾기 원하는 분들에게 일독을 권합니다.

김학유   합동신학대학원대학교 총장

최근 고신과 총신 총회에서 여성 목사 안수 문제가 중요한 주제였습니다. 여성 목사 안수는 예장통합, 기감, 기장, 기성 등 타 교단에서는 허용했습니다. 하지만 예장합동, 고신, 합신 등만 하지 않고 있습니다. 이에 여성들이 자기 교단 신학교를 졸업하고도 타 교단에 가거나 아예 자기 교단으로 지원하지 않고 있습니다. 최근 정부가 여성 군목 등을 승인하기 시작하자 여성 목사를 인정하지 않은 교단은 비상이라고 합니다. 따라서 여성 목사 안수는 보수적 교단에서는 초미의 관심사입니다. 하지만 예장합동 107회 총회는 여성 목사 안수 문제는 불가하다는 것을 재확인했습니다.

이런 상황 가운데 여성 목사 안수 문제를 성경적 관점에서 철저하게 연구한 저서가 나왔습니다. 추천자는 저자의 책을 읽으면서 고신교단의 탁월한 성경연구자 오종덕(1891-1976) 목사님을 생각하게 되었습니다.

그분은 성경연구에서 한글 성경만으로도 서구의 탁월한 신학자들의 원어 연구보다 더 정확한 성경 주해와 신학과 심오한 연구를 하셨습니다. 송명덕 목사님께서 금번에 펴낸 책, "여성 안수 금지 남녀 차별인가: 성경적 남녀 리더십과 헤드십" 역시 그 어떤 유명한 신학자의 성경 연구보다 더 철저하게 여성 안수 문제를 성경적 관점에서 연구한 것으로 타의 추종을 불허한다고 추천자는 생각합니다.

이 책은 철저히 개혁신학을 토대로 저술된 매우 가치 있는 책입니다. 저자는 여성 안수에 대한 여러 다양한 견해들을 다루면서 그 이론들의 문제점을 성경신학과 정밀한 성경 주해를 중심으로 그간 여러 성경 신학자들의 오도된 해석을 바로잡고 매우 균형 잡힌 해석을 제공합니다. 무엇보다도 저자는 여성 안수 문제를 성경 논리가 아닌 세상적 흐름에 따라 진리를 뒤바꾸려는 인간의 무례한 시도들을 무력화 하는데 중요한 역할을 합니다. 그런 점에서 이 책보다도 더 여성 목사 안수가 불가함을 성경적으로 명쾌하게 보여주는 것은 없다고 봅니다. 따라서 여성 목사 안수 문제를 어떻게 접근해야 할지 고민을 하는 분들에게 이 책을 강력하게 추천합니다.

이병수   고신대학교 총장

워킹바이블에서 출간하는 저자의 『여성안수금지, 남녀차별인가? 성경적 남녀 리더십과 헤드십』은 여성임직과 관련하여 성경적인 가르침을 추구하는 저서입니다. 저자는 총신대학교 신학대학원과 대학원을 졸업하고, 현재 제자비전교회를 담임하고 계신 목사님이시며, 워킹바이블연구소 소장으로 세미나와 저술에 활동적인 분이시며, 특히 교계에서 오래전부터 찬반양론이 팽팽한 여성임직에 관한 논의에 충분히 명쾌하게 답변할 수 있는 분이십니다.

먼저, 1장에서 여성안수와 관련하여 찬성자들과 반대자들, 그리고 중립적인 입장을 가진 자들의 입장과 면면을 살펴보시기를 원하고, 이어서 구약성경과 신약성경에 나타난 남녀관계와 헤드십의 원리들을 차례로 읽어보시면 좋겠습니다. 그리고 마지막 7장에 있는 여성안수에 대한 몇 가지 질문과 답변은 독자들에게 현실적으로 매우 유익하게 다가올 것입니다.

아무쪼록 우리 하나님의 은혜와 긍휼과 평강 가운데 이 저서를 통하여 여성임직에 관한 성경적 교훈을 다시 한번 확인하고, 성경대로 믿고 가르치고, 또한 우리의 삶의 현장에서 책임을 다하는 성숙한 청지기들이 되실 수 있기를 바라고 이 저서를 기쁘게 추천합니다.

김길성 총신대학교 신학대학원 명예교수

논문을 쓰는 것과 책을 쓰는 것은 전혀 다른 입장이다. 전자는 학문적인 것에 중점을 두나 후자는 학문과 동시에 실천적인 면도 병행해야 한다. 솔직히 말해서 삶과 배제된 학문은 진정한 학문은 아니다. 여성안수에 관한 탁월한 책이 출판되었다. 정말 기뻤다. 이제까지 읽은 수많은 단편적인 글들을 분석하고 이에 대한 적확한 진술을 펴냈다는 것과 그리고 매우 실천적이라는 측면에서 저자의 글은 부족함을 발견할 수 없었다.

특히 이 책은 "성경신학"과 "주경신학"을 중심으로 그간 여러 성경신학자들의 오도된 해석을 바로잡고 매우 균형잡힌 해석을 통해서 "하나님의 주권"과 "성경의 권위"를 높이고 있다는 점에서 여성 안수문제에 대한 의구심을 가진 자들에게, 그리고 성경 논리가 아닌 세상적 흐름에 따라 진리를 뒤바꾸려는 인간의 무례한 시도들을 철저히 부숴버리는데서 저자의 필력에 감탄하지 않을 수 없다.

더욱이 각각의 단락마다 삽화를 통해서 읽기 쉽게 하고 매우 논리정연한 전개를 해감으로 인하여 독자의 시선을 떼지 못하게 하는 흥미를 갖고 저자의 반격과 논증에 대한 논리를 따라가게 하며 납득케 하는 설득력이 강한 책이다.

하나님은 어지러움의 하나님이 아니라 질서의 하나님이시다. 여자의 머리가 남자요 남자의 머리가 그리스도요 그리스도의 머리가 하나님이라는 말씀이 이를 충분히 반영하고 있다. 남자와 여자와의 관계는 인간과 동물과의 관계와는 전혀 다른 부분이다. 물론 동물의 세계에서도 엄연히 하나님의 창조 질서가 존재한다. 그러나 남녀관계는 상하 복종 관계가 아닌 평등한 관계 속에서 남자가 먼저 지음을 받았고 리더십을 받았다. 교회는 세상과는 달리 신률(jure divino)이 통치 원리이다. 교회의 주인은 타락한 세상과 달리 구속주이신 예수 그리스도이다. 그는 하나님과 동등하신 분임에도 스스로 자기를 비웠다. 철저하게 자기를 보내신 아버지의 뜻에 죽기까지 복종하셨다. 그 그리스도께서 제정하신 리더십은 남성에게 허락된 일이다. 교회도 머리이신 그리스도에게 복종해야 한다. 이에 반하는 행위들은 누구라도 반역의 죄를 짓는 것이다. 저자의 본 책을 통해서 질서의 하나님, 주권적 하나님의 통치와 기록된 말씀 밖을 넘어가지 않는 원칙을 교회가 되찾아 굳게 붙잡는 은혜를 누리게 되기를 바라며 이에 추천의 글을 대신한다.

주후 2022년 9월 마들로 언덕에서.

서창원 전 총신대학교 신학대학원 교수, 한국개혁주의설교연구원 원장

성경적 남녀 리더십과 헤드십

Leadership and Headship of Biblical Men and Women

여성 안수 금지 남녀차별인가

김세윤 교수의 "그리스도가 구속한 여성"에 대한 비평

송명덕 지음

워킹바이블

• 차례 •

◆ **추천의 글**　• **김학유** 합동신학대학원대학교 총장
　　　　　　　　• **이병수** 고신대학교 총장
　　　　　　　　• **김길성** 총신대학교 신학대학원 명예교수
　　　　　　　　• **서창원** 한국강해설교학교 원장

§　프롤로그

Part 1　여성 안수에 대한 여러 견해들

1. 여성 안수 금지는 '남녀차별'이라는 견해 31

2. 여성 안수는 비성경적이라는 견해들............... 39

3. 중립적인 견해...57

Part 2 창조에 나타난 남녀 리더십

1. 김세윤 교수 견해, "성경편집설".....................67

2. 고전 11장 34절은 팩트(fact).......................69

3. 타락과 딤전 2:11-14절 관계.......................78

4. 창조에 나타난 남녀의 리더십 관계................80

1) 여자는 아담의 돕는 배필 vs 하나님의 헤드십 관계 ·········· 84

2) 여성 안수가 성경적이라면? ································· 86

3) 여자는 '아담의 갈비뼈'로 vs 남자는 '흙으로' ·············· 92

4) 아담을 여자보다 '먼저'(first) 만든 목적 ··················· 94

5) '먼저'(first) 태어남과 헤드십 ···························· 98

6) '평등성'과 '차이성'에 대한 김세윤 박사의 오류 ··········· 105

7) 에덴 동산을 경작케 한 사람 ························· 111

8) 선악과를 먹지 말라는 말씀을 받은 자; ················· 112

9) 모든 생물의 이름을 지은 사람의 헤드십 ················· 115

5. 타락 후 남녀 리더십의 변화

1) 여자에 대한 뱀의 미혹과 헤드십 관계 ···················· 121

2) 여자가 선악과를 먹은 이유와 남자의 헤드십 관계 ·········· 122

3) 여자가 주는 선악과를 먹은 아담과 남자의 헤드십 관계 ······ 124

4) 타락 후 하나님이 아담을 '먼저' 부르심과 남자의 헤드십 관계 126

5) 아담의 죄의 전가와 남자의 헤드십 관계 ·················· 128

6) 여자의 뱀에 대한 죄의 전가와 헤드십 ······················ 129

7) 뱀에게는 묻지도 않고 즉시 저주를 내리심 ················ 130

8) 죄의 심판을 여자에게 '먼저' 말씀하신 이유와 헤드십 관계 ·· 131

9) 모든 생물을 다스리라 vs 남편이 여자를 다스림 ············ 131

10) 아담이 땀을 흘리는 것과 하나님의 헤드십 관계 ·········· 140

11) 여자의 이름 짓기(naming)와 헤드십 관계 ·············· 141

12) 원시복음에 대한 고백과 헤드십 관계 ·················· 147

13) 사람 창조에 나타난 두 가지 대원칙 ·················· 156

6. 여성 안수의 성경적 근거와 필자의 비평　164

1) 이광우 목사; 하나님의 형상- 남녀는 한 몸 ················ 164

1)번 견해에 대한 필자의 비평 ···························· 166

2) 이광우 목사; "남자와 여자는 생일이 같다" ··············· 170

2)번 견해에 대한 필자의 비평 ···························· 171

3) 이광우 목사 견해; "돕는 배필=반쪽" ···················· 174

3)번 견해에 대한 필자의 비평 ···························· 175

4) 이광우 목사의 창세기 3장 16절의 재해석 ··················· 180

4)번 히브리어의 평행법에 대한 비평 ···················· 181

5) 하나님의 판결에 나타난 의와 사랑 ····················· 187

Part 3 구약시대의 남녀 리더십

1. 족장 시대의 남녀의 리더십.........................193

2. 아브라함의 헤드십과 돕는 배필인 사라..........198

3. 이삭의 축복과 남녀의 헤드십 205

4. 사사 시대의 남녀의 리더십........................207

5. 이스라엘의 왕들과 하나님의 헤드십 209

6. 유다의 왕들과 하나님의 헤드십...................211

7. 구약 시대의 제사장들과 남자의 헤드십.........214

8. 구약 시대의 선지자들과 헤드십...................216

Part 4 구약시대의 남녀 리더십의 특별 사례들

1. 아담과 여자의 헤드십 관계.........................228

2. 여선지자 미리암과 헤드십 관계..................231

3. 아달랴(女)의 왕위 탈취와 헤드십 관계...........245

4. 여선지자 훌다와 헤드십 관계.....................252

5. 여선지자 노아댜와 헤드십 관계...................255

6. 성경에 나타난 '뜻밖의' 선지자...................257

7. 여 선지자들과 헤드십의 원칙들..................264

8. 헤드십을 손상한 네 여자들의 유형...............266

9. 하와에 대한 두 호칭과 헤드십 관계...............276

10. 네 명의 여선지자들의 호칭과 헤드십...........285

1) Most positive Type : 드보라의 호칭 '랍비돗의 아내'...285

2) More positive Type : 훌다의 호칭, '살룸의 아내' ·· 300

3) Pos-negative Type: '아론의 누이' 미리암·········· 302

4) Most negaitive Type : 노아댜엔 '아내' 호칭 없음 303

11. 여호야다와 여호사브앗의 사례....................306

12. 모세가 장성하기까지 돕는 여자들.............. 309

Part 5   신약에 나타난 남녀의 리더십

1. 열두 제자 및 사도들의 헤드십 327

 1) 김세윤 박사의 견해.......................................328

 2) 필자의 비평...330

2. 열두 제자와 남녀의 리더십 334

3. 장로들은 '모두' 한 아내의 남편 346

4. 초대 교회의 일곱 집사들 348

5. 감독의 자격에 대한 헌법 조항.......................351

6. 집사의 자격과 헤드십.................................361

7. 여자의 가르치는 것을 허락지 않음 367

1) 여자는 일체 순종함으로 조용히 배우라...............367

2) "조용히 배우라"는 첫째 의미...........................368

3) "조용히 배우라"는 둘째 의미-..................... 369

4) 강도권과 치리권을 불허하는 근원적인 이유.........372

5) "그의 해산함으로 구원을 얻는다"는 어떤 의미인가....375

8. 여자, 남자, 그리스도, 하나님의 머리 관계 390

9. 아내의 복종과 남편의 사랑의 관계..............395

10. 여자는 교회에서 잠잠하라........................407

Part 6　신약의 남녀 리더십의 논쟁 사례들

1. '돕는 배필'인 마리아(눅 1장).......................423

2. 아기와 마리아의 인도자 요셉의 헤드십.........430

3. 베드로의 투옥과 교회의 역할 444

4. 갈라디아 3장 28절과 여성 안수 관계..........450

5. 부활의 첫 목격자 막달라 마리아................455

6. 유니아(Junias)는 사도인가......................465

7. 아굴라와 브리스길라 부부 사례................469

8. 뵈뵈는 여집사인가? 일꾼인가?..................473

9. 예언을 한 빌립의 네 딸 477

10. 유오니아와 순두게의 사례 446

Part 7　여성 안수에 대한 Q&A　　485

§ 프롤로그

한국 교회여,
언제까지 남녀차별로
여자들을 울리려는가?
그들에게,
그리고 당신들에게 그리스도의 '복음'은 무엇인가?

한국교회에 대한 도발적인 말이다. 김세윤 교수의 "그리스도가
구속한 여성"이라는 책의 표지에 있는 글이다. 마치 다윗 시대에
블레셋 사람 중 싸움을 돋우는 자로 나온 골리앗의 도발적인 말
과 같이 느껴지는 것은 지나친 것일까? 필자는 여성 안수를 비성
경적인 가르침으로 간주하는 대한예수교 장로회 합동(총신대학
교)에 속한 목사일뿐만 아니라, 하나님의 주권과 성경의 권위를

떠나 성경을 읽고 해석한다는 것을 꿈 속에서라도 생각할 수 없는 사람으로서 하나님의 교회와 여호와의 이름을 모욕하는 골리앗이 오우버 랩 되는 것은 결코 이상한 일이 아니다.

그의 주장은 세상 사람과 여성들이 듣기에 좋은 말들로 가득차 있기 때문에 많은 사람들의 호응을 받는다. 마치 펄시 콜레와 천국에 갔다가 온 소년과 같이 천국 지옥 간증자들의 거짓이 드러나고 스스로 실토했음에도 불구하고 계속적인 수요가 있듯이, 여성 안수 주장은 세상 사람의 확실한 지원과, 교회의 절반이 넘는 여성들과 일부 남성 목회자들의 수요가 있다. 만일 김세윤 교수의 말이 사실이라면, 우리는 그리스도의 복음을 떠나 여자들을 울리는 행위를 회개하고 발벗고 나서서 "남녀차별"을 없애야 마땅할 것이다.

그런데 필자의 관점으로 볼 때, 여성 안수에 대한 그의 주장은 마치 시각장애인이 코끼리를 만진 것과 같이 성경을 편파적으로 해석하고, 심지어 "성경편집설"을 내세워 왜곡했다. 마치 위폐를 분별하는 것이 쉽지 않듯이 편향된 성경적 근거들이 제시될 때, 그것을 분별하는 것은 매우 어렵기 때문에 많은 여성들과 목회자들이 잘못된 가르침에 영향을 받고 있다는 것을 부인할 수 없다.

한국 교회에서 여성 안수 문제로 갑론을박 논쟁이 끊이지 않고 계속되는 상황에서 뭇매돌 다섯 개를 든 다윗과 같이 보잘 것 없는 사람이지만, 신구약 성경에 나타난 여성 안수와 관련한 모든 내용을 다룬 책을 집필하여 여성 안수 찬성자들의 오류를 드러내고 성경적 진리를 제시해야 할 필요성을 절감했다. 김세윤 교수의 도발적인 주장을 차용해 필자의 심정을 표현해 본다.

한국 교회의 선생된 신학자들이여!
언제까지 남녀차별이라는 이름으로
하나님의 주권과 성경의 권위를 훼손하고,
많은 여성들과 목회자들을 잘못된 길로 인도하려는가?
당신들에게 그리스도의 '복음'은 무엇인가?

여성 안수 찬성자들은 여성 안수 금지의 문제를 "남녀차별"이라는 안경을 쓰고 본다. 성경을 해석하는 것도 성경의 흐름과 문맥 그리고 원의를 간과하면서 당시의 문화적이고 사회적인 상황에 맞추어 해석하기를 주저하지 않는다. 여성 안수 문제는 여성들이 안수를 받을 수 있는가 없는가의 문제로도 중요할뿐만 아니라, 강도권의 문제로서 교회의 정체성에 대한 것이기 때문에 매우 중요하다. 흔히 여성 안수 문제를 여성들에 대한 남녀차별의 문제로만 인식하는데, 하나님의 통치의 영역인 교회에 대한 "하나님의 주권"과 "성경의 권위"에 대한 문제라는 것을 인식하지 못했기 때문이다.

여성 안수 찬성자들도 성경을 근거로 그들의 주장을 제시하는 것은 적어도 이 문제가 "진리의 싸움"이라는 것을 가리킨다. 김세윤 교수는 한국의 보수 교회들이 성경과 역사적 신앙을 보수하는 의지를 존경한다고 하면서, 다수는 성경을 깊이 연구하기를 거부하고 화석화된 신학에 안주하려는 경향이 강하고, 남녀 관계와 여성의 리더십에 대한 성경적 가르침을 왜곡하여 여성을 억누르는 것이 그 단면이라고 주장했다. 그의 주장은 매우 주관적이고 적반하장격인 견해이다. 여성안수 금지는 "남녀차별"의 문제가 아니라, "하나님의 주권"과 관련된 문제이다. 따라서 성경에 나타난 남녀의 리더십과 헤드십이 무엇인지를 하나씩 더듬어 찾는다면 창조로부터 시작된 하나님의 경륜의 비밀을 보게 될 것이라 믿어 의심치 않는다. 여성 안수의 문제를 대하면서 떠오르는 말씀이 있다.

> "이스라엘 자손들아 여호와의 말씀을 들으라 여호와께서 이 땅 주민과 논쟁하시나니 이 땅에는 진실도 없고 인애도 없고 하나님을 아는 지식도 없고"(호 4:1)
> "내가 증언하노니 그들이 하나님께 열심이 있으나 올바른 지식을 따른 것이 아니니라"(롬 10:2)

필자의 필력이 졸하여 성경의 진리를 제대로 진술하는데 부족함이 있을지라도, 성경의 흐름에 나타난 진리의 원칙을 자세히 풀어 한국 교회를 세우는 신학과 신앙에 조금이나마 보탬이 되기를 바란다. 필자의 어머니는 23년 전, 모교회인 수원제일교회에서 여전도사로 만70세에 은퇴하시기까지 두 분의 담임목사님의 헤드십 아래 "여교역자"로 신실하게 섬기셨다. 함께 동역하는 여전도사님들도 그러했다는 것을 지켜보았다. 이와 같이 오늘날이 있기 까지 한국 교회의 성장의 배후에는 헌신적으로 섬긴 여성 사역자들이 있음은 주지의 사실이다.

하나님의 주권 아래서 신실하게 섬긴 여사역자들이, 마치 부당한 차별을 당하고 일방적인 굴종과 희생을 강요했다는 김세윤 교수의 가르침에 흔들리고 미혹되는 것은 안타까운 일이다. 교회의 본질과 정체성을 지키는 것은 "남녀차별"을 첨병으로 내세우는 "페미니즘"이라는 세상의 사상과 논리를 따라 가는 것이 아니라, 영원하신 하나님의 말씀을 따르는 것에 있다. 비록 "남녀차별"이라는 명분으로 여성 안수 논쟁이 촉발되어 혼란을 야기했을지라도, 부디 이 작은 책을 통해서 한국 교회의 사역자들과 모든 남녀 성도들이 하나님의 주권적 섭리를 깨달아 "하나님을 아는 지식" 가운데 교회의 머리가 되시는 예수 그리스도와 그의 몸 된 교회를 섬기는 마중물이 되기를 바라는 마음 간절하다.

2022년 9월 화성 동탄에서
송명덕

Part 1

여성 안수에 대한 여러 견해들

들어가는 말

신학적인 논쟁 가운데 여성의 목사안수에 대한 논쟁은 여전히 평행선을 달리고 있다. 여성 안수에 대한 견해는 전통적인 입장에서 비성경적이라는 견해와 이와 반하여 남녀 차별이라고 주장하면서 여성 안수는 복음적이라고 주장하는 찬성 견해와 다소 중립적인 견해가 있다. 오늘날 이 논쟁에 어떤 견해들이 있는지를 소개하는 것고, 2장부터는 필자의 논증을 제시할 것이다. 독자들의 이해를 돕기 위해서 논쟁거리가 되는 여성 안수 금지는 남녀 차별이라는 관점에서 성경을 해석하는 학자들의 견해를 먼저 소개한다. 글의 성격상 본장의 내용은 모두 인용이다.

다음은 오늘날 한국 교회의 각 교단이 여성 안수에 대한 연도별 허용 현황이다. 참고하면 현 시대가 어떤 상황에 있는지를 가름할 수 있다. 위의 표는 여성 안수를 허용한 교단을 연도별로 표시했고, 아래의 표는 여성 안수를 허용하지 않는 교단이다.

여성 목사 안수를 허용한 교단과 허용 연도				
구분	감리교	기독교 장로회	예수교 통합	예수교 성결교	성공회
연도	1930	1974	1994	2003	2009
구분	루터교	예장대신	침례교	기하성	예하성
연도	2009	2009	2013	설립부터	설립부터

여성 목사 안수를 허용하고 있지 않은 교단		
대한예수교 장로회 합동;총신대학교	대한예수교 장로회 고신:고신대학교	대한예수교 장로회 합신:합동신학대학원

1. 여성 안수 금지는 '남녀차별'이라는 견해

김세윤 교수(미국 풀러신학교)

• **"고린도전서 일부 구절은 후대에 편집한 것"**

　　바울신학의 권위자라 불리는 김세윤 교수(미국 풀러신학
대학원 신약신학)는 여성 목사 안수는 성경적이라고 주장한다.
여성 목사 안수 문제를 다룰 때 빠지지 않고 논쟁의 대상이
되는 구절이 되는 중요한 구절중의 하나는 고린도전서 14:34
의 "여자는 교회에서 잠잠하라 그들에게는 말하는 것을 허락
함이 없나니 율법에 이른 것 같이 오직 복종할 것이요"라는
말씀이다. 김세윤 박사는 다양한 이유를 들며 '여자여 잠잠하
라'는 구절은 바울이 쓴 말이 아니라 후대에 삽입된 것이라는
견해를 밝혔다. 예장합동을 비롯한 보수 교단은 "여성 안수를
허용하면 신앙의 보루가 무너진다"며 철저하게 길을 막고 있
다. '여성 안수 거부는 비복음적'이며, 보수 교단의 주장은 "
복음적이지도 않고 성경적이지도 않고, 남성 목회자들가 자
신들의 기득권을 유지하기 위해 일부만 선택해 제한적인 해
석을 답습하고 있다.

　　창조 기사는 남녀가 동등하게 지음받았다고 기술하는데
이스라엘 역사 속에서 여성은 완전히 사람 이하 대접을 받는
다. 심지어 여성의 진술은 재판정에서 증거할 능력도 없었다.
이런 남녀 차별, 여성 비하가 예수 시대에도 계승됐다(출처:
뉴스앤조이, 김세윤 교수 '여성 안수 거부는 비복음적').

김세윤 교수가 '성경 편집설'을 주장하자 보수 신학자들의 반발을 불러왔다. 필자가 볼 때도 그가 주장한 '성경 편집설'은 신앙의 뿌리가 되는 성경의 권위를 송두리째 부인하는 견해이다. 그가 그렇게 밖에 성경을 해설(오류임)하는 근본적인 이유는 어떤 해석으로도 "여자는 교회에서 잠잠하라"는 팩트는 교회 안에서 여자들이 가르치는 것을 불허하는 메시지이기 때문이다. 팩트를 부인하는 해석은 해석이 아니다. 이것은 여성 안수 주장자들의 논리가 성경을 근거한 것이 아니라는 반증이다.

최갑종 박사 (전 백석대학교 총장)

최 교수는 '초기 교회에서의 여성들의 역할과 위치'라는 주제의 발표를 통해 "성경해석은 일관성과 특수성의 측면을 동시에 고려해야 하며 그렇지 않으면 성경이 본래 전하려는 진리가 왜곡될 수 있는 것이다"라고 주장하면서 '여성목사 안수반대'의 허구성을 논했다. 다음은 크리스챤 투데이에 게재된 글이다.

'여성을 남성보다 열등한 자로 판단하고 아내는 남편에게 마땅히 복종해야 했던' 로마사회와 헬라사회의 분위기와 대조적으로 '남녀평등'을 강조했던 예수님의 가르침이 매우 혁신적인 것이다. 여성목사 안수를 반대 사람들의 근거구절인, '남자가 여자의 머리됨'을 말하고 있는 고린도전서 11장 2~16절 말씀은 바울은 이 구절에서 예배 참여 그 자체에 있어서는 남녀의 차별을 결코 말하지 않고 있다. 오히려 바울은 그리스도와 성령안에서 주어진 새 창조 시대에서는 옛 시대와는 달리 여자도 남자의 경우와 같이 공예배시 기도와 예언을 할 수 있다.

'여자는 교회에서 잠잠하라'는 말씀을 담고 있는 고린도 전서 14장 34~35절 내용 역시 바울이 '여자들은 잠잠하라'고 말하고 있는 이유는 당시 고린도교회에서 다수를 차지하고 있었던 여성도들, 특히 가정을 가진 여자들이 교회에서 일으킨 분쟁과 공적 예배시의 무질서를 경계하고 예방하기 위함이다. 이 구절이 '여성도 전체'에게 속한 보편적인 명령이 아니라, 교회전체의 질서를 무너뜨리려는 기혼 여성 몇몇에게 내리는 '특수한 명령'이기에, 본 구절을 여성목사 안수를 줄 수 없다는 결정적인 근거구절로 드는 것은 설득력이 없다.

그러나 여성목사에 대한 신학적 해석 논란은 계속적인 해결 과제로 남아있다. 여성목사 안수의 결정여부는 각 교단마다 선택의 문제이기에 여성문제는 '이미'와 '아직'사이에 있다(크리스챤 투데이, 최갑종 교수 '여성 목사 안수 반대의 허구성을 논하다'에서 인용).

김경진 교수(백석대, 신약학)

여성 목사 안수 문제에 대한 관심이 그 어느 때보다 더욱 고조되고 있고, 이런 맥락에서 다른 보수적 성향의 교단들 역시 같은 문제로 고민하고 있는 시점에서 발표된 것이어서 매우 시의적절하다. 또한, 여성 안수를 비성경적이고 자유주의적이라고 매도하는 이들의 주장의 허구성을 성경에 대한 심층적 분석을

통해 여지없이 드러낸 것은 함께 기뻐해야 할 일이다(천안대 기독
신대원, 신약학, 최갑종 교수에 대한 논평 인용).

여성 안수 운동하는 강호숙 박사

대한예수교장로회(예장) 합동에서 여성 목사 안수를 주장하다
2016년 총신대 강단에서 배제된 두 신학자 강호숙(실천신학) 박
사의 주장은 다음과 같다.

> 2017년 세계 키워드 '페미니즘'이었다. 여성됨에 관한
> 여성 스스로의 근원적 물음에서 시작하는 이념. 남성보다
> 우월하다고 외치려는 게 아니라, 여성의 불평등한 지위와
> 고통이 현재에도 계속되고 있는 현실을 문제 삼아, 남녀 모
> 두 성별의 제약 없이 평등하고 자유롭게 자신의 능력과 희
> 망에 따라 살아갈 수 있도록 지향하는 것(참정권, 인권, 가정
> 폭력, 성폭력으로부터 보호받음)이다. 특히 '성경적 페미니즘'
> 에 대해서는 "성경을 통해 여성의 정체성과 여성의 역할을
> 기독여성 스스로 규정하려는 이념이다. 여성도 하나님의
> 자녀요 백성이라는 얘기다. 개인적인 것이 정치적(신학적)
> 인 것"이며, "여성됨의 질문이 곧 인간됨의 문제로서, 여성
> 의 하나님을 찾는 일은 여성을 창조하신 하나님의 뜻"이고,
> 성경적 페미니즘의 과제는 성경적 페미니즘 정체성 찾기와
> 성경적 페미니즘 신학의 물음과 도전, 여성안수와 여성리더
> 십에 대한 신학적 담론, 교회사의 가부장제에 대한 비판적
> 성찰이다(교회와 신앙, 웨스터민스터 콘퍼런스).

김상복 목사 "성경이 구체적으로 금하지 않았다"

한국복음주의협의회(회장 김명혁 목사) 주최로 2004년 10월 8일 오전 7시 서울 성내동 서울제일교회(이신복 목사)에서 열린 10월 월례 조찬기도회 및 발표회에서 김상복 목사와 이정익 목사는 여성 안수를 주제로 토론에서 찬성 견해를 밝혔다.

개인적으로 오랫동안 여성 안수에 반대하는 입장을 취했는데 많이 고민한 후 최근 여성 안수가 마땅하다는 결론을 내렸다. 아직도 여성 안수를 반대하는 분들은 성경 해석 때문에 반대하는 것이지, 여성을 무시하거나 싫어하는 게 아니다. "여자는 교회에서 잠잠하라"(고전 14:26~34), "여자는 남자 위에 권위를 갖지 말라"(딤전 2:12) 등의 성경구절이 여성 안수와는 무관하며, 사실상 성경은 여성 안수 문제에 대해서 확실하게 구체적으로 금한 가르침이 없다(뉴스앤조이, 김상복 목사, 여성 안수 당연).

이정익 목사 "여성 안수 당연"

이정익 목사는 ◉성서적으로 여성 안수를 금하고 있지 않으며 ◉신·구약 전체적으로 여성의 역할이 남성보다 떨어지지 않고 오히려 월등한 적도 있었다는 점 ◉평균적으로 한국교회 교인수의 여성과 남성의 비율이 6 대 4 정도이기 때문에 목사가 남성만의 전유물이 될 수 없다는 점 ◉현재 여성 안수를 시행하는 교단에서 여성 안수로 인한 부작용이 없다는 점 ◉역사적으로 한국사회 변혁을 일으켰던 한국교회가 이 문제에 있어서도 사회를 향도

해야 한다는 점 등을 들어 여성 안수를 적극 지지했다.(뉴스앤조이,
이정익 목사, 여성 안수 당연)

이광우 목사(전주 열린문 교회)

우리나라에서 비교적 덩치가 큰 대한예수교장로회 통합
(예장통합), 한국기독교장로회(기장) 등 교단에서는 여성을 목
사·장로로 안수하기 시작한 지 꽤 됐고, 작년에는 기장 총회
장으로 김은경 목사가 세워지기도 했다. 전해 들은 소식으로
는 요즘 가톨릭 내부에서도 여성 사제를 세우는 문제를 심각
하게 고민하고 있다고 한다. 그런데도 '장자 교단'(이런 용어
도 사실은 별로 덕스럽지 않다)을 자임하는 우리 대한예수교장
로회 합동(예장합동) 교단은 '개혁신학', '보수신학'을 주장하
며 이 문제에 대한 교단 내 여성 사역자들 의 눈물 어린 호소
를 시종 무시해 왔다. 여성 안수 반대를 보수주의 신학 수호
의 마지막 보루로 삼고 있기에, 최근 총회 때마다 상정되는
'여성 강도권 허락'이라는 '꼼수' 비슷한 안건마저도 일고의
여지도 없이 기각하고 있는 실정이다. 여성에게 목사 안수를
주면 안 된다고 주장하는 이들이 줄기차게 내세우는 주요 논
리가 '창조론', '돕는 배필론', '질서론(남성 머리론)', '삼위일
체론'이다.(중략)

남자가 먼저 창조되고 여자가 나중에 창조됐다고 해서
여성이 열등하다고 생각하는 한심한 자들이 있다. 그렇다면
남자만 하나님의 형상이고 여자는 아닌가? 그게 아니라면,
남자는 '우월한' 하나님 형상이고 여자는 '열등하고 부족한'
하나님의 형상인가? 하나님의 형상인 남자·여자의 창조 기사

가 '차이점(계급)'이 아니라 '관계성'을 강조하고 있다는 성경 해석의 초보 원리조차 모르는 이들이 참 많다. 남성·여성의 '다양성', '연합', '상호 보완'에 관한 말씀을 악착같이 '계급(서열) 차이'로 이해하려는 자세도 참으로 심각한 고질병이다.(중략)

　　보수 신학자임을 자처하는 자들이 어김없이 "시대가 변해도 하나님의 진리는 영원하다"는 식으로 노루 친 막대기 같은 궤변을 펼치며 "여성 목사 안수는 안 된다"고 주장한다. 그들의 말이 맞다. 시대가 변해도 하나님의 진리가 영원한 것 또한 분명히 맞는 말이다. 그런데 하나님께서 피조물인 우리에게 항시 '그 시대의 문화 역사적 바탕 위에서' 진리의 말씀을 주셨다는 엄연한 사실에 대해서는 어떻게 생각들 하시는가? 솔직히 목사들 중 설교 시간에 "나는 변화무쌍한 현실 상황에 전혀 개의치 않고 성경을 오직 문자적으로만 전달한다"고 자신 있게 말할 수 있는 이가 과연 있는가? (뉴스앤조이, 이광우 목사의 여성 목사 안수는 비성경적인가?).

2. 여성 안수는 비성경적이라는 견해들

박형용 박사

- **여성안수 불가는 2천년 전 교회의 풍습이 아니고**
- **만고불변의 진리**

박형용 박사는 그의 전작전집, 교의신학-교의론(145-146) '4. 여자 교권의 문제' 즉 여성 안수에 대하여 다음과 같이 논증했다.

금일에 여자의 교권을 주장하는 사람들은 성경이 이것을 금지한 사실을 곡해하여 부인하는 것을 능사 (能事)로 삼는다. 그들은 말하되 사도 바울이 "여자는 조용하여라, 여자는 가르치지 말라"고 한 것은 2천년 전 한 지방교회 의 교훈과 풍습이요, 만고불변(萬古不變)의 진리가 아니라고 한다. 이것은 여권운동(女權運動)이 성행하는 현시대의 일반사조(一般思潮)에 맞추기 위하여 성경의 본의를 무시하는 오해인 것이 분명하다.

사도 바울이 전서와 디모데전서에서 여자의 교회교권을 허락하지 않은 말씀은 2천년전 한 지방 교회의 교훈과 풍습을 의미한 것이 아니라, 만고불변의 진리이다. 고린도전서 14장 33, 34절에 '모든 성도의 교회에서 함과 같이 여자는 (헬라어 성경 원문에 33절 끝 문구가 34절에 연접하였음) 교회에서 잠잠하라 저희의 말하는 것을 허락함이 없느니라'고 한 말씀에 대하여 성경을 시대 사조에 맞도록 자유롭게 해석하는 사람들은 성경 본문을 떠난 여러 가지 구구한 설명을 붙이면서 주장하기를 사도 바울이 여자의 교권을 금한 이 말씀을 고린도의 특수한 교회에게, 특수한 기회에, 특수한 교훈으로 준 것이요, 당시의 모든 교회를 위하여 법을 세우려한 것이 아니며 장래 모든 교회를 하는 의사는 더욱 없었다고 한다. 이런 해석은 성경 본문의 상하 문맥을 펴볼 때에 도무지 용납될 수 없는 억설이다. 사도 바울이 고린도전서와 디모데전서에서 여자의 교회 교권을 허락하지 않은 것은 2천년 전의 한 지방교회의 교훈과 풍습을 의미한 것이

아니라 만고불변의 진리다(박형룡, 교의신학 교회론, 145-148).

박형용 박사는 디모데전서 2장 12절 이하를 다음과 같이 주해했다.

고린도전서 14장에서 여자의 교회 공석상 언권을 허락하지 아니하는 것도 그 교훈 강도권과 치리권을 모두 금지하는 의미를 가진 것이 분명하다. 그리고 디모데전서 2장 12절에서는 두 가지를 갈라 말하였으니 즉 가르치는 것을 허락하지 아니하여 여자의 공예배 석상에서의 교훈 강도권을 금하고 또 남자를 주관하는 것을 허락하지 아니하여 그 교회 치리권을 금하였다. 좀 더 분명히 말하면 본 절은 여자에게 목사직과 장로직을 허락지 아니함에 더욱 명세한 말로써 하였다. 본 절의 의미가 이러하다는 견해는 그리스도교회 역대에 유구히 전래한 견해이다(박형룡, 교의신학 교회론).

김길성 박사(총신대학교 신학대학원 명예교수)

가르침은 교리적 교훈을 의미하는 매우 제한적인 의미로 사용하고 있다. 여자의 가르치는 것을 금지한 것은 보통 설교라고 부르는 것을 포함한다. 디모데후서 4장 2절의 성경과 성경교리의 공적 교훈을 가르치는 활동이 여자들에게는 금지되어 있으나, 간증·상담 등 다른 교훈은 금지된 것이 아니다. 바울이 '남자를 주관하는 것'을 금지한 것은 여자가 장로가 되는 것을 금지한 것이다. 성경은 여자가 교회 내에서 남자 위에 권위를 행사하는 일을 금지한다. 그러나 교회 내에서 행정사무를 맡거나, 전도회 활동을 하는 것은 얼마든지 권장할 일이다(김길성 총신대학원 명예교수, 존재론전 평등성, 기능성 종속성? 우리의 여성 안수불가 논의의 관하여, 신학지남, 1997).

이승구 교수 (합동신학대학원대학교 조직신학)

신약 성경에서 여성의 교회 만에서의 사역 문제를 다루는 유일한 구절이라고 할 수 있는 디모데전서 2:12-14에 근거해서 판단할 때 여자가 교회 안에서 공식적으로 가르치는 일를 하는 것(목사직과 다스리고 주관하는 일)을 하는 장로직은 허락되지 않았고, 이 구절의 내포에 따라 그것든 창조의 질서가 존재하는 한 지속되는 교훈이라는 것를 살펴보았다. 이런 성경의 가르침이 있는 한 우리는 이 말씀에 근거해서 교회 안에서 목사직과 장로직들 여성에게 허락할 수 없다고 결론 내려야 할 것이다. 그러나 그 외에 폭 넓은 의미의 여성 사역은 교회 만에서 매우 중요하게 여겨지고 격려되어야 한다. 그리고 그렇게 하는 것이 신약의 가르침에 무리가 복종하는 방식이다.

그러나 이것은 여성의 능력이 부족하다거나 열등하다는 생각에서 그리해야 한다는 것이 아님을 주의해야 한다. 우리는 순전히 성경이 지시하는 가르침에 충실하려고 하는 마음에서 이 문제에 대한 판단를 해야 하는 것이다. 성경은 교회 안에서의 여성의 사역에 대해서 그것도 목사직과 장로직에 대해서만 이런 금령를 분명히 하고 있다. 이 사회의 다른 영역에서 여성이 가르치는 것을 이 성경은 금하지 않는다. 또 다른 사회적 맥락에서 여성이 주관하는 자와 치리하는 자와 재판하는 자가 되는 것을 성경은 금하지 않는 것이다(이승구, 교회에서의 여성 사역의 문제에 대한 고찰 중에서).

송영목 교수(고신대학교 신약학)

• 여성 안수 확실한 성경적 근거 확보 못함

성경에 여성이 안수를 받았다는 언급이 없고, 여성 목사가 언급되지 않기에 여성 안수에 대한 논의를 하는 자체가 소모적인 이데올로기 논쟁이라는 극단적 주장이 있다. 마치 성경에 '삼위일체'라는 용어가 없다고 해서 삼위일체를 논의하는 것을 무의미하다고 볼 이유는 없듯이, 여성 안수도 마찬가지다.

여성 안수를 결정지을 요소는 전통이나 교회의 필요가 아니라 성경해석이다. 그렇다면 위에서 논의한 관련 신약 구절들은 시간 제약적인가(time-bound), 아니면 시간 오리엔트적(time-oriented) 혹은 시간 초월적인가?(time-transcended). 즉 본문의 가르침은 AD 1세기에 한정된 규범이기에 현대 교회에서는 그대로 따를 필요가 없는가? 아니면 영구적 진리인가? 시간 제약적으로 보는 이는 다음 질문들을 계속 던질 것이다:

"예수님이 유대인 남성 12명만 제자로 삼으신 것을 현대에도 문자 그대로 유지해야 하는가? 이방인, 종, 사마리아인은 주님의 제자가 될 수 없는가? 주님이 베푸신 최후 만찬에 유대인 남자 제자 12명이 참석했기에, 오늘날 성찬식에 유대인 12명만 참석해야 하는가? 1세기에 여자가 남성을 공개적으로 가르치는 것이 스캔들이라면, 현대는 여자를 특정 영역에서 배제하는 것이 스캔들이지 않는가?" 하지만 1세기의 특수한 문화적 상황 안에도 규범이 있다. 즉 1세기에 국한되는 특수한 문화적 상황이 있다. 하지만 그런 상황 안에도 타락 이전에 규정된 창조 질서 그리고 하나님의 구속사적 경륜에 따라 남성에게 제한된 구약의 제사장직과 신약의 사도직과 장로직에 근거한 영구적 규범을 동시에 찾아야 한다. 신약 본문을 1세기에 국한되는 내용으로 보는 해석을 쉽게 허용한다면, 신약 본문의 규범성이 약화되고, 더 나아가 현대에 적용할 때 큰 혼동을 일으킬 것이다. 또한 여성 안수를 허용할 경우에 제기될 실제적 문제들도(예. 사모의 역할을 누가 감당할 것인가?) 고려해야 한다(출처 : 코람데오닷컴).

존 파이퍼 목사(미국 베들레헴 교회 원로목사, 신학자)

미국 베들레헴 교회의 원로목사이자 하나님을 향한 갈망(DesiringGod.com)의 창립자인 존 파이퍼 목사가 최근 '여성은 교회에서 지도자가 될 수 없다'는 발언을 해 여성 안수 찬성자들에게 논란이 되었다고 한다. 인터뷰의 특성상 그대로 소개한다.

존 파이퍼 목사는 팟캐스트 방송에서 한 청취자로부터 '여성이 신학대학교 교수로 활동하는 것을 어떻게 생각하느냐'는 질문을 받았다. 질문자는 "하나님께서 남성과 여성을 상호 보완적인 역할로 창조하셨고 이것은 교회를 비롯해 가정에서도 유지되어야 한다고 본다. 나는 동방정교회 신학교에 다닌다. 그래서 그런지 여성이 강단에 서서 신학을 가르치는 것이 신학적이지 않다고 본다. 여성이 신학교 교수로 임명되는 게 옳은 일인가?"라고 물었다.

존 파이퍼 목사는 "청취자의 주장이 일리가 있다"며 "성경에서는 겸손하며, 영적이고, 성경적 자격을 갖춘 남성이 교회를 이끌도록 가르치고 있다"고 말했다. 목사는 디모데전서 2장 12절을 언급했다. 디모데전서에는 "여자가 가르치는 것과 남자를 주관하는 것을 허락하지 아니하노니 오직 조용할지니라"라고 적혀있다.

파이퍼 목사는 이어 "여성이 신학교를 다니며 성경공부를 열심히 하는 것은 문제 되지 않는다. 단, 신학적으로 남성의 역할인 지도자나 멘토, 교수 역할을 여성이 하는 것이 성경적인가"라며, "이것은 신학교 특성에 따라 조금씩 달라지는 문제"라고 말했다.

"만약 여성목회자가 비(非)성경적이라면, 여성목회자가 신학교에서 가르치고 제자를 양성하는 것도 성경적일 수 없다. 그렇다고 신학교에서 여성과 남성이 가르칠 수 있는 분야를 나눠 진행한다면, 이것은 신학교육 측면에서 적합하지 않다"고 말했다. 베들레헴 신학교 조 리니 교수를 비롯해 몇몇 사람들은 존파이퍼 목사의 주장을 지지했다(미국 크리스천 포스트의 글 재인용).

손석태 박사 (전 개신대학원대학교 총장)

여자에게 안수하여 성직을 허락하는 것이 가능한가 하는 문제는 요사이처럼 여성들의 교회내에서 역할과 그 영향력의 비중이 커감에 따라 여기저기에서 제기되고 있으며, 특히 보수적인 교회 내에서는 향후 그 결정을 놓고 격론이 벌어질 전망이다. 이를 찬성하는 사람들은 대개의 경우 성경의 가르침보다는 현실적인 필요를 강조하는 경향이 많다. 교회 내에 여성이 숫자적으로 많다. 따라서 여성들이 당회, 노회, 총회 등의 치리회의 중요한 결정에 참여하여야 한다. 여성들이 설교나 교육을 남성들보다 더 잘 할 수 있다. 여성들이 분쟁하는 교회에 조정 역할을 더 잘 할 수 있다 등의 이유를 든다. 그러나 이러한 문제를 논의할 때는 항상 성경과 사도들의 가르침으로 돌아가야 한다. 시류에 따라 성경의 원리에 반한 정치 조례를 만들고 헌법을 뜯어 고친다면, 그것은 성경을 배격하는 것이고, 우리의 신앙과 신학의 기초가 되는 성경을 배격한다면 그러한 교회는 존재해야 할 이유가 없다 (코람데오닷컴, 여성 안수 성경적인가? 비성경적인가? 중에서).

박아론 박사(전 총신대학교 신학대학원 교수)

우리는 여성의 목사안수를 주장하는 여권주의자들의 두 부류 중에서 기독교적 여권주의자들은 여성해방이라는 목적론을 갖고 여성의 교회 내에서의 지도자적인 위상을 요구하고 있고 복음주의적 여권주의자들은 여성의 평등성의 실현이라는 목적의식을 갖고 여성의 교역자로서의 사역을 역설하고 있음을 알았다. 그러나 이것은 수잔 포가 지적한 대로

다 사람들의 이유요 생각들인 것이다. 우리가 여성의 목사안수를 반대하는 이유는 성경이 분명하게 이를 금지하고 있기 때문이다(딤전 2:11-14, 고전 11:3-16, 14:34-35).

우리는 하나님이 말씀하는 이유들 때문에 여성의 교회 내에서의 지도자로서의 위상과 역할을 반대하지 않을 수 없다. 또 한편 매리 카시안이 강조한 대로 여성해방이라는 급진적 사상 때문이 아니라 여성의 평등성의 실현을 원할 뿐이라고 하면서 여성의 목사안수를 요구하는 복음주의적 여권주의자들이라 할지라도 성경과 여권주의라는 두 주인을 섬긴다는 점에서 성경과 하나님에 대하여 정절을 지키지 않고 불륜을 저지르는 것이 되기 때문이다. 그래서 그들에 대해서도 우리가 비판의 목소리를 낮추어서는 안될 줄 안다.

교회 안에서 여성의 목사안수를 찬성하고 주장하는 분들은 다 여권주의로 볼 수 있다. 여권주의자가 아니고서야 성경의 명백한 가르침을 거역하면서 여성의 교역자로서의 사역을 정당화 할 수가 있겠는가? 물론 복음주의적 여권주의자들은 성경이 정확 무오한 하나님의 말씀임을 믿는다고 말하고 있다. 그러나 여성의 목사안수에 유리하도록 성경의 명백한 가르침들을 왜곡하여 이해하며 재해석하는 것은 성경의 신적 권위성을 훼손하는 일일 것이다. 이 때문에 성경적 또는 복음주의적 여권주의자들의 무오한 성경에 대한 신앙고백이 의심이 간다.

복음주의적 여권주의자들 중에서 현대교회가 여성들이 갖고 있는 풍부한 은사와 재능과 능력들을 교회 발전을 위해 사용하지 않는다면 인성인력을 최대한 개발하여 교회의 모든 분야와 수준에서 동원하지 않는다면 현대교회와 나아가 기독교 자체가 존망의 위기에 놓이게 될 것이라고 경고하는 자들이 있다. 그러나 우리의 대답은 이것이다. 하나님의 교회는 하나님이 지키실 것이다(박아론, 신학지남, 여성의 목사안수에 관한 여권주의자들의 주장과 개혁주의의 견해 중 결론부 인용).

이관직 박사(전 총신대학교 신학대학원 교수)

먼저 성경 속에 나타난 여성안수를 이해하기 위해 남성과 여성의 관계성을 다루고 있는 창조기사에 나타난 창조의 원리와 질서라는 측면에서 살펴볼 수 있다. 여성안수를 긍정적으로 보거나 찬성하는 이들은 창 1:27-28을 중심으로 창조시에 남자와 여자 모두 하나님의 형상으로 동등하게 지음받았으며 남자와 여자 모두 다스리는 명령을 받았다고 주장하면서 남자와 여자의 권위의 차등은 타락후 생긴 것이라고 본다.

그러나 창 2:19-20에서 여자가 창조되기 이전에 이미 각종 들짐승과 공중의 각종 새에게 이름을 지어준 것에서 창조사역에서의 아담의 리더십을 엿보게 하며 여자와의 역할의 차이가 있음을 시사한다. 또 23절에서 아담은 여자에게 이름을 칭함으로 그의 머리됨의 권위를 행사했다. 또 여자는 돕는 배필로 지음을 받았다(창 2:18, 20). 헬퍼라는 단어는 구약에서 하나님이 그의 백성을 도우실 때 하나님을 지칭할 때도 사용된 단어이며 그 단어 자체가 열등한 것이라는 의미는 포함하지 않는다.

창조기사에서 볼 수 있는 것은 하나님은 남성과 여성이 각각 동등하면서도 나름대로의 독특한 특성과 역할을 감당하도록 창조하셨다는 사실이다. 동등하기 때문에 남성과 여성이 똑같은 역할을 맡을 수 있다고 하는 것은 현대의 페미니즘의 영향도 있다고 보여진다(신학지남, 성경 속에 나타난 여성안수에 대한 이해).

서창원 박사(전 총신대학교 신학대학원, 한국개혁주의설교 연구원장)

디모데전서 2장 11~15절에 관한 주석적 고찰'에서 "바울 당시나 현대나 역할 면에서 남녀의 차이를 사회학적인 차별로 보는 것은 여성을 현실적으로 차별하는 사회구조가 존재한다는 이유에서 이해가 되지만, 성경적으로 역할 차이가 결코 인권 차별은 아니다. 또 남성의 헤드십(지도자로서의 지위)을 남성우월주의로 보는 현대사회에서 성경의 교훈을 견지하는 것은 시대착오적이라는 비난을 받는다 할지라도, 성경에 기록된 대로 인권에 있어서 남녀 동등성과 역할에 있어서의 남녀 구별성을 지켜야 한다.

남성과 여성은 하나님 앞에서 하나님의 형상으로 지음을 받은 평등한 자이지만 수행할 역할 차원에서 결코 동등한 것이 아니다. 그것은 우열의 문제가 아니라 질서의 구분을 나타내는 권위의 문제이기 때문이다. 여성 안수가 성경적으로 그리고 교회 역사적으로 지지를 받을 수 있는 가르침이 아니다. 교회 밖의 여권신장 운동을 주장하는 이들이 교회를 공격하는 빌미로 사용하는 것에 휩쓸려서 시대적 조류에 편승하려는 일부 신학자들과 목사들의 현란한 지적 논리로 교회를 혼란케 하지 말아야 한다.

고린도 전서 14:34-35절 말씀과 디모데 전서 2:11-12절 말씀은 후대의 어떤 사람이 삽입한 것이 아니다. 사도 바울을 통해서 성령께서 영감으로 주신 주님의 명령이다. 교회제도와 교리는 이미 주어진 계시에 의해서 신앙과 행위의 유일한 규범으로 믿는 성경에 기초할 뿐이다.

이 시대적 문화나 가치관이 성경 해석의 열쇠가 아니다. 성경은 성경으로만 해석할 뿐이다. 진리를 거스리는 거짓 선지자 노릇은 하지 말자. 오직 이 땅에 주님의 이름이 높임 받으시는 그 영광의 날이 속히 임하기를 사모하며 이 글을 마친다. Soli Deo Gloria!

박혜근 교수(칼빈대학교 조직신학)

박혜근 교수(칼빈대학교 조직신학교수)는 그의 논문 "평등 그러나 복종의 성경적 이해"라는 논문에서 다음과 같이 논증했다.

1970년대를 기점으로 교회 안에서도 페미니스트 운동의 여파로 여성의 독립적인 가치와 남성과 동등한 성직 안수의 권리를 구현하고자 하는 시도가 본격적으로 전개되기 시작했다. 교회 안에서 활동하는 페미니스트들이 가진 해석의 지배적인 원리란 남성과 여성의 동등 (equality) 혹은 남성으로부터 여성의 '해방 (liberation)이라는 정치적 사회적 이념"이었으며, 이들 이념적 가치야말로 교회 안과 밖 이라는 구분을 떠나 역사적인 모든 유형의 페미니스트들이 실현하고자 했던 공통된 목표였음을 부인할 수 없다.

교회와 관련하여 페미니스트들에게 있어서 본질적인 관심사는 남성이 독점해 온 성직을 여성과 공평하게 나누어 갖자는 것이며, 그 첫 번째 실천적인 과제가 바로 성경을 그들이 가진 이념으로 재편하고 재해석 하는 일이 문제점이었음을 지적하면서 페미니스트들의 입장을 따라 성경을 재구성하지 않는 다면 성경은 결코 페미니즘의 주장을 지지하지 않는다.

현재 여성 안수를 둘러싼 논쟁의 본질은 사실은 특정한 성경 본문을 둘러싼 단순한 해석의 문제가 아니라는 사실은 분명하다. 여성 안수의 이슈를 근본적으로 성경에 대한 우리의 믿음과 교회의 고백적 전통에 대한 현대의 이데올로기의 도전이란 관점에서 보아야 한다.

이런 상황에서 성경의 권위를 중요하게 생각하고 전통적인 해석을 따르고자 하는 우리의 입장에서 가장 중요한 것은 성경의 무오성과 권위를 인정하는 건전한 해석의 원칙을 고수하는 일일 것이다. 성경의 무오성과 권위를 지키는 일이야말로 교회가 일어서고 무너지는 일이 달렸다고 해도 과언은 아니다(박혜근, "평등 그러나 복종의 성경적 이해" 논문).

더글라스 무(Douglas Moo)

1980년대 더글라스 무(Douglas Moo)와 필립 페인(Philip B. Payne)은 여성 안수를 두고 트리니티 저널(the Trinity Journal)을 통해 논쟁에서 Timothy 2:11~15: Meaning and Significance라는 제목으로 글을 실었다. 박혜근 교수의 글 속에 인용된 것인데, 본질을 꿰뚫는 글이기에 따로 소개한다.

여성이 남성을 가르치거나 남성을 다스리는 권위를 행사해서는 안 되며 그렇게 된다면 그것은 남성과 여성이 가지는 관계의 구조를 파괴하는 결과를 초래할 것이고 더 나아가 여성에게 적합하지 않은 것으로 여성을 끌어들이는 결과가 될 것이다(박혜근 교수의 글 중에서 재인용).

정승원 교수(총신대학교 신학대학원)

정승원 교수는 기독신문 "여성강도권은 성경적인가①"라는 특별기고에서 "창조질서와 여성의 강도원에 대하여"라는 제목으로 "강도권은 차별의 문제가 아닌 목사에게 주어진 고요한 권한"이라고 논증하며 여성강도권 금지가 성경의 가르침이라고 논증했다.

> 인간은 전적으로 부패했지만 창조질서, 특히 남자와 여자의 구별과 차이는 여전히 유효하다는 것이다. "너희는 유대인이나 헬라인이나 종이나 자유인이나 남자나 여자나 다 그리스도 예수 안에서 하나이니라"(갈 3:26)는 말씀에서 남자와 여자가 그리스도로 말미암아 비로소 하나가 된 것이 아니라 아담과 하와는 이미 창조 당시 하나였다. 이 말씀은 차별 없이 모두가 그리스도로 말미암아 구속함을 얻을 수 있다는 것이지 구속질서로 말미암아 창조 당시 주어진 남녀의 구별이 없어지고 남편과 아내의 역할이 바뀌었다고 말씀하는 것이 아니다.
>
> 강도권은 목사의 고유 권한이다. 성경은 오직 남자에게 목사의 자격을 부여한다. 디모데전서 3장 2~5절을 보면 감독(목사 및 장로)은 "한 아내의 남편이 되며"라고 말씀하고 "사람(남자)이 자기 집을 다스릴 줄 알지 못하면 어찌 하나님의 교회를 돌보리요" 말씀한다. '한 아내의 남편이 되는 것'

과 '남자가 자기 집을 다스리는 것'은 창조질서에 속한 사안들이다(기독신문 "여성강도권은 성경적인가①" 중에서 인용).

박형대 교수(총신대학교 신학대학원)

박형대 교수는 기독신문에 게재된 "여성강도권은 성경적인가②"라는 특별기고에서 "성경에 소개된 여성 사역자에 대한 칼빈의 입장"이라는 제목으로 "여선지자 미리암의 공격적 역할에 부정적 입장 가졌다"고 논증했다.

> 구약성경에서 '여선지자'로 불리는 '미리암, 드보라, 훌다, 이사야의 아내' 가운데 칼빈 저작물에 가장 많이 등장하는 인물은 미리암이다. 미리암에 대한 칼빈의 평가를 먼저 살펴본다.
>
> 여선지자라 불리는 미리암에 대해 칼빈은 전반적으로 부정적이다. 출애굽기 15장 20절을 주해하면서, 미리암이 "가르침을 위한 공식적인 직무(the office of public teaching)"를 가졌다고 스스로 간주한 것으로 모세가 기록한 것은 아니라고 한다. 단지 하나님을 찬양하는데 지도적인 역할을 한 것으로 모세가 기술했다는 것이다.
>
> 신명기 24장 8절 "너는 나병에 대하여 삼가서 레위 사람 제사장들이 너희에게 가르치는 대로 네가 힘써 다 지켜 행하되 너희는 내가 그들에게 명령한 대로 지켜 행하라"를 주석하면서, 미리암이 나병에 걸리게 된 것은 "사람들이 죄를 통해 미리암과 같은 악을 자신들에게 가져오지 않게 하기 위함"이 아니라, "미리암이 진영으로 들어오는 것을 금

지하는 하나님의 명령이 영원한 법으로써 강제성과 무게를 갖도록 하기 위함이라고 한다.

미리암의 경우는 매우 부정적인 인물로 소개된다. 미리암의 부정적인 모습이 여성의 전반적인 특징으로 그려지기도 하였다. 드보라와 훌다의 경우, 미리암처럼 부정적으로 소개되지는 않지만, 결국에는 별반 차이 없는 인물로 귀결된다. 반면, 이사야의 아내는 특별히 수행한 사역이 없지만 인정받는다. 안나도 칭찬은 받지만, 예수님을 소개하는 그의 예언 사역보다는 '경건 훈련'이 부각된다. 안나가 과부로서 좋은 모범을 보였지만, 디모데전서 5장의 '과부'가 안나와 같은 기도자가 될 것이라는 기대가 칼빈 저작에서는 발견되지 않는다. (기독신문의 특별기고 "여성강도권은 경적인가②" 중에서 인용).

신현철 박사(Ph.D., 신학부장, 마포중앙교회)

신현철 목사는 기독신문 "여성강도원은 성경적인가3"라는 특별기고에서 "강도권에 대한 신학적 이해"라는 제목으로 강도권은 지위향상이 수단이 아니며 소명에 의해 부여된다고 논증했다. 다음은 그 결론에 해당하는 글이다.

개혁교회에서 말씀보다 더 권위 있는 것은 없다. 따라서 강도권의 문제는 개혁교회에 있어서 매우 중요한 이슈라 하지 않을 수 없다. 그것은 교회의 모든 치리권을 대표하는 권리이며, 교회에서 말씀을 전하는 것뿐만 아니라 말씀 사역 전체를 관리하는 것이며, 동시에 말씀과 성례전적 권리의 총합으로 당회장인 목사에게 귀속된 것이다. 그러나 담임목사

혼자 교회의 말씀사역을 담당할 수 없기 때문에 이를 보완, 협력할 필요가 있다. 교회법은 이를 위하여 부목사, 강도사, 전도사 등의 말씀 봉사자를 세우게 하거나, 주일학교 교사, 구역교사, 각 소그룹 리더 등의 말씀 봉사자를 두게 했다. 간혹 이들이 감당하는 말씀 사역(또는 봉사)을 강도권이라고 오해한다. 그러나 그것은 교회의 대표적 치리권을 의미하는 강도권과는 다르며, 강도권을 보좌 협력하는 기능을 갖기 때문에 '유사 강도권' 또는 '의사 강도권'이라고 부를 수 있는 것일 뿐이다. (중략)

여성 사역자의 지위 향상을 이유로 강도권을 인정하자는 주장은 다양한 실천적 유익이 있을 수 있다. 물론 여성 사역자의 탁월성과 여성의 사역에 대한 다양한 필요 혹은 시대적 요청이 있는 것은 부인할 수 없다. 그러나 강도권은 어떤 탁월성에 기초해서 주어지는 것이 아니고, 소명에 의해 부여되는 것이며, 어떤 개인이 지위를 향상하기 위한 도구나 수단일 수 없다. 따라서 강도권을 부여하는 것으로 여성의 지위를 향상시키겠다는 것은 잘못이다. 여성도 자신에게 주어진 능력을 통해 충분히 강도적 사역, 혹은 봉사를 할 수 있고, 그것을 기반으로 하나님과 교회를 섬기면 된다. 그러므로 섣불리 여성의 강도권을 인정하거나 여성에게 강도사직을 허락하므로 개혁주의 성경관의 본질을 훼손하는 우를 범치 말아야 할 것이다(기독신문 "여성강도권은 경적인가③" 중에서 인용).

정이철 목사(바른믿음 대표)

왜 여성안수는 참된 교회가 용납할 수 없는 것일까? 여성을 멸시하고 착취하여야 참된 교회가 세워지는 것인가? 그런 것이 아니다. 참된 교회는 하나님을 하나님의 말씀과 뜻을 따라 섬기는 교회이기 때문이다. 하나님은 처음부터 여성을 하나님의 집(교회)을 다스리는 자로 세우시지 않았다. 하나님의 집을 다스리는 자로 남자를 세우셨고, 남자가 사람 구실과 하나님 백성 노릇을 제대로 잘하도록 아내(여성)를 창조하여 붙이셨다.

동성애 문제와 여성안수 문제는 근본적인 유사성을 가진다. 둘 다 하나님의 창조 질서의 문제이다. (중략)

여성이 교회를 다스리는 자가 되게 만드는 여성안수 제도는 하나님의 창조 질서를 교회가 앞장서 파괴하는 죄악된 행위이다. 참된 교회는 결코 이러한 일을 하지 못한다. 사탄에게 봉사하는 자유주의 신학과 거짓된 복음주의 신학을 섬기는 죽은 교회가 아니면 여성안수 제도를 도입하는 것은 사실상 불가능하다.

이광우 목사의 글은 부드러우면서도 예리하게 설득하는 매력을 갖고 있다. 그러나 그의 주장은 독단에 근거한 것이 상당하다. 논리로 진행하는 것이 아니라 감정과 의지에 호소한다. 진리 기관이 거대 가치나 의식을 전환하기 위해서는 매우 섬세한 진리 검증이 필요하다.

이광우 목사의 전체 글을 요약하면 성경 해석으로 여성안수를 명확하게 규정하기 어렵다는 것으로 볼 수 있다. 그럴 때 어떻게 행동해야 할까? 이광우 목사는 그렇기 때문에 보다 더로 보이는 여성안수를 시행해야 한다는 주장이다. 그러나 진리 검증이 중립이 되었을 때에는 중지 혹은 현행을 유지해야 한다(칼빈주의 원리, 진리가 명시적으로 말하지 않으면 행하지 않는다)(출처: 바른믿음).

3. 중립적인 견해

성기호 박사(성결대학교 명예 총장)

성경에 여선지자가 안수를 받았다거나 기름부음을 받았다는 말이 없음에도 불구하고, "구약시대에서도 기름부음을 받고 예언자직을 수행했던 여성들, 모세의 누이 미리암, 선지자 드보라, 훌다 등이 있었다"고 단정하는 논리의 비약을 보이기도 한다.

자기 주장의 합리화를 위하여 기록된 성경의 권위를 부정하거나 지나친 추측을 하는 논리의 비약 대신에 여성 안수를 위한 새로운 접근이 합리적일 것으로 판단되어진다. 여권이 신장되고 여성의 사회참여가 확대되고 있는 사회제도상의 변화나, 전문화된 일터에서 전문적인 사역자들 특히 여성만의 집단에서 동성의 사역자가 필요한 정황 설명 등이 여성 안수를 생각해 보게 하는 합리적 주장이 될 줄 안다(목회와 신학, 1992. 1월호, 여성 안수와 교회의 사역론 - 여성 안수는 비성서적인가).

임경근 목사(고신 다우리교회)

기존 전통을 무너뜨려야 하는 '여직찬'(여성 직분 찬성) 논의 자체부터 문제라는 반대의 상황을 말하면서, 여성의 교회 현장 사역의 현실은 원리적 여성 직분 개방을 이끌어내었다는 또 다른 상황을 언급하면서 결정은 결국 교회 총회의 투표에 달렸다고 주장했다. 매우 현실적이면서, 신학자로서 중립적인 견해를 피력했다. 다음은 결론에 해당하는 글이다.

　　'여성 직분 찬성'(여직찬)과 '여성 직분 반대'(여직반)는 각 논점에서 자신의 논지를 주장, 혹은 강조함으로 정반대 입장을 취하는 현상을 발견할 수 있다.

　　첫째, '남녀관계' 논지이다. '여직찬'은 남녀의 '동등'을, '여직반'은 '차이'를 강조함으로 정반대 입장에 선다. 둘째, '직분' 논지이다. '여직찬'은 '직분은 권위 행사가 아니라, 섬김이다'라고 함으로 여성이 교회의 모든 직분에 개방되는데 문제가 없다고 보았다. 하지만, '여직반'은 위임된 권위이지만, 직분에 부여된 하나님의 권위를 직시함으로 반대한다.

　　셋째, '해석학' 논지이다. '여직찬'은 성령의 인도를 받는 새로운 성경해석과 자유를 강조한다. '여직반'은 성령의 사역이 말씀을 떠나지 않는 '규정적 원리'를 분명히 한다.

　　넷째, '상황과 현실' 논지이다. '여직찬'은 사회적 환경의 변화와 복음전파를 위한 현실을 직시함으로 여성 직분 개방을 이끈다. 하지만, '여직반'은 진리를 희생하는 상황논리와 복음전파 논지는 하나님의 뜻이 아니고 위험을 지닌다고 본다. 그 예로 '일부다처제', '동성애', '동성결혼', '혼전계약동거' 등이 있다.

　　다섯째, '논의와 결정의 과정'에 나타난 몇 가지 현상이 있다. '여직찬'의 입장에서는 기존 전통을 무너뜨려야 하기 때문에 가능한 모든 논지를 끌어와 활용하려 한다. 논지의 극대화, 과장, 일반화의 오류들이 여기저기 발견된다. '여직반'의 입장은 기존 전통이 너무나도 당연한 것이기에 굳이 설명하고 반박할 이유를 찾지 못하여 침묵하기 일쑤다. 그럴 경우 '여직찬'은 '묵증'(argumentum e silentio)의 입장을 취한다. 성경에 여성 직분 개방에 대한 명확한 반대가 없는 것만으로도 허용할 수 있다고 논지를 펼치는 것을 말한다. 이런 정황은 여성 직분 개방을 논의하는 자체부터가 문제가 있음을 의미한다. 원리가 실제를 설명하고 적용해야 하는데, 실제가 원리를 규정하고 바꾸는 역현상이 나타난다. 여성의 교회 현장 사역의 현실은 원리적 여성 직분 개방을 이끌어내었다. 결정은 결국 교회 총회의 투표에 달려 있다(기독신문 특별기고 "여성강도권은 성경적인가"④ 중에서 인용).

여성 안수 문제는 중심이 되는 성경의 몇 구절로도 확실히 알 수 있다. 그러나 여성 안수를 주장자들이 이슈가 되는 몇몇 성경 구절들을 자신의 관점으로 맞추려는 것이 현재의 상황이기 때문에 성경 전체에 직간접적으로 언급되는 모든 말씀들을 언급하고 논증하지 않을 수 없다. "여성 목사 안수 문제는 교단을 구분했던 전통적인 교리적 차이보다 더욱 그 교단의 정체성을 나타내는 데 상징적인 의미를 갖고 있다"는 말은 시사적이다.

Part 2

창조에 나타난 남녀 리더십

• 본 주제에 들어가면서

본 장으로부터 여성 안수와 관련하여 성경에 나타난 남녀 관계에 어떤 하나님의 원칙이 있는지를 논증한다. 이에 앞서 여성 안수를 주장하는 그의 책 "그리스도가 구속한 여성"의 표지에 있는 글을 소개한다.

소위 바울신학의 권위자라 불리는 김세윤 박사(미국 풀러신학대학원 신약신학)는 여성 안수를 허용하지 않는 보수 교단의 주장을 "복음적이지도 않고 성경적이지도 않다"고 지적하면서, "적잖이 근거가 있는 말 같으면서 매우 주관적인 견해가 뒤섞인" 주장을 했다. 그의 책 "그리스도가 구속한 여성"의 책 표지에 실린 문구이다.

한국 교회여
언제까지 남녀차별로
여자들을 울리는가?
그들에게,
그리고 당신에게
그리스도의 '복음'은 무엇인가?

• 기본적인 네 가지 질문들

여성 리더십 논쟁, 교회에서 여성의 사역과 안수에 관한 토론(린다 L. 벨빌과 크레이그 L. 블룸버그 외 2인 공저, 새물결플러스)의 서론에서 평등주의자들(여성 안수 찬성자)과 전통주의자들(여성 안수가 성경적이지 않다는 주장) 사이의 논쟁은 언제나 결국 네 가지 기본 질문으로 요약된다는 제시는 필자의 관점으로도 매우 합당하다고 여겨진다. 그것은 다음과 같다.

`

- 성경은 남녀 관계의 계층구조를 가르치는가?
- 우리는 성경에서 리더십 위치에 있는 여성을 발견하는가?
- 성경에 나오는 여성들은 남성들과 동일한 리더십 역할을 하는가?
- 성경은 여성이 특정한 리더십 역할을 수행하지 못하도록 제한하는가? (여성 리더십 논쟁, 린다 L. 벨빌 외 3인, 새물결플러스, p.29)

● 위의 네 가지 가운데 필자가 볼 때 치우쳐 보이는 한 가지가 있다. 그것은 첫 번째 것인데, '남녀 관계의 계층구조' 즉 'gender hierarchy'라는 표현은 '계급 관계'를 나타내기 때문이다. 따라서 "성경은 남녀 관계의 구별됨을 가르치는가?"라고 해야 적절하다.

● 필자의 관점에서 여성 안수 문제는 중요한 성경의 몇 구절로도 확실히 알 수 있다. 그러나 여성 안수에 대하여 어떤 주장을 하든지 자신에게 유리하게 여겨지는 몇몇 성경 구절들을 자신의 관점으로만 해석할 가능성이 있다. 그래서 여성 안수에 직접적으로

나 간접적으로 관련된 '모든 구절'을 다룰 것이다. 특별히 이 주제는 신학적인 차이가 극명하기 때문에, 자신의 신학적 관점만 주장하면 평행선을 달릴 수밖에 없다. 따라서 신학의 뿌리가 되는 성경신학(Biblical theology)과 주경신학(Exegetical theology)을 중심으로 논증하는 것이 가장 합당하다.

• 성경신학과 주경신학적 관점으로

하나님의 창조에 나타난 헤드십(headship)과 여성 안수의 문제에 대한 필자의 논증 로드 맵은 아래의 표와 같다. 이 주제에 대한 성경의 기본적인 원리를 담고 있는 성경 구절들을 한눈에 보는 것은 매우 유익할 것이다.

우리가 추구하는 것은 우리의 사상과 생각을 주장하는 것이 아니라 하나님의 말씀인 성경, 신구약 66권이 무엇을 말씀하고 있는가이기 때문에, 세상에 만연한 인본주의와 페미니즘 사상과 학설이 아닌 변함이 없으며 성령의 감동으로 기록된 '순수한' 하나님 말씀에서 원칙(principle)을 찾아야 한다.

● 성경을 해석할 때 흔히 범하기 쉬운 실수는 "성경을 사사로이 푸는 것"이다. 일반적으로 '사사로이 푼다'는 것은 "개인적인 입장에서 아전인수격으로 해석한다"는 것이다. 이런 경우는 두말 할 필요 없이 왜곡된 것이다. 이 구절의 성경적 의미는 "성경의 한 두 구절로 성경의 원칙을 섣불리 단정하는 행위"를 가리킨다.

비유하자면 시각 장애인이 코끼리의 코를 만지고 코끼리는 원통형의 길쭉한 관으로 물을 흡입할 수 있는 동물이라고 단정하는 것과 같다. 코끼리는 코가 특징이라서 붙여진 이름이지만, 코가 코끼리를 대표할 수 없다. 코끼리의 코는 코끼리의 한 부분에 불과하다. 코끼리는 코뿐만 아니라 매우 특별한 어금니인 상아를 갖고 있고, 큰 귀로 날아다니는 코끼리 덤보가 있듯이 큰 두 귀가 있다. 파르테논 신전의 기둥과도 같은 네 다리가 있고, 채찍과 같은 꼬리와 매우 넓은 등과 튼튼한 엉덩이를 갖고 있다.

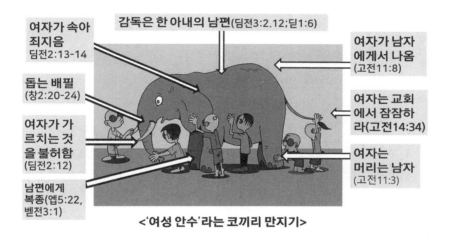

여자가 속아 죄지음
딤전2:13-14

감독은 한 아내의 남편(딤전3:2.12;딛1:6)

여자가 남자에게서 나옴
(고전11:8)

돕는 배필
(창2:20-24)

여자는 교회에서 잠잠하라(고전14:34)

여자가 가르치는 것을 불허함
(딤전2:12)

여자는 머리는 남자
(고전11:3)

남편에게 복종(엡5:22, 벧전3:1)

<'여성 안수'라는 코끼리 만지기>

● 위의 그림은 코끼리를 여성 안수에 비유하여 코끼리의 각 부분에 여성 안수에 관련된 성경 구절을 적용했다. 이 그림에서 꼬리는 여성 안수 논쟁에서 가장 많이 등장하는 "여자는 교회에서 잠잠하라"(고전 14:34)는 구절을 적용했다. 코끼리의 코는 코끼리의 한 부분이 분명하지만 코나 꼬리를 만진 사람이 코끼리를 긴 호스 같다거나 채찍과 같은 동물이라고 말한다면, 오류이다. 이런 QT식으로 성경을 해석함으로 적지 않게 문제가 야기된다.

• 필자의 로드 맵

● 아래의 표에 나타난 구절들을 여성 안수 문제를 분별할 수 있는 시금석과 같은 구절들이다. 여성 안수라는 중요한 문제를 대하면서 적어도 아래의 여덟 구절들의 공통적인 메시지를 체크하고 연구한다면, 성경이 말씀하는 원칙(principle)을 찾아 내는 데 도움이 될 것이다. 어떤 주제를 연구할 때 성경신학(Biblical theology)과 주경신학(Exegetical theology)을 기반으로 QST한다면 혹시 치우친 신학 사상과 세상의 철학과 문화의 영향을 받았을지라도 구명줄을 잡게 될 것이다.

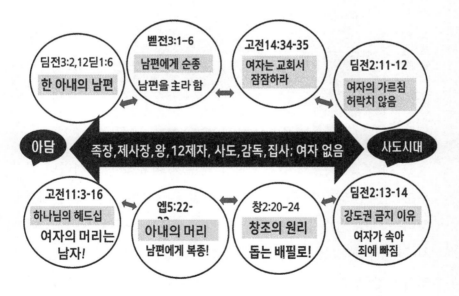

1. 김세윤 교수 견해, "성경편집설"

• "'여자는 교회서 잠잠하라'는 구절은 후대에 편집됐다"

김세윤 교수(미국 풀러신학교 신약학 교수)는 2004년 7월 5일 강남교회에서 총신대 신대원 여동문회(동문회장 채옥희 전도사)가 주최한 '성경에 나타난 여성의 역할'이라는 주제의 세미나에서 다음과 같이 주장했다.

'여자여 잠잠하라'는 구절은 고린도전서 14장 34절과 35절을 사본학적으로, 또 바울의 남녀 관계에 대한 가르침의 전체적 맥락에서 살펴봤을 때, 바울이 쓴 말이 아니고 후대에 쓰여 현재의 성경에 불안하게 삽입된 것이 확실하다.

그의 견해는 신학적으로 '성경편집설'이다. 이 학설은 성경이 성령의 감동으로 기록된 하나님의 말씀이라는 것을 부인한다. 모세오경을 모세가 성령의 감동으로 쓴 것을 부인하고 여러 가지 자료들을 수집해서 편집했다는 학설로서, 성경을 크게 오해한 학설이다. 김세윤 교수는 그의 강연 내용을 〈그리스도가 구속한 여성〉이라는 제목으로 출판했는데, 여성 안수를 허용하지 않는 보수 교단의 주장을 "복음적이지도 않고 성경적이지도 않고 남성 목회자가 자신들의 기득권을 유지하기 위해 성경의 일부만 선택해 제한적인 해석을 답습하고 있다"고 주장한다.

김 박사는 예수님의 부활을 처음 목격한 사람이 막달라 마리아라는 점을 주목해야 한다고 했다. 이뿐만 아니라 구약은 이스라엘 타락의 역사를 기술하고 있는데 그 역사가 여성 차별을 만든 것이고, 예수님이 오시면서 남녀차별은 없어진 것이나 마찬가지라고 주장했다. 이 주제는 뒤에서 따로 논증할 것이다. 김세윤 교수는 창조 기사는 남녀가 동등하게 지음 받았는데, 이스라엘 역사 속에서 여성은 완전히 사람 이하 대접을 받았고 이런 남녀차별, 여성 비하가 예수 시대에도 계승됐다고 주장한다. 김 박사는 신약의 예를 든다. 예수님이 부활하신 이후 막달라 마리아에게 먼저 나타난 점을 주목해야 한다. 보수적인 성경 신학자들은 이런 부분에서 예수의 의도를 읽어 내려 하지 않는다. 왜 안 읽을까? 예수님이 부활하신 이후 첫 모습을 드러낸 존재가 여성이라는 것은 남녀차별 없는 세상을 보이시기 위해 그렇게 하신 것이다. 세계적 신약학자 마르틴 헹엘은 이와 관련한 논문도 썼다.

부활하신 그리스도 안에서 새 창조질서에서는 옛 창조질서에 있던 세 가지가 없다. 인종·성별·신분의 차별이 없다. 바울이 그것을 갈라디아서 3장 28절에서 명확하게 설명하고 있다. 차별이 없다는 말은 우리가 타고난 것들이 다 무의미함을 뜻한다. 후에 성취한 것도 다 무의미하다. 공부를 많이 했다거나 부를 축적한 게 전부 무의미하다.

예수의 부활로 이 모든 것을 완전히 뒤집어엎었다. 예수의 제자들 중 예수 정신을 잘 이어 받은 사람이 바울이다. 그가 이 내용을 칭의의 복음으로 설명하면서 기술한 것이다. 그리스도가 구속하기 전에는 여자가 남자를 재산 1호 정도로 간주하는 등 타락의 질서가 계속됐다. 하지만 예수의 부활로 남녀 차별이 사라지는 새 질서가 시작된 것이다. 그래서 이 책 제목이 〈그리스도가 구속한 여성〉이다(출처: 뉴스앤조이, 김세윤 교수 '여성 안수 거부는 비복음적'이라는 글에서 인용).

2. 고전 11장 34절은 팩트(fact)

• "여자는 교회에서 잠잠하라"는 것은 팩트(fact)이다

"여자는 교회에서 잠잠하라"(Let your women keep silence in the churches)라는 구절은 매우 매우 난해한 구절 같지만, 단순한 구절이다. "단순하다"(simple)는 것은 말씀의 요지가 쉽다는 것을 의미한다. 이와 반면에 "난해하다"(esoteric)는 것은 우리들의 이성과 감성에 멀리 동떨어져 보이기 때문이다.

자칫 이 구절을 오해하면, 성경이 여성을 열등하다거나 비하하는 것으로 간주될 수 있다. 그래서 흔히 "남녀차별"(gender discrimination)이라고 주장하기도 한다. 대부분의 여성 안수를 주장하는 이들이 감정적으로 호소하는 것도 그 때문이다. 이런 원인에는 성경을 대하는 우리들의 부족도 있지만, 다른 한편으로 이 구절에 "보이지 않는"(invisible) 빙산이 상상을 초월하는 거대한 것이기 때문이기도 하다. 히브리서의 언급한 말씀과 같이 여성 안수에 대한 주제는 젖을 먹는 어린아이의 것이 아니라, 단단한 음식으로 상징된 '의의 말씀'(the word of righteousness)으로 장성한 자의 것이기 때문이다. 히브리서 5장 12-14절을 보자.

> 때가 오래 되었으므로 너희가 마땅히 선생이 되었을 터인데 너희가 다시 하나님의 말씀의 초보에 대하여 누구에게서 가르침을 받아야 할 처지이니 단단한 음식은 못 먹고 젖(milk)이나 먹어야 할 자가 되었도다 <u>이는 젖을 먹는 자마다 어린아이(a babe)니 의의 말씀(the word of</u>

righteousness)을 경험하지 못한 자요 단단한 음식은 장성한 자의 것이니 그들은 지각을 사용함으로 연단을 받아 선악을 분별하는 자들이니라(히 5:12-14)

● 여성 안수의 문제는 단단한 음식으로 의의 말씀이기 때문에 선악을 분별하는 문제이다. 김세윤 박사는 너무나도 명확한 구절인 "여자는 교회에서 잠잠하라"는 성경의 팩트를 부인할 수 없고, 그렇다고 받아들일 수도 없었다. 그 결과 여성 안수의 걸림돌이 되는 구절(고전 14:34-35)은 바울이 쓴 것이 아니라 후대에 어떤 사람이 삽입했다는 "성경편집설"을 주장했다. 그는 여성 안수라는 프루크루테스의 침대에 사람을 눕혀 놓고 침대를 벗어나는 머리와 발을 잘라버린 것과 같이 말씀을 편집해 버렸다.

● 성경의 첫 구절인 창세기 1장 1절의 "태초에 하나님이 천지를 창조했다"는 것이나, 신약의 중심 메시지인 "예수님이 십자가에 죽으신 후 사흘 만에 부활했다"는 것이 성경의 팩트(메시지)이다. 따라서 다른 어떤 해석으로도 원의(original meaning)를 바꿀 수 없다. 이와 동일하게 "여자는 교회에서 잠잠하라"는 것도 특정한 사람만 이해할 수 있는 난해한 것이 아니기 때문에 '말씀 그대로' 받아들이면 된다. 혹시 깊이 이해하지 못했다면, 성경에 심오한 의미가 있다는 것을 인지하고 충분한 시간을 두고 모든 성경을 연구하고 기도하면서 하나씩 찾아가면 된다. 사람의 이성은 대단한 것 같지만 '간장 종지' 같아서 하나님의 모든 것을 다 집어 넣을 수 있어야 믿는다는 것은 어리석은 일이다.

오늘날 단지 그것을 이해하지 못하는 신학자들과 목사들이 있기 때문에 성경해석이라는 이름 하에 자신의 생각과 사상에 맞게 각색한다. 성경의 팩트를 뒤바꾸는 해석은 성경해석이 아니라 편집하는 행위이다.

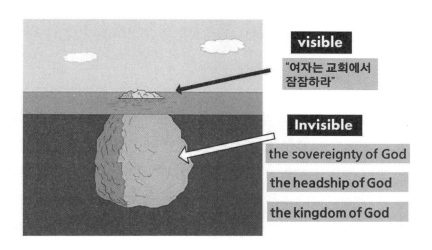

● 위의 그림은 바다에 떠 있는 빙산을 나타냈다. 비록 빙산이 작아 보여도 그것을 소홀히 여기는 항해사가 없다. 빙산은 두 부분이 있는데, 빙산의 '보이는 부분(visible)'이 전부가 아니라 바닷물 속에 잠겨있는 '보이지 않는 거대한 부분'(Invisible)이 있기 때문이다. 세계 최대의 유람선인 타이타닉호가 처녀 항해중 빙산과 충돌하여 침몰한 것은 잘 알려진 사실이다. 오늘도 성경을 항해하다가 빙산의 보이지 않는 부분을 간과하여 수많은 충돌사건이 일어나곤 한다. 여성 안수의 문제도 그 가운데 하나이다.

● 빙산의 두 부분이 있는 것처럼 성경에는 이와 같은 것들이 많이 있다. 여성 안수와 여성의 리더십 문제를 다루는데, "여자는 교회에서 잠잠하라"는 구절은 '보이는 부분(visible)'으로 매우 '작은 주제'로 보인다. 사람의 생각은 여자가 교회에서 잠잠하든지 잠잠하지 않든지 대수롭지 않게 여길 수 있다. 김세윤 교수는 오늘날 현대인들이 2,000년 전에 헬라 문화의 영향을 받은 글을 왜 그대로 받아들여야 하느냐는 의문을 제기한다. 그러나 이 문제의 '보이지 않는 부분'(Invisible)은 상상할 수도 없이 거대한 빙산과 같다.

● '보이지 않는 부분'은 거대한 주제로 한 가지로 설명될 수 없고, 적어도 다음의 세 가지를 포함한다. 이것은 따로따로 떨어져 있는 것이 아니라 서로 연관되어 있다. 빛의 삼원색은 '붉은색'과 '초록색'과 '파란색'으로 구성되는데 이 세 가지가 합쳐지면, '흰색'(white)이 되는 것과 같다. 색의 삼원색인 세 가지 색이 더해지면 '검정'(black)이 되는 것과 크게 대조된다.

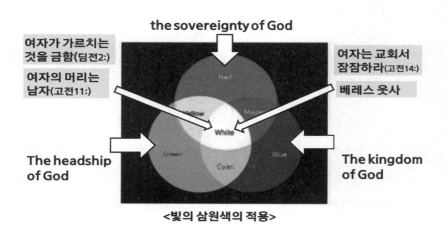

<빛의 삼원색의 적용>

- 하나님의 주권(the sovereignty of God)
- 하나님의 머리 되심(the headship of God)
- 하나님의 왕국(the kingdom of God)

(주: 왕국은 Basileia로서 장소적인 의미가 아니라 '통치권이 미치는 영역'으로서의 왕국을 뜻한다)

● 교회가 모여서 하나님께 예배드리고 찬송하고 섬기는 것은 일상적인 것으로 '보이는 부분(visible)'이라 할 수 있다. 불신자들도 신자들이 예배드리고 찬송하는 것을 볼 수 있다. 사람이면 누구나 알 수 있는 부분, '보이는 부분(visible)'이기 때문이다. 그런데 불신자들은 이것의 '보이지 않는 부분'(Invisible)은 인식하지 못한다. 불가능하다.

● 불신자들은 하나님이 살아계시며, 천지 만물을 창조하신 창조주이시고, 죄로 인해 영원히 죽을 수밖에 없는 우리들을 구속하시기 위해서 독생자를 이 땅에 보내시고 십자가에 죽으시며 사흘 만에 부활하시고 승천하셔서 오늘날 교회를 목양하시는 멜기세덱의 반차를 따른 대제사장인 것을 어찌 알 수 있겠는가? 성도가 예배드리고 섬기는 것의 근원에는 하나님의 주권(the sovereignty of God)과 하나님의 머리 되심(the headship of God)과 하나님의 왕국(the kingdom of God)이 있다.

● 하나님의 통치 안에서 살아가는 신자는 하나님의 말씀을 따라 예배하고 위엣 것을 바라고 살아간다. 그런데 구원받은 신자일지라도 하나님의 말씀을 알지 못하거나, 알아도 순종하지

않는다면 하나님 중심으로 살 수 없고 진리의 기둥과 터인 교회를 세우는 사람으로 살 수 없다. 하나님의 통치의 영역인 교회는 반드시 하나님의 말씀을 따라 예배하고 섬겨야 한다.

● 교회는 반드시 하나님의 머리 되심(the headship of God)이 나타나야 한다. 교회에서 사람의 머리 됨(the headship of human)이 나타나는 것은 엘리의 아들들이 블레셋과의 전쟁에서 하나님의 법궤를 가지고 나가면 승리할 수 있을 것이라 생각했는데, 그들의 기대와는 달리 전쟁에 패했을뿐만 아니라 법궤를 대적들에게 빼앗긴 것과 같이 끔찍한 일이다.

• 법궤를 붙잡으려다 죽임을 당한 웃사의 사례

● 다윗이 왕이 되어 예루살렘 성을 정복한 후에 첫 번째 한 일은 여호와의 법궤를 예루살렘으로 모신 것이다. 다윗은 기브온의 아비나답의 집에 있던 법궤를 예루살렘의 휘장 안에 들이기 위하여 백성들 가운데 선별한 삼만 명과 함께 내려갔다. 아비나답의 집에서 법궤를 모시고 나올 때 악기를 연주하며 기쁨으로 모시고 나왔다. 그런데 법궤를 모시고 오던 중 나곤의 타작 마당에 이르렀을 때에 예기치 못한 "돌발 상황"이 발생했다. 법궤를 모신 수레를 싣고 가던 소가 갑자기 뛰기 시작했기 때문이다.

● 타작 마당은 매우 평평하여 흔들릴 수 없는 곳이라는 것을 생각하면 기이한 일이다. 결국 법궤가 수레에서 떨어지는 돌발적인 상황이 눈앞에 벌어지자, 아비나답의 아들 웃사가 떨어지는

법궤를 막기 위해 법궤를 붙들었다. 보통 사람들의 관점에서 볼 때, 얼마나 선하고 훌륭한 처사인가!

웃사는 법궤가 땅에 떨어지면 손상이 될 것을 염려하여 선한 마음으로 행한 것이었다. 그런데 갑자기 그 웃사가 죽음을 당하고 말았다. 이것이 잘 알려진 대로 "베레스 웃사" 사건이다. 갑작스럽게 일어난 일이라 그 자리에 모였던 삼만 명은 크게 놀랐고 두려워했다.

막연히 두려움에 빠진 다윗은, 나중에(later) 그 원인이 자신에게 있다는 것을 깨달았다. 법궤를 옮기는 것은 개인의 집을 이사하는 것과 같은 일이 아니라 하나님의 일이었다. 하나님의 일은 "하나님의 법도(rule)"대로 섬겨야 한다. 비로소 다윗은 하나님의 법도대로 법궤를 옮기지 않았던 것을 깨달았다. 적어도 다윗이 깨달은 세 가지 원칙(principle)은 무엇인가?

첫째, 법궤는 소와 달구지로 모시는 것이 아니라 하나님께서 정하신 사람 즉 제사장과 레위인에 의해서 옮겨야 한다.

둘째, 법궤를 옮기는 책임은 레위인이라고 해서 누구든지 할 수 있는 것이 아니었다. 레위인 중에서도 므라리 지파와 게르손 지파는 할 수 없고, 오직 "고핫 자손"에게만 이 책임이 주어졌다.

셋째, 하나님께서 허락한 고핫 자손도 법궤를 직접 손으로 만질 수 없었다. 오직 법궤를 옮길 수 있는 '고리에 꿰인 채'만을 잡고 옮겨야 했다. 이런 법도들이 레위기와 민수기에 있다.

다윗은 그것을 알지 못하고 인간의 생각과 상식에 의존해서 새

수레에 잘 모시면 되리라 생각했다. 나중에(later) 다윗은 뒤늦게 이 하나님을 섬기는 원칙(principle)을 배운 후, 다시 법궤를 모시러 갈 때에는 율법의 규례를 따라 소가 아니라 레위인들을 구별한 후 그들의 어깨에 메고 오도록 행했다.

● 오늘날 논쟁과 이슈가 되는 여성 안수의 문제(실제로는 강도권의 문제)와 법궤를 옮기는 것은 다른 주제이지만 원칙은 동일하다. 하나님을 섬기고자 하는 사람이라면 반드시 '하나님이 정하신 원칙(principle)' 즉 '하나님의 말씀'을 따라 섬겨야 한다.

양자의 근원에는 '보이지 않는 부분'(Invisible)이 있다. 그것은 하나님의 주권(the sovereignty of God)과 하나님의 머리 되심(the headship of God)과 하나님의 왕국(the kingdom of God)이다. 오늘날 교회에서 '하나님의 통치'가 나타나려면 하나님의 정하신 법도와 원칙을 따라야 한다.

만일 이것에 무지하던지, 소홀히 한다고 하면 선한 마음으로 떨어지는 법궤를 손으로 잡은 웃사와 같은 일이 발생하게 될 것이다. 여성 안수 주장자들의 논리는 여성 상위 시대에, 여성들이 남성보다 하지 못하는 일이 없는데, 교회에서 "남녀 차별"을 한다고 감정적으로 호소한다.

이 문제는 하나님의 통치의 영역인 하나님의 왕국 안에 헤드십과 하나님의 주권이 맞물려 있다. '베레스 웃사'는 반드시 죽음을 가져온다. 이것은 작은 일이 아니라 매우 중대한 일이다. 그러므로 세상의 논리나 자신의 생각에서 벗어나 하나님의 말씀에 귀를 기울어야 한다. 하나님의 말씀은 무엇이라고 말씀하는가? 이것은 진리의 싸움이며, 영적인 싸움이다. 고전 14장 34절의 "여자는 교회에서 잠잠하라"는 구절은 "Part 5 신약에 나타난 남녀 리드십과 헤드십"에서 상세하게 다룰 것이다.

3. 타락과 딤전 2:11-14절 관계

● 디모데전서 2장 11-12절은 "여자는 일체 순종함으로 조용히 배우라 여자가 가르치는 것과 남자를 주관하는 것을 허락하지 아니하노니 오직 조용할지니라"라고 말씀한다. 성경에 대한 이해가 부족하면 성경도 오해하고, 하나님도 오해하곤 하는데, 여성 안수 주장자들이 그런 경우이다. 성경은 여자의 가르치는 것과 남자를 주관하는 것을 불허한 근원적인 이유를 말씀한다.

이는 아담이 먼저 지음을 받고 하와가 그 후며 아담이 속은 것이 아니고 여자가 속아 죄에 빠졌음이라(딤전 2:13-14)

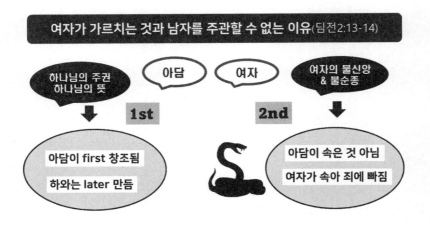

여자가 가르치는 것과 남자를 주관할 수 없는 이유(딤전2:13-14)

하나님의 주권
하나님의 뜻

아담

여자

여자의 불신앙
& 불순종

1st

2nd

아담이 first 창조됨
하와는 later 만듦

아담이 속은 것 아님
여자가 속아 죄에 빠짐

● 디모데전서 2장 11-12절은 교회 안에서 여자가 가르치는 것과 주관하는 것을 허락하지 않는다는 간단명료한 말씀이며 명령이다. 반드시 해야 하는 법령(Law)과 같다. 그런 이후 디모데전서 2장 13-14절은 여자가 가르치는 것과 주관하는 것을 허락하지 않는 근원적인 이유를 제시한다. 여자 안수 문제는 창세기의 사람의 창조와 연관되기 때문에 이해를 돕기 위해 간단히 언급했다. 이 주제는 Part 5 신약에 나타난 헤드십에서 자세히 논증할 것이다.

4. 창조에 나타난 남녀의 리더십 관계

• 김세윤 교수의 '돕는 배필'에 대한 견해

김세윤 박사는 그의 책 "그리스도가 구속한 여성"에서 돕는 배필에 대한 견해를 밝혔다.

> 한편 또 하나의 창조 기사인 창세기 2장 18-25절은 창세기 1장 26-31절과는 달리 하나님께서 여자를 아담의 갈비뼈로 창조했다고 하는데, 이렇게 아담에게서 여자가 나왔으니까, 아담의 몸의 일부니까 여자가 아담(남자)에게 종속되는 것이라고 보는 사람들이 있습니다. 벌써 창조 기사에서부터, 즉 타락 이전부터 남자에 대한 여성의 종속을 가리키는 것이 아니겠느냐고 해석하는 것입니다. 그런 사람들은 또 하나님께서 하와를 창조하시고 아담의 돕는 배필, 즉 반려자로 만들었으니, 아담이 주가 되고 여자는 아담을 돕는 부속적인 존재가 아니냐고 해석합니다. 그러나 사실 이런 해석들은 다 거꾸로도 해석이 가능합니다. 일반적으로 뭐든지 앞선 것이 우선하지만, 그 반대도 성립되기 때문입니다. 즉 성경적인 관점에 서 보면 뒤에 오는 것이 더 완성된 것이라는 개념도 있습니다. 창조 기사는 어떻습니까? 창조 기사에는 인간이 맨 나중에 창조됩니다. 그래서 모든 피조물들 가운데 인간이 제일 우월합니다. 이런 관점에서 보면 여자가 남자보다 나중에 지음 받았으니까 여자가 남자보다. 더 우월하다고 해석할 수 있습니다.
>
> 그래서 여성의 몸이 남성보다 더 복잡하고 정교한지도 모

릅니다. 이리하여 창세기 2장 18-25절을 근거로 남녀의 우월성 비교를 토론하기는 어렵습니다. 더군다나 '돕는 배필'이라는 말은 열등하다는 뜻을 나타내지 않습니다. 왜냐하면, 여기 '배필'이라 번역된 히브리어 네게드(neged)는 그냥 '상대자'를 뜻하고, '돕는' 이라 번역된 히브리어 에제르(ezer)는 '도움'(주는 자)이라는 뜻을 가졌는데, 구약성경에는 하나님이 이스라엘의 에제르, 즉 '도움'(주시는 분)이라는 문구가 가끔 나오기 때문입니다(예: 출 18:4; 신 33:7; 시 20:2). 그러므로 여기 창세기 2장 18절과 20절의 돕는 배필이 여자/아내의 남자/남편에 대한 열등성을 함축한다고 주장하려면 하나님이 이스라엘보다 열등하다고 주장해야 할 판인데, 이것은 말도 안 되는 것 아닙니까?

결론적으로 남녀 관계는 단어나 표현 몇 개를 피상적으로 또는 잘못 이해하여 논의할 것이 아님을 알 수 있습니다. 창세기 2장 18-25절을 제대로 해석하면, 우리는 남녀가 동질(같은 뼈와 살)의 존재들이고, 동등한(또는 서로 딱 맞는) 두 짝(배우자)들로서 더불어 하나를 이루고 서로 도우며 살도록 창조된 존재들임을 알게 됩니다(그리스도가 구속한 여성, 21-23쪽).

• 성경이 보여주는 남자와 여자의 창조

● 디모데전서 2장 11-14절에서 여자가 가르치는 것과 남자를 주관하는 것을 허락하지 않은 성경적인 이유는 하나님께서 사람을 창조하신 과정과 관계가 있다. 이것은 하나님께서 기쁘신 뜻 가운데 행하신 것으로 근원적인 것이다. 따라서 바뀌어질 수

도 없고 바꿀 수도 없다.

성령님께서 사도 바울을 통해서 아담과 여자의 창조를 언급한
것은 없는 사실을 비유적으로 하신 것이 아니다. 실제로 창조로부
터 시간과 온 우주가 시작될 때 있었던 일이다. 창세기 1장은 이
레 동안 대략적인 하나님의 창조를 기록한다. 그리고 창조의 핵심
인 사람의 창조에 대한 하나님의 상세한 계획을 창세기 2장에 기
록된다. 2장 7절 이하는 다음과 같이 말씀한다.

> 여호와 하나님이 <u>땅의 흙으로</u>(the dust of the ground) 사
> 람을 지으시고 <u>생기</u>(the breath of life)를 그 코에 불어 넣으
> 시니 사람이 <u>생령</u>(a living soul)이 되니라   여호와 하나님이
> 동방의 에덴에 동산을 창설하시고 그 지으신 사람을 거기 두
> 시니라 여호와 하나님이 그 땅에서 보기에 아름답고 먹기에
> 좋은 나무가 나게 하시니 동산 가운데에는 생명 나무와 선악
> 을 알게 하는 나무도 있더라(창 2:7-9)

● 디모데전서 2장에서 언급한 것처럼 아담을 만드시고 그를
에덴 동산에 두셨다. 피조물 가운데 하나님의 형상과 하나님의 모
양으로 창조된 존재는 아담(사람)이 유일하다. 사람의 몸에 속한
것은 '땅의 흙'으로 만든 것이고,

생기(the breath of life) 즉 하나님으로부터 온 생기가 들어가
"살아 있는 혼"이 되었다(개역 개정의 '생령'은 오역이다. 성경 원문을
문자 그대로 번역한 KJV은 'a living soul'로 번역했다).

● 여기서 우리가 주목할 것은 아담과 여자를 '동시에'(at the same time) 만드시지 않았다는 것을 분별하는 것이다. 그런 이후 18절 이하에는 사람(아담을 번역한 것)이 혼자 있는 것이 좋지 않으니 아담을 위하여 "돕는 배필"을 지을 것을 말씀한다.

여자의 다른 호칭은 "돕는 배필"(helpmeet)이다. 여성 안수 주장자들이 이런 명확한 팩트를 궁색한 해석과 변명으로 여자의 위치가 '돕는 배필'이라는 것을 부인하는 것은 비논리적이고 비성경적이다. 성경은 여자를 지은 목적을 다음과 같이 말씀한다.

> 여호와 하나님이 이르시되 사람이 혼자 사는 것이 좋지 아니하니 <u>내가 그를 위하여 돕는 배필을 지으리라</u> 하시니라(창 2:18)

● 이 말씀을 하신 이후 하나님은 각종 들짐승과 공중의 새를 데리고 가셔서 아담이 무엇이라고 이름을 짓는지를 보셨다. 아담이 각 생물들을 부르는 것이 그들의 이름이 되었다. 그런데 성경은 매우 특별한 반응을 보인다.

> 아담이 모든 가축과 공중의 새와 들의 모든 짐승에게 이름을 주니라 <u>아담이 돕는 배필이 없으므로</u> 여호와 하나님이 아담을 깊이 잠들게 하시니 잠들매 그가 <u>그 갈빗대 하나를 취하고</u> 살로 대신 채우시고 여호와 하나님이 아담에게서 취하신 <u>그 갈빗대로 여자를 만드시고</u> 그를 아담에게로 이끌어 오시니 아담이 이르되 이는 내 뼈 중의 뼈요 살 중의 살이라 <u>이것을 남자에게서 취하였은즉 여자라 부르리라</u> 하니라(창

2:20-23)

1) 여자는 아담의 돕는 배필 vs 하나님의 헤드십 관계

● 모든 생물의 이름을 지은 자는 여자가 아니라 아담이다. 그런데 성경은 또다른 관점을 보여준다. 왜냐하면, "아담이 돕는 배필이 없으므로"라고 하며 무언가 암시하고 있기 때문이다. 우리 관점에서 아담이 생물들의 "이름을 지은 것"(naming)과 "아담이 돕는 배필이 없다"는 것은 서로 연관성이 없어 보인다. 외적으로 명확히 드러나 보이지는 않지만 내적으로 하나님의 의도와 계획이 내포되어 있다.

이미 하나님께서는 아담을 위해 '돕는 배필'을 지을 것을 말씀하신 것도 그 때문이다. 그래서 하나님께서는 아담에게 모든 생물들을 이끌고 가서 이름을 짓게 하시면서, 또 한편으로 아담으로 하여금 무언가 그의 필요를 깨닫게 하실 의도를 갖고 계셨다. 아담은 그에게 오는 모든 생물에게 이름을 지어주면서 모두 '돕는 배필'(짝)이 있다는 것을 발견하고, 오직 자신만이 '돕는 배필'이 없다는 것을 깨달았다.

● 아담이 그 사실을 깨달은 후에 비로소 하나님께서는 아담을 잠들게 하고 그의 갈빗대를 취하여 여자를 만드셨고 아담에게 이끌어 오셨다. 창세기 2장을 통해서 남자와 여자를 창조하신 상세한 과정은 하나님의 뜻과 경륜을 보여준다. 여자가 '돕는 배필'이라는 것은 하나님이 정하신 것이다.

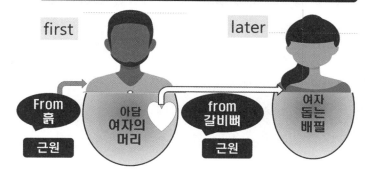

아담과 여자를 만드신 과정& 하나님의 창조의 경륜

first   later

From 흙   근원   아담 여자의 머리   from 갈비뼈   근원   여자 돕는 배필

● 위의 그림은 아담과 여자의 관계를 잘 나타낸다. 이 단어의 원문은 '에쩨르(ezer)'로서 개역 개정은 '돕는 배필'로, KJV, NASB, NKJV, RSV은 'helper'나 'helpmeet'로 번역했다. 모두 같은 의미로서 이 단어는 종속적인 의미를 내포한다. 종속적이라고 할 때, 심하면 '부정적인 느낌'을 갖던지, 아니면 적어도 '소극적인 뉘앙스'를 받는다. 그러기 때문에 부인할 수 없는 팩트임에도 받아들이기를 꺼려한다. 이런 우리의 감정은 아담과 여자를 창조하신 과정에 나타난 하나님의 경륜을 깨닫지 못했기 때문이다.

● 여자는 아담과 같이 '흙으로' 만들지 않고 아담의 갈비뼈로 만들었다. 그리고 하나님께서는 그들을 다시 '한 몸'이 되게 하셨다. 관점을 '종속 관계'에만 집중하지 말고, 그들이 본래 '한 몸'이었고 또한 '한 몸'이 되어야 한다는 것에 두면 시야가 넓어진다. 본래 '한 몸'이었고, 또한 결혼을 통해 '한 몸'이 된다는 것은 '전체 집합'에 해당하고, 아담의 갈비뼈로 여자가 만들어졌다

는 것은 그 가운데 '작은 부분'의 관계이다. 아담과 여자(하와)는 사람의 눈으로 볼 때 '두 사람'이지만, 하나님의 관점에서 볼 때 '한 사람'이다. 왜냐하면, 먼저 '한 사람' 아담만 만드셨고, 그후에 아담의 갈비뼈로 여자를 만들었지만 원래 '한 사람'이었기 때문이다. 그래서 하나님께서는 아담이 혼자 독처하는 것이 좋지 못한 것을 깨닫게 하시고, 아담을 위해 '돕는 배필'인 여자를 만드셨다. 그후에 결혼을 통해서 본래 하나로 돌아가 '한 몸'을 이루게 하셨다.

2) 여성 안수가 성경적이라면?

• 여자를 아담의 갈비뼈로 만들지 말아야 한다

● 여성 안수를 찬성하는 학자들의 견해를 들어보자. 린다 L. 벨빌(여성 리더십 논쟁의 4인 저자 중 한 명, 새물결플러스)와 김세윤 교수 등의 여성 안수 주장자들은 여성 안수의 정당성에 걸림이 되는 '돕는 배필'(helpmeet)에 담겨있는 종속적인 개념을 비평하고 부정한다. 비평은 성경의 진리를 찾는 데 필수불가결하지만, 이런 종류의 비평은 비논리적이고 비성경적인 해석이다. 성경의 팩트를 부정하는 해석은 더 이상 해석이 아니다.

● 어떤 사람이 '돕는 자'가 된다는 것은 그가 돕고자 하는 사람에게 종속된다는 의미를 내포한다. 음악의 삼화음에는 '으뜸화음'으로 불리는 1도 화음이 있고, 4도 화음으로 불리는 버금딸림 화음이 있고, 5도 화음으로 불리는 '딸림 화음'이 있다. '으뜸

화음'은 주(主) 개념이고, 버금딸림 화음과 딸림 화음은 부(副) 개념이다. 문장에 비유하자면, 아무리 긴 문장이라도 '주어'와 '서술어'가 있는 것과 같은 이치이다. 음악이나 문장의 이런 관계는 불평등하거나 불공정한 것이 아니라, 그 역할과 기능으로 조화롭고 온전하게 표현된다.

● 여자가 아담을 위해 지음을 받은 것과 여자가 아담의 '돕는 배필'로 지어진 것은 서로 일치한다. 아담은 '돕는 배필'인 여자에 대해 권위가 주어진다. 그러기 때문에 하나님께서는 아담을 여자보다 '먼저(first)' 만드신 후에, '나중에(later)' 아담의 갈비뼈로 여자를 만드셨다. 아담의 '근원'(source)은 하나님이시며 그의 몸의 근원은 '땅의 흙'이다.

이와 반면에 아담의 갈비뼈를 취하여 여자를 만드셨다. 즉 여자의 '근원'(source)은 '땅의 흙'(the dust of the ground)이 아니라 '아담의 갈비뼈'이다. 여자의 '근원'(source)은 아담이다. 여자가 아담의 갈비뼈로 만들어졌다는 것은 "여자의 근원이 아담"이라는 것을 가리킨다. 따라서 여자가 '아담으로부터 나왔다'(근원성)는 것은 여자가 '아담에게 속한다'(종속성)는 것을 의미한다. 아들과 딸들의 근원이 부모인 것처럼, 여자의 근원은 아담(남자)이라는 것이 성경의 팩트이다. 따라서 아담은 여자의 '근원'(source)으로서 종속성의 성격을 띤다.

● 린다 L. 벨빌(여성의 리더십 논쟁, 새물결플러스)과 김세윤 교수

(그리스도가 구속한 여성, 두란노)는 "여성 안수 거부는 비복음적"이고 "교회 안의 남녀차별"이라고 주장한다. 만일 그의 주장대로 이 문제가 비복음적이고 남녀차별이라면, 오늘날 여성안수를 실행하지 않는 교회들은 대단히 잘못된 길을 가고 있는 것이 된다. 그와 반대로 만일 여성 안수가 하나님의 말씀을 거스리는 것이라면, 여성 안수를 주장하는 사람이야말로 하나님의 뜻에 무지하여 하나님의 통치를 거부하는 결과가 된다. 따라서 여성 안수 문제를 논증하는데 "세상이 어떻고 어떻다"는 논리는 동이 서에서 먼 것처럼 성경과 관계가 없다.

오직 하나님의 말씀인 성경을 통해서 분별해야 한다. 세상 나라는 '세상의 법'을 따르고, 하나님의 나라(왕국)인 교회는 '하나님의 법'인 성경을 따른다. 세상은 하나님의 법을 따르지도 않고 소가 닭보듯 하는데, 오늘날 교회 안에 세상의 논리와 사상을 들여오기를 힘쓰는 사람들이 있다는 것은 기이한 일이다.

● 김세윤 교수가 여성 안수를 복음적이라고 주장하기 위해서 가장 먼저 해결해야 할 과제가 있다. 여자를 아담의 '돕는 배필'로 만들었다는 것도 해결해야 할 뿐만 아니라, 직접적으로 관계있는 '아담의 갈비뼈'를 취하여 여자를 만든 것을 해결해야 한다. 그러기 위해서는 아담을 '흙으로' 만드신 것처럼, 여자도 '흙으로' 만들었어야 한다. 그것도 '순서'(먼저와 나중)가 있는 것이 아니라 '동시에'(at the same time) 만드셔야 '차이성'(differenceness)이 없는 '평등성'(sameness)을 주장할 수 있다. 아래 그림은 여성 안수 주장자들이 아담과 여자를 만드신 것을 오해하는 경우를 나

타냈다.

여성 안수 주장이 성립되기 위한 2가지 조건

둘째 조건 ─ **'동시에' 만드셔야** at the same time

첫째 조건

오류

From 흙 → 아담

From 흙 → 여자

● 하나님께서 아담을 '땅의 흙으로'(the dust of the ground) 만드신 것은 아담의 몸의 근원이 땅이라는 것을 가리킨다. 그래서 성경은 사람을 '질그릇'이라고 부른다. 흙으로 만든 그릇인 사람은 연약하다. 그렇지만 하나님의 계획은 '질그릇' 안에 하나님의 보화를 담으신다. 이 보화는 다름이 아닌 '예수 그리스도'이시다.

● 우리가 알다시피 천사들은 매우 능력이 있고 사람보다 뛰어나지만, '흙'에 속한 부분이 없다. 비록 천사들이 하나님께 보냄을 입어 이 땅에서 임무를 수행할 때 사람과 같은 모습으로 나타났지만, 아담이 가진 '흙'의 본질은 없다. 사람은 '땅의 흙'에 속한 부분이 있기 때문에 '생육하고 번성하고 땅에 충만'할 수 있다. 그뿐만 아니라 아담의 갈비뼈로 여자를 만들지 않았다면 사람은 생육하고 번성할 수 없다. 여자를 만드신 것은 하나님의 명

령을 수행하는 데 없어서는 안 된다. 천사에게는 '땅의 흙'에 속한 부분이 없기 때문에 생육하고 번성할 수 없다. 하늘에 있는 천사들은 모두 하나님께 순종하기 때문에 생육하고 번성하지 않는다. 천사들의 본질은 '부리는 영'이다. 그들에게 사람과 같이 '땅에 속한 흙의 본질'이 없다.

● 무엇이든지 '근원자'(source)는 그에게로부터 나온 자(출생)에게 '권위'가 있다. 십계명 중 제 5계명은 "네 부모를 공경하라"고 말씀한다. 왜 하나님께서는 '네 부모'를 공경하라고 하셨는가? 그것은 부모와 자식의 특별한 관계에 기인한다. 이 세상의 어떤 자식도 '스스로'(oneself) 태어난 사람은 없다. 모두 그의 부모로부터 태어났다. 즉 머리끝부터 발끝까지, 머리카락의 한 터럭에 이르기까지 모두 부모의 것을 물려받았다. 부모가 부모인 까닭은 부모가 아들과 딸들의 '뿌리'(root)와 '근원'(source)이기 때문이다. 예를 들면, 아들이 부모보다 능력이 많고 세상적으로 성공했다 해서 아들과 부모의 관계가 바뀐다고 생각하는 사람은 아무도 없다. 부모자식 간의 관계를 바꿀 수 없는 것처럼, 남자와 여자의 관계도 동일하다.

● 아담과 여자의 관계의 기초는 "여자가 아담으로부터 나온 것, 갈비뼈로 만들어졌다"는 것이다. 여자의 근원(source)은 아담이다. 따라서 아담은 여자의 근원자로서 여자에 대하여 권위(authority)를 갖는다. 물론 이 권위는 세상적으로 생각하는 그런 권위와는 차원이 다르다. 머리와 몸은 유기적인(생명) 관계이기

때문이다. 하나님께서 이런 특별한 방법으로 아담과 여자를 만드신 것은 하나님의 정하신 것으로, 하나님의 주권(the sovereignty of God)이라 부른다.

● 시편 107편의 기자는 "여호와께 감사하라 그는 선하시며 그 인자하심이 영원함이로다"(1)라고 찬양했다. "God is good"이란 하나님이 선하시기 때문에, 하나님의 행하신 모든 것도 선하시다.

● 창조로부터 오늘날과 그리고 영원(forever)까지 하나님의 뜻은 항상 선하고(good) 아름답다(pleasant). 그런 까닭에 하나님이 여자를 아담의 '돕는 배필'로 만드신 것과 아담의 갈비뼈로 만든 것 또한 선하고(good) 아름답다(pleasant). 창조의 기록을 통해서 모든 하나님의 백성들에게 하나님의 선하신 역사를 증거하신다.

이것은 신약 성경에도 나타나는데, 고린도전서 11장 8절에서는 양자의 관계를 자세히 풀어준다. 첫째 흙으로 아담을 만드신 후, 갈비뼈로 여자를 만든 원칙을 말씀한다.

> 남자가 여자에게서 난 것이 아니요 여자가 남자에게서 났으며 또 남자가 여자를 위하여 지음을 받지 아니하고 여자가 남자를 위하여 지음을 받은 것이니(고전 11:8-9)

3) 여자는 '아담의 갈비뼈'로 vs 남자는 '흙으로'

여성 안수를 주장하는 김세윤 교수가 주장하는 대로 '동등성'(equality)이란 말보다 '평등성'(sameness)이라는 말이 적합하다. 그런데 '평등성'(sameness)이 있다고 해서 다른 방면까지 같다고 간주하는 오류를 범한다. 아담과 여자의 관계는 '평등성'도 있고, '차이성'(differenceness)' 혹은 '차별성'(distinctiveness)이 동시에 있다. 양자의 관계를 밴다이어그램으로 나타내면 다음과 같다.

● 여성 안수 주장자들은 아담과 여자가 동일한 '흙으로' 만들어졌기 때문에 '동등한 위치'에 있다고 주장한다. 여자가 '흙으로' 만들어졌다고 말하는 것은 절반의 진실이라 할 수 있다. 절반의 진실은 절반의 오류를 내포한다.

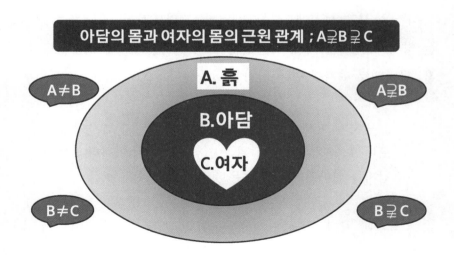

● 아담이 만들어진 것과 여자가 만들어진 '중요한 차이'(difference)가 있다. 즉 여성 안수 주장을 하기 위해서는 적어도 여자도 아담과 같이 '땅의 흙으로' 만들었어야 가능하다. 그들이 여자가 아담의 갈비뼈로 만들어졌다는 것을 간과하고 자신의 견해를 주장하는 것은 비논리적이다.

● 아담은 '땅의 흙'으로 만들어졌다. 집합 A는 '땅의 흙'을 가리킨다. 집합 A와 집합 B는 포함 관계에서 서로 같다고 말할 수 없다. 아담의 몸의 부분은 '땅의 흙'의 일부분이다. 집합 A에서 일부를 취하여 아담을 만들었다. 하나님께서 아담이 타락 후에 "흙으니 흙으로 돌아가라"고 한 것도, 그의 몸을 '흙으로' 만드셨기 때문이다.

● 하나님이 여자를 만드실 때, 아담과 같은 방법으로 만들지 않았다. 아담을 잠들게 하고 그의 갈비뼈를 취하여 여자를 만드셨다. '집합 B'는 아담을, '집합 C'는 여자를 가리킨다. 여자는 아담의 일부분인 '갈비뼈로' 만들어졌다. 아담과 여자는 같은 본질을 갖고 있기 때문에 '동질성'에서 일치한다. 동질성 면에는 'B=C'라고 할 수 있다. 하지만 밴다이어그램이 나타나듯이 포함 관계 'B=C'라고 할 수 없다. 왜냐하면, B는 C를 포함하지만, C는 B에 속하는 관계이기 때문이다, 즉 C(여자)는 B(아담)의 부분집합의 관계이다. 바꾸어 말하면 아담은 '근원'(source)이고, 여자는 아담의 일부인 갈비뼈의 위치에 있기 때문이다.

● 아담과 여자의 근원(source)에 차이가 있다. 아담의 몸은 직접적으로 '땅의 흙'이 '근원'이지만, 여자의 직접적인 근원은 '아

담의 갈비뼈'이다. 양자는 '근원'(source)이 다르다는 것은 양자의 차이(difference)이다. 이것은 여자가 전적으로 아담에게 속한다는 것을 의미한다. 원래 '한 몸'이었기 때문이다.

4) 아담을 여자보다 '먼저'(first) 만든 목적

● 왜 하나님께서는 아담과 여자를 '동시에'(at the same time) 만드시지 않았는가? 여자를 만들 때 아담과 같이 '땅의 흙'을 취하여 여자를 만들지 않으셨는가? 하나님은 공평하신 분이 아니신가? 왜 아담만 '땅의 흙'으로 만드시고, 여자는 아담과 같은 방법으로 만들지 않으시고, 아담의 갈비뼈로 만드셨는가? 신자라면 대부분 아는 사실이지만, 여기에는 하나님의 깊으신 뜻이 내재되어 있다. 하나님의 행하시는 모든 일에는 하나님의 주권과 깊은 뜻이 담겨있기 때문이다.

● 하나님께서 아담을 '먼저'(first) 지으시고 여자를 '나중에'(later) 만드신 목적은 무엇인가? 이 문제의 특별성을 드러내기 위해서 두 가지 경우의 수를 가정할 수 있다. 첫째는 여자를 '먼저'(first) 만드시고 '나중에'(later) 아담을 만드시는 경우인데, 그냥 상상에 불과하다. 둘째는 가능성이 더 높은 경우인데, 아담을 만드시면서 '동시에'(at the same time) 여자를 만드는 경우이다. 즉 다시 말하면 아담을 만들고 모든 생물을 아담에게 이끌어 이름을 짓게 하시는 것도 없고, 아담에게 '돕는 배필'이 없다는 것을 깨닫게 하시지도 않고, 아담을 잠들게 하지도 않고, 또한 아담

의 갈비뼈를 취하지도 것도 없이 '동시에'(at the same time) 아담과 여자를 만드시는 경우이다.

● 여성 안수 주장을 정당화 시키기 위해서 맞춤으로 각색한 시나리오에 불과하다. 하나님께서는 여성 안수 주장자들의 생각대로 하지 않으셨다. 따라서 그들의 주장은 오류 투성이이다. 만일 계속해서 이런 상상 속의 주장을 하기 위해서는 성경의 여러 가지 것들을 수정(correction)이나 삭제(delete)해야 가능하다. 이와 관련된 것들이 어떤 것들이 있는지 찾아보자.

• 하나님이 아담을 위해 '돕는 배필을 지으리라'는 구절이 수정되어야 한다.
• 하나님이 아담에게 모든 생물을 이끌어 이름을 짓게 하시면서, 모든 동물은 '짝'(돕는 배필)이 있는데 자신은 혼자 있다는 것을 깨닫게 하시는 과정을 수정해야 한다.
• "아담을 잠들게 하셨다"는 구절을 삭제해야 한다. 그런데 '아담의 잠듬'은 두 번째 아담이신 그리스도께서 십자가에 못 박히시고 로마 군병들의 창에 옆구리가 찔리셔서(아담의 옆구리가 열린 것을 상징) 죽으심(아담의 잠듬으로 상징)으로 "피와 물"이 나옴으로 죄인들을 구속하시고 '돕는 배필인 교회'를 얻으신 것을 보여준다.

● 여자라는 호칭은 아담의 갈비뼈를 취하여 만들어졌기 때문에 주어진 칭호이다. 따라서 여자가 아담의 갈비뼈가 아닌 '그냥 흙으로' 만들어졌다고 하면 '여자'(히, 잇샤, issa, woman)라 불릴 수 없다. 여자가 '여자'로 불릴 수 없다면, 무엇이라고 불러야 하

겠는가? 아담을 만들 때 흙에서 취했기 때문에 아담(히, adama, 붉으스름한, 흙)이라고 불렀고, 여자도 '흙'(히, adama, 흙)을 취해서 만들었으니 '동일하게' 아담이라고 불려야 한다. 그렇게 되면 하나님께서 두(two) 아담을 지으셨다는 결론이 된다. 이런 황당한 결론은 여성 안수 주장이 모순이기 때문에 야기된 것이다.

● 더욱 난감한 일이 있다. '여자'는 '잉태하는 태'를 가졌다. 영어의 woman은 'womb(자궁)+man(사람)'의 합성어로서 "자궁을 가진 사람"이 여자라는 의미이다. 호박에 줄을 그어놓는다고 수박이 되지 않듯이, 트랜스젠더가 성전환 수술을 해서 외모를 여자같이 바꿀 수는 있지만 여자의 잉태하는 생명이 없다. 성전환자에게는 여자(woman)가 가진 천부적인 능력 즉 생명을 잉태하는 'womb(자궁)'이 없다. 심지어 인공적으로 자궁을 만들었을지라도 그 자궁은 무정란과 같이 생명을 잉태할 수 없는 껍데기요 모조품(imitation)에 불과하다.

●하나님께서 아담의 갈비뼈로 여자를 만들지 않았다면, 아담은 "생육하고 번성하고 땅에 충만"할 수 없다. 만일 그렇다면 아담은 어떻게 생육하고 번성할 것인가? 오순절 성령이 임하고 사도 베드로의 증거를 들은 유대인들이 "형제들아 우리가 어찌할꼬?"(Men and brethren, what shall we do?)라고 탄식했다. 여성 안수 주장자들에게 "what shall we do?"라는 탄식이 없다는 것은 놀랄 일도 아니다.

●여성 안수 주장자들이 그들의 견해의 오류를 인정하지 않는다면, 생육하고 번성하지 못하는 근원적인 문제를 어떻게 해결할

것인가? 이것은 아담의 책임이 아니라 하나님의 책임이 된다. 하나님께서 'womb(자궁)'을 가진 여자(woman)를 만드시지 않고, 생육하고 번성하라고 했기 때문이다. 이런 심각한 결과를 받아들일 수 있는가?

- 고린도전서 11장 3절은 "여자의 머리는 남자"라고 말씀하는데, 이를 수정(correction)이나 삭제(delete)해야 한다.
- 고린도전서 11장 8절은 "남자가 여자에게서 난 것이 아니요 여자가 남자에게서 났다"라고 말씀한다. 이것 또한 수정(correction)이나 삭제(delete)해야 한다.
- 고린도전서 11장 9절은 "또 남자가 여자를 위하여 지음을 받지 아니하고 여자가 남자를 위하여 지음을 받은 것이니"라고 말씀하는데, 여성 안수 주장자들이 즐겨 말하듯이 "남자와 여자는 아무 상관이 없다"고 수정(correction)이나 삭제(delete)해야 한다.

● 이런 꼬리에 꼬리를 물고 이어지는 의문과 오류들이 발생하는 이유가 무엇인가? 여성 안수 주장자들이 하나님께서 '먼저'(first) 아담을 만드시고 '나중에'(later) 여자를 만드신 것과 여자를 아담의 갈비뼈로 만드신 것을 부정하기 때문이다. 그들의 주장을 합리화시키기 위해서 성경을 수정(correction)하거나 삭제(delete)해야 하는데 그것은 불가능하다. 만일 하나님이 천지를 창조하지 않고, 찰스 다윈의 가설과 같이 진화되었다면, 약간의(a little) 가능성이 있을지도 모른다.

5) '먼저'(first) 태어남과 헤드십

여성 안수 주장자들은 아담을 여자보다 '먼저(first)' 만든 것의 의미를 과소평가하든지 왜곡한다. 린다 L. 벨빌도 예외가 아닌데, 그의 책에서 다음과 같이 주장했다.

> 전통주의자(여성 안수 반대자를 가리킴)의 사고방식이 갖는 위험은 성경에 많이 등장하는 '먼저'(first)를 볼 때 특히나 분명해진다. 만일 하나님의 계획에서 '먼저'가 '리더'를 표시하는 것이라면, 예수보다 요한을 높이 받든 세례 요한의 추종자들(만다야 교도들)이 옳았다. 예수가 마리아에게 '먼저' 나타나셨으니, (베드로가 아니라) 마리아가 사도들의 수장이 되었어야 했다(막 16:9). (린다 L. 벨빌, 여성 리더십 논쟁, 새물결플러스, p.37)

● 김세윤 박사가 세례 요한과 예수님의 관계와 아담과 여자를 만든 관계를 동일시하는 것은 작아 보이지만 큰 오류이다. 아담을 여자보다 '먼저(first)' 만든 것과 예수님보다 세례요한이 '먼저(first)' 등장한 것은 '먼저(first)'라는 빙산의 일각과 같은 공통점이 있지만, 그 본질 즉 바다속에 숨겨진 본체는 전혀 다르다. 흔히 성경을 이런 식으로 해석하는 것을 'QT식 해석'이라고 할 수 있다. 'QT식 해석'이 모두 다 틀리다고 할 수 없지만, 'QT식 해석'은 대부분의 성경의 메시지를 도출하는데 실패할 뿐아니라, 성경의 근원적인 진리들을 발견하지 못한다. 그저 아전인수 격으로 해석할 수 밖에 없는 한계를 갖고 있다.

● 아담을 여자보다 '먼저'(first) 만든 것을 이해할 수 있는 동전의 이면은 여자를 아담과 같이 '땅의 흙'으로 만들지 않고, 아담의 갈비뼈로 만들었다는 것에 나타난다. 이것은 본질적으로 "여자는 아담에게 속했다"는 것이며, "아담이 여자의 근원이다"라는 것을 의미한다. 따라서 아담을 여자보다 '먼저'(first) 만든 것은 양자의 관계에서 아담이 여자의 '근원'(source)이라는 것을 의미한다. 만일 아담과 여자의 관계를 세례 요한과 예수님의 관계로 비교하자면, 예수님께서 세례요한의 아들로 태어나든지, 아니면 세례 요한의 갈비뼈로 예수님을 만드셨다면 가능하다.

세례요한이 예수님보다 '먼저'(first) 등장한 것은 그가 예수님보다 중요한 인물이었기 때문이 아니다. 오히려 그 반대로서, 예수님의 길을 준비하기 위함이다. 마가복음의 시작인 1장 1절 이하는 무엇이라고 말씀하는가?

> 하나님의 아들 예수 그리스도의 복음의 시작이라 선지자 이사야의 글에 보라 내가 내 사자를 네 앞에 보내노니 그가 네 길을 준비하리라 광야에 외치는 자의 소리가 있어 이르되 너희는 주의 길을 준비하라 그의 오실 길을 곧게 하라 기록된 것과 같이 세례 요한이 광야에 이르러 죄 사함을 받게 하는 회개의 세례를 전파하니(막 1:1-4)

● 세례 요한은 이사야의 예언과 같이 예수 그리스도의 길을 준비하기 위해서 보냄을 입었다. '내가'는 하나님을, '내 사자'(my messenger)는 하나님의 사자인 세례 요한을, '네 앞에'는 '예수 그

리스도'를, '그가'는 세례 요한을, '네 길'(your way)은 예수 그리스도께서 가실 공생애의 길을 가리킨다.

● 세례 요한이 예수님보다 '먼저'(first) 보냄을 입은 것은 '왕의 전령자'로서 죄 사함을 받게 하는 회개의 세례를 전파함으로 그의 길을 평탄케 하고 준비하기 위함이었다. 종으로 섬기는 자는 '먼저'(first) 가서 모든 준비를 해야 하기 때문이다.

●세례 요한이 그리스도의 길을 준비하기 위해서 태어날 때부터 순교를 당할 때까지 예수 그리스도의 신실한 종으로서 섬겼다. 따라서 아담을 여자보다 '먼저'(first) 만드신 것과 예수님보다 세례 요한이 '먼저'(first) 등장했다는 것은 이현령비현령식 해석의 대표적인 사례이다.

• 에서가 야곱보다 '먼저' 태어남

● '먼저'(first) 태어난 자의 지위와 권리를 보여주는 확실한 사례가 이삭의 쌍둥이 아들인 에서와 야곱이다. 이삭의 아내가 임신하지 못하므로 그를 위하여 여호와께 간구하였더니 여호와께서 그의 간구를 들으셨고, 리브가는 임신하였다. 그런데 태 속의 아들들이 서로 싸우는 것이었다. 너무 심각한 것을 깨달은 리브가는 난감하기 짝이 없어 어찌할 바를 모를 때 여호와께 기도하고 물었다. 성경은 여호와의 놀라운 응답을 다음과 같이 증거한다.

여호와께서 그에게 이르시되 <u>두 국민이</u> 네 태중에 있구
나 <u>두 민족이</u> 네 복중에서부터 나누이리라 이 족속이 저 족
속보다 강하겠고 <u>큰 자가 어린 자를 섬기리라</u> 하셨더라(창
25:23)

● 리브가의 태중에는 쌍둥이가 있었다. 쌍둥이라고 해서 '동
시에' 태어날 수 없었다. 일 이 분 간격일지라도 '먼저'(히, ree-
shone, 먼저, 첫째의, first) 태어나는 아들이 있고 '나중에'(later) 태
어나는 아들이 있다. '먼저'(first) 태어난 아들에게는 장자에게
주어지는 장자권이 주어진다.

● '먼저'(first) 태어난 아들은 몸이 붉고 전신에 털옷을 입었기
때문에 '에서'라는 이름이 주어졌다. '나중에'(later) 태어난 아우
는 손으로 에서의 발꿈치를 잡고 태어났다. 그래서 그의 이름을
"발꿈치를 잡은 자"라는 의미를 가진 야곱이라는 이름이 주어졌
다. 엄마의 태중에서 쌍둥이가 싸운 이유는 '먼저'(first) 태어나
기 위한 것이었다. '

먼저'(first) 태어나는 것이 중요한 이유는 먼저 태어난 장자에
게 장자권이 주어지기 때문이다. 태어나는 순간까지 야곱은 '먼
저'(first) 태어나는 자에게 주어지는 장자권을 갖기 위해서 에서
의 발꿈치를 잡아 제치고 태어나려고 했다. 야곱이 에서의 발꿈
치를 잡고 태어났다는 것은 에서와의 출생의 차이가 '몇 초의 차
이'라는 것을 의미한다. 이 간발의 차이로 야곱은 장자권을 얻지
못했고 에서에게 돌아갔다.

• 출생의 순서와 모순되는 하나님의 말씀

● 출생의 순서와 모순되는 하나님의 말씀이 있다는 것을 주목해야 한다. 그것은 "큰 자가 어린 자를 섬기리라"는 것이다. '큰 자'는 '먼저'(first) 태어난 에서를 가리키고, '작은 자'는 '1-2초'에 불과하지만 '나중에'(later) 태어난 야곱을 가리킨다.

● 에서가 '큰 자'로 불렸기 때문에 태어날 때 키가 컸다는 의미가 아니다. '큰 자'로 번역된 것은 히브리어 'rab(라브)'로 "(양, 크기, 나이, 수, 지위에 있어서) 큰, 많은, 우두머리, 족장"을 의미한다. 그래서 원문을 '문자 그대로' 번역하는 KJV은 "the elder, the older"로 번역했다. 따라서 '큰 자'는 체격이나 신장과 관계없이 태어남의 순서인 '장자'의 의미이다. 야곱을 가리키는 단어가 에서를 가리키는 '큰 자'에 대비하여 '작은 자'로 번역되지 않고 '어린 자'로 번역된 것은 적절하다. '어린 자'에 해당하는 히브리어는 'tsaweer(짜이르)'로서 "작은, 사소한, 어린"의 뜻으로 창세기 콘텍스트에서는 '어린'이 적절하다. KJV은 "the younger"로 번역했다.

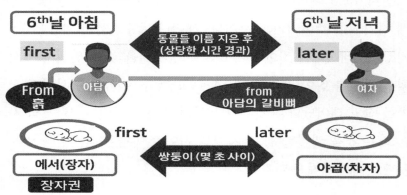

● 위의 그림은 아담과 여자를 만들 때의 두 가지 차이와 이삭의 유명한 두 아들이며 쌍둥이로서 에서가 야곱보다 '1-2초'(표현하자면) 차이로 '먼저'(first)로 태어난 것을 나타냈다. 에서와 야곱은 부자지간이 아니라 동일한 부모를 둔 형제간이다. 그들의 차이는 1-2년의 터울이 있는 것도 아니고, 불과 '1-2초'의 차이로 '장자와 차자'가 정해졌다. '먼저'(first) 태어난 에서에게는 장자권이 주어졌다. '먼저' 태어난 자에게 특별한 지위가 있다.

● 아담과 여자의 경우는 어떠한가? 하나님이 '먼저'(first) 아담을 '흙으로' 만드시고, 아담이 모든 동물의 이름을 지어주었다. 이것은 상당한 시간이 흘렀다는 것을 의미한다. 그런 후에(later) 여자를 만들었다.

하와의 영어식 표현이 "Eve"인 것은 여자가 여섯째 날 저녁 무렵에 만들어졌기 때문에 붙여진 호칭이다. 간과하지 말아야 할 것은 여자를 아담과 같이 '흙으로' 만들지 않고, 아담의 갈비뼈로 여자를 만들었다는 사실이다. 여자의 근원은 '아담'이다. 근원적으로 아담과 여자는 하나님으로부터 나왔다는 것에는 동일하다. 그러나 아담과 여자의 차이는 '시간적인 차이'만 아니라, 그 내용에 있어서 여자는 "아담으로부터" 나왔다. 즉 아담의 '근원'(source)은 '하나님과 땅의 흙'이고, 여자의 근원은 '하나님과 아담'으로 차이가 있다. 양자를 만드신 분이 하나님이라는 것은 '공통점'으로 '평등성(sameness)'이다. 그러나 그들의 근원(source)이 다르다는 것은 '차이성'(differenceness)의 문제이다.

● 리브가는 하나님의 응답을 통하여 하나님의 뜻이 '어린 자'인 야곱이 장자인 에서를 섬기는 것이 아니라 장자인 에서가 어린 자인 야곱을 섬기는 것임을 알았다. 그렇다면 "왜 하나님께서는 야곱을 장자로 태어나게 하지 않으셨는가?"라는 의문을 갖지 않을 수 없다. 에서는 출생의 순서로 장자권이 주어졌다. 그러나 팥죽 한 그릇에 장자권을 팔았고, 야곱은 장자권을 얻었다. 이것은 하나님의 방법에 의한 것이 아니라 인간의 방법으로 인한 것이었기 때문에, 야곱은 수많은 고난과 역경을 겪으며 하나님의 사람으로 변화해야 했다. 이 주제는 본 주제가 아니기 때문에 더 언급하지 않겠다.

● 여성 안수 주장자들은 아담을 여자보다 '먼저'(first) 만드신 것에 하나님의 뜻과 경륜이 내재되어 있다는 것을 의도적으로 외면한다. 사실 부모와 자식 간의 관계에서 부모에게 권위가 주어진 것은 자식들이 부모로부터 나왔기 때문이다. 부모는 자식의 '근원'(source)이기 때문에 "네 부모를 공경하고 순종하라"고 하신 것이다. 자식이 부모보다 지식이 많고 사회적인 지위가 높다고 하더라도 부모와 자식의 관계를 바꿀 수 없다. 이것을 세상에서 '천륜'이라고 하는데 '혈연'과 '출생의 관계'를 가리킨다.

● 이런 관계는 에서와 야곱에게 나타나듯이 '형제간의 관계'에도 동일하다. 형과 아우의 관계는 부모와 관련 있는 '근원'(source)의 문제가 아니라, 전적으로 누가 '먼저'(first) 태어났

느냐에 따라 결정된다. 따라서 여성 안수 주장자들이, 아담이 여자보다 '먼저'(first) 만들어진 천부성을 간과하고, 아담과 여자가 "평등하다"(sameness)는 근거로 삼는 것은 비논리적이고 비성경적이다.

6) '평등성'과 '차이성'에 대한 김세윤 박사의 오류

• sameness와 differenceness

김세윤 교수는 그의 책 "그리스도가 구속한 여성"의 서두에서 여성은 하나님의 형상을 따라 지음 받은 존재라고 정의했다. 그의 주장은 다음과 같다.

> 구약성경과 신약성경 모두 남녀의 동등을 가르치는 구절들도 있고, 여성의 남성에 대한 열등과 종속을 가르치는 구절들도 있습니다. 우선, 구약성경의 경우 대표적으로 창세기 1장 26-31절까지의 <u>창조 기사에 남녀의 "동등성"이 잘 나타납니다.</u> 그 구절은 하나님께서 인간을 자신의 형상대로 지으셨다고 천명하고 있는데, 그냥 '인간'이라고만 하지 않고 남자와 여자라고 부연함으로써 <u>남자와 여자 공히 자신의 형상대로 지으셨음을 명백히 하고 있습니다.</u> 이것은 굉장히 중요한 창조의 원리에 대한 천명입니다. 남자는 100% 하나님의 형상대로 지음 받았고 여자는 95%만 하나님의 형상대로 지음 받았다는 의미가 아니라, 남자와 여자 모두 똑같이 온 우주의 절대적 존재인 하나님 그분의 형상으로 지음받았다는 말입니다.

여기서 '하나님의 형상을 따라'는 하나님과 비슷하다는 뜻을 내포합니다. 하나님의 모양을 따랐다는 (in the likeness of God) 뜻입니다. 이보다 더 분명히 남녀의 "동등성"을 천명하는 구절은 없습니다. 하나님께서는 남자와 여자 공히 자신과 비슷하게 지으셨고, 그래서 공히 자신을 대표할 수 있는 권세를 주셨습니다(김세윤, 그리스도가 구속한 여성, 두란노, p.15-16).

● 필자의 견해로는 김 박사가 말하는 동등성(equivalence)이라기보다 평등성(sameness)이 적합하다. 남자와 여자 모두 하나님의 형상으로 지음 받았고, 동일한 축복을 받았는 것에 이의를 제기할 사람은 아무도 없다. 그런데 김 박사는 다음과 같이 주장하므로 여성 안수의 근거로 삼는다.

남자에게만 하나님의 부왕 노릇 하라고 한 게 아니고 남녀 똑같이 한 것입니다. 그렇다면 이보다 더 명백히 인간의 남녀 "동등성"을 천명하는 신학적 언명은 없는 셈입니다(김세윤, 그리스도가 구속한 여성, 두란노, p.18).

● 위의 인용된 김세윤 박사의 '동등성'이란 말은 약간의 오류를 내포한다. 그가 말하는 '동등성'(equivalence)은 '평등성'(sameness)이라는 것이 적확한 표현이다. "동등성"이라는 단어는 오류를 포함하지만 '평등성'(sameness)이라면 문맥과 일치한다. 그의 가장 큰 오류는 아담과 여자와의 "차이성"(differenceness 혹은 구별성)은 제외한 채, "평등성"을 의미하는 하나님의 형상만을 언급한 데 있다. 그의 오류가 무엇인지 각 항

목들을 살펴보자.

- 그는 여자를 남자의 '돕는 배필'(helpmeet)로 만든 것을 부정한다. 아담과 여자의 관계를 보여주는 기록인 "여자의 머리는 남자"(고전 14:34)이라는 말씀과, 고린도전서 11장 9절 "또 남자가 여자를 위하여 지음을 받지 아니하고 여자가 남자를 위하여 지음을 받은 것이니"라는 말씀은 일치한다. 여자가 아담을 위한 '돕는 배필'로 만들어졌다는 것은 아담과 여자의 "차이성(differenceness)"이다.
- 그는 아담이 여자보다 '먼저'(first) 만들어졌다는 것을 부정한다. 창세기의 기록뿐만 아니라, 고린도전서 11장 8절은 "남자가 여자에게서 난 것이 아니요 여자가 남자에게서 났으며"라고 말씀한다. '먼저'(first) 만들어진(태어난) 자에게 권위(authority)가 있다. 아담을 여자 보다 '먼저' 만들었다는 것은 아담과 여자의 "차이성"(differenceness)을 의미한다.
- 그는 여자를 아담과 같이 '흙으로' 만들지 않고, 아담의 갈비뼈로 만들었다는 것을 간과했다. 그 결과 아담과 여자의 "차이성"(differenceness)을 간과했다. 아담과 하와는 모두 하나님이 근원이라는 것만을 보고, 아담의 근원이 '흙'인 반면에, 여자의 '근원'(source)은 '아담'이라는 사실을 간과했다. 아담과 여자를 만든 '재료'(material)가 다른 것은 아담과 여자의 "차이성"(differenceness)을 나타낸다.

● 아래의 밴다이어그램은 남자와 여자관계의 '평등성'(sameness)과"차이성"(differenceness)의 관계를 나타낸다.

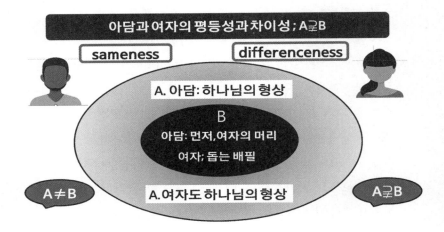

• 밴다이어그램의 의미

● '집합 A'는 '넓은 부분'으로서 하나님의 형상에 대한 것은 '집합 A'로서, 남자와 여자가 동일하게 포함된다. 남자와 여자는 동일한 하나님의 형상을 갖고 있다. '집합 A'는 남자와 여자의 '평등성'을 가리킨다.

● '집합 B'는 '집합 A'보다 '좁은 부분'으로서 아담(남자)과 여자의 "차이성(differenceness)"을 나타낸다. '차이성'(differenceness)이란 아담과 여자의 기능적인 차이를 의미한다.

● '집합 A'와 '집합 B'는 동일하지 않다. 즉 A≠B이다. 김 박사는 양자를 동일시하여 아담과 여자의 차이를 나타내는 '집합 B'의 요소들을 간과했다.

● A≠B와 A⊃B는 내용상 모순되지 않고 일치한다. 즉 아담과 여자의 '차이성'(differenceness)과 '하나님의 형상'이 있다는 것은

모순되지 않는다. 그들은 원래 아담 즉 '한 사람'이었는데, 생육하고 번성케하기 위해서 아담의 갈비뼈로 여자를 만들었고, "그의 아내와 합하여 둘이 한 몸을 이룰지로다"(창 2:24)고 하셨다. 그들은 원래 '한 사람'이었다.

● '집합 A'는 남자와 여자에게 공통된 것으로, 다른 모든 생물과 대비된다. 이것이 사람이 가진 독특성과 고유성이다. 남자와 여자 모두 하나님의 형상대로 만드신 것은 하나님의 왕국(the kingdom of God) 안에서 하나님의 통치와 하나님의 머리 되심(the headship of God)을 나타낸다.

남자와 여자를 하나님의 형상으로 만들었기 때문에 모든 생물들을 다스릴(통치) 수 있다. 왜냐하면, 남자와 여자는 하나님께 다스리는 권세를 받았을 뿐 아니라 '내적으로도' 하나님의 형상이 있기 때문이다.

'하나님의 형상'에는 반드시 '하나님의 권위'(authority)가 있다. 따라서 남자와 여자가 동일하게 하나님의 형상(the image of God)으로 만들어진 것은 '모든 생물들'에 대한 하나님의 통치와 하나님의 헤드십(the headship of God)을 나타낸다.

● '집합 B'와 '집합 A'는 간과할 수 없는 차이가 있다. 남자와 여자의 '차이'(differenceness)로서, 남녀 관계를 통해서 하나님의 통치와 하나님의 헤드십(the headship of God)이 나타난다. 만일 그렇지 않다면 로마 시대의 삼두체제처럼 혼란을 가져올 수 있다

(이것은 너무도 분명하다). 이렇게 말할 수 있는 근거는 하나님께서 아담과 여자를 '동시에'(at the same time) 만들거나, 동일한 '흙으로' 만들지 않은 것으로도 알 수 있다. 남자와 여자를 창조하신 순서와 과정에는 '차이성'(differenceness)이 나타난다.

● '집합 B'는 양자의 '순서의 차이'(시간적)를 가리킨다. 아담을 여자보다 '먼저'(first) 만드신 것은 아담과 여자와의 관계에서 아담에게 '머리 됨'(headship)을 부여한 것과 일치한다. 만일 아담에게 '돕는 배필'이 필요하다고 하시면서, 여자를 '먼저'(first) 만드셨다면 그것은 혼돈(chaos)이다. 형제들 간에도 아우가 형에게 순종하는 것은 자신보다 '먼저'(first) 태어났기 때문이다.

● '집합 B'는 남자와 여자를 만드신 의도와 목적 방면을 보여준다. "여호와 하나님이 이르시되 사람이 혼자 사는 것이 좋지 아니하니 내가 그를 위하여 돕는 배필을 지으리라 하시니라"(창 2:18)고 하신 것은 여자를 만든 목적이 아담을 위한 '돕는 배필'로 만들었고, 아담이 '여자의 머리'(headship)라는 것을 가리킨다. 그렇게 하신 목적은 고린도전서 11장 3절에 명확히 제시된다. 남자의 머리 됨을 통해서 그리스도의 머리 되심이 나타나고, 그래야 하나님의 머리 되심(the headship of God)이 나타나기 때문이다.

● '집합 B'에서는 남자의 근원과 여자의 '근원'의 '구별성 혹은 '차이성'(differenceness)이 나타난다. 여자를 '아담의 갈비뼈'로 만든 것은 아담이 여자의 '근원'(source)이기 때문이다. 여자

의 근원이 되는 자로서 아담에게는 '머리 됨'(headship)이 부여된다. 이것은 '후천적'인 것이 아니라 '선천적'이고 '천부적'인데, 하나님께서 부여한 것이기 때문이다. 이것은 변함이 없는 창조의 원칙이다. 부모가 자식들에게 권위를 갖는 것은 자식의 '근원'(source)이기 때문인 것처럼, 남자가 여자의 근원인 것도 동일하다.

7) 하나님이 에덴 동산을 경작케 한 사람
- **not 여자 but 아담**

아담과 여자의 '차이성'(differenceness)은 에덴 동산을 경작하고 지키게 한 것에도 나타난다. 창세기 2장 15절은 이렇게 말씀한다.

> 여호와 하나님이 <u>그 사람을</u> 이끌어 에덴 동산에 두어 <u>그 것을 경작하며 지키게</u> 하시고(창 2:15-17)

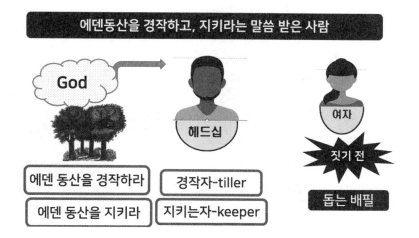

에덴동산을 경작하고, 지키라는 말씀 받은 사람

God

헤드십

여자

짓기 전

에덴 동산을 경작하라   경작자-tiller

에덴 동산을 지키라   지키는자-keeper

돕는 배필

● 하나님이 이끈 "그 사람"은 흙으로 만들어진 아담을 가리킨다. 하나님은 아담에게 에덴 동산을 경작하게 하고 지키게 했다. 이때는 여자가 만들어지기 전이었기 때문에, 여자는 에덴 동산을 경작하라는 말씀과 또한 지키라는 말씀도 듣지 못했다. 이것이 아담과 여자의 '차이성'(differenceness)으로 아담에게 '헤드십'이 있다는 것을 보여준다.

8) 선악과를 먹지 말라는 말씀을 받은 자
• not 여자 but 아담

하나님께서는 선악을 알게 하는 나무의 열매를 먹으면 죽으리라는 말씀을 하셨고, 대개 아담과 여자에게 말씀하셨다고 생각한다. 그러나 성경은 우리들의 생각과 다르다. 창세기 2장 16-17절은 말씀한다.

> 여호와 하나님이 <u>그 사람</u>에게 명하여 이르시되 동산 각종 나무의 열매는 <u>네가</u> 임의로 먹되 선악을 알게 하는 나무의 열매는 먹지 말라 <u>네가</u> 먹는 날에는 반드시 죽으리라 하시니라(창 2:15-17)

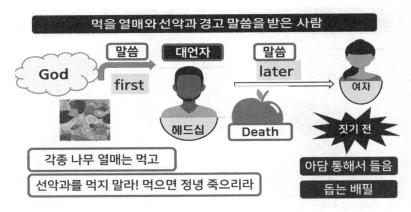

● 에덴 동산에서 먹을 수 있는 과일과 먹지 말아야 할 선악을 알게 하는 나무의 열매에 대한 금령의 말씀을 통해서도 아담과 여자의 '차이성'(differenceness)이 나타난다.

● 선악과를 먹으면 죽을 것을 경고하신 것은 여자를 만들기 전이었다. 따라서 여자는 말씀을 직접 들을 수 없었다. 우리는 하나님께서 다소 공정하지 못한 것같이 생각해서, 아담과 여자가 함께 있을 때에 말씀하는 것이 좋다고 생각할 수 있다. 이것은 하나님께서 창조하신 모든 과정에 그분의 기쁘신 계획과 목적에 둔감하기 때문이다.

● 하나님은 아담을 헤드십을 가진 '머리'로 세우시고, 그에게 '돕는 배필'(helpmeet)을 지을 것을 계획하셨다. 하나님은 헤드십을 가진 아담에게 '먼저'(first) 말씀하셨고, 여자를 '나중에'(later) 만드시고 아담으로 하여금 그의 돕는 배필에게 하나님의 말씀을 전하도록 하셨다. 이것이 하나님의 통치 질서이다. 에덴 동산에서 먹을 수 있는 것과 선악과를 먹지 말하는 금령의 말씀을 아담에게는 '직접'(directly) 주신 반면, 여자에게 말씀하시지 않은 것은 양자의 '차이성'(differenceness)이다.

● 여자는 아담을 통하여 하나님의 경고의 말씀을 들었다는 증거를 찾아보자. 창세기 3장 1-2절은 뱀이 여자를 유혹하고, 여자가 대답하는 장면을 기록한다.

그런데 뱀은 여호와 하나님이 지으신 들짐승 중에 가장 간교하니라 뱀이 여자에게 물어 이르되 하나님이 참으로 너희에게 동산 모든 나무의 열매를 먹지 말라 하시더냐 여자가 뱀에게 말하되 동산 나무의 열매를 우리가 먹을 수 있으나 동산 중앙에 있는 나무의 열매는 하나님의 말씀에 너희는 먹지도 말고 만지지도 말라 너희가 죽을까 하노라 하셨느니라 (창 3:1-2)

● 여자는 뱀에게 동산 나무의 열매를 먹을 수 있는 것과 동산 중앙에 있는 나무의 열매를 먹으면 죽을까 한다고 대답했다. 이것은 여자가 먹을 것과 먹지 말아야 할 것을 알고 있음을 의미한다. "하나님의 말씀에..."라고 했기 때문에 하나님께서 직접 말씀하셨다고 단정할 수 있지만, 아담으로부터 들었다는 것을 가리킨다. 예언자들이 하나님이 백성에게 전한 것이 "대언"이듯이, 아담도 스스로 안 것이 아니라 하나님께서 말씀하셨기 때문에 알았고, 아담은 헤드십을 가진 자로서 '돕는 배필'에게 전했다(대언).

● 여자는 선악과에 대한 말씀을 확실히 알지 않았고, 오늘날 성경편집설을 주장하는 자들과 같이 편집을 했다. 즉 "먹지 말라"고 한 것은 "먹지도 말고 만지지도 말라"로 편집했고, "반드시 죽으리라"는 말씀을 "죽을까 하노라"라고 편집했다. 역사상 하나님의 말씀을 최초로 '편집한 원조'(origin)는 여자(woman)였다.

● 아담과 여자가 동산에서 "먹을 수 있는 것"과 "먹지 말아

야 할 것"을 지키는 것은 하나님의 주권(the sovereignty of God)과 헤드십을 나타내는 유일한 길이었다. 이것을 아담에게 말씀하시고, 여자(돕는 배필)에게는 아담을 통해서 말씀하게 하신 것은 아담에게 헤드십이 있고, 여자가 '돕는 배필'이기 때문이다. 아담은 하나님의 말씀을 처음으로 대언한 최초의 선지자(prophet, 대언자)였다. 아담이 하나님으로부터 말씀을 직접(directly) 들었던 반면, 여자는 아담을 통해서 들은 것은 아담과 여자의 '차이성'(differenceness)이다. 여성 안수 주장자들은 아담과 여자의 '차이성'을 간과하고 '평등성'만을 언급하는 것은 좌로 치우친 것이다.

9) 모든 생물의 이름을 지은 사람의 헤드십
• not 여자 but 아담

여호와 하나님이 흙으로 각종 들짐승과 공중의 각종 새를 지으시고 아담이 무엇이라고 부르나 보시려고 그것들을 그에게로 이끌어 가시니 아담이 각 생물을 부르는 것이 곧 그 이름이 되었더라(창 2:19)

● 하나님 창조하신 모든 생물들의 이름을 짓는 것에도 아담과 여자의 '차이성'(differenceness)이 나타난다.

● 하나님이 창조하신 모든 생물의 이름을 지은 것은 하나님이 아니라 '아담'이다. 아담과 여자는 '함께'(together) 이름을 짓지

않았다. 이름을 짓는(naming) 것은 사소해 보이지만 매우 근원적인 의미를 갖는다. 가정에서도 아들과 딸이 태어나면 이름을 짓는다. 아무도 태어난 아들과 딸이 스스로 이름을 짓는 경우는 없다. 모두 그 아버지와 어머니, 아니면 할아버지와 할머니가 이름을 짓는다. 이름을 짓는 것은 자식의 '근원'(source)이 되는 부모가 갖는 고유한 권리이다. 이름을 짓는 것은 단순해 보여도 천부적으로 부모에게 주어진 '권위'(authority)이다.

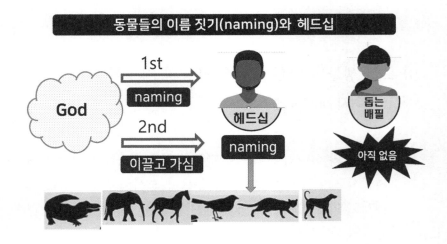

● 창조 이후 '최초로'(the beginning of the world) 모든 생물의 '이름을 짓는'(naming) 권위를 가질 수 있는 분은 하나님밖에 없다.

● 하나님은 창조주로서 모든 생물의 이름을 짓지 않았다. 그

권한을 아담에게 위임하셨다. 여자에게 위임하시지 않았다. 이것을 통해서 하나님의 왕국(the kingdom of God) 안에서의 하나님의 통치와 하나님의 머리 되심(the headship of God)을 본다. 아담을 통해서 모든 생물을 다스리고 정복하게 하셨기 때문이다. 여성 안수 주장자들은 양자의 '차이성'을 애써 외면한다.

● 여자는 모든 생물의 이름을 짓는 일(naming)에 참여하지 못했다. 이때는 여자를 만들기도(태어나기도) 전이었기 때문이다. 물론 이것은 모든 생물에 대한 다스리는 권세가 아담에게만 있고 여자에게 없다는 것을 의미하지 않는다. 아담과 여자 모두 다스리는 권세가 있지만, 여자의 '근원'(source)은 아담이기 때문에, 아담의 머리 됨 안에서 돕는 배필로 참여한다. 만일 머리인 아담과 분리된다면 문제가 생긴다(여자가 분리되는 것은 '돕는 배필'의 지위를 버리고 스스로 '머리'가 되었다는 의미이다).

● 여자가 뱀의 유혹을 받아 선악과를 먹음으로 타락한 것이 대표적인 사례이다. 뱀이 언제 여자를 유혹했는가? "여자가 홀로 있을 때"이다. '홀로'(alone)라는 것은 여자가 아담과 함께 있지 않고, "분리됐다"(죄는 모든 것을 분리시킨다)는 것을 가리킨다. 이것이 뱀(마귀)으로 틈을 타게 했다. 여자는 그의 머리되는 아담과 함께 하는 것이 "자신의 안전과 보호"라는 것을 깨닫지 못했고, 뱀은 여자가 그의 머리인 아담과 분리된 것이 여자에게 가장 취약한 상태라는 것을 알았다. 뱀은 아는 데 여자는 몰랐다. 이것이 오늘날의 문제이기도 하다.

● 하나님께서 여자를 만드실 때, '돕는 배필'(helpmeet)을 만

드실 것을 말씀했다. NIV의 'helper'라는 단어보다, KJV의 'helpmeet'가 원문에 가깝다. 'helpmeet'는 "서로 마주 보는 존재"라는 의미이다. 즉 "아담은 '머리'로서, 여자는 '돕는 배필'인 '몸'으로서 분리되지 않고 함께 하는 존재"라는 의미이다. 여자가 '홀로'(alone) 있을 때 뱀이 미혹한 것은 '돕는 배필'이 '머리'(head)와 분리되었고, 머리의 보호와 안전을 잃어버린 상태라는 것을 의미했다.

● 여자의 죄는 '여자의 머리는 남자'라는 하나님의 헤드십을 벗어나 스스로 아담의 지위, 즉 머리의 지위(headship)를 탈취하여 선악과를 먹은 것이다. 이런 여자의 행위는 하나님께서 보실 때 아담의 권위를 도둑질한 것과 같다. 만일 여자가 뱀에게 미혹을 받았을지라도 '여자의 머리'(the head of woman)인 아담에게 가서 물었더라면, '머리의 보호'를 받을 수 있었을 것이다.

● 만일 여자가 뱀의 유혹을 받았을 때, 그의 머리인 아담에게 가서 묻는 것은 '하나님을 의지한 것'과 같다. 왜냐하면, 하나님께서 여자의 머리로 아담에게 헤드십을 부여하셨기 때문이다. 여자는 아담의 헤드십을 떠나서 하나님의 헤드십 안에 있을 수 없었다. 반드시 여자는 아담의 헤드십 안에서 하나님의 헤드십을 누릴 수 있다. 왜냐하면, 하나님은 위임된 권세를 통해서 행하시기 때문이다. 이것은 하나님이 세우신 통치의 원칙이다.

● 아담이 "모든 생물의 이름을 지었다"(naming)는 것은 남자와 여자 가운데 대표자(head)가 여자가 아닌 아담에게 있다는 것을 가리킨다. 여자는 머리인 아담의 "돕는 배필"의 지위를 지킬 때, 아담의 대표성(headship)에 동참하게 된다. 이것은 남자를 '여자의 머리'(the head of woman)로 세우신 하나님의 계획과 일치한다. 아담이 모든 생물들의 이름을 지은 반면, 여자가 참여하지 않았다는 것은 아담과 여자의 '차이성'(differenceness)이다.

● 우리들의 관점에서 아담과 여자는 '두 사람'으로 보이지만 하나님의 관점, 성경의 관점에서 "한(one) 사람"이다. 이런 관계는 그리스도와 교회가 '하나'인 것과 같다. 왜냐하면, 그리스도는 '교회의 머리'이고 교회는 '그리스도의 몸'이기 때문이다. 아담은 '머리'(head)이고 여자는 '몸'(body)이기 때문에, '둘'(two)이 아니라 '하나'(one)이다. 여성 안수를 주장하는 김세윤 교수나 린다 L. 벨빌 등 주장자들은 아담과 여자의 관계가 그리스도와 교회의 관계와 같다는 것을 간과했다.

5. 타락 후 남녀 리더십의 변화

창세기의 두 번째 중요한 주제는 '사람의 타락'이다. 성경이 사람의 타락에 대하여 상세히 언급하는 것도 이것이 매우 중요하기 때문이다. 사람의 타락에 뱀 즉 "옛 뱀이며 마귀요 사탄"이 관계됐다.

죄의 근원이 마귀라는 이면의 중요한 주제는 '남자의 헤드십'과 '하나님의 머리 되심'(the headship of God)이다. 천사장이 타락한 것도 '하나님의 머리 되심'에 동등하게 하려는 것이었고, 사람의 타락도 '하나님의 머리 되심'을 거역했다.

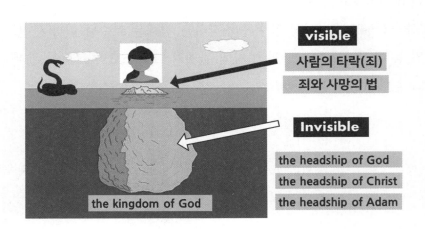

그런데 뱀은 여호와 하나님이 지으신 들짐승 중에 가장

간교하니라 뱀이 여자에게 물어 이르되 하나님이 참으로 너희에게 동산 모든 나무의 열매를 먹지 말라 하시더냐 여자가 뱀에게 말하되 동산 나무의 열매를 우리가 먹을 수 있으나 동산 중앙에 있는 나무의 열매는 하나님의 말씀에 너희는 먹지도 말고 만지지도 말라 너희가 죽을까 하노라 하셨느니라 뱀이 여자에게 이르되 너희가 결코 죽지 아니하리라 너희가 그것을 먹는 날에는 너희 눈이 밝아져 하나님과 같이 되어 선악을 알 줄 하나님이 아심이니라(창 3:1-5)

1) 여자에 대한 뱀의 미혹과 헤드십 관계

● 뱀은 여자를 유혹했다. 왜 뱀은 하필이면 아담이 아닌 여자를 미혹했는가? 뱀은 아담을 미혹할 수 있었는데, 왜 그렇게 하지 않았는가? 이런 의문은 '성경 안으로(inside)'로 들어가는 과정이다. 성경은 뱀을 '간교한 자'라고 말한다. 간교한 자는 가장 강한 자를 상대하지 않고, 가장 약한 자, 유혹하기 쉬운 자를 대상으로 삼는다.

● 뱀은 여자가 아담의 '돕는 배필'(helpmeet)의 지위라는 것을 알았다. 이것은 아담이 머리(head)이고 여자가 '그보다 약한 자'라는 것을 의미한다. 베드로전서 3장 7절은 "남편들아 이와 같이 지식을 따라 너희 아내와 동거하고 그를 더 연약한 그릇이요 또 생명의 은혜를 함께 이어받을 자로 알아 귀히 여기라"라고 말씀하는 것도 그 때문이다.

● 여자의 안전과 보호는 그의 머리인 '아담 아래'(under Adam) 즉 '아담의 헤드십' 아래 있을 때이다. 그래서 뱀은 여자가 아담과

떨어져 있을 때를 찾았고, 그 기회를 놓치지 않았다. 뱀은 아담에게 '머리의 권세'가 있기 때문에 상대적으로 '약한 자'(the weaker vessel)이며 '돕는 배필'인 여자를 미혹의 대상으로 삼았다.

● 뱀-마귀-사탄도 아담에게 '다스리는 권세'와 '여자의 머리 되는 권세'인 '하나님의 헤드십'이 있다는 것을 알았다는 반증이다. 뱀-마귀도 '하나님의 헤드십'이 어디에 있는지를 안다. 교회는 마땅히 그리스도의 머리 되심과 하나님의 머리 되심을 인식하고 그 아래 있어야 한다. 김세윤 박사를 비롯한 여성 안수 주장자들은 '하나님의 헤드십'을 간과했다.

※참조 영상; 유튜브 "워킹바이블 TV"
#325 왜 마귀는 다른 짐승이 아닌 뱀으로 하와를 유혹했는가?
#326 마귀는 왜 아담을 유혹하지 않고! 하와를 유혹했는가?

2) 여자가 선악과를 먹은 이유와 남자의 헤드십 관계

> 여자가 그 나무를 본즉 먹음직도 하고 보암직도 하고 지혜롭게 할 만큼 탐스럽기도 한 나무인지라 여자가 그 열매를 따먹고(창 3:6)

● 만일 여자가 뱀의 유혹을 받고, 선악과를 볼 때 먹음직도 하고 보암직도 하고 지혜롭게 할 만큼 탐스럽기도 한 열매일지라도 자신의 머리(head)가 아담이라는 것을 잊지 않았다면 문제는 달라질 수도 있었다. 왜냐하면, 여자의 머리는 아담이므로 그에게

가서 뱀이 이렇게 저렇게 말했는데 어떻게 할 것인가를 의논했다고 하면 달라질 수 있었다. 하나님께서 여자의 안전과 보호는 그의 머리인 아담에게 주셨기 때문이다.

● 여자는 안타깝게도 선악과를 먹었다. 이것은 여자가 하나님께서 부여하신 '아담의 헤드십'(the headship of Adam)을 벗어나서 "스스로 머리가 되었다"는 것을 의미한다. 모든 권위는 하나님으로부터 말미암은 것이다. 무엇이든지 '스스로' 권위가 되고 높아지려는 것은 하나님이 가장 미워하시는 것으로 '교만'(arrogance)이다.

교만을 가장 미워하시는 이유는 하나님의 머리 되심(the headship of God)을 대적하기 때문이다. 여자가 금단의 열매를 스스로 따먹은 것은 하나님께서 세우신 '아담의 머리 됨'을 거부한 것이다. 이것은 마치 스스로 "하나님이 아담을 나의 머리로 세웠을지라도,, 나는 스스로 아담과 같은 헤드십을 가질 수 있다"라고 선언한 것과 같다. 이것이 교만이요 죄이다. 교만의 죄는 하나님의 머리 되심(the headship of God)을 거부한다.

※참조 영상; 유튜브 "워킹바이블 TV"
#327 풍성한 자유를 주시는 하나님과 하와의 망각과 불신앙
#328 하나님 말씀에 대한 하와의 인식? 성경을 가감하고 수정하지 말라

3) 여자가 주는 선악과를 먹은 아담과 헤드십 관계

> 여자가 그 열매를 따먹고 자기와 함께 있는 남편에게도 주매 그도 먹은지라 이에 그들의 눈이 밝아져 자기들이 벗은 줄을 알고 무화과나무 잎을 엮어 치마로 삼았더라(창 3:6-7)

● 여자가 뱀의 유혹을 받아 스스로 하나님이 금하신 선악과를 먹은 후 자기의 남편에게 주었고 아담은 받아먹었다. 매우 짧막한 구절이지만 많은 것들이 내재 되어 있다. 왜 아담은 여자가 주는 것을 먹었는가? 하나님께서 금하셨고 정녕 죽으리라는 것을 몰랐는가?

● 아담은 하나님께서 여자를 '돕는 배필'로, 자신을 '여자의 머리'로 삼으신 것을 모르지 않았다. 여자가 선악과를 먹은 불신앙과 불순종의 죄로서 '하나님의 머리 되심'과 자신을 '여자의 머리'로 세우신 것을 망각한 것이었다. 아담은 죄의 심각성을 깨닫지 못한 나머지, '사랑하는 자'(내 뼈 중의 뼈요 살 중의 살)가 주는 선악과를 먹으므로 함께 죄에 동참했다. 이런 일들은 오늘날에도 종종 일어난다.

● 아담이 선악과를 먹고 하나님의 헤드십을 손상한 원인은 그것을 준 자가 "사랑하는 자"였기 때문이다. 만일 뱀이 아담을 유혹했다면, "사랑하는 자"가 아니기 때문에 죄에 빠지지 않았을 것이다. 아담은 하나님이 여자를 데리고 올 때에 "내 뼈 중의 뼈요 살 중의 살"이라고 노래했다. 그의 노래는 "아담이 가장 사랑하는 자"가 '여자'라는 것을 의미한다.

● 아담은 '여자의 머리'로서 뱀의 유혹을 받지 않았지만, 사랑하는 자의 유혹을 받았다. 아담은 뱀에게는 강할 수 있었지만, 사랑하는 자에게 약했다. 그 결과 사랑하는 자의 유혹에 빠져서 하나님의 준엄한 명령을 어기고 선악과를 먹음으로 함께 죄를 지었다. 헤드십을 가진 아담의 연약함은 사랑하는 자에게 있었다.

● 사랑하는 여자가 선악과를 준다고 먹는 행위는 아담이 '여자의 머리'로서 책임을 다하지 못한 것으로 여자의 죄보다 더 큰 죄이다. 왜냐하면, 아담이 여자의 머리라는 것은 부여된 권위와 책임이 여자보다 컸기 때문이다. 오늘날 동일한 죄라도 성도들의 죄보다도 헤드십이 있는 목회자의 죄가 더 큰 것과 같다. 세상에서도 노블리스 오블리제(Noblesse Oblige)가 있다.

● 하나님의 머리 되심(the headship of God)은 오직 하나님의 명령을 준행함으로 나타난다. 아담은 사랑하는 자를 하나님보다 더 사랑함으로 '하나님의 머리 되심'을 거역했다. 어느 누구도 하나님의 말씀을 순종하지 않고 하나님의 머리 되심(headship) 아래 있을 수 없다.

4) 타락 후 하나님이 아담을 '먼저' 부르심과 남자의 헤드십 관계

여호와 하나님이 아담을 부르시며 그에게 이르시되 네가 어디 있느냐 이르되 내가 동산에서 하나님의 소리를 듣고 내가 벗었으므로 두려워하여 숨었나이다 이르시되 누가 너의 벗었음을 네게 알렸느냐 내가 네게 먹지 말라 명한 그 나무 열매를 네가 먹었느냐(창 3:9-11)

● 여성 안수 찬성자들의 주장과 같이 "남자와 여자가 평등하다면", 하나님이 아담을 '먼저'(first) 부르신 것은 불평등하다. 왜냐하면, 뱀의 말을 듣고 '먼저'(first) 죄를 지은 자는 여자이기 때문이다. 하나님께서 무엇이든지 그렇게 하실 때에는 그럴 만한 이유가 있다. 하나님은 공평하시고 의로운 분이시다. 이런 사실들은 여성 안수 주장자들이 아담은 '머리'이고 여자는 '돕는 배필'이었다는 것을 간과했다는 반증이다.

● 하나님은 여자와 아담이 타락한 후에 그들을 부르셨다. 여기에서 하나님의 부르심은 죄와 관련되기 때문에 '소극적인 상황에서의 부르심'이지만, '적극적'인 의미도 있다. 아담이 죄를 지었음에도 불구하고 여전히 부르신다는 것은 그들을 버리지 않는다는 반증이었기 때문이다.

● 여자가 죄를 '먼저'(first) 지었기 때문에, 하나님은 여자를 '먼저'(first) 부르셔야 했는데 아담을 '먼저'(first) 불렀다. 여기에는 여러 가지 이유들이 내포되어 있다.

● 죄의 책임 소재와 경중을 볼 때, 여자의 죄가 크기 때문에 여자를 '먼저'(first) 부르셔야 했다. 이런 순서는 사람이 볼 때

하나님께서 공정한 순서를 잊으신 것으로 오해할 수 있다. 그러나 이런 것들은 깊으신 '하나님의 뜻'을 보지 못한 결과이다.

● 하나님께서는 무엇을 하실 때마다 원칙(principle)을 따라 행하신다. 따라서 죄가 덜해 보이는 아담을 부르신 것은 하나님의 맡기신 책임에 따른 것이다. 하나님은 아담을 모든 피조물뿐만 아니라 여자의 머리로 세우셨다. 이것은 아담에게 가장 큰 권위(authority)와 책임(responsibility)이 주어진 것을 의미한다. 여자에 대한 하나님의 머리 되심(the headship of God)은 아담이 여자의 머리로서 책임을 다할 때 이뤄진다.

● 하나님이 맡기신 위임 안에서 아담의 책임이 컸기 때문에, 여자가 아니라 아담에게 '먼저'(first) 물으시고, '나중에'(later) 여자에게 물으셨다. 하나님께서 아담을 '여자의 머리'로 세웠고, 권위가 있다는 것은 동시에 책임(responsibility)도 있기 때문이다.

● 아담은 여자가 주는 선악과를 먹음으로 스스로 '여자에 대한 머리 되는 권세'를 포기함으로 죄를 지었다. 더 나아가 하나님의 머리 되심을 사랑하는 자보다 아래 둔 것은 하나님에 대한 죄이다. 그래서 하나님께서는 여자가 아니라 아담에게 '먼저'(first) 물으셨다.

5) 아담의 죄의 전가와 남자의 헤드십 관계

> 아담이 이르되 하나님이 주셔서 나와 함께 있게 하신 여
> 자 그가 그 나무 열매를 내게 주므로 내가 먹었나이다(12)

● 하나님께서 '먼저'(first) 아담에게 왜 선악을 알게 하는 나무의 열매를 먹었느냐고 물으셨을 때 아담은 여자에게 '죄를 전가' 했다. 죄의 전가(the transmission of sin)는 빙산의 일각과도 같다 (앞의 도표 참조). 빙산의 '보이지 않는 부분'(Invisible)이 어떤 것인지 찾아보자.

● 아담이 죄를 여자에게 전가한 것은 그가 '여자의 머리'라는 것을 망각한 처사였다. 여자의 죄가 있다고 해서 아담의 죄가 없어지거나 감해지는 것은 아니다. '돕는 배필'인 '여자'가 '머리'인 아담에게 선악과를 준다고 해서 먹었다는 것은 오히려 머리 된 자로서 죄가 더 컸음에도 불구하고, 아담은 여자에게 죄를 전가했다. 아담은 그가 '여자의 머리'라는 것을 망각했다.

● 아담은 "하나님이 주셔서 나와 함께 한 여자가 내게 주었기 때문에"라고 말한 것은 죄를 하나님께 책임을 전가했다. 아마 "만일 하나님께서 내게 여자를 주시지 않았다면 제가 죄를 지을 일도 없었을 텐데요"라는 의미였을 것이다. 하나님께 책임을 전가한 것은 하나님의 머리 되심(the headship of God)을 만진 것으로, 웃사가 뛰는 소 때문에 법궤를 '손으로' 만진 것과 같다.

6) 여자의 뱀에 대한 죄의 전가와 헤드십 관계

> 여호와 하나님이 여자에게 이르시되 네가 어찌하여 이렇게 하였느냐 여자가 이르되 뱀이 나를 꾀므로 내가 먹었나이다(창 3:13)

● 하나님은 아담에 이어(later) 여자에게도 왜 선악과를 먹었느냐고 물으셨다. 여자는 자신의 죄를 인정하지 않고 뱀에게 죄를 전가했다. 여자가 말한 것은 한편으로 사실이지만, 다른 한편으로 죄를 뱀에게 전가한 것이다. 이것 또한 여자에 대한 하나님의 머리 되심(the headship of God)과 관계있다. 여자는 죄를 뱀에게 전가하면서, 다른 한편으로는 책임의 화살을 하나님께 돌렸다. 이것이 죄이다.

● 여자는 하나님께 "뱀이 나를 꾀므로 내가 먹었나이다"라고 대답했다. 여자의 대답에는 아담의 직접적인 죄의 전가와 같이 드러나지 않지만, 은연중에 하나님께 책임을 전가했다. 아마 이런 의미일 것이다. "만일 하나님께서 뱀을 창조하지 않으셨다면, 뱀이 저를 꾀는 일도 없을 것이고, 제가 죄를 지을 일도 없었을 텐데요. 저에게 책임을 묻는 것은 불공평한 일이 아닌가요?"라는 것을 의미했다. 여자가 하나님께 책임을 전가한 것은 하나님의 머리 되심(the headship of God)에 대한 거역이다.

7) 뱀에게는 묻지도 않고 즉시 저주를 내리심

여호와 하나님이 뱀에게 이르시되 네가 이렇게 하였으니 네가 모든 가축과 들의 모든 짐승보다 더욱 저주를 받아 배로 다니고 살아 있는 동안 흙을 먹을지니라(창 3:14)

● 여호와께서 타락 후 아담에게도 물으시고, 여자에게도 물으셨다. 이것은 사람에 대하여는 변함없은 '긍휼'과 '은혜'로 대하신다는 것을 의미한다. 그런데 뱀에 대한 하나님의 말씀을 보면 이전과 전혀 다르다는 것을 발견한다.

● 하나님은 뱀에게 "네가 이렇게 하였으니..."라고 책망하시면 즉시 저주하셨다. 여기에서 '없는 것'을 발견하는 것이 중요하다. 아담에게는 묻고 대답을 할 기회를 주셨고, 여자에게도 묻고 대답할 기회를 주셨다. 그런데 뱀에게는 전혀 묻지도 않으셨다. 아담과 여자와는 전혀 다르게 뱀을 대하셨다는 것은 아담과 여자에겐 '좋은 소식'이고, 상대적으로 뱀에게는 '나쁜 소식'이다.

● 뱀에게는 즉시 저주(curse)가 선포되었다. 뱀은 옛 뱀, 마귀, 사탄에 대한 저주이다(계 12:9). 이것이 옛 뱀, 마귀에 대한 하나님의 머리 되심(the headship of God)과 하나님의 왕국(the kingdom of God) 안에서의 통치로서 심판하는 것이 작정되었기 때문이다.

8) 죄에 대한 심판을 여자에게 '먼저'(first) 말씀하신 이유와 헤드십 관계

● 여호와께서는 아담에게 '먼저'(first) 물으셨고, 바로 아담에 대한 심판(징계의 의미)을 말씀하시지 않았다. 그 이후에(later) 여자에게 물으셨다. 이것은 아담을 '여자의 머리'로 세우신 헤드십 때문이었다. 헤드십을 가진 자는 없는 자보다 더 큰 책임을 물으시기 때문이다.

● 죄에 따른 심판(징계의 의미)을 말씀하실 때에는 여자에게 '먼저'(first) 선언하셨고, 아담은 '나중에'(later) 선언하셨다. 이런 차이는 여자가 '먼저'(first) 아담의 헤드십을 거역하고 스스로 '머리'(head)가 되어 선악과를 먹었기 때문일 것이다.

● 아담과 여자의 타락에는 한편으로 불신앙과 불순종이 있고, 또 다른 방면으로는 하나님의 왕국(the kingdom of God)의 통치와 하나님의 머리 되심(the headship of God)과 관련있다.

9) 모든 생물을 다스리라 vs 남편이 여자를 다스림

• 창세기 1:28절과 창세기 3:16절의 '다스림'의 차이

● 여성 안수 주장자인 린다 L. 벨빌은 "모든 생물들을 다스리라"(창 1:28)는 것과 타락 후 "남편이 여자를 다스림"(창 3:16)에 대하여 다음과 같이 진술한다.

　　주목해야 할 첫 번째 사항은 남성의 지배가 성서신학에서 명확한 자리를 전혀 발견하지 못한다는 것이다. <u>하와의 속임이 언급되듯이(고후 11:3, 딤전 2:14), 아담의 죄가 언급된다</u>(롬 5:12-19; 고전 15:20-22). <u>그러나 여성에 대한 남성의 지배는 단 한 번도 언급되지 않는다</u>(심지어 남편-아내 관계를 위해서도 언급되지 않는다.)

　　단순한 사실은 남성의 지배가 구약에서 재등장하지 않는다는 것이다. 여성은 어디에서도 남성에게 (심지어 그녀의 남편에게) 순종하도록 명령받지 않으며, 남성은 어디에서도 여성을 (심지어 그의 아내를) 지배하도록 명령받지 않는다(린다 L. 벨빌, 여성 리더십 논쟁, 새물결플러스, p.38-39).

● 필자의 관점으로 그는 "성경이라는 안경"을 쓰고 보는 것이 아니라, "세상이라는 안경"을 쓰고 성경을 보는 것처럼 보인다. 이런 관점은 김세윤 교수를 비롯한 여성 안수 찬성자들에게 나타난다. 창세기 1장 28절은 창조의 경륜으로 남자와 여자에게 부여된 것이고, 창세기 3장 16절은 타락 후 주어진 것으로서 "남편이 여자를 다스리라"(창 3:16)는 말씀으로서 두 구절에는 '차이성'(differenceness)이 있다. 그 차이를 살펴보자.

• 첫째, 타락 전; 남자와 여자에게 주신 헤드십 "모든 생물들을 다스리라"

　　하나님이 자기 형상 곧 <u>하나님의 형상대로 사람을 창조하시되 남자와 여자를 창조하시고</u> 하나님이 그들에게 복을 주시며 하나님이 그들에게 이르시되 생육하고 번성하여 땅에

충만하라, 땅을 정복하라, 바다의 물고기와 하늘의 새와 땅
에 움직이는 <u>모든 생물을 다스리라</u> 하시니라(창 1:27-18)

● "다스리다"라는 단어의 히브리어는 'raw-daw'(라다)로서
"지배하다, 정복하다. 통치하다"라는 의미이다. KJV은 "have
dominion over"로 번역했다. 다스림의 대상이 다르기 때문에
양자에는 차이가 있다.

● 이것은 모든 피조물(creature)에 대한 권세가 남자와 여
자에게 있다는 것을 가리킨다. 김세윤 박사는 남녀의 '평등
성'(sameness)에 대하여 다음과 같이 주장한다.

> 창세기 1장 26-31절까지는 창조 기사에 남녀의 '동등성'
> 이 잘 나타납니다. 그 구절은 하나님께서 인간을 자신의 형
> 상대로 지으셨다고 천명하고 있는데, 그냥 인간이라고 하지
> 않고 남자와 여자라고 부연함으로써 남자와 여자 공히 자신
> 의 형상대로 지으셨음을 명백히 하고 있습니다(김세윤, 그리
> 스도가 구속한 여성, 두란노, p.15).

● 김 박사가 말하는 남녀의 '동등성'(sameness)은 '평등성'의
방면이다. 그는 '평등성'(sameness)만을 강조하고, 논제의 중심
이 되는 남자와 여자의 '차이성'(differenceness)을 간과했다. 그는
"남성 목회자가 자신들의 기득권을 유지하기 위해 성경의 일부만
선택해 제한적인 해석을 답습하고 있다"고 주장하면서, 그 자신
이 그런 함정에 빠졌다.

● '다스리다'라는 대상은 모든 생물 즉 피조물(creature)에 대

한 것이다. 이것은 하나님은 창조하시고 그것을 아담의 권세 아래 위임하셨다는 것을 가리킨다. 모든 생물이 아담의 헤드십에 순종하는 것은 하나님의 헤드십에 순종하는 것이다. 양자는 동전의 양면과 같다.

● 여자는 뱀의 유혹을 받아 타락하므로, 아담의 헤드십과 하나님의 헤드십을 벗어났다.

● 여자는 하나님의 명령대로 "모든 기는 것"(every creeping thing)을 다스려야 했다. '기는 것'을 대표하는 것은 뱀(the serpent)이다. 여자는 오히려 기는 것 즉 뱀에게 미혹되어 뱀의 지배권 아래서 아담의 머리 됨을 벗어나 스스로 머리가 되어 선악과를 먹고 말았다. 이것이 여자의 죄(sin)다. 디모데전서 2장 12-14절은 여자가 교회에서 헤드십을 갖고 성경을 가르칠 수 없는 두 가지 근거를 제시한다.

> "여자가 가르치는 것과 남자를 주관하는 것을 허락하지 아니하노니 오직 조용할지니라 이는 아담이 먼저 지음을 받고 하와가 그 후며 아담이 속은 것이 아니고 여자가 속아 죄에 빠졌음이라"(딤전 2:12-14)

• 둘째, 타락 후의 남자와 여자의 변화

• 또 <u>여자에게 이르시되</u> 내가 네게 임신하는 고통을 크게 더하리니 네가 수고하고 자식을 낳을 것이며 <u>너는 남편을 원하고 남편은 너를 다스릴 것이니라</u> 하시고(창 3:16)

●타락 후에 많은 것들이 변했다. 어떤 것들이 변했는지 살펴보자. 여자에게 '임신하는 더 큰 고통'이 더해졌다. '더 크다'는 것은 타락 전에는 임신이 더 큰 고통이 아니라는 것을 암시한다. 여자의 임신과 출산의 더 큰 고통은 타락함으로 주어졌다.

● 여자는 남편을 원하고 사모하게 되었다. KJV은 "desire shall be"로 하나님이 여자에게 해산의 더 큰 고통을 더하심은 하나님의 헤드십과 아담의 헤드십을 거역했기 때문이다. 해산과 출산의 고통은 죄에 빠진 여자에게 주신 하나님의 권위와 하나님의 헤드십(the headship of God)을 의미한다.

● 여자는 남편을 원하고 사모하게 되었다. KJV은 "desire shall be"로 번역했다. 여자가 남편을 사모하고 열망하게 될 것은 소극적인 의미이다. 이것 또한 에덴 동산에서 하나님의 헤드

십과 아담의 헤드십을 거역했기 때문이다.

● "남편은 여자를 다스릴 것이다"는 히브리어 'mawshal'(마샬)로서 "통치하다, 다스리다"라는 의미이다. KJV은 "he shall rule over thee"로 번역했다. 창세기 1장 28절과 "다스린다"는 의미는 같지만 그 사용례에 있어서 구별된다. '다스리다'(rule)라는 단어는 아담과 여자와의 관계에 쓰인 것으로, 피조물에 대한 다스림은 "have dominion over"으로서 서로 구별된다. 참고로 아담이 여자를 '다스리다'(rule)라는 것은 계시록 19장 15절의 "$\pi o\iota\mu\alpha\iota\nu\omega$"(포이마이노)로서 "다스리다, 목양하다"의뜻으로, 주님이 교회를 목양하시며 다스리는 것과 같은 '적극적인'(positive) 의미이다.

● 타락 후에 여자가 "남편의 다스림을 받는 것"은 타락 전에는 이런 것이 없었다는 것을 암시한다. 타락 전에는 남편의 '머리됨' 즉 '헤드십'만이 있었는데, 타락으로 더해졌다. 에덴 동산에서 하나님의 헤드십과 아담의 헤드십을 거역했음을 상기시키고, 여자로 하여금 또 다시 죄에 빠지지 않게 하기 위해서 '남자의 다스림' 아래 있도록 하셨다. 이것은 세상의 다스림과 달리 "목자로서 다스리는 것"을 의미한다.

● 여자를 남편의 다스림 아래 둔 것은 여자가 죄에 빠지는 것을 방지하는 안전장치와 같다. 누구든지 규칙을 지키지 않고, 벗어나는 사람에게 돌봐주는 사람이 필요한 것과 같다. 하나님은

공의로운 분이시기 때문에 여자에게 합당한 처방을 내리셨다고 믿는다. 하나님은 선(good)하신 분이기 때문에, 그분이 하시는 모든 말씀과 일들 또한 선(good)하다. 아담과 하와는 "하나님은 선하십니다"(God is so good)라고 받아들였을 것이다. 오늘날 여성 안수 주장자들이 아담과 하와와 같은 생각을 갖지 않는 것과 큰 차이가 있다.

• 세째, 타락 전과 타락 후의 "다스림의 관계"

● 집합 A는 타락 전 남자와 여자에게 모든 생물을 '다스리는 권세'(dominion)를 주신 것을 의미한다. 집합 A의 범위가 넓은 것은 피조물에 대한 것으로서 창조 후, 첫 번째 있었던 것이고, 창세기 3장보다 선행되기 때문이다. 김세윤 박사가 창세기 1장 28절의 "그들(아담과 여자)에게 모든 생물을 다스리라"는 것을 강조해서, 타락으로 말미암아 '부가된' 하나님의 심판(징계)을 간과하는 것은 치우친 것이다.

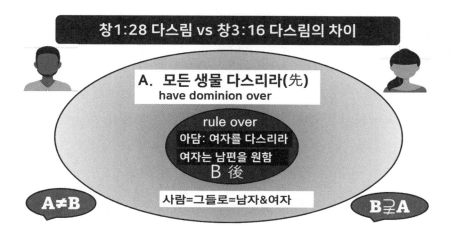

● 집합 A의 "그들(아담과 여자)에게 모든 생물을 다스리라"는 것은 창조의 대략을 설명하는 1장의 기록이다. 사람의 창조는 중요하기 때문에 2장에서 상세히(in detail) 기록된다. 예를 들어보자. 창세기 1장 27절은 "하나님이 자기 형상 곧 하나님의 형상대로 사람을 창조하시되 남자와 여자를 창조하시고"라고만 말하고, 남자와 여자를 창조하신 구체적인 과정이 없다. 그런 이유는 창세기 1장에서는 창조의 개략을 기록하고, 남자와 여자를 창조하신 구체적인 과정과 하나님의 의도는 창세기 2장에 기록했기 때문이다.

● 아담을 만드신 후에 "바로"(at once) 돕는 배필인 여자를 만들지 않았다. 먼저(first) 아담에게 모든 생물을 데리고 가셔서 그들의 이름을 짓게(naming) 하셨다. 이것은 모든 생물들을 다스리는 권위를 아담에게 주셨다는 것을 의미한다. 아담은 'naming' 과정에서 동물들은 모두 '짝'이 있는데, 아담 자신만이 '돕는 배필'(helpmeet)이 없다는 것을 깨달았다. 이런 일이 있은 후 하나님은 아담을 잠들게 하시고, 아담의 갈비뼈로 여자를 만들었다. 아담은 "내 뼈 중의 뼈요 내 살 중의 살이라"는 노래를 불렀고, 그를 자기에게서 취해서 만들었기 때문에 '여자'(잇솨, issa)라고 불렀다.

● 이런 일련의 과정은 아담이 타락하기 전이다. 따라서 아담과 여자가 모든 생물을 다스리는 것은 아담이 '머리'로 여자가

'돕는 배필'로서 참여할 때이다. 김세윤 박사는 이런 연관성을 간과했다. 그래서 마치 남자나 여자 모두 다스리는 권위를 받았기 때문에 "남자와 여자는 동등하다"라는 잘못된 결론에 이르렀다.

● 집합 B는 타락 후 아담과 여자에게 '죄의 결과'로 부가된 말씀이다. 아담과 여자의 관계에 변화가 있게 된다. 아담에게 여자를 다스리는 권위(헤드십)를 주신 것은, 아담과 여자가 동등하다고 말할 수 없다. 타락 후 여자는 아담의 다스림(rule over)을 받아야 했다.

● A≠B이다. 양자는 동일하지 않다. '시기'(time)와 '내용적'(contents)으로 서로 차이가 있다. 김세윤 교수는 A를 근거로 남자와 여자의 "평등성"(sameness)을 주장하는데, 그의 주장은 근본적으로 A=B이어야 가능하기 때문에 오류이다. 성경의 팩트는 '내용적'으로 A≠B이면서 A⊂B이다. 김세윤 박사는 A만을 주장하면서, B의 내용을 부인하기 때문에 오류이다.

● A⊂B라는 것은 A(창조의 명령)이 없어지지 않고 유효하면서, B(타락 후의 명령)의 내용이 부가된 것으로 서로 모순되지 않는다. 집합 B의 내용은 하나님의 창조의 원리 안에서 사람의 타락으로 인해 추가된 것으로 아담에게 다스리는 권위(헤드십)를 주심으로 여자를 보호하도록 하셨다. 아담이 여자를 '다스리다'(rule)라는 것은 계시록 19장 15절의 "$\pi o\iota\mu\alpha\iota\nu\omega$"(포이마이노)의 "다스리다, 목양하다"와 같이 주님이 교회를 목양하시며 다스리는 것과 같은 의미이다.

● 타락 후인 집합 B에서 아담은 땅이 저주를 받음으로 이마에 땀을 흘려야 먹을 것을 얻을 수 있게 된 반면, '먼저'(first) 죄를 지음으로 아담의 헤드십과 하나님의 헤드십을 손상한 여자에게는 아담의 다스림을 받도록 하셨다. 아담에 대한 징계는 "땀을 흘리는 것"이고, 여자에 대한 징계는 "출산의 고통"과 "남편을 사모하고 다스림을 받는 것"으로 "제한적 조치"라 할 수 있다.

● 타락 전에도 여자는 아담을 '돕는 배필'(helpmeet)로 만들어졌고, 아담에게 헤드십이 있으며 어떤 소극적인 의미가 없다. 그러나 여자가 '돕는 배필'을 벗어나 스스로 '머리'가 되어 선악을 알게 하는 나무의 열매를 '먼저'(first) 먹음으로, 아담의 다스림(rule)을 받는 것과 여자가 남편을 사모하게 된 것은 '소극적인 의미'를 내포한다. 왜냐하면, 타락 전에는 '죄'가 없었기 때문이고, 타락 후는 죄의 결과이기 때문이다. 여성 안수 찬성자들은 이런 바뀔 수 없는 사실들을 외면한다. 이것을 부인하는 것은 손바닥으로 하늘을 가리려는 행위이다.

10) 아담이 땀을 흘리는 것과 하나님의 헤드십 관계

● 하나님이 아담의 죄에 대한 심판(징계의 의미)은 뱀을 정죄하고 심판하는 것과 큰 차이가 있다. 원시 복음(창 3:15)에서 뱀을 저주하시면서 여자와 아담에게 '복음의 기쁜 소식'을 전한 것에도 양자의 관계는 명확히 나타난다.

● 아담의 죄는 아내(사랑하는 자)의 말을 듣고 하나님이 먹지

말라는 선악을 알게 하는 나무의 열매를 먹었다. 이것은 아담이 '여자의 머리'로서의 '헤드십'(headship)을 저버렸고, 결과적으로 하나님의 머리 되심(the headship of God)을 훼손했다.

● 아담의 죄로 아담이 저주(curse)를 받은 것이 아니라, 땅이 저주(curse)를 받았다. 흔히 아담이 저주를 받았다고 생각하는 것은 오해이다. 이것은 아담이 간접적으로(indirectly) 저주 아래 있다는 것을 의미한다. 땅이 저주를 받아 가시덤불과 엉겅퀴를 내게 되므로 수고해야 먹을 것을 얻을 수 있게 하신 것은(창 3:17-20) 아담의 죄에 대한 하나님의 머리 되심(the headship of God)을 나타낸다.

● 아담의 후손들이 세상에서 이마에 땀을 흘리고 수고하고 애쓰는 것은 사랑하는 자의 말을 듣고 하나님의 머리 되심을 거역한 결과이다. 오늘날 여성 안수의 문제를 보면서 에덴 동산의 유혹이 떠오르는 것은 지나친 생각이 아니다.

11) 여자의 이름 짓기(naming)와 헤드십 관계

아래 그림은 창세기에 나타난 이름 짓기(naming)의 관계를 나타냈다. 최초의 이름은 아담을 만드신 후에 나온다. 아담이 모든 생물의 이름을 지었고, 여자를 만든 후 그의 이름도 지었다. 이름 짓기(naming)는 단순한 것 같지만, 그것은 하나님의 머리 되심(the headship of God)이 나타난다. 이름을 짓는 자는 이름을 지음을 당하는 자에게 헤드십이 있기 때문이다.

동물들의 이름 짓기(naming)와 헤드십

• 첫째, 아담이라는 이름의 출처와 하나님의 헤드십

● 아담이라는 이름은 하나님께서 직접적으로 부르신 적은 없지만, 창세기 2장 5절 이하에서 '사람'이 세 번 언급된다. '사람'은 히브리어로 'awdawm'(아담)으로 그 음을 따라 영역에서는 Adam으로 음역됐다. 그 의미는 "사람, 붉으스름한, 낮은"이라는 의미이다. 땅의 붉으스름한 흙으로 만들어졌기 때문에 붙여진 이름이다.

● 아담이란 이름은 아담 '스스로' 부른 것이 아니다. 피조물인 아담은 창조주인 하나님에 의해서 만들어진 후, 자신이 흙으로부터 만들어진 존재, 사람 즉 '아담'이라는 것을 알았다. 직접적인 언급이 없는 것으로 보아 이런 추론이 가능하다. 로마서 5장 12절은 "아담은 오실 자의 표상"이라고 말씀하는데 예수 그리스도

를 가리킨다(예표). 또한 고린도전서 15장 45절에서 그리스도는 '두 번째 아담'으로 불리신다.

● 만일 아담이 자신의 이름이 아담이라는 것을 몰랐다고 하면, 타락 후 하나님께서는 아담을 찾으면서 "아담아! 네가 어디 있느냐?"라고 부르실 때, 누구를 가리키는지 알 수 없기 때문에 선뜻 대답하지 못했을 것이다. 그러나 성경은 "내가 동산에서 하나님의 소리를 듣고 내가 벗었으므로 두려워하여 숨었나이다"(창 3:10)라고 대답했다. 이것은 아담이 자신의 이름을 '이미'(already) 알고 있었다는 반증이다.

● 아담의 이름은 하나님께서 부여하신 것으로 아담에 대한 하나님의 머리 되심(the headship of God)을 나타낸다.

• 둘째, 모든 생물의 이름을 지은 아담과 헤드십

● 하나님이 모든 생물을 창조하시고, 그들의 이름을 짓지 않으셨다는 것은 주목할만 하다. 하나님께서 하시는 일은 모든 것이 선하고(good) 합당하다(reasonable).

● 하나님은 아담을 지으신 후에, 그를 통해서 모든 생물의 이름을 짓게 했다. 이것은 하나님의 헤드십 안에서 아담에게 피조물들을 다스리는 권세를 주신 것과 관계있다. 성경은 "아담이 각 생물을 부르는 것이 곧 그 이름이 되었더라 아담이 모든 가축과 공중의 새와 들의 모든 짐승에게 이름을 주니라"고 말씀한다. 하나님이 아담에게 모든 생물의 이름을 짓게 하신 것은 그에게 모든 생물에 대한 헤드십(headship)이 있다는 것을 나타낸다.

● 아담의 '이름 짓기'(naming)는 땅의 모든 생물을 다스리고 정복하라는 창조의 명령과 부합된다. 만일 하나님께서 '직접' 모든 생물의 이름을 지으셨다면, 모든 생물에 대한 아담의 다스리는 권세와 헤드십에 문제가 생길 수도 있다.

● 하나님께서 아담에게 모든 생물의 이름을 짓게 하신 것은 하나님의 머리 되심(the headship of God)과 아담의 머리 됨을 모든 생물에게 직접적으로 보이신 것이다. 하나님께서 그의 형상으로 만든 아담을 통해서 생물들의 이름을 짓는 것은 하나님의 통치가 아담을 통해서 나타나고 있다는 것을 가리킨다. 오늘도 위임된 권세가 합당하게 이 땅에 행해지는 것은 하나님께 영광이 된다.

● 모든 생물의 이름을 지을 때 여자(woman)는 참여하지 못했다. 아직 여자를 만들기도 전이었기 때문이다. 이것은 아담과 여자의 '차이성'(differenceness)이다. 이 차이는 여성 안수 주의자들이 주장하듯이 '차별'이 아니라 '차이'이며 '구별'이다. 이렇게 하신 분은 하나님이시다. 하나님의 행하심에는 그분의 선하신 경륜이 숨겨져 있다. 여성 안수 주장자들은 이것을 간과했다.

● 하나님께서 이런 일련의 순서로 행하신 것은 아담과 여자의 '차이성'(differenceness)으로 '하나님의 머리 되심'(the headship of God) 아래서 '아담의 머리 됨'을 여자에게 나타낸다. 하나님께서 '먼저'(first) 아담을 만들고 아담에게 모든 생물의 이름을 짓게 하시고, '나중에'(later) '돕는 배필'(helpmeet)인 여자

를 만든 것에는 하나님의 목적이 있다.

• 셋째, '돕는 배필'의 이름을 지은 아담과 헤드십

● 하나님께서는 아담의 갈비뼈로 '돕는 배필'을 만들었다. 그를 아담에게 이끌고 갈 때, 아담은 "이는 내 뼈 중의 뼈요 살 중의 살이라"고 인류 최초의 아름다운 시를 노래했다. 어떤 시인도 이 표현 외에 더 뛰어난 시를 읊을 수 없다.

● 이제 중요한 것을 여자가 탄생했기 때문에 그의 이름을 지어야 한다. 모든 생물에게 다 이름을 지어주었듯이 아담의 '돕는 배필'에게도 그에게 합당한 이름이 주어져야 한다. 아담은 즉시 "이것을 남자에게서 취하였은즉 여자라 부르리라"(창 2:23)고 말했다. 그래서 돕는 배필의 이름은 '여자'가 되었다.

● 여자는 히브리어 'issa(잇솨)'로 영어로는 'woman'이다. 이 단어는 "womb(자궁)+man(사람)"의 합성어로 '생명을 잉태하는 자궁을 가진 사람'이란 의미이다. 오늘날 인권으로 포장한 차별금지법이라는 허울 좋은 명분 아래 "동성애 법제화"를 주장한다. 트랜스젠더는 남자가 수술로 여자가 되고 심지어 인공 자궁을 만들었을지라도, 생명을 잉태하지 못하기 때문에 '가짜 여자'이다. 모든 상품에 가짜가 있는데, 남자와 여자에까지 가짜가 있는 타락한 시대가 됐다. 이 시대는 노아의 때와 같고 소돔과 고모라의 때와 같다.

● 아담은 하나님께서 '돕는 배필'의 이름을 지으실지도 모르는데, 어떻게 담대하게도 '즉시' 그의 이름을 지었는가? 하나님

께서 자신의 갈비뼈로 만드셨다는 것은 아담에게 속한 것이고, 자신이 돕는 배필의 '근원'(source)이라는 것을 인식했기 때문일 것이다. 아담의 행위는 하나님의 주권을 훼손한 것이 아니라 하나님의 뜻을 따른 것이었다. 이것 또한 놀라운 일이다.

● 아담이 돕는 배필의 이름을 '여자'라 지은 것은 그가 여자의 '근원'(source)으로서 그에게 헤드십(headship)을 갖는다는 것을 의미한다.

● 아담이 여자의 이름을 지었다는 사실은 '남자가 여자의 머리'라는 것을 암묵적으로 보여준다. 이것은 고린도전서 11장 3절의 "여자의 머리는 남자다"라는 것과 일치한다.

● 창조 때로부터 남자를 여자보다 '먼저'(first) 지으심으로 아담에게 헤드십(headship)이 주어졌고, 타락 후에도 여자가 남자보다 '먼저'(first) 미혹을 받아 타락했기 때문에 남자에게 여자를 다스리라는 것이 더해졌다. 여성 안수 문제의 핵심은 남녀의 공통점인 '평등성'(sameness)의 문제가 아니라, '차이성'(differenceness)의 문제이다. 김세윤 박사는 가장 중요한 핵심에 대한 언급이 없고(그의 책을 보면), '평등성'(sameness)에 대한 창세기 1장과 갈라디아서 등만을 언급했다. 그는 성경에서 주장하고 싶은 것만을 가져다가(맞지도 않는 것을) 여성 안수의 근거로 삼았다.

● 김세윤 박사는 고린도전서 14장 34절에서 "여자는 교회에서 잠잠하라"(Let your women keep silence)는 것이 여자의 가르침을 금지하는 것이라는 것을 부인할 수 없는 나머지, "성경편집설"

이라는 논리로 성경 자체를 부인했다. 만일 그가 고린도전서 11 장 3절의 "여자의 머리는 남자요 남자의 머리는 그리스도요 그리스도의 머리는 하나님이니라"라는 하나님의 창조의 경륜을 '제대로'(correctly) 알았더라면, 성경의 영감설을 부인하고 여성 안수를 주장하지는 않았을 것이다. 성경의 권위를 부인하고 하나님의 주권을 거스리는 것은 사울이 가시채를 뒷발질 하는 것과 같다.

12) 원시복음에 대한 고백과 헤드십 관계

> 내가 너로 여자와 원수가 되게 하고 네 후손도 여자의 후손과 원수가 되게 하리니 여자의 후손은 네 머리를 상하게 할 것이요 너는 그의 발꿈치를 상하게 할 것이니라(창 3:15)

• 원시 복음의 내용

● 하나님은 뱀을 저주하시면서, 동시에 범죄한 여자에게 '기쁜 소식'(gospel)을 전하셨다. 창세기 3장 15절은 원시 복음(the Primitive Gospel)으로 불린다. 원시 복음은 '직접적으로' 뱀을 저주하시면서, '간접적으로' 여자와 아담에게 '기쁜 소식'(복음)을 전한 말씀이다. '내가'는 '여호와'를, '네가'는 '뱀'을, 네 후손은 '뱀의 후손'을 가리킨다. 가장 중요한 것은 '여자의 후손'인데, 예수 그리스도를 가리킨다.

● 후손이라는 단어의 원문은 'zehrah(제라)'로서 '씨(seed), 자손'을 뜻한다. KJV은 씨(seed)로 번역했다. 복음이란 마귀 즉 사

탄에게 저주를 선포하고, 죄지은 사람에게 구원의 기쁜 소식을 전하는 것이다. 이 두 방면은 동전의 양면과 같다. 사탄에 대한 저주가 없이 사람에게 기쁜 소식이 선포될 수 없고, 사람에게 기쁜 소식을 전파함이 없이 사탄에 대한 저주는 온전치 않다. 이 말씀은 다음과 같은 것을 내포한다.

● 여자와 아담은 뱀을 저주할 때 자신도 정죄와 심판을 받을 것으로 생각했다. 뱀을 여자와 원수가 되게 한다는 것은 동류로 취급하지 않으신다는 것을 의미했다. 따라서 사람에게 기쁜 소식이었다. 이것은 'good news' 즉 '기쁜 소식'(gospel)이었다.

● 여자의 후손(seed)이 있다는 것은 사람에게 기쁜 소식이었다. 왜냐하면, 그들이 정죄를 받고 심판을 받았다면 여자의 후손이란 있을 수 없기 때문이다. 이것은 그들이 여전히 생육하고 번성할 것을 의미한다. 따라서 "좋은 소식"(good news)을 뛰어넘는 "더 좋은 소식"(better news)이었다.

● 여자는 뱀에게 속아 죄를 지었다. 뱀의 간계를 깨달은 여자는 뱀이 원수라는 것을 알았을 것이다. 그런데 여호와께서는 '여자의 후손'(seed, 이분은 예수 그리스도를 가리킨다)이 뱀의 머리를 상하게 할 것을 선포하셨다. 이것은 "good news"와 "better news"를 뛰어넘는 "가장 기쁜 소식"(best news)이었다.

※참조 영상; 유튜브 "워킹바이블 TV"
#147 왜 하나님은 쓸데없이(?) 선악과를 만들었나요

#148 하나님은 아담이 선악과를 먹을줄 모르셨나요

#325 왜 마귀는 다른 짐승이 아닌 뱀으로 여자를 유혹했는가〉

#326 왜 마귀는 아담이 아닌 하와를 유혹했는가?

여자와 아담은 하나님이 전하신 복음을 믿었는가?

● 여호와 하나님은 여자와 아담에게 복음을 선포하셨다. 이제 사람이 구원받기 위해서 반드시 복음을 믿어야 한다. 아담 시대로부터 오늘날에 이르기까지 구원받는 유일한 길은 "복음을 믿는 것"이다.

● 세대주의(Dispensationalism)는 전(全) 시대를 일곱 시대로 나누면서 각 시대마다 구원의 경륜 즉 구원의 방법이 다르다고 주장하는데, 성경을 크게 벗어난 것이다. 세대주의는 아담 시대에 구원의 방법은 '가죽옷'을 입는 것이라고 주장하는데, 가죽옷을 입어서 구원받은 것이 아니라, 믿음으로 구원받은 결과로 '가죽옷'을 주신 것이다.

• 어떤 행위로도 구원받을 수 없다. 오직 믿음으로 구원받는다(엡 2:8,9).

• 여자는 구원을 받기 위해 복음을 믿어야 한다. 여자는 복음을 믿었는가?

• 아담은 하나님이 전하신 복음을 믿었는가?

• 아담이 '먼저'(first) 고백한 것과 남자의 헤드십

하나님께서 복음을 전하고, 아담의 죄로 인한 심판(징계의 성격임)을 말씀하심으로 여호와 하나님의 말씀이 일단락된다. 이제 여자와 아담이 응답할 차례이다. 창세기 3장 20절은 아담의 말로서, 내용으로 보면 '아담의 신앙고백'이라고 할 수 있다.

> 아담이 그의 아내의 이름을 하와라 불렀으니 그는 모든 산 자의 어머니가 됨이더라(창 3:20)

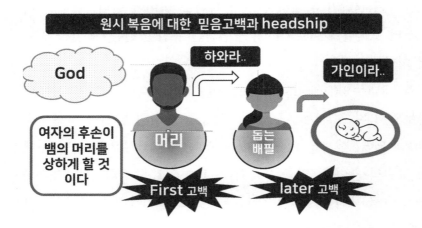

● 아담이 아내에게 대한 말은 아담의 신앙고백이다. 그의 신앙고백을 직접적으로 아내에게 증거하고, 간접적으로 하나님께 고백한 것이다. 아울러 아담은 하나님의 구원을 선포하면서 뱀에게도 그의 계획이 좌절되었다는 것을 선포했다. 신앙고백은 듣는 사람에게뿐만 아니라, 위로는 하나님을 높이고 마귀의 패배를 선포한다.

● 원시 복음인 창세기 3장 15절과 20절의 콘텍스트를 이해

하지 못한다면, 아담이 왜 이런 말을 했는지 이해하지 못하고 넘어갈 수 있다. 양자는 서로 연결되어 있다. 하나님은 복음을 선포하셨고, '이제'(now) 여자와 아담의 차례가 됐다. 누가 응답할 것인가?

● 아담은 어떤 이유로 아내의 이름을 '하와'라 불렀는가? '하와'라는 단어의 원문 "khavah"(하바)로서 "살다"라는 의미이다. 그래서 성경은 "모든 산 자의 어미가 되기 때문이다"라고 말씀한다. KJV은 "the mother of all living"으로 번역했다.

아담은 그의 아내가 정녕 죽으리라는 하나님의 금령을 거역하고 선악과를 먹었기 때문에, 그들이 하나님의 심판으로 죽을 것으로 생각했다. 그런데 하나님은 '여자의 후손'이 있을 뿐만 아니라, 여자의 후손이 '뱀의 머리'를 상하게 할 것을 선포했다. 아담은 "자신과 아내가 죽지 않고 산다"는 것을 깨달았다. 구원은 복음을 믿고, 하나님의 머리 되심(the headship of God)을 받아 들이는 것과 같다.

아담은 하나님이 전한 복음을 믿었다. 아담은 여자보다 '먼저'(first) 믿고, '먼저'(first) 고백함으로 '여자의 머리'로서 '하나님의 머리 되심'(the headship of God)을 받아들였다. 아담이 자신의 아내에게 "여자의 이름을 하와라"고 한 것은 하나님의 전한 복음에 대한 신앙고백이었다. "여보! 당신은 죽지 않고 살아!"라는 의미였다.

● 아담이 구원의 복음 안에서 그의 아내의 '이름을 지은 것(naming)'은 큰 의미가 있다. 누군가의 이름을 짓는다는 것은 그

에게 권위(authority)가 있기 때문이다. 권위는 '머리 됨' 즉 '헤드십'과 관계있다. 아담의 갈비뼈로 돕는 배필인 여자를 만들 때, 아담은 '여자의 근원'(source)으로서의 '권위-헤드십'이 있었고, 타락 후에는 복음을 믿고 '먼저'(first) 고백하여 돕는 배필에게 '믿음의 본'을 보임으로 영적인 권위(헤드십)를 회복했다. 참된 영적인 권위와 헤드십은 하나님의 말씀에 대하여 '먼저'(first) 고백하고 행하는 것이다.

● 하나님이 전하신 복음을 듣고 아담이 여자보다 '먼저'(first) 고백한 것을 주목할 필요가 있다. 이것은 어떤 의미인가? 선악과를 먹을 때는 '여자의 머리'로서 하나님의 머리 되심(the headship of God)을 잃고 함께 죄에 동참했다. 그러나 이제는 '여자의 머리'로서 하나님의 머리 되심(the headship of God) 아래 하나님을 높이고 사랑하는 자에게 "당신 죽지 않고 살거야"라고 위로하고 격려했다. 이것이 성경이 말하는 "남자의 리더십"이고, "헤드십"이다.

● 마음으로 믿은 자만이 입으로 고백할 수 있다. 로마서 10장 9-10절은 "네가 만일 네 입으로 예수를 주로 시인하며 또 하나님께서 그를 죽은 자 가운데서 살리신 것을 네 마음에 믿으면 구원을 받으리라 사람이 마음으로 믿어 의에 이르고 입으로 시인하여 구원에 이르느니라"고 말씀한다. '마음으로 믿는 것'은 '사람이 볼 수 없는 것(Invisible)'으로 하나님은 아시지만 사람은 알 수 없다. 사람은 마음으로 믿은 것을 입으로 고백해야 알 수 있다. 믿음의 말씀을 마음으로 믿으면 '의'(justification)에 이르는데, 구

원의 반석이신 하나님의 머리 되심(the headship of God)을 받아
들였기 때문이다.

• 하와가 믿음의 고백을 '나중에'(later)에 한 것과 돕는 배필과 헤드십의 관계

● "하와는 하나님이 전하신 복음을 믿었는가?" 만일 아담은
믿었는데 하와가 믿지 않았다면 생육하고 번성할 수 없었다. 그
러면 구속사의 관점에서 여자의 후손이신 그리스도께서 뱀의 머
리를 상하게 함으로 죄인들을 구원할 수 없는 결과가 초래된다.

● 하나님께서 아담과 하와에게 가죽옷을 입혔다는 것은 하와
도 복음을 믿었기 때문이다. 만일 하와가 복음을 믿지 않았다면
가죽옷을 주시지 않았을 것이기 때문이다.

● 하와는 분명 '마음으로' 복음을 믿었다. 그러나 입으로 시인
하지 않으면 하나님 외에 아무도 알 수 없다.

> 아담이 그의 아내 하와와 동침하매 <u>하와가 임신하여 가인
> 을 낳고 이르되</u> 내가 여호와로 말미암아 득남하였다 하니라
> (창 4:1)

● 창세기 4장 1절은 원시 복음과 연결된다. 개역 개정에는
'And'라는 접속사가 생략되었다. KJV은 "<u>And Adam knew Eve
his wife</u>"라고 번역한다. '그리고'라는 접속사로 이어지는 것은
문맥상 원시 복음과 계속 이어지고 있다는 의미이다.

● 개역 개정의 "동침하다"는 의역으로, 원문 "yawdah(야다)"가 '알다'이며, "동침하여 알다"라는 의미가 있기 때문이다. KJV은 원문의 문자 그대로 'knew(알았다)'로 번역했다.

● 아담과 하와가 동침한 이유는 무엇인가? 너무나 당연한 것 같지만, 이런 의문은 '성경 안으로(inside)'로 들어가는데 유익하다. 성경이 보여주려는 의도는 하나님이 전하신 복음을 들은 것에 대한 여자의 반응이다. 즉 아담과 하와에게 여자의 후손이 있으리라는 약속을 믿었고, 그래서 동침했다. 뱀의 머리를 상하게 할 '여자의 씨'를 얻기 위해서는 반드시 생육하고 번성해야 하기 때문이다. 하와는 '아직'(not yet) 직접적으로 고백하지는 않았다.

● 하와가 아담과 동침하고 임신하여 아들을 낳았다. 아들 이름을 지은 사람은 아담이 아니라 하와이다. 이 말씀은 문맥상 원시 복음과 연결되어야 합당하게 이해할 수 있다. 성경은 '그냥(just)' 하와가 아들의 이름을 지었다는 것을 보여 주지 않는다. 이것은 하나님의 전하신 복음에 대한 하와의 응답(response)이었다. 비록 '나중에'(later) 있는 고백이었지만 아름다운 고백이다.

● 하와는 출산한 아들의 이름을 '가인'이라고 불렀다. 원문 "kahyin"(카인)은 "얻었다"라는 의미이다. 성경은 "얻었다"라는 의미가 "내가 여호와로 말미암아 득남했다"라고 설명한다.

하와는 왜 아들 이름을 '가인'(Cain)이라고 했는가? 이것은 원시 복음과 관계있다. 하와는 그가 낳은 아들이 여호와께서 말씀하신 "뱀의 머리를 상하게 할 자인 여자의 씨, 구원자"로 생각했기 때문이다. 즉 "여호와께서 말씀하신 뱀의 머리를 상하게 할 여자의 후손을 얻었다"라고 생각했다. 이것은 하와가 적어도 하나님이 전하신 복음을 '믿었다'(believe)는 것을 의미한다.

● 하와는 아들의 이름을 '믿음으로'(by faith) 지었다. '이름 짓기'(naming)는 이름을 짓는 사람의 생각과 뜻을 나타낸다. 하와가 낳은 아들의 이름을 가인이라고 부른 것은 하나님이 전한 복음에 대한 고백이다. 하와는 "여호와께서 여자의 후손(seed)이 뱀의 머리를 상하게 한다고 하셨는데 바로 이 아들이다"라고 생각했다.

● 하와의 기대와 달리 가인은 '여자의 후손'과는 거리가 멀었다. 가인은 아담이 전한 복음을 믿지 않았다. 그렇다고 해서 가인의 이름을 지은 하와의 신앙고백을 과소평가 하면 안된다. 하와는 믿음을 고백함으로 하나님의 머리 되심(the headship of God)을 회복했기 때문이고, 모든 살아 있는 자의 어머니가 되었다. 왜냐하면, 여호와께서 아담뿐만 아니라 하와에게도 가죽옷을 주셨고 그가 복음을 믿고 하나님의 헤드십을 받아들였기 때문이다.

● 하와는 아들을 낳고 그의 이름을 가인(Cain)이라고 부름으로 하나님이 전하신 복음에 대하여 고백했다. 그의 고백이 비록 아담보다 '나중'(later)이었으나, 그렇게 함으로써 '돕는 배필'로서 회복했다. 만일 하와가 믿음으로 고백하지 않았다고 하면 '돕는 배필'이 없으므로 생육하고 번성할 수도 없고, 여자의 후손인 그리스도도 오실 수 없었을 것이다. 아담은 아담과 하와 모두 하나님이 전하신 복음을 마음으로 믿어서(believe) 의(justification)에 이

르고, 입으로 시인(고백)하여 구원(salvation)에 이르렀다.

※참조 영상; 유튜브 "워킹바이블 TV"

#236 선악과를 먹은 하와는 저주를 받았나요

#236 선악과를 먹은 후 아담은 저주를 받았나요

#243 아담이 하나님과 같이 되어 선악을 알게 되었다는 의미는?

#245 선악과를 먹은 후 생명나무 열매를 먹었다면?

#248 뱀에 대한 저주, 배로 다닌다는 의미는?

#252 의식주, 사람의 첫 번째 필요는?

#253 무화과나무 치마와 하나님의 선물

#254 무화과 나뭇잎으로 죄를 가릴 수 없는 이유는?

#255 하나님이 만드신 가죽옷, 하나님의 선물

#256 가죽옷과 칭의와 믿음, 가죽옷은 누가 입는가?

#257 가죽옷과 칭의, 최후의 심판에선 무엇을 보시나요?

#347 서사라 목사 천국 지옥 간증, 아담과 하와와 칼빈이 지옥에 있다! 사실인가?

13) 사람 창조에 나타난 두 가지 대원칙

하나님께서 사람을 창조하시는데 남자와 여자를 창조하셨다. 아담을 '먼저'(first) 만드시고 그를 잠들게 한 후, '나중에'(later) 그의 갈비뼈로 여자를 만들었다. 여자란 아담에게서 취해서 만들었기 때문에 주어진 이름이다. 이것은 아담이 여자의 '근원'(source)이라는 것을 의미한다.

하나님이 남자와 여자를 창조하신 과정에 나타난 두 가지 중심 원칙(principle)이 있다. 사람 창조의 두 가지 핵심 원칙에 대하여, 오늘날 그 원칙을 거역하는 두 가지 불법적인 일들이 무엇인지 아래의 그림으로 나타냈다.

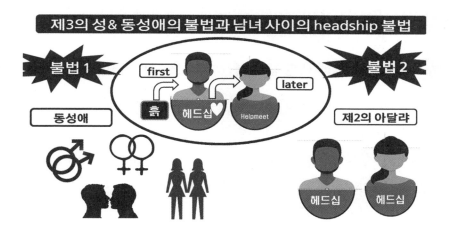

• 첫째, 남자와 여자를 만드심; 제3의 성과 동성애는 불법

●성경은 남자와 여자를 창조하셨음을 보여준다. 이것은 제3의 성이나 동성애가 불법이라는 것을 드러낸다. 만일 하나님께서 남자와 여자 외에 제3의 성을 만드셨다면, 동성애를 불법이라고 말할 수 없다. 트랜스젠더나 게이 및 레즈비언 등은 모두 사람이 타락한 결과 '육체의 쾌락'을 추구한 죄의 결과이다.

●오늘날 동성애의 죄악과 타락성을 알지 못하고 윤리적 타락

을 법제화하고 교회와 하나님의 말씀을 불법화하려는 차별금지법을 찬성하고 퀴어 축제에 참석하여 죄에 빠진 자들을 오히려 축복하고 격려하는 교회 지도자들이 있다는 것은 개탄스러운 일이 아닐 수 없다. 소돔과 고모라가 동성애의 성적인 타락으로 말미암아 불과 유황 비로 심판을 받아 멸망받은 것을 부인하는 것은 손바닥으로 하늘을 가리는 행위일 뿐만 아니라, 하나님을 대적하는 행위이다. 동성애를 법제화하는 차별금지법은 하나님이 남자와 여자를 창조하신 것을 거역하는 첫 번째 죄이다.

• ※ 동성애에 대한 참고 영상; 유튜브 "워킹바이블 TV"

#556 cbs 성경의 숲, 김근주 교수; 소돔과 고모라의 멸망이 동성애 때문인　　　가요?

#559 장정일 작가와 김근주 교수의 오류; 소돔에는 동성애라는 말이 없고 현대의 동성애는 죄가 아니다?

#622 cbs 신학펀치 오류; 동성애는 죄인가요? 죄가 아닌가요?

• 소돔과 고모라의 동성애 타락과 천사들의 타락의 공통점

유다서는 소돔과 고모라가 음란한 동성애로 불의 형벌을 받은 것을 천사들의 타락과 병행하여 증거한다.

　　　너희가 본래 모든 사실을 알고 있으나 내가 너희로 다시
　　　생각나게 하고자 하노라 주께서 백성을 애굽에서 구원하여

내시고 후에 믿지 아니하는 자들을 멸하셨으며 <u>또 자기 지위를 지키지 아니하고 자기 처소를 떠난 천사들</u>을 큰 날의 심판까지 영원한 결박으로 흑암에 가두셨으며 <u>소돔과 고모라와 그 이웃 도시들도 그들과 같은 행동으로 음란하며 다른 육체를 따라 가다가</u> 영원한 불의 형벌을 받음으로 거울이 되었느니라 그러한데 꿈꾸는 이 사람들도 그와 같이 육체를 더럽히며 권위를 업신여기며 영광을 비방하는도다(유 5-8)

● "자기 지위를 지키지 않고 자기 처소를 떠난 천사들"은 타락한 천사들을 가리킨다. 천사들의 타락에는 두 가지 요소가 있다.

• '자기 지위'를 지키지 않는 것이 타락이다.

'자기 지위'란 'their first estate'을 가리킨다. 'first(첫째)'란 창조 때를 가리키고 '지위'는 그들에게 부여된 위치와 자격을 의미한다.

마가복음 12장 25절은 "사람이 죽은 자 가운데서 살아날 때에는 장가도 아니 가고 시집도 아니 가고 하늘에 있는 천사들과 같으니라"고 말씀한다. 흔히 "천사는 시집가고 장가가지 않는 존재다"라고 정의하는데, 한편으로 맞는 말이지만 그 이면까지는 보지 못했다.

왜냐하면, '하늘에 있는 천사들'(the angels which are in heaven)이란 역으로 "하늘을 떠나 타락한 천사들"이 있다는 것을 암시하기 때문이다. 바로 유다서에서는 "자기 지위를 지키지 않고 자기 처소를 떠난 천사들"이 소돔과 고모라와 같이 다른 육체를 따라갔다고 말씀한다. 타락한 천사들은 하나님을 대적하고 하나님의 법을 거역하기 때문이다. 하나님의 정하신 천사들의 지위란 "생육하고 번성하지 않는 것"이다.

●

● '자기 처소'를 떠난 것이 타락이다.

'자기 처소'란 'their own habitation'으로 천사들이 있어야 할 장소를 가리킨다. 자신들의 처소를 떠난 것이 천사들의 타락이다. 천사들의 처소는 '하늘'인데, 타락한 천사들은 하늘을 떠나 땅으로 내려갔다. 어떤 이유로 타락한 천사들은 하늘의 처소를 떠나고 천사의 지위를 떠났는가? 이후의 소돔과 고모라의 죄악을 언급하시면서 천사들의 죄를 보여준다.

"<u>소돔과 고모라와 그 이웃 도시들도</u> 그들과 같은 행동으로 음란하며 다른 육체를 따라 가다가"(Even as Sodom and Gomorrha, and the cities)라고 말한다. "...도시들**과**"라는 것과 "...도시들**도**"라는 구절은 큰 차이가 있다. '전자'는 소돔과 고모라와 이웃 도시들이(only) 음란하여 동성애를 했다는 의미이고, '후자'의 "...도시들도"(Even)는 앞에 언급한 '타락한 천사들'뿐만 아니라 '소돔과 고모라와 이웃 도시들도' 음란하여 다른 육체 즉 동성애에 빠졌다는 것을 가리키기 때문이다.

● 둘째, 남자를 머리로 여자를 돕는 배필로 만드심;

하나님이 남자와 여자를 구별하여 창조하신 순리의 법칙을 남자가 남자에 대하여 여자가 여자에 대하여 육신의 정욕을 채우기 위해 역리로 바꾸는 것이 불법이다

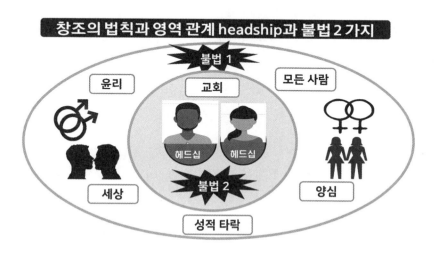

● 하나님이 남자와 여자를 만드신 것은 매우 특별하다(앞에서 논증했음). 대다수의 크리스천들은 하나님이 아담(남자)을 '먼저'(first) 만드시고 그를 잠들게 한 후 아담의 갈비뼈로 '나중에'(later) '여자'를 만들었다는 팩트를 안다. 그런데 그것이 의미하는 바가 무엇인지를 알지 못하는 것 같다. 여성 안수 주장자들은 남자와 여자는 '평등'하다는 것만을 내세워 여성 안수에 아무 문제가 없다고 강변한다. 남자와 여자의 "평등성"(sameness)을 부인하는 사람이 어디 있는가? 여성 안수 주장자들이 간과하는 진리는 남녀의 '차이성'(differenceness)이다. 성경은 남녀의 "평등

성"(sameness)뿐만 아니라, '차이성'(differenceness)이 있음을 보여준다. 양자는 모순되지 않고, 놀라운 조화를 이룬다.

● 동성애는 모든 사람(불신자와 신자)에게 해당되는 것이다. 불신자는 예수 그리스도를 믿지도 않고 하나님의 법을 따르지도 않는 사람들이다. 창조의 둘째 원칙은 '하나님의 헤드십'(the headship of God)과 관계있다. 남자를 여자보다 '먼저'(first) 만드시고, 아담의 갈비뼈로 '나중에'(later) '여자'를 만드신 것은 '남자는 여자의 머리'로서 '헤드십'이 주어지고, 여자는 '돕는 배필'(helpmeet)로 만드셨다는 것을 가리킨다.

● 또한, 창세기 2장 8절은 여자를 만드시기 전에 여호와 하나님이 이르시되 사람이 혼자 사는 것이 좋지 아니하니 <u>내가 그를 위하여 돕는 배필을 지으리라</u> 하시니라"고 말씀하시므로 여자를 만든 목적을 분명히 밝힌다.

● 남자가 '여자의 머리'라는 하나님의 법은 세상 사람과는 관계가 없다. 하나님의 주권을 믿는 신자들, 교회에 부여된 것이다. 따라서 세상에는 여성이 대통령도 하고, 국회의원도 하는데 교회에서만 여성 안수를 금지하는 것은 '남녀차별'이라고 말하는 것은 잘못된 관점이다.

● 세상에는 세상의 법(law)이 있고, 하나님의 왕국인 교회에는 교회의 법(law) 즉 하나님의 법(law)이 있다. 세상은 하나님의 법을 관심도 갖지 않고 오히려 훼손하려 하는데, 교회가 세상의 법을 추종한다는 것은 본질과 정체성을 잃어버린 것이다.

● 교회가 교회답게 되기 위해서 교회의 정체성을 회복해야 한다. 교회는 하나님의 통치의 영역으로서 하나님의 법을 따르는 것이 교회의 본질이고 축복이며 참된 능력이다. 이스라엘 왕국과 유다 왕국을 통틀어 모든 왕이 남자(the head of woman)였다는 것은 우연한 일이 아니다. 오직 유다 왕국에서 아달랴(woman)가 여왕인 된 '단 한 번'의 사례가 있었는데, 이것은 '불법('unlawful) 으로서 하나님의 왕국에 대한 반역이었다.

● 아달랴는 이방 여인이며 이방 여선지자인 이세벨의 딸로서 하나님의 법을 관심하지 않는 악한 여자였다. 아달랴는 아들인 아하시야의 죽음에 슬퍼하기는 고사하고 그 기회를 이용해서 유다 왕국의 권력을 차지하려 했다. 그래서 모든 왕자들(손자)을 살육하고 스스로 여왕이 되어 6년을 통치했다(구사일생으로 요시아만 도피함). 결국 아달랴는 죽임을 당하고 어린 요시아를 왕위에 올리므로 유다 왕국의 '헤드십'이 회복됐다.

● 유다 집의 왕국의 씨가 아달랴에 의해 모두 진멸 당할 때, 요시아를 몰래 빼낸 왕의 누이(요아스의 고모)인 여호사브앗은 '돕는 배필'(helpmeet)로서 유다 왕권을 회복시키고 다윗의 후손을 살림으로 예수님이 오실 통로를 예비한 존귀한 여자'였고, 그를 왕위에 복귀시킨 제사장 여호야다는 왕국과 하나님의 주권과 헤드십을 위해 쓰임 받았다(대하 22:10-12). 오늘날도 여호사브앗과 같은 여성 리더십과 여호야다와 같은 리더십이 필요하다.

6. 여성 안수의 성경적 근거와 필자의 비평

여성 안수 찬성자들도 '나름대로' 성경적인 근거를 제시한다. 다음은 이광우 목사가 "개혁주의 신앙과 여성 안수"라는 제목으로 뉴스앤조이(2022. 8.29)에 기고한 글에서 성경의 근거들을 제시한 것은 긍정적(positive)이다. 왜냐하면 적어도 세상의 사상과 논리로 여성 안수를 주장하는 것이 아니라, 성경에서 원칙을 찾는다는 것을 의미하기 때문이다. 관건은 성경의 메시지를 바로 읽어내는가 이지만 말이다. 성경신학적인 관점에서 그의 견해를 조명해 보자.

1) 이광우 목사; 하나님의 형상- 남녀는 한 몸

지면 사정상 핵심만 요약하자면, 위 본문 가운데 창세기 1장 27절은 히브리어의 3단 평행법으로 기록돼 있다. 이 본문에는 '창조하다'라는 말이 세 번 쓰였는데, 우리말 번역 성경에서는 그중 하나가 생략됐다. 하지만 NIV 영역본은 히브리어 원문을 잘 살려 'created'라는 말을 명확하게 세 번 쓰고 있다.

"So God created man in his own image,
in the image of God he created him;
male and female he created them."

아래 배열해 놓은 우리말 성경 27절의 구문 구조를 보라.
"하나님이 자기 형상대로 (창조하셨다)(히, 바라)
하나님이 사람을 창조하셨다
하나님이 남자와 여자를 창조하셨다."

하나님이 자기 형상대로 – 사람 – 남자와 여자를 창조하셨다. 그동안 '하나님의 형상'(이광우, 1993:21-23 참조)이 무엇인지를 규명하는 논문과 책이 많이 나왔지만(참고 문헌 목록 참조) 우선 이 히브리어 평행법을 바탕으로 본문의 구문 구조를 아주 단순하게 정리하면 다음과 같다.

"하나님의 형상 = 사람 = 남자와 여자(한 몸: 공동체성)"

<u>이것을 보면 그 누구도 '하나님의 형상'이 '남자와 여자'로 이루어진 '공동체(한 몸)'임을 부인하지 못할 것이다.</u>(나용화, 33-39) 여성 안수 문제와 관련된 성경 본문을 살피는 사람들은, 이 기본 틀이 가지고 있는 대전제를 절대 망각하면 안 된다. 하나님의 형상인 사람, 곧 남자와 여자를 창조하신 뒤 창조주 하나님께서 '심히' 기뻐하셨다(창 1:31). 일곱째 날에 안식(창 2:1-3)하시기 전, 남자와 여자가 창조된 이 여섯째 날(히, 욤)에 하나님은 이 남자와 여자를 보시며 '심히' 흡족해하셨다. 한마디로 남자와 여자의 '한 몸'이 곧 '하나님의 형상'이고 그 하나님의 형상이 곧 '남자와 여자'이기에, 자신의 '형상'인 그들을 보며 삼위 하나님이 심히 기뻐하셨다는 뜻이다(이광우, 뉴스앤조이, 개혁주의 신앙과 여성 안수).

1)번 견해에 대한 필자의 비평

• 첫째, 창세기 1장 27절은 "평등성"(sameness)

● 이광우 목사가 남자와 여자는 동일한 '하나님의 형상'이라고 주장하는 것은 정확한 팩트이다. 여성 안수를 찬성하는 김세윤 교수와 강호숙 박사 등이 '평등성'(sameness)을 이구동성으로 주장한다. 이것을 보편적인 진리이기 때문에 부인할 사람은 없을 것이다.

창세기 1장 27절은 남자와 여자를 하나님의 형상으로 만들었음을 가리킨다. 아래의 밴다이어그램의 큰 부분 즉 '집합 A'는 남자와 여자를 비롯한 모든 사람이 하나님의 형상이라는 것을 나타낸다. 이 부분은 사람에 대한 대원칙은 "평등성"(sameness)이다. 부모와 자식도 하나님의 형상으로 "평등성"이 있고, 목사와 성도도 하나님의 형상으로 "평등성"(sameness)이 있다. 남자와 여자는 모두 하나님의 형상으로 지음받았기 때문이다.

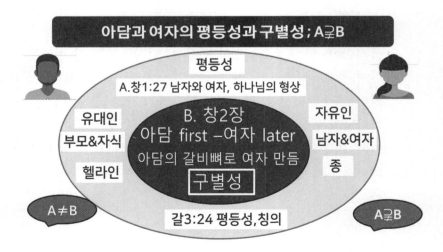

• 둘째, 창세기 2장은 '차이성'(differenceness) 혹은 '차별성'(distinctiveness)

●

● 창세기 1장 27절은 남자와 여자의 '평등성'(sameness)을 보여준다. 창세기 2장은 남자와 여자가 "구체적으로" 어떤 과정으로 만들어졌는지를 말씀한다. 아담을 '먼저'(first) 만드셨다. 아직(already) 여자를 만들지 않으신 채, 모든 동물들을 아담에게 이끌어 가셔서 이름을 짓도록 하셨다. 아담이 모든 동물들은 "짝"(배필)이 있는데, 자신은 배필이 없다는 것을 깨달았다. 그런 후에 하나님은 아담을 잠들게 하고 그의 갈비뼈로 여자를 만들었다. 이런 과정들은 남자와 여자의 '차이성'(differenceness)이 있음을 나타낸다. 여자는 아담의 갈비뼈로 만들었기 때문에 아담이 여자의 '근원'(source)이라고 할 수 있다. 따라서 여자가 그의 근원인 아담과 '평등'(sameness)한 방면만을 보고, '차이성'을 간과하여 "동등하다"고 주장하는 것은 오류이다.

● 창세기 1장 27절의 '평등성'(sameness)과 창세기 2장의 "'차이성'(differenceness)" 혹은 '차별성'(distinctiveness)은 서로 모순이 되지 않는다. '평등성'이란 남자와 여자의 공통부분이고, "차이성" 혹은 "차별성"은 서로 구별되는 부분이다.

● 여성 안수 주장자의 논리는 "차이성"(differenceness)(차별성)을 간과한 채 '평등성'(sameness)의 관점으로만 봤기 때문에 잘못된 결론에 도달했다.

● 여성 안수 주장자인 김세윤 박사는 갈라디아서 3장 24절을 근거로 "남녀 평등성"(sameness)을 주장한다. 이 구절은 그리

스도 안에서 '칭의'(Justification)를 받는 방면으로서, 유대인이나 헬라인, 종이나 자유인, 남자와 여자, 모든 사람이 평등하다는 것을 말한다.

모든 사람에 대한 것은 창세기 1장 27절과 같이 "보편적인 방면"이다. 김세윤 박사의 오류는 '평등성'의 방면을 창세기 2장의 남자와 여자의 '차이성'(differenceness)과 동일시했기 때문에 여성 안수가 성경적이라는 잘못된 결론을 내렸다. 아마 이런 김세윤 교수의 견해가 많은 목사들에게 영향을 미쳤을 것이다.

● 남자와 여자의 관계와 유사한 관계는 부모자식의 관계이다. 양자는 모두 '근원'(source)의 관계라는 공통점이 있다. 부모와 자식은 모두 "하나님의 형상"이라는 관점에서 '평등성'이 있다. 만일 그런 근거를 내세워 자식들이 부모를 공경하지도 않고 순종하지 않는다면 큰 문제가 발생한다.

만일 교회에서 목사와 성도가 다 하나님의 형상을 가진 평등(동등)한 존재이니 성도들도 누구나 설교할 수 있다고 하면서 너도 나도 강단에 서는 일이 발생할 수 있다. 모두 여성 안수 주장자들의 사상과 일맥상통한다. 남녀의 '평등성'의 관점으로 여성 안수가 성경적이라는 주장은 '평등성'과 '차이성'(differenceness)의 문제를 분별하지 못한 것이다.

자식이 부모에 대하여 '평등성'을 근거로, 부모의 '차이성'(differenceness)을 능가할 수 없는 것과 같이 여성 안수 문제도 동일하다. '평등성'은 일반적이고 보편적인 관계이지만, '차이성'은 양자의 특별한 관계를 나타낸다. '차이성'은 '평등성'에

충돌을 일으키지 않지만, '평등성'(sameness)의 관점으로 '차이
성'(differenceness)을 판단하면 문제가 발생한다.

● 아담과 여자를 만드신 과정은 특별하다. 아담을 "흙으로"
'먼저'(first) 만드신 후 동물들 이름을 짓게 하고 상당한 시간이
경과한 후에 아담의 갈비뼈로 여자를 만들었다. 남자는 여자의
근원이고, 여자는 남자의 갈비뼈로서 한 부분이다. 남자와 여자
의 관계는 시간적으로나 근원적으로나 '차이성'(differenceness)
이 있다. 이광우 목사는 이런 사실들을 간과하고 동일한 하나님
의 형상이라는 '평등성'(sameness)의 관점에서 여성 안수를 주장
했다.

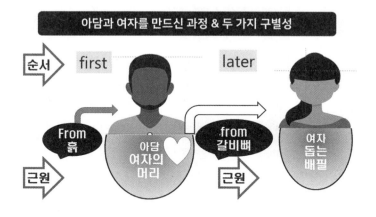

2) 이광우 목사; "남자와 여자는 생일이 같다"

이광우 목사는 남자와 여자는 생일이 같기 때문에 동등하고 따라서 여성 안수가 가능하다고 주장한다. 다음은 그의 견해이다.

한 가지 더, 신약 바울서신에서 전통적인 여성 안수 반대론자들이 특히 즐겨 인용하는 본문에 남자·여자의 창조 순서를 언급하는 대목이 더러 있어 미리 짚어 두는데, 남자와 여자는 여섯째 날에 창조됐다는 사실, 곧 '생일이 같다'는 것을 잊지 말아야 한다. 쉽게 말해서 남자·여자의 창조 순서라는 것이 그냥 '이란성 쌍둥이'의 출생과 엇비슷하다는 이야기다. 창세기 2장 18절 이하의 여자 창조 기록은, 이 쌍둥이 창조와 관련하여 '반쪽'(다음 항목의 '돕는 배필'에 대한 설명 참조)인 남자의 또 다른 '반쪽'으로 창조된 여자의 '본질'을 설명하는 이야기일 뿐이다. 쌍둥이의 출생 순서가 두 사람을 '차별'하는 근거가 된다고 생각하는 어리석은 사람은 정말 없으리라 생각한다. 같은 날 태어난 쌍둥이들이 누가 먼저고 누가 나중인지를 오늘의 개신교 보수 교단 신학자들처럼 교회 안에서 평생 치열하게 다투는 것이 하나님께서 보시기에 얼마나 우스운 짓인지 한번 생각해 보라. '남자와 여자'를 창조하시고 심히 좋아하셨던 하나님께서 보시기에, '반쪽'인 남자 혼자 사는 것이 좋지 않았다(창 2:18)고 성경은 분명하게 증언한다. 그래서 그를 돕는 또 다른 '반쪽'인 여자를 창조하여 그들을 한 몸으로 만들기로 삼위 하나님께서 작정하셨다(이광우, 뉴스앤조이, 개혁주의 신앙과 여성 안수).

2)번 견해에 대한 필자의 비평

• not 쌍둥이 but 근원의 관계

● 이광우 목사는 아담과 여자가 동일한 날, 여섯째 날에 만들어진 '이란성 쌍둥이'와 엇비슷하기 때문에 "출생 순서로 차별하는 것을 어리석은 사람"이라고 책망했다. 한편으로 맞는 말 같지만, 그는 중요한 차이를 간과했다.

● 이란성 쌍둥이는 어머니의 '같은 태'를 '근원'(source)으로 해서 태어난다. '시간적'으로도 '거의' 같다. 이광우 목사는 남자와 여자가 '같은 날'에 태어났기 때문에 '쌍둥이'(twins)라고 본 것은 오류이다. 하나님이 남자와 여자를 만들었다는 '공통부분'이 있지만, 그 과정은 전혀 다르다.

● 이광우 목사는 아담과 여자 모두를 하나님께서 만드셨기 때문에 '쌍둥이의 태'와 같다고 생각했다. 그는 아담과 여자의 근원이 다르다는 것을 간과했다. 아담은 "땅의 흙"으로 만들었다(아래의 그림 참조).

이와 반면에 여자는 "땅의 흙"이 아닌 "아담의 갈비뼈"로 만들었다. 여자의 '근원'(source)은 아담(남자)이다. 마치 부모가 자식들의 근원이 되는 것과 같다. 부모는 자식들의 모든 것의 '근원'(source)이고, 여자는 남자의 일부인 '갈비뼈'로 만들어졌다. 따라서 이광우 목사가 '같은 날'(same day, 6th day)이라는 것만을 보고, 남자와 여자의 관계를 '이란성 쌍둥이'로 본 것은 오류이다.

● 만일 아담과 같이 여자도 '흙으로' 만들었다고 가정할지라도, 두 사람을 '쌍둥이'(twins)라고 말할 수 없다. 여자를 만들기 위해서는 동물들의 이름을 지어주기 위해서 '상당한 시간'이 경과되었기 때문이다. 만일 쌍둥이라고 불리기 위해서는 아담과 여자를 '동시에'(at the same time) 그리고 모두 '흙으로'(the dust of the ground) 만들어야 가능하다.

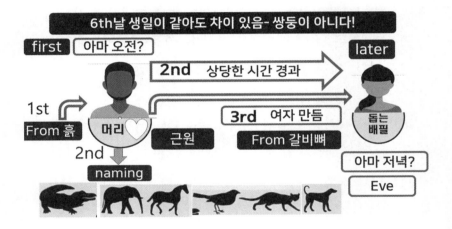

● 이광우 목사는 아담과 여자가 '같은 날'(same day, 6th day)에 만들어졌다는 것만을 관심한 나머지 오늘날의 쌍둥이(twins)가 출생하는 관계로 오해했다. 창조의 때의 아담과 여자의 창조는 창세 전에도 없고, 창세 후에도 없는 유일한 단 한 번인 사례임을 간과했다.

● 이광우 목사는 진짜 쌍둥이가 태어나도 간발의 차이로 형과

아우가 갈리고, 장자와 차자로 나뉘어 '장자권'의 향배가 달라진다는 사실을 간과했다. 예를 들어보자. 리브가는 쌍태를 가졌고, 태중에서 두 아이가 싸웠다. 태어날 때, 에서가 '먼저'(first) 태어났고 야곱이 에서의 발을 잡고 '나중에'(later) 태어났다. 1-2초의 간발의 차이로 장자권이 결정됐다.

● 아담과 여자의 경우는 쌍둥이가 아니라 아담이 여자의 '근원'(source)으로 '부모와 자식'간의 관계와 같다. 부모는 자식에게 모든 것의 근원이지만, 아담의 경우 '그의 일부' 즉 '갈비뼈'가 근원이라는 차이가 있지만 말이다. 더구나 에서와 야곱의 차이는 불과 1-2초 사이였지만, 아담과 여자는 '상당한 시간', 예상컨대 '아침과 저녁'이라는 시간적 간격이 있다. '하와'라는 이름을 영어에서 'Eve'로 번역한 것은 "저녁에 태어났다"기 때문이다. 이런 확실한 차이를 간과하고 '이란성 쌍둥이'라고 단정함으로 여성 안수라는 오류의 늪에 빠졌다.

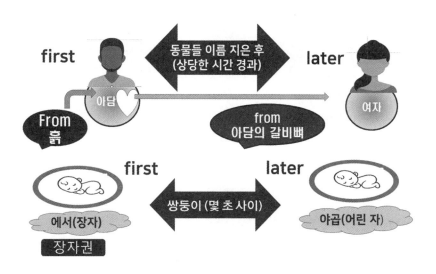

3) 이광우 목사 견해; "돕는 배필=반쪽"

이광우 목사는 '돕는 배필'에 대하여 '서로 반쪽'이기 때문에 남자와 여자는 '동등'(평등)하고, 따라서 여성 안수는 성경적이라는 견해를 제시했다. 다음은 그의 견해이다.

- ① **돕는 배필 = 반쪽**

    창세기 2장 18절의 "돕는 배필"로 번역된 히브리어(에제르 + 네게드)를 직역하면 '마주 보는 짝'이고 약간 의역하면 '가장 잘 어울리는 짝'이다. NIV영역성경에서는 우리말 성경보다 약간 세밀하게 "helper suitable for(어울리는) him"으로 번역했고, KJV와 ASV 영역본에서는 "an/a help meet for(마주 보는) him"으로 번역했다. 따라서 요즘 부부 사이에 자주 사용되는 '반쪽'이라는 말이 사실상 이 히브리어의 본 뜻에 가장 가깝다. 여성 안수를 반대하는 이들이 히브리어 원문과 거리가 있어 보이는 한글 번역을 문자적으로 받아들여 여자를 단순히 '남자를 돕는 이'로 이해하는 것은 "성경을 제대로 읽을 줄 모른다"는 창피한 고백에 지나지 않는다. 이 '돕는 배필'을 '반쪽'으로 이해하고 18절을 다시 읽어 보면 이런 뜻이 된다.

    "아담이 '반쪽'으로 사는 것이 '좋지 않다'."

    여기서 "좋지 않다"는 말은 분명히 창조주 하나님의 평가다. 그래서 하나님은 여섯째 날, 즉 같은 날 반쪽인 아담의 또 다른 반쪽을 지으셨고, 그 둘을 일컬어 '하나님의 형상'이라 말씀하셨던 것(창 1:26-28)이다. '반쪽'과 '반쪽'이 만나 한 몸 되게(창 2:24)하셨고, 한 몸 된 그들을 보며 '심히' 기뻐하셨다(창 1:31). 그러기에 '돕는 배필'이라는 말은, 창세기 1장 26절에 나오는 창조주이신 삼위 하나님의 '우리'라는 호칭처럼, 아담과 하와의 '서열'이나 '계급'을 말하는 것이 아니라 '상호성'과 '동등성' 그리고 '상호 의존성'을 가리키는 것이다(삼위일체론 관련해서는 나중에 다시 이야기하겠다). 다시 말하지만 동등한 남녀 반쪽들이 만나 '한 몸'을 이루고 서로 동등하게 서로를 의지하며 하나님의 형상을 드러내는 삶, 바로 이런 남녀의 하나 됨을 하나님이 심히 기뻐하셨던 것이다(강호숙, 2016:104-108) (이광우, 뉴스앤조이, 개혁주의 신앙과 여성 안수).

3)번 견해에 대한 필자의 비평

• 돕는 배필= not 반쪽(half) but 아담의 갈비뼈(일부분)

● KJV와 ASV 영역본은 원문을 '문자대로' 번역하기 때문에 "an/a help meet for(마주 보는) him"이 더 적절하다. 돕는 배필의 의미는 "여자가 아담과 서로 마주 보고 돕는다"라는 뜻이다. 이것은 "아담의 '머리'(headship) 아래서 돕는 배필인 여자가 함께 한다"는 의미를 내포한다. 다시 말하면, 아담의 헤드십 아래 여자가 분리되지 않고 함께 있어야 한다는 의미이다.

● 이광우 목사의 오류는 아담이 '반쪽'(half)이기 때문에 또 다른 '반쪽'(half)인 여자를 지으셔서 '한 몸'이 되게 했다는 논리이

다. 만일 그의 주장대로 아담이 '반쪽'이었다면, '반쪽' 중에서 일부인 갈비뼈로 만든 것이 여자인데 어떻게 '한 몸'이 되겠는가? 적어도 또 다른 '반쪽'(half) 즉 아담의 갈비뼈가 아닌 것으로 만들어야 '한 몸'이 될 수 있다. 그가 '반쪽'이라고 부르는 여자는 아담의 갈비뼈로 만들었기 때문에 '또 다른 반쪽'이라 불릴 수 없다. 그가 아담을 '반쪽'(half)으로 간주한다면, 아담의 갈비뼈는 '반쪽'과 같거나 클 수 없다. 따라서 아담의 갈비뼈로 만들어진 여자를 '반쪽'(half)이라고 간주하는 것은 오류이다.

● 남자와 여자의 창조는 단순해 보이지만 사람의 이성을 뛰어넘는 놀라운 것이기 때문에 이런 오해가 발생한다. 하나님이 '흙으로' 만든 아담은 '반쪽'(half)이 아니라, '한 몸' 즉 '한 사람'이었다.

● 이광우 목사는 "아담이 혼자(alone) 있는 것이 좋지 못하다"는 것을 '반쪽'(half)이기 때문에 좋지 못하다고 간주했다. 그는 이 구절의 의미를 오해했다. 이것은 "다른 모든 동물들은 짝이 있는데 아담은 짝이 없다는 것"을 가리킨다. 아담은 처음부터 '반쪽'(half)이 아니라 '한 사람'이었다.

하나님께서는 '의도적'으로 아담을 '먼저'(first) 만드시고, 동물들의 이름을 짓게 하면서 모든 동물들이 다 '짝(돕는 배필)'이 있다는 것을 통해서 아담은 '짝(돕는 배필)'이 없다는 것을 깨닫게 하셨다. 그런 후에 아담을 잠들게 하고 그의 갈비뼈로 여자를 만들었다.

● 아담은 '반쪽'(half)이 아니라 '한 사람'(the man)이었다. '혼

자'(alone)라는 것은 '반쪽'(half)이 아니라 "짝이 없는 한 사람"이라는 의미이다. 하나님은 아담의 '돕는 배필'을 만들기 위해 '흙'이 아닌 아담의 갈비뼈로 만들었다. 아담의 갈비뼈는 '반쪽'(half)이 아니라 '아담의 일부'(a part)였고, 그것으로 여자를 만들어 아담과 연합(결혼)시켰다. 아담은 '돕는 배필'과의 결혼을 통해서 원래 '한 사람'(the man)으로 돌아갔다.

● 하나님이 이런 특별한 방법으로 여자 곧 '돕는 배필'을 만드신 이유는 무엇인가? 아담에게 '돕는 배필'(helpmeet)이 있어야 생육하고 번성하고 땅에 충만하고 정복하고 다스릴 수 있기 때문이다. 만일 아담이 '혼자'(alone, 한 사람) 그대로 있고, 아담의 갈비뼈로 '돕는 배필'을 만들지 않았다면, 하나님의 창조의 명령을 수행할 수 없다. 생육하고 번성하기 위해서 반드시 '돕는 배필'(helpmeet)인 여자가 있어야 하기 때문이다.

● 여자는 히브리어로 'issa(잇솨)'이고, 영어로는 'woman'인데, "womb(자궁)+man(사람)"의 합성어이다. 따라서 여자의 의미는 "생명을 잉태하는 자궁을 가진 사람"이란 의미이다. 베드로전서 3장 7절은 "남편들아 이와 같이 지식을 따라 너희 아내와 동거하고 그를 더 연약한 그릇이요 또 생명의 은혜를 함께 이어받을 자로 알아 귀히 여기라"고 말씀한다. 아내들 즉 '돕는 배필'(helpmeet)인 여자가 없다면, 생명의 은혜를 함께 이어받을 수 없다.

● 이광우 목사는 오늘날의 부부관계로 간주하여 '반쪽'(half)

과 '반쪽'(half)의 결혼은 '한 몸'이라고 간주함으로 성경의 원래 의미를 변형시켰다(아마 이런 사실을 인지하지 못했을 것이다). 남자와 여자의 창조의 과정에 나타난 '차이성'(differenceness)을 간과한 결과이다. 그가 남자와 여자의 '평등성'(sameness)의 근거로 삼은 '돕는 배필은 반쪽'이라는 논리는 오류이다. 따라서 여성 안수의 성경적 근거가 되지 못한다.

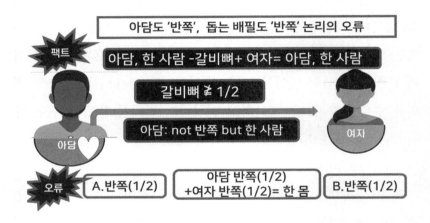

● 위 그림은 아담이 '반쪽'(half)이고 여자도 '반쪽'(half)이라는 이광우 목사의 견해를 나타냈다. 그의 '반쪽 이론'(Half theory)은 남자와 여자를 결혼(연합)하여 "한 몸이 되라"고 했기 때문에 아담과 여자를 각각 '반쪽'(half)이라고 간주했을 것이다. 흔히 성경을 QT 정도 하면 아무 문제가 없어 보이지만, 여러 가지 문제가 발생한다. 성경을 QST 해야 바른 메시지를 알 수 있다. 아담은 '반

쪽'(half)이 아니라 '한 사람'이고, 그에게서 '갈비뼈'(아담의 일부로서 반쪽이 아님)를 뽑아서 여자를 만들었다는 것을 전혀 고려치 않았다. 아담은 '반쪽'(half)이 아니라, '한 사람'(a man)이다.

• 아담과 여자가 각각 '반쪽'이라고 가정하고 검증하기

● '이광우 목사의 주장대로 아담과 여자를 각각 '반쪽'(half)이라고 가정하고 그의 주장을 검증을 해보자.

• "아담='반쪽'(half)" 마이너스(-) '아담의 갈비뼈'≠"여자 '반쪽'(half)"이다. 따라서 오류가 발생한다.

• 아담의 갈비뼈는 '반쪽'(half)보다 같거나 클 수가 없다. 따라서 "갈비뼈, 1/2(반쪽)"이다.

• "아담은 반쪽" 즉 "1/2"(half)에서 "아담의 갈비뼈"를 뽑는다면(마이너스), 결과는 아담의 '반쪽'(half)보다 작아야 한다. 그런데 이광우 목사는 동일한 "여자 반쪽"(1/2)이라고 주장한다. '반쪽'(half)에서 '일부'(a part)를 빼냈는데 그것이 또 다시 '반쪽'(half)이 될 수 없다. 이런 오류는 아담과 여자를 '반쪽'으로 간주했기 때문에 일어나는 오류이다.

● 아담은 '반쪽'(half)이 아니라 '한 사람'(a man)이었다. 아담에게서 갈비뼈(이것은 반쪽이 아니라 아담의 일부)를 뽑아서 여자를 만들었다. 그런 후에 하나님은 여자를 아담에게 이끌고 가서 연합(결혼)시키므로 원래의 상태인 '한 몸'(a body)이 되게 하셨다.

● 아담이 '반쪽'(half)이 아니라 '한 사람'으로 만든 것은 아담에게 헤드십(headship)이 있다는 것을 의미한다. 아담의 갈비뼈(일부)로 여자를 만든 것은 아담의 '돕는 배필'(helpmeet)이기 때

문이다. 아담을 여자보다 '먼저'(first) 만드시고 "아담이 혼자 있는 것이 좋지 못하니 그를 위하여 내가 돕는 배필을 만들리라"는 말씀에도 아담의 헤드십이 나타난다.

● 이광우 목사가 아담과 여자가 각각 '반쪽'(half)이었기 때문에 그들이 합해져서 '한 몸'이 됐다는 주장은 창세기 2장의 남자와 여자를 만든 중요한 차이를 간과한 것으로서, 성경의 팩트를 벗어난 'Empty dream'이다.

4) 이광우 목사의 창세기 3장 16절의 재해석

이광우 목사는 타락 후에 주신 창세기 3장 16절을 재해석해야 한다고 주장했다. 즉 타락으로 인해 여자와 남자에게 주신 "너는 남편을 원하고, 남편은 너를 다스릴 것이니라"라는 말씀이 여성 안수 주장에 걸림돌이 되기 때문에 재해석이라는 이름으로 다음과 같은 견해를 제시했다.

• ② 올바른 히브리어 구분 분석

내가 총신대학교 신학대학원에서 공부할 때 나를 가르쳤던 저명한 구약학 스승 교수님께서는 "이 본문은 히브리어 평행법과 관계있다"고 말씀하셨다. "히브리어 평행법에서 앞뒤 구절이 같은 내용일 때는 두 구절에 있는 낱말을 하나씩 교차해서 생략할 때가 있다" 하셨는데, 나는 은사님의 그 탁월한 관점과 해석이 성경 66권의 '통전적 경륜', '하나님 나라'의 궁극적 지향점(새 하늘 새 땅)에 비추어 훨씬 더 잘 어울린다고 생각한다. 아래 괄호 속에 있는 낱말이 히브리어 평행법에서 '교차 생략'된 것으로 추정되는 낱말들이다.

"너는 남편을 (다스리기를) 원하고
남편은 너를 다스리기를 (원할) 것이다."

　이렇게 보면, 이 창세기 3장 16절 본문은 남편과 아내가 서로 '갈등 관계'에서 '힘겨루기'(창 3:5, "하나님과 같이 되어", 가장 원초적인 죄: 하나님 노릇하기, 갑질)를 하게 된 것이 범죄로 인한 타락의 결과라는 것을 분명하게 지적하고 있다. 그렇다면, 이 타락으로 인한 죽음을 걷어 내기 위해 피조물인 사람의 몸을 입고 참인간으로 이 땅에 오신 <u>예수님의 십자가 대속 사역, 그로 인한 구원 이후의 남녀 관계는 어떠해야 하는가. 예수님이 오시기 전 타락한 상태 그대로, 여성 안수를 반대하는 이들이 입맛대로 본문을 해석하는 방식대로 한다면,</u> 18세기 때처럼 여자는 마냥 한평생 '남편 바라기'로, 남자는 여자를 계속 마구 '다스리고 차별하며' 독재자처럼 사는 것이 정당하다는 것인가. 그것이 예수 그리스도 안에서 구원받은 남녀 인간, 하나님의 자녀, 천국 백성에게 정말 합당한 삶, 하나님께서 참으로 기뻐하시는 천국 시민의 삶인지 정직하게 다시 생각해 봐야 하지 않겠는가(이광우, 뉴스앤조이, 개혁주의 신앙과 여성 안수).

4)번 히브리어의 평행법에 대한 비평

• 시편에 나타난 평행법 종류와 사례들

　● 이광우 목사가 언급한 것처럼 히브리어에는 평행법(parallelism)이 있다. 모든 히브리 시행(詩行)들은 적어도 최소한

두 개의 구절체로 나누어지고, 둘째 구절체는 첫째 구절체의 사상을 '반복'하거나, 또는 첫 구절체가 제기한 기대를 다소 완결하게 만족시켜 준다. 히브리어 평행법이 어떤 것인지 이해를 돕기 위해서 '히브리 시'에 나타난 평행법 세 가지를 소개한다.

• 첫째, 동의적 평행법(synonymous parallelism)

동의(同意)의 사상이 '반복'되는 평행법인데, 첫 구절체의 사상과 둘째 '구절체의 사상'이 동일한 의미를 가진 말로 평행된다. 이러한 동의 평행이 잘 나타난 곳은 시편 114편이다. 즉 a : b = a' : b' 또는 a : b : c = a' : b' : c'의 형태가 각 시행마다 만연히 흐르고 있다. 사용례는 다음과 같다.

시편 114 : 3 "바다는 / 이를 보고 / 도망하며 //

요단은 / 주춤하여 / 돌아 갔도다 /" [3+3]

• 둘째, 반의적 평행법(antithetical parallelism)

첫 구절체와 둘째 구절체의 사상이 '대립'되거나, 첫 구절체는 긍정적으로 말하나, 둘째 구절체는 부정적으로 말하여 서로 반립되는 평행법이다. 다음은 시편의 사용례이다.

① 시편 1 : 6 "의인의 / 길은 / 여호와께서 / 인정하시나 //

악인의 / 길은 / 망할 것이다 / " [4+3]

② 시편 23 : 4 "내가 비록 / 사망의 골짜기로 / 다닐지라도 //

악을 / 두려워 아니하리로다 / 왜냐하면 /

당신이 / 나와 함께 하시기에 / [4〈2 : 2〉+4〈2+2〉]

• 셋째, 종합적 평행법(synthetic parallelism)

이 평행법은 첫 구절체의 사상을 둘째 구절체 안에서 '확장' 시키는 형식인데, 사상의 평행이 아니라 '논리적 연속'이라 할 수 있다. 이러한 논리의 연속은 구절체 간의 원인 → 결과, 결과 → 원인의 관계로 나타난다. 성경의 사용례는 다음과 같다.

시 25 : 16 (Cf. 시 25 : 6, 8, 11 등) "내게 돌이키사 / 나를 긍휼히 여기소서 //

왜냐하면 나는 / 외롭고 / 괴롭기 때문입니다 / " [2 + 3]

• 평행법(synthetic parallelism)은 시편(시가서)에서만 사용된다

● 구약성경에서 평행법(parallelism)이 사용된 사례는 모두 시편(Psalms)이다. 시편을 위시한 시가서의 특성상 '음률'과 '박자'가 중요한 요소이기 때문이다. 시가서에는 시편, 욥기, 아가서, 애가가 있다. 이광우 목사는 신대원 시절의 저명한 구약 교수의 예를 들면서, 창세기 3장 16절이 히브리어 평행법과 관계있다는 것을 근거로 제시했다. 그것도 "아래 괄호 속에 있는 낱말이 히브리어 평행법에서 '교차 생략'된 것으로 추정되는 낱말들"이라고 말했는데, 이것은 "그럴지도 모른다", 아니면 "조금은(a little) 근거가 될지도 모른다"는 의미이다. 그런 가능성이 없는 근거로 마치 '전통적 해석'은 퀘퀘묵은 것으로 치부하는 것은 매우 주관적이고 비논리적이다.

● 그가 언급한 교수는 창세기가 히브리어로 기록됐으니 평행

법을 적용할 수 있다고 판단한 것으로 보인다. 그 교수는 시편을 비롯한 '시가서'에 사용되는 평행법을 잘못 적용했다. 히브리어를 사용하는 이스라엘의 어느 판사조차도 평행법을 적용해서 법조문을 해석하지 않는다.

● 히브리어 평행법이 '시편' 등 '시가서'에서만 쓰이는 이유는 '음율'과 '박자'를 맞출 뿐만 아니라 그 전달하고자 하는 의미를 '왜곡 없이' 표현하기 때문이다. 그래서 평행법은 빛과 그림자처럼 "시(詩)"에서만 나타난다. 이것이 히브리 평행법의 기본 전제이다.

● 히브리어 평행법이 '율법서'에 쓰일 수 없는 특별한 이유가 있다. 율법서는 일종의 '법'(law)으로서 모든 것이 '명확하게'(clarify) 정의되어야 한다. 만일 이광우 목사가 기대를 걸고 있는 저명한 교수의 말이 사실이라고 가정하면, 율법의 의미는 완전히(perfectly) 왜곡된다. 이스라엘 법률이나 우리나라 법률이 '히브리어 평행법'을 적용해서 해석한다는 것을 상상이나 할 수 있는가?

● 이광우 목사는 창세기 3장 16절의 전통적 해석을 부정한다. 이 구절은 범죄한 여자와 남자에 대한 '하나님의 판결'(judgment)과 같은 구절이다. 세상 나라조차도 판결에 평행법을 사용하는 나라는 없다. 그런데 전능하신 하나님께서 평행법으로 "모호하고 불명확하게" 판결하셨다는 것을 상상할 수 있는가? 이것은 이광우 목사가 "추정할 수 있다"고 언급했듯이 여성 안수를 정당화 시키기 위한 "근거 없는 추정"에 불과하다.

● 창세기 3장 16절은 하나님의 공의로운 판결(judgment)로서, 뱀에게 속아 죄에 '먼저'(first) 빠진 여자를 '먼저' 판결하시고, 헤드십을 포기하고 여자의 말대로 선악과를 먹은 남자에 대한 판결이다. 그의 주장은 프루크루테스의 침대(Procrustean Bed)식 해석이다.

	성경 구절	이광우 목사의 평행법 해석
여자	너는 남편을 원하고 (desire shall be)	너는 남편을 (다스리기를) 원하고
남편	남편은 너를 다스릴 것이다 (shall rule)	남편은 너를 다스리기를 (원할) 것이다
평가1	남자의 헤드십을 훼손했기 때문에	평행법 해석으로 '의미와 다른 단어' 가 삽입되면 뜻이 왜곡된다
평가2	남편 다스림 아래에 둠	하나님의 판결을 부정한다
평가3	여자가 먼저 죄에 빠짐	하나님이 서로 싸우게 하셨다

● 여성 안수를 주장하는 사람들의 공통분모가 있다. 성경을 그들의 논리에 맞춰서 해석하다가, 그것조차 여의치 않을 때 '성경을 편집'한다. 편집이란 필요에 의해서 걸림이 되는 구절을 '삭제'(delete)하거나, 필요한 구절들은 '삽입'(insert)하는 행위이다. 예를 들어 보자. 소위 세계적 석학이라고 불리는 김세윤 교수는 "여자는 교회에서 잠잠하라"(Let your women keep silence in the churches)는 구절이 여성 안수 주장에 걸림돌이 되는 것을 해석으로도 여의치 않자, 성경 편집설을 내세워 바울이 쓴 것이 아니라고 주장했다. 즉 걸림돌이 되는 구절은 사도 바울이 쓴 것이 아니라, 후대의 어떤 사람이 '삽입했다'(insert)는 학설이다. 이광우

목사가 히브리어 평행법을 적용해서 성경 원문에도 없는 단어, 그것도 의미를 완전히 뒤집는 단어를 교차적으로 '삽입'(insert)한 것도 그런 맥락이다.

● 만일 김세윤 교수의 '성경편집설'과 이광우 목사의 '히브리어 평행법'의 두 칼을 갖고 성경에 적용한다면, 자신의 목적과 의도에 따라 '새로운 성경'(The another Bible)을 만들 수 도 있을 것이다. 실례로 스스로 보혜사 성령을 자처하는 신천지의 이만희 교주가 그러하고, 또 다른 보혜사 성령이라고 주장하는 신옥주 교주가 그러하다. 그 외 정명석, 하나님의 어머니라는 소위 하나님의 교회, 통일교도 말할 필요도 없다. 이런 종류의 것들은 사도 바울이 말한 '다른 복음'(other gospel)이다. 하나님의 절대 주권을 인정하지도 않고 부인하는 포스트 모더니즘(post-modernism)이 범람하는 시대에 사는 우리들에게 단비와도 같은 갈라디아서 1장 6-10절은 다음과 같이 말씀한다.

그리스도의 은혜로 너희를 부르신 이를 이같이 속히 떠나 다른 복음을 따르는 것을 내가 이상하게 여기노라 다른 복음은 없나니 다만 어떤 사람들이 너희를 교란하여 그리스도의 복음을 변하게 하려 함이라 그러나 우리나 혹은 하늘로부터 온 천사라도 우리가 너희에게 전한 복음 외에 다른 복음을 전하면 저주를 받을지어다 우리가 전에 말하였거니와 내가 지금 다시 말하노니 만일 누구든지 너희가 받은 것 외에 다른 복음을 전하면 저주를 받을지어다(갈 1:6-10)

5) 하나님의 판결에 나타난 의와 사랑

● 죄를 지은 남자와 여자에 하나님의 판결은 의롭고 공정하다. 하나님이 여자에게 '먼저'(first) 판결하신 것은 여자가 뱀에게 속아 '먼저'(first) 죄에 빠졌기 때문이다(딤전 2:13). 하나님께서는 죄를 지은 자를 판결할 때에도 '순서'(order)에 있어서도 의롭다.

● 여자는 임신하는 고통을 크게 더하게(add) 하므로 수고하고 자식을 낳게 되었다. 여자가 생명을 잉태하는 것은 축복이었는데, 더 큰 고통이 더해짐으로 여자의 죄를 깨닫게 하셔서 죄에 빠지지 않게 하셨다.

● 여자는 남편을 원하게 되었다. "원하다"는 "desire"의 뜻을 가진 의미로서 소극적인(passive) 성격을 띤다. 그뿐만 아니라 남편의 다스림을 받게 하셨다. 누군가의 다스림을 받는 것은 여자에게 소극적인 의미이다. 대부분의 여성 안수 찬성자들은 이 구절을 못마땅히 여긴다. 그들의 관념은 남자와 여자는 '평등하다'(sameness)는 것에 매여있기 때문이다. 누군가 죄에 빠졌다면 다시는 죄에 빠지지 않도록 합당한 조치를 해야 한다. 하나님은 공의로우시고 지혜로운 분이시다. 하나님의 헤드십과 남자의 헤드십을 무시하고 뱀의 말을 듣고 선악과를 먹음으로 죄에 빠진 여자에 대하여 하나님은 남편(남자)의 다스림 안에 두셨다.

● 만일 하나님께서 '여자'를 남편의 다스림 안에 맡기지 않는다면, 남자 외에 맡길 자는 '천사들'과 피조물 가운데 '동물들' 밖

에 없다. 만일 하나님께서 여자를 천사나 다른 동물들의 다스림 아래 두었다면 어떻게 되겠는가? 천사는 구원받은 후사들을 위해 섬기는 자들인데 하나님의 형상대로 만든 여자를 다스린다는 것은 어울리지 않는다. 다른 동물들은 더 난감하다. 하나님은 남자와 여자에게 모든 동물들을 "다스리라"(have dominion over)고 명령하셨는데, 여자가 죄에 빠졌다고 해서 어떤 동물을 여자를 "다스리는 자"로 세우신다면 모순이 된다.

● 타락하기 전의 아담(남자)와 여자의 관계에 대한 오해는 두 사람이 각각 '반쪽'이기 때문에 '평등하다'는 관념이다. 양자의 '평등성'(sameness)은 '서로 반쪽'이기 때문이 아니라, '하나님의 형상'이기 때문이다. 아담은 '한 사람'(온전한)이었고, 돕는 배필의 필요성을 깨닫게 하신 후에 아담의 갈비뼈(아담의 '반쪽'이 아니라 일부)로 여자를 만들었다. 원래부터 여자는 아담에 속해 있었다. 아담의 갈비뼈로 만들어졌다가 결혼(연합)을 통해서 다시 '한 몸'이 됐다. 이런 독특한 관계로 인해 아담은 헤드십을 가진 '머리'(head)로, 여자는 '돕는 배필'(helpmeet)이라고 부른다. 몸과 머리는 생명으로 이어진 유기적인(organic) 관계이고 떨어질래야 떨어질 수 없다. 아담과 여자의 관계를 통해서 그리스도와 교회를 말씀하신 것도 그 때문이다(엡5:32).

● 타락한 후에는 아담과 여자의 관계에 "남편이 여자를 다스린다"는 것이 더해졌다. '돕는 배필'인 여자가 뱀의 유혹을 받아 죄에 빠진 것은 아담의 헤드십을 거역했기 때문이다. 하나님이 여자로 하여금 남편의 다스림을 받도록 한 것은 소극적인

(passive) 의미이지만, 죄에 빠진 여자를 위한 합당한 조치였다. 어떤 의미에서 여자에게 내린 판결(judgment)은 다시는 죄에 빠지지 않게 하기 위한 일종의 '제한조치'(restriction measure)이며 '안전조치'(safety measure)이다.

Part 3

구약시대의 남녀 리더십

1. 족장 시대의 남녀의 리더십

아담으로부터 아브라함과 이삭과 야곱에 이르는 족장 시대에 남자와 여자의 관계에 나타난 리더십(leadership)을 살펴보자. 하나님은 천지를 창조하셨고, 모든 피조물을 다스리는 권세를 아담에게 주셨다. '하나님의 머리 되심'(the headship of God)은 권세를 위임받은 '아담의 헤드십'으로 나타난다. 창조에서 하나님이 아담을 여자보다 '먼저'(first) 만드신 것은 아담에게 '헤드십'을 주셨다는 것을 의미한다. 게다가 여자는 아담의 갈비뼈로 만들어졌다. 이것은 남자가 여자의 '근원'(source)으로서 여자의 머리(head, kepalle)가 된다는 것을 의미한다.

고린도전서 1-10장은 여러 가지 문제들을 다뤘고, 11장부터는 교회 안의 질서에 대한 주제이다. 그 첫 번째 주제가 교회에서의 그리스도의 머리 되심이다. 문맥상 11장 1절은 10장에 속하고, 11장 2절부터가 교회 안의 질서를 다룬다.

> 너희가 모든 일에 나를 기억하고 또 내가 너희에게 전하여 준 대로 그 전통을 너희가 지키므로 너희를 칭찬하노라 그러나 나는 너희가 알기를 원하노니 <u>각 남자의 머리는 그리스도요 여자의 머리는 남자요 그리스도의 머리는 하나님이시라</u>(고전 11:2-3)

● 첫째, 사도 바울이 전해준 전통을 고린도 성도들이 잘 지키

기에 칭찬한다고 말한다. 사도 바울이 전해준 '전통'(tradition)이 란 무엇인가? 이것이 복음이다. 흔히 예수님께서 바리새인과 사두개인의 전통(tradition)을 좇는 것을 책망하셨기 때문에 '전통'에 대한 잘못된 선입견을 갖을 수 있다(마 15:2). 성경적인 전통이 있고(Made by the Bible), 사람이 만든 전통(Made by the elder)이 있다. 이 두 가지는 서로 구별된다.

● 둘째, 사도 바울이 전한 '전통(tradition)'은 구체적으로 무엇인가? 3절에서 "나는 너희가 알기를 원하노니"에 이어지는 것이 '머리(head)'인데, 하나님의 헤드십(the headship of God)을 가리킨다.

● 셋째, '여자의 머리'는 남자이고, 남자의 머리는 그리스도이고, 그리스도의 머리는 하나님이라는 것이 사도 바울이 전한 전통(tradition)이며, 이것이 복음(gospel)이다. 여기에서 벗어나는 것이 '다른 복음'(other gospel)이다.

● 넷째, 사도 바울이 전한 전통의 기원(source)은 어디인가? 모세의 율법을 더 거슬러 올라 아담을 창조할 때부터이다. 이것은 무엇을 의미하는가? 창조로부터 신약 시대에 이르기까지 "남자가 여자의 머리"라는 복음이 변치 않고 내려오고 있었다. 하나님이 영원하시고 하나님이 머리 되심도 영원하다. 창세기 5장의 아담의 계보와 함께 그 이후의 계보를 정리하면 위의 표와 같다.

● 아담 이후 아브라함을 거쳐 모세에 이르기까지 하나님이 세우신 '헤드십'(headship)은 하나님의 통치가 족장들 가운데 어떻

게 나타났는지 살펴보자. 즉 남자를 통해서 나타났는지, 아니면 여자를 통해서 나타났는지를 주목하자.

● 하나님께서는 아담을 '여자의 머리'로 세우고, 여자를 '돕는 배필'로 만드셨는데, 이것은 동전의 양면과 같다. 만일 아담은 '여자의 머리'였는데, 여자를 '돕는 배필'로 만들지 않으셨다면 서로 모순되고, 아담과 여자 사이에 큰 충돌이 발생한다.

BC4100

☆ God-족장과 헤드십 ☆

아담(남자=여자의 머리)
셋 (남자=여자의 머리)
에노스(남자=여자의 머리)
게난(남자=여자의 머리)
마할랄렐 (남자=여자의 머리)
야렛 (남자=여자의 머리)
에녹 (남자=여자의 머리)
므두셀라 (남자=여자의 머리)
라멕 (남자=여자의 머리)
노아 (남자=여자의 머리)
셈 (남자=여자의 머리)
아르박샷 (남자=여자의 머리)
셀라 (남자=여자의 머리)
에벨 -벨렉-르우-스룩-나홀-데라
아브라함 (남자=여자의 머리)
이삭 (남자=여자의 머리)
야곱 (남자=여자의 머리)
요셉 (남자=여자의 머리)

여자는 1명도 없음

여자는 돕는 배필

● 남자와 여자는 '두 사람' 같지만 실상은 '한 사람'이다. 왜냐하면 '본래' 아담 한 사람이었는데, 아담이 독처하는 것이 좋지 못한 것을 깨닫게 하신 후에 아담의 갈비뼈로 여자를 만드신 것도 그 때문이다.

● 하나님은 결혼을 통해서 둘이 한 몸을 이루게 하셨다(본래 한 몸으로 돌아감). 이런 관계는 교회는 '그리스도의 몸'(the body of christ)이며, 그리스도는 '교회의 머리'(the head of the church)인 것과 같다.

● 아담과 여자는 그리스도와 교회에 대한 예표(Type)이다. 이것은 하나님께서 정하신 원칙이다. 만일 그리스도와 교회에 대한 성경적 관점이 없다면, 아담과 여자의 독특한 관계를 이해할 수 없다.

● 아담 이후 셋으로부터 므두셀라, 에녹, 노아 등에 이르기까지 하나님의 헤드십은 족장인 남자(man)를 통하여 나타났다. 하와가 아담의 헤드십 아래 있었던 것과 같이, 모든 족장의 아내들은 하나님의 헤드십 아래서 '남자를 여자의 머리'로 삼았다. 이것은 모든 여자들이 그리스도를 머리로 삼고, 하나님을 머리로 삼았다는 것을 의미한다.

● 아브라함은 부르심을 입어 '믿음으로' 구원받은 첫 사람이다. 그래서 신자들은 육신적으로 아담의 자손이지만, 믿음 안에서 영적으로는 '아브라함의 자손'이라고 성경은 말씀한다. 믿음이 온

후에도 하나님의 헤드십(the headship of God)은 변함이 없다.

● 아담 이후 족장 시대의 족장들은 '모두 남자'였고 여자는 한 명도 없다. 이것은 우연한 일이 아니다. 하나님의 백성들은 아담으로부터 '여자의 머리는 남자'(the head of the woman is the man)라는 것을 알았고, 여자들은 "돕는 배필"(helpmeet)이라는 것을 알고 순종했다는 것을 의미한다. 하나님의 백성들에게 '하나님의 헤드십'은 호흡하는 공기와 같이 자연스러웠다는 증거이다.

2. 아브라함의 헤드십과 돕는 배필인 사라

　신약 성경의 조명을 통해서도 아브라함과 사라가 창조의 원칙인 '하나님의 헤드십' 아래 있었다는 것을 볼 수 있다. 베드로전서 3장은 아내와 남편들에 대한 말씀이다. 먼저 아내들에게 말씀하고, 그 후 7절에서는 남편들에게 말씀한다.

> 　<u>아내들아 이와 같이 자기 남편에게 순종하라</u> 이는 혹 말씀을 순종하지 않는 자라도 말로 말미암지 않고 그 아내의 행실로 말미암아 구원을 받게 하려 함이니 너희의 두려워하며 정결한 행실을 봄이라 (중략) <u>전에 하나님께 소망을 두었던 거룩한 부녀들도 이와 같이 자기 남편에게 순종함으로 자기를 단장하였나니 사라가 아브라함을 주(lord)라 칭하여 순종한 것 같이 너희는 선을 행하고</u> 아무 두려운 일에도 놀라지 아니하면 그의 딸이 된 것이니라(벧전 3:1-6)

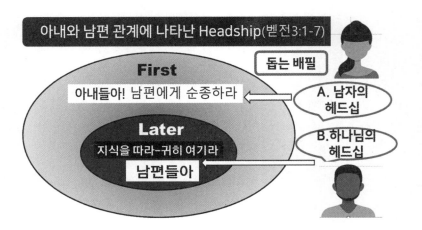

● 사도 베드로는 아내들을 향하여 "이와 같이 자기 남편에게 순종하라"고 말씀한다. 이것은 'Please'하면서 자세를 낮춰서 말하는 권유가 아니라 '명령'(order)이다. 왜 베드로는 겸손하지 않게 아내들에게 순종하라고 명령을 하는가? 이것은 그의 개인적인 견해가 아니라, 창조 때부터 하나님이 세우셨고 전해진 "성경적인 전통"(biblical tradition)이기 때문이다. 성령님께서는 베드로를 통하여 아내들이 남편의 헤드십 즉 "여자의 머리는 남자"라는 것을 상기시키셨다.

● "이와 같이"라는 단어는 베드로전서 2장 끝부분과 연결되는데, 사환들도 범사에 주인들에게 순종하라고 말씀했고, 그리스도도 우리를 위하여 고난을 받으사 우리에게 본을 끼쳐 그 자취를 따라오게 하려 하셨기 때문이다. 그리스도께서도 고난받고 '하나님의 헤드십'에 순종하신 것과 같이, 아내들이 남편들에게 순종하라는 것을 가리킨다.

● 25절은 "너희가 전에는 양과 같이 길을 잃었더니 이제는 너희 영혼의 목자와 감독 되신 이에게 돌아왔느니라"라고 말씀하는데, 그러기 때문에 목자이신 주님을 본받아 순종해야 한다는 것을 말한다.

● 성령님께서는 베드로를 통해서 사라와 아브라함의 관계를 보여준다. 여성 안수 주장자들이 언급하기를 꺼려하는 구절이다. 왜 사라는 남편인 "아브라함을 주"라 칭했는가?(calling him lord)

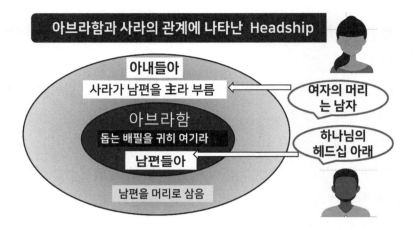

● 김세윤 박사나 린다 벨빌 등 여성 안수를 주장하는 이들은 당시의 로마 문화의 영향을 받은 것뿐이라고 주장한다. 성경과 동떨어진 해석이다. 그의 주장이 사실이라면, 사도 바울 시대로부터 약 2,000년 전의 사라가 로마 문화의 영향을 받아서 아브라함을 '주'라고 불렀다는 것을 의미하는데, 그것을 받아들일 수 있는가? 불가능하다. 만일 아브라함과 사라가 사도 바울과 동시대의 인물이라고 하면, 로마 문화의 영향을 받았다는 주장이라도 할 수 있을 것이다. 한 가지 오류는 여러 가지 오류들을 유발하기 때문에 걷잡을 수 없는 상황에 빠진다. 여성 안수 주장자들도 그와 같다.

● '주'(Lord)라는 단어는 κυριοσ(큐리오스)로서, 다메섹 도상에서 사울이 "주여 누구십니까?"(행 9:5)라고 물을 때의 '주'(큐리오스, Lord)와 동일하다.다. 주님을 '주'(큐리오스)라고 부르고, 남편

(남자, 동성애자들 관계의 남자 아님)을 '주'(큐리오스)라고 부른다는 것은 놀라운데, 오늘날 우리들의 생각과 정서에 동떨어져 있다. 이것은 오늘날 우리들의 사고가 성경적이지 않고 세상의 사상에 영향을 받고 있다는 것을 의미한다.

● 위에 계신 '주'(Lord)가 있고, 땅에 있는 '주'(Lord)가 있다. 사라가 하늘에 계신 '주'(Lord)께 순종한다면, 반드시 땅에 있는 '주'(Lord)에게 순종해야 한다. 사라에게 아브라함은 남편일뿐만 아니라 족장으로서 헤드십을 가진 목자였다. 하나님께서 "남자를 여자의 머리"로 세우셨다는 것은 '주'(Lord)라는 의미이다. 이 관계를 통해서 남자의 머리인 그리스도가 나타난다. 왜냐하면 "남자의 머리는 그리스도"이기 때문이다.

● 성경은 "그리스도와 교회"의 관계를 "남편과 아내"의 관계로 말씀한다. 사도 바울은 에베소서 5장 22절에서 "아내들"에게 말씀한 후, 이어서 5장 28절에서 "남편들"에게 말씀한다. 그런 후에 32절에서 "이 비밀이 크도다 나는 그리스도와 교회에 대하여 말하노라"고 밝힌다. 사도 바울은 아내와 남편에게 말한 것인가? 아니면 그리스도와 교회에 대하여 말씀한 것인가? 두 가지 다 해당한다. 이 땅의 아내와 남편의 관계를 통해서 그리스도와 교회의 관계를 보여주기 때문이다.

● 아담과 돕는 배필인 여자의 관계, 아브라함과 사라의 관계, 모든 믿음의 족장들인 남편과 아내와의 관계는 "여자의 머리는 남자"라는 하나님의 헤드십(headship)의 원칙을 나타낸다. 그것은 우연한 일이 아니라 모두 아담 때부터 하나님께서 정하신 창

조의 헤드십이다. "남자의 머리 됨"을 통해서 "그리스도의 머리 되심"과 "하나님의 머리 되심"이 나타난다.

• 이삭을 번제로 드린 아브라함의 '헤드십'

● 아브라함은 100세에 얻은 아들 이삭을 데리고 모리아 산으로 가서 번제로 드리라는 하나님의 말씀을 받았다. 하나님께서는 그 중요한 말씀을 '사라'(helpmeet)에게 하지 않으시고, 아브라함(headship)에게 하셨는가? 이런 관계는 에덴 동산을 경작하고 지키라는 말씀을 '여자'(helpmeet)가 아닌 '아담'(headship)에게 한 것과 일맥상통한다. 아담이나 아브라함은 여자와 사라의 '머리'로서 '헤드십'(headship)이었고, 그들의 아내들은 '돕는 배필'(helpmeet)이었기 때문이다.

● 아브라함은 하나님이 주신 아들을 이방인들이 몰렉 신에게 드리는 것과 같이 번제로 드리라는 말씀을 이해할 수 없었다. 그러나 하나님의 말씀은 분명했다. 성경은 아브라함이 아침 '일찍이'(early) 일어나 나귀에 안장을 지우고 두 종과 그의 아들 이삭을 데리고 번제에 쓸 나무를 쪼개어 가지고 하나님이 자기에게 일러 주신 곳으로 갔다고 말씀한다. 이것이 '헤드십'(headship)을 가진 아브라함의 신앙이었다.

● 아브라함이 이삭을 번제로 드리는 것에 대하여 '그의 아내'(helpmeet) 사라와 의논을 하지 않았다는 것을 놓치면 안 된다. 왜 아브라함은 사라에게조차 중차대한 일을 말하지 않았는가? 아마 "아버지인 나도 귀를 의심할 수밖에 없는 말씀인데, 어

미인 사라(helpmeet)는 결코 받아들이지 못할 것이다. 만일 이 일을 사라와 의논한다면, 하나님의 말씀을 순종하는데 큰 난관에 부딪칠 것이다"라고 생각했을 것이다.

● 아담(headship)은 사랑하는 아내(helpmeet)가 주는 선악과를 먹음으로, '남자는 여자의 머리'라는 헤드십을 발휘하지 못했을 뿐 아니라, 여자와 같이 하나님과 같이 되려고 하여 '하나님의 머리 되심(the headship of God)'을 벗어나서 타락했다.

● 아브라함(headship)은 하나님의 말씀에 순종하기 위해 '사랑하는 자'(helpmeet)에게도 말하지 않고, '여자의 머리'로서 '하나님의 머리 되심(the headship of God)' 아래 머물렀다. 만일 오늘날과 같이 '남자가 여자의 머리'이며 '남자의 머리는 그리스도'시라는 것을 인식하지 못하는 우리들의 눈으로 본다고 하면 이해하지 못할 수도 있다. 여성 안수 주장자들은 더욱 그렇다.

● 아브라함(headship)은 '여자의 머리'로서 하나님의 머리 되심 아래 순종함으로 죄인들을 위해 독생자를 아낌없이 주시는 '아버지 하나님'을 예표(Type)했고, 이삭은 아버지의 헤드십에 순종하고, 위로는 하나님을 경외하여 '하나님의 머리 되심'을 높여 십자가에 죽으신 예수 그리스도를 예표(Type)했다.

● 이삭을 번제로 드리는데 사라(helpmeet)는 적극적으로 참여하지 않고, 언급이 되지 않는다. 아브라함이 이삭을 번제로 드리는데 사라와 의논하지 않은 것과 사도 바울이 그리스도의 부름을 입은 뒤 "혈육과 의논하지 않고 순종한 것"(갈 1:16)은 마치 데칼코마니와 같다.

● 만일 바울이 혈육과 의논했다고 하면 큰 어려움을 겪었을 것이 분명하다. 그러므로 "혈육과 사랑하는 자와 의논하지 않은 것"은 적극적인 의미로서 하나님께 전적으로 순종하는 '하나님의 머리 되심(the headship of God)'을 나타낸다. 아담은 '돕는 배필'의 말을 듣고 '남자는 여자의 머리'라는 헤드십을 포기해서 함께 타락했지만, 아브라함은 하나님의 헤드십 아래 말씀대로 순종하여 아버지의 뜻을 이뤘다.

3. 이삭의 축복과 남녀의 헤드십

이삭의 헤드십은 그의 아들들을 축복할 때 나타난다. 물론 야곱이 이삭을 속였지만, 그것은 야곱의 문제이다. 이삭은 족장으로서 하나님을 대신해 축복했다.

> 하나님은 하늘의 이슬과 땅의 기름짐이며 풍성한 곡식과 포도주를 네게 주시기를 원하노라 만민이 너를 섬기고 열국이 네게 굴복하리니 네가 형제들의 주가 되고 네 어머니의 아들들이 네게 굴복하며 너를 저주하는 자는 저주를 받고 너를 축복하는 자는 복을 받기를 원하노라(창 27:28-29)

● 이삭은 하나님이 세운 족장(headship)으로서 하나님의 택하신 자인 야곱을 축복했다. 이삭이 야곱을 축복한 것은 하나님의 머리 되심(the headship of God)을 나타낸 것이다.
● 야곱을 축복할 때, 이삭의 아내 리브가가 동참하지 않았기 때문에 여성 안수 주장자들은 구약 시대에 빈번히 나타나는 '남녀차별'이라고 말할 것이다. 리브가는 직접 이삭과 같이 손을 얹고 축복하지 않았다. 그런데 이삭과 리브가의 관계를 안다면, 리브가는 이삭과 함께 야곱을 축복한 것이다.
● 이삭과 리브가는 사람의 관점에서 볼 때 '두 사람'이지만,

하나님의 관점으로 볼 때는 '한 사람'이다. 왜냐하면 이삭은 '여자의 머리'(the head of the woman)이고 리브가는 이삭의 '돕는 배필'(helpmeet)로서 한 몸이기 때문이다. 하나님은 하와를 아담의 갈비뼈로 만들었고, 결혼을 통해서 "한 몸을 이룰지니라"라고 하셨다. 따라서 리브가는 그의 머리인 이삭이 축복할 때, 그의 한 부분(갈비뼈)으로서 '한 머리'(one head)인 이삭 안에서 축복에 참여한 것이다. 이것이 "머리와 몸"의 원리이다.

4. 사사 시대의 남녀의 리더십

● 사사는 왕이 세워지기 전에 이스라엘을 재판하고, 백성들을 인도하던 지도자였다. 사사는 모두 열두(twelve) 명이다. 다음의 표는 사사 시대에 "남자는 여자의 머리"라는 하나님의 헤드십이 나타난 것을 보여준다.

● 옷니엘로부터 삼손에 이르기까지 모든 사사들은 남자(man)였다. 이것은 아담을 '여자의 머리'로 세우고, 여자를 '돕는 배필'(helpmeet)로 세우신 하나님의 법이 하나님의 백성들 가운데 지켜졌다는 것을 가리킨다.

● 사사 시대에도 변함없이 하나님의 머리 되심(the headship of God)을 따랐다. 12명의 사사가 있었는데, 11명은 모두 남자(man)이고 "단 한 명"만 여자(woman)이다.

● 이것은 원칙(principle)이 있고, 특별한 예외(exception)가 있다는 것을 가리킨다. 단 한 번의 예외는 '드보라'로서 여선지자(prophetess)이며 여사사였다. 이것은 특별한 경우로서 다음 장에서 "따로" 다룰 것이다.

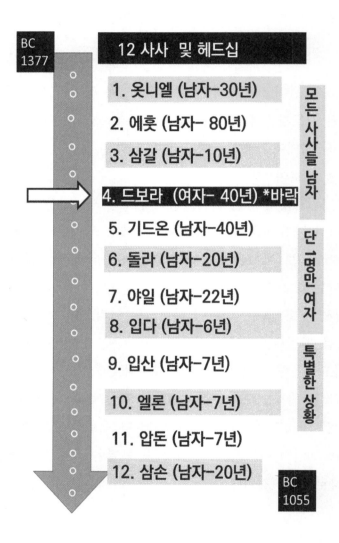

BC 1377	**12 사사 및 헤드십**	
	1. 옷니엘 (남자-30년)	모든 사사들 남자
	2. 에훗 (남자- 80년)	
	3. 삼갈 (남자-10년)	
→	4. 드보라 (여자- 40년) *바락	
	5. 기드온 (남자-40년)	단 일명만 여자
	6. 돌라 (남자-20년)	
	7. 야일 (남자-22년)	
	8. 입다 (남자-6년)	
	9. 입산 (남자-7년)	특별한 상황
	10. 엘론 (남자-7년)	
	11. 압돈 (남자-7년)	
	12. 삼손 (남자-20년)	**BC 1055**

5. 이스라엘의 왕들과 하나님의 헤드십

다음의 표는 북 왕국 이스라엘의 왕들을 나타냈다. 왕국을 통치하는 헤드십이 누구인지 공통분모를 유의하여 보자.

BC 1020	북왕국 이스라엘 왕과 헤드십	
	사울 -(남자=여자의 머리)	여자는 1명도 없음
	다윗 (남자=여자의 머리)	
	솔로몬 (남자=여자의 머리)	
	여로보암1세 (남자=여자의 머리)	
	나답 (남자=여자의 머리)	
	바사 (남자=여자의 머리)	
	엘라 (남자=여자의 머리)	
	시므리 (남자=여자의 머리)	
	다브니,오므리 (남자=여자의 머리)	
	아합 (남자) 이세벨 ⇐	여자는 돕는 배필
	아하시야 (남자=여자의 머리)	
	아르박삿 (남자=여자의 머리)	
	여호람 (남자=여자의 머리)	
	예후 -여호아하스-요아스	
	여로보암2세 (남자) 스가랴(남자)	
	살룸 (남자) 므나헴(남자)	
	브나가야 (남자) 베가(남자)	BC 722
	호세아 (남자=여자의 머리)	

● 사사 시대 이후, 왕이 세워지고 왕정 시대가 시작된다. 첫 번째 왕은 사울 왕이다. 이스라엘 백성들은 키가 크고 준수한 사울이 왕이 되기를 원했다. 왜 이스라엘 백성은 이방 나라와 같이 '여왕'(Queen)을 세우려 하지 않았는가? 모세 율법을 따라 자연스럽게 '여자의 머리는 남자'라는 것을 알았기 때문이다. 위의 표는 북 왕국 이스라엘 왕조에 "남자는 여자의 머리"라는 하나님의 머리 되심(the headship of God)이 나타난 것을 보여준다. 사울로부터 다윗, 솔로몬은 모두 '여자의 머리인 남자'(man)이다.

● 왕국이 분열된 후에도 여로보암 1세로부터 나답, 바사, 엘라, 시므리, 디브니, 오므리, 아합, 아하시야, 아르박삿, 여호람, 예후, 여로보암 2세...호세아 왕에 이르기까지 모두 남자(man)를 왕으로 세웠다. 이것은 "여자의 머리는 남자"라는 하나님의 머리 되심(the headship of God)의 원칙(principle)을 따랐기 때문이다.

● 이런 사실들은 하나님이 창조로부터 아담을 여자의 머리(head)로 세우고, 여자를 '돕는 배필'(helpmeet)로 세우신 하나님의 법이 하나님의 백성들 가운데 지켜졌다는 것을 가리킨다.

● 예외라고는 할 수 없지만, 아합 왕 때에 "화살표 표시"를 한 것은 이방 여인인 이세벨과 결혼하여 왕국 전체가 바알과 아세라 우상을 섬기고 그들의 선지자들이 활동하던 악한 시대였기 때문이다. 즉 아합이 왕이었지만, 돕는 배필(helpmeet)인 이세벨이 헤드십(headship)을 갖고 아합을 좌지우지 했다. 그러므로 이 주제는 다음 섹션에서 다룰 것이다.

6. 유다의 왕들과 하나님의 헤드십

다음의 표는 남 왕국 유다의 왕들을 나타냈다. 왕국을 통치하는 헤드십이 공통분모를 유의하여 보자.

남왕국 유다 왕들과 헤드십

BC 1020

사울 −다윗 − 솔로몬 (남자)

르호보암 (남자=여자의 머리)

아비암 (남자=여자의 머리)

아사 (남자=여자의 머리)

여호사밧 (남자=여자의 머리)

요람 (남자=여자의 머리)

아하시야 (남자=여자의 머리)

모든 왕들은 남자

아달랴 (여자) 이세벨의 딸

요아스 (남자), 아마샤(남자)

웃시야 (남자=여자의 머리)

요담 (남자), 아하스 (남자)

히스기야(남자),므낫세(남자)

아몬 (남자), 요시야 (남자)

여호아하스 (남자), 여호야김(남자)

여호야긴 (남자 =여자의 머리),

시드기야 (남자=여자의 머리)

BC 586

단 한 명만 여자

● 사사 시대 이후 통일 왕국 시대로부터 왕국이 분열된 후에 남 왕국 유다에서도 모세 율법을 따라 '여자의 머리인 남자'(man)를 왕으로 세웠다. 위의 표는 남 왕국 유다에 하나님의 헤드십이 아담으로부터 열조 시대와 같이 "남자는 여자의 머리"라는 하나님의 머리 되심(the headship of God)이 나타난 것을 보여준다. 사울로부터 다윗, 솔로몬은 모두 '여자의 머리인 남자'(man)이다. 이것을 우연한 일이라고 말하겠는가?

● 왕국이 분열된 후, 르호보암으로부터 아비얌 왕(男), 아사 왕(男), 여호사밧 왕(男), 요람 왕(男), 아하시야 왕(男), (아달랴 여왕- 유일한 여자 왕), 요아스 왕(男), 웃시야 왕(男), 요담 왕(男), 히스기야 왕(男), 므낫세 왕(男), 아몬 왕(男), 요시야 왕(男), 여호아하스 왕(男), 여호야김 왕(男), 여호야긴 왕(男), 시드기야 왕(男)에 이르기까지 모두 "남자"(man)를 왕으로 세웠다. 이것은 "여자의 머리는 남자"라는 하나님의 머리 되심(the headship of God)의 원칙(principle)을 따른 것이다.

● 이런 사실들은 하나님이 창조로부터 아담을 여자의 머리로 세우고, 여자를 '돕는 배필'로 세우신 하나님의 법이 하나님의 백성들 가운데 지켜졌다는 것을 가리킨다.

● 앞에서 '괄호'로 구분했듯이, 단 한 번의 예외가 있는데, 아달랴 여왕의 경우이다. 그는 이방 선지자이며 사악한 이세벨의 딸로서, 다윗의 후손인 아하시야의 왕자들을 살해하고 왕국을 통치했다. 그러므로 예외적인 이 주제는 다음 장에서 다룰 것이다.

7. 구약 시대의 제사장들과 남자의 헤드십

● 아래의 표는 구약의 제사장들(priest)을 나타냈다. 제사장은 모두 '아들들'(sons) 즉 '남자'(man)였다.

● 민수기 3장은 아론의 아들들을 기록한다.

> "아론의 아들들은 이러하니라"(민 3:2)
>
> "너는 레위인을 아론과 <u>그의 아들들에게</u> 맡기라"(민 3:9)
>
> "너는 아론과 <u>그의 아들들을 세워</u> 제사장 직무를 행하게
>
> 하라"(민 3:10)

● 전 시대의 제사장은 모두 '남자'(man)였다. '여자'(woman)를 찾아볼 수 없다. 이것은 하나님의 통치에 원칙이 있음을 보인다.

● 모세의 율법을 이스라엘 백성들은 모두 알았으며 이 법도를 어긴 사람은 하나도 없다. 이것은 하나님이 세우신 '여자의 머리는 남자'(the head of the woman is the man)라는 원칙을 지키며 하나님의 머리 되심(the headship of God)을 따랐다는 증거이다.

구약 시대의 제사장들과 남자의 Headship			
	제사장들	남여	특 이 사 항
아론 (男子)	나답	男子	다른 불 드리다 죽음
	아비후	男子	다른 불 드리다 죽음
	엘르아살 ★	**男子**	**하나님의 헤드십 지킴**
	이다말	男子	법궤 빼앗김 – 죽음
엘르 아살 (男子)	비느하스	男子	그의 아들들;Headship
	아비수아	男子	그의 아들들;Headship
	북기	男子	그의 아들들;Headship
	웃시	男子	그의 아들들;Headship
	스라히야	男子	그의 아들들;Headship
	므라욧	男子	그의 아들들;Headship
	아바랴	男子	그의 아들들;Headship
	아히둡	男子	그의 아들들;Headship
	사독	**男子**	그의 아들들;Headship
	아히마아스	男子	그의 아들들;Headship
특징	여 제사장은 한 명도 없음(여자는 돕는 배필로 동역)		

8. 구약 시대의 선지자들과 헤드십

• 일반적인 원칙

● 아래의 표는 구약의 선지자들(prophet)을 한눈에 볼 수 있게 나타냈다. 그래서 하나님께서 세우신 원칙(principle)과 예외적 상황이 어떤 의미인지를 분별할 수 있다.

● 족장 시대에는 에녹이 선지자(prophet)였다. 그는 남자(man)였다. 유다서 14절은 "아담의 칠대 손 에녹이 이 사람들에 대하여도 예언하여 이르되 보라 주께서 그 수만의 거룩한 자와 함께 임하셨나니 이는 뭇 사람을 심판하사 모든 경건하지 않은 자가 경건하지 않게 행한 모든 경건하지 않은 일과 또 경건하지 않은 죄인들이 주를 거슬러 한 모든 완악한 말로 말미암아 그들을 정죄하려 하심이라 하였느니라"고 말씀한다. 에녹은 하나님과 300년 동안 동행했고, 경건치 않은 세상에 대하여 하나님의 심판의 예언을 한 선지자였다.

● 아브라함도 선지자(prophet)였다. 그는 남자(man)였다. 하나님께서는 꿈으로 아비멜렉에게 하나님의 종을 해치지 말라고 경고하시면서 '선지자'라고 증거하셨다.

하나님이 꿈에 또 그에게 이르시되 네가 온전한 마음으로 이렇게 한 줄을 나도 알았으므로 너를 막아 내게 범죄하지 아

니하게 하였나니 여인에게 가까이하지 못하게 함이 이 때문
이니라 이제 그 사람의 아내를 돌려보내라 <u>그는 선지자라 그
가 너를 위하여 기도하리니</u> 네가 살려니와 네가 돌려보내지
아니하면 너와 네게 속한 자가 다 반드시 죽을 줄 알지니라
(창20:7,8)

● 족장 시대에 '여자' 선지자는 한 명도 없다. 없는 것을 발견
하는 것도 의미가 있다.

● 출애굽 시대에는 모세(남자)가 선지자였고, 그의 누이인 미
리암(woman)이 선지자였다. 모세는 이스라엘 백성들의 인도
자였을 뿐만 아니라 성경의 기초가 되는 모세오경을 기록했
다. 이와 반면에 미리암은 어떤 성경도 기록하지 못했다. 이것
이 두 사람의 '차이성'(differenceness)이다. 미리암을 비롯해 어
떤 여자(helpmeet)도 하나님 말씀의 기록자로 사용하지 않은 것
은 하나님의 머리 되심(the headship of God)과 여자는 '돕는 배
필'(helpmeet)로 세우신 것과 관계있다.
    ● 아래 왼쪽 표는 선지자로서 성경을 기록했는데, 모두 남자
(man)라는 원칙(principle)을 발견하게 된다. 이것은 출애굽 시대
와 동일하다.
    ● 여선지자(prophetess)로서 성경을 기록한 사람은 하나도 없
다는 것은 흥미롭다. 이것을 통해서 성경의 원칙(principle)을 발
견한다.
    ● 아담으로부터 남자는 '여자의 머리'(the head of the woman

is the man, 고전 11:3)로 여자는 '돕는 배필'(helpmeet)로서 하나님의 머리 되심(the headship of God)과 하나님의 통치가 있기 때문이다.

구약의 선지자; 남자의 헤드십과 하나님의 헤드십			
시대별	인물	남여	특이 사항
족장시대	에녹	男子	유다서 14
	아브라함	男子	창 20:7 선지자
출애굽시대	모세	男子	인도자
	미리암	女子	출애굽시 1명
사사시대	드보라	女子	12사사 중 1명

선지자/문서	남녀	성경	오랄선지자	남녀	비고
사무엘	男子	有	엘리야	男子	아합시대
			엘리사	男子	아합왕 이후
사무엘	사사,제사장		다윗	男子	행2:29-31
요엘	男子	有	나단	男子	삼하7장
이사야	男子	有	갓	男子	삼상22장
미가	男子	有	아히야	男子	왕국분열예언
아모스	男子	有	스마야	男子	대하 11장
요나	男子	有	잇도	男子	대하 9장
호세아	男子	有	아사랴	男子	대하 15장
스바냐	男子	有	하나니	男子	대하 16장
나훔	男子	有	예후	男子	대하 19장
예레미야	男子	有	미가야	男子	왕상 22장
하박국	男子	有	야하시엘	男子	대하 20장
오바댜	男子	有	엘리에셀	男子	대하 20장
다니엘	男子	有	스가랴	男子	대하 24장
에스겔	男子	有	오뎃	男子	대하 28장
학개	男子	有	훌다	女子	왕하 22장
스가랴	男子	有	노아댜	女子	느6:14거짓
말라기	男子	有	우리야	男子	렘 26장
성경 기록한 여선지자 1명도 없음			왕정시대 1명, 귀환후 1명의 여선지자(거짓 선지자)		

● 표의 아래쪽 부분의 오른쪽은 '오랄 선지자'(oral prophet)

즉 말로 하나님의 메시지를 전한 선지자들만을 연대별로 정리한 것이다. 주목해야 할 것은 '여자 선지자'(prophetess)이다.

● 아합 시대는 가장 우상 숭배가 극심했던 '영적 혼돈의 시대'였다. 그러기 때문에 선지자 중의 선지자인 엘리야(男子, 여자의 머리)가 사역했고, 그의 후계자 엘리사(男子, 여자의 머리) 선지자가 사역했다. 모두 남자(man)이다. 우상 숭배하는 아합왕과 하나님의 백성들에게 하나님의 말씀을 전하고 능력을 행하는 선지자로서 '하나님의 헤드십'은 '여자의 머리'인 남자를 통해서 나타났다.

● 다윗은 왕이었을 뿐만 아니라 '선지자'였다. 사도행전 2장 29-31절은 다윗을 선지자라고 증거한다. 그는 그리스도의 죽으심과 부활을 예언했다. 다윗은 남자(man)였다.

> "형제들아 내가 조상 다윗에 대하여 담대히 말할 수 있노니 다윗이 죽어 장사되어 그 묘가 오늘까지 우리 중에 있도다 그는 선지자라 하나님이 이미 맹세하사 그 자손 중에서 한 사람을 그 위에 앉게 하리라 하심을 알고 미리 본 고로 그리스도의 부활을 말하되 그가 음부에 버림이 되지 않고 그의 육신이 썩음을 당하지 아니하시리라 하더니"(행 2:29-31)

● 나단 선지자로부터 갓(男子) 선지자, 아히야(男子) 선지자, 스마야(男子) 선지자, 잇도(男子) 선지자, 아사랴(男子) 선지자, 하나냐(男子) 선지자, 예후(男子) 선지자, 미가야(男子) 선지자, 야하시엘(男子) 선지자, 엘리에셀(男子) 선지자, 스가랴(男子) 선지자, 오뎃(男子)

선지자, 우리야(男子) 선지자 모두 '남자'(man) 선지자이다. 이런 것은 '여자의 머리는 남자'라는 하나의 원칙(principle)이 있다는 것을 보여준다.

• 한눈에 보는 구약시대의 남선지자들과 여선지자들

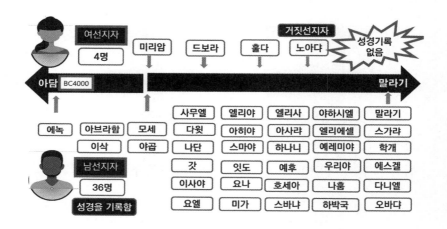

● 첫 사람 아담 이후 말라기에 이르는 약 4,000년 동안 여선지자(prophetess)는 미리암과 드보라와 훌다와 노아댜 단 4명에 불과하다.

● 이에 반하여 남선지자(prophet)는 36명에 이른다.

● 네 명의 여선지자 중에서 성경을 기록한 사람이 아무도 없다. 이와 반면에 모든 성경은 모세를 비롯한 남선지자들이 기록했다. 이것이 양자의 '차이성'(differenceness)이다.

● 모든 선지자들은 "여자의 머리"인 남자들이었다. 여자 선지

자가 전혀 없지 않았다. 족장 시대에는 여자 선지자가 없었고, 출애굽 시대에는 모세와 함께 미리암이 선지자였다. 두 사람이 같은 선지자이기 때문에 '동등한 선지자'라고 생각할 수 있는데, 이것은 성경을 부주의하게 본 것이다. 모세는 '여자의 머리'로서 이스라엘 백성들을 인도하는 하나님의 헤드십을 부여받았다. 따라서 미리암은 육신의 누이이고 선지자라고 할지라도 모세의 헤드십(headship, 권위)에 순종해야 했다.

출애굽시 애굽의 모든 군대들이 심판당하는 것을 본 후, 모세의 노래가 '먼저'(first) 나오고, '그 후에'(later) 미리암의 노래가 있다는 것은 미리암이 '돕는 배필'(helpmeet)의 리더십으로 동역했다는 것을 가리킨다. 미리암은 모세의 헤드십 아래에서 '돕는 배필'(helpmeet)로 섬겼다.

● 민수기 12장에는 아론과 미리암이 모세를 비방함으로, 모세의 헤드십(headship, 권위)에 도전했다. 미리암이 '돕는 배필'(helpmeet)의 위치를 망각하고 자신의 지위를 모세와 동등한 권세를 취하려 했다. 이 일로 인해 미리암은 하나님의 심판으로 문둥병에 걸렸고, 모세는 그를 위해 기도했다.

● 여선지자가 '원칙상' 허용되지 않은 것은 아니다. "여자의 머리"인 남자를 사용하시지만, 드물게 여선지자를 사용하신다. 그런데도 불구하고 성경(Bible)을 기록한 여선지자가 한 명도 없는 것은 "여자의 머리"인 남자를 통하여 하나님의 말씀을 대언케

하신다는 것을 알 수 있다.

● 하나님은 아담(head)에게 에덴 동산을 '경작하고'(tiller) '지킬 것'(keeper)을 말씀하셨지만, 여자(helpmeet)에게는 하지 않으셨고, 아브라함(head)에게 독자 이삭을 번제로 드리라고 말씀하신 반면 사라(helpmeet)에게 말씀하시지 않은 것은 '헤드십'과 '돕는 배필'의 '차이성'(differenceness)을 나타낸다.

Part 4

구약시대의 남녀 리더십의
특별 사례들

• 들어가는 말

다음은 각 시대별 리더십을 가진 왕과 제사장과 선지자와 사사들의 상황을 일목요연하게 정리한 표이다. 하나님 백성들에 대한 헤드십(headship)은 왕과 제사장, 선지자 그리고 사사로 나타난다.

'⊙표시'는 각 항목에 따라 '여자 사역자' 즉 '여자의 헤드십'이 '있었다'는 표이고, '×표'는 '없었다'는 표시이다. 우리의 관점은 각 시대별로 여자들의 리더십(헤드십)이 하나님의 통치의 영역인 이스라엘 백성들에게 어떻게 나타났고, 쓰임을 받았는가이다.

여각 시대 별 헤드십- 왕, 제사장, 선지자, 사사 유무 관계					
시대별	왕	제사장	선지자	사사	비고
아담	×	×	×	×	근원
족장	×	×	×	×	통합
출애굽	×	×	⊙	×	미리암
사사	×	×	⊙	⊙	드보라
왕정	⊙ 아달랴	×	⊙	×	훌다
포로	×	×	×	×	
귀환	×	×	⊙	×	노아댜
원칙	금지	금지	허용	1/12	
원칙	왕같은 제사장 헤드십 영원함		(남)36명 (여)4명	특별 상황	

1. 아담과 여자의 헤드십 관계

● 아담은 인류의 '시작'(beginning)과 '근원'(source)으로서 매우 중요하다. 따라서 중요 내용을 요약한다.

● "모든 생물을 다스리고 정복하는 것"은 '그들'로서 아담과 여자를 가리킨다. 이 방면만 보면 "평등"(sameness)하다고만 여길 가능성이 많다. 남자를 먼저(first) 만들고 여자는 나중에 (later)만들뿐만 아니라, 남자의 갈비뼈로 여자를 만든 것은 남자가 '머리'의 위치이고, 여자가 '돕는 배필'이라는 '차이성'(differenceness)을 간과하기 때문이다.

김세윤 박사와 같은 여성 안수 주장자들은 평등성만을 주장하는데. 아담과 여자의 '차이성'을 보지 못하는 색맹증으로 인해 자신들의 선호에 맞는 것만을 취사선택하여 보는 오류를 범했다.

● 아담을 여자보다 '먼저'(first) 만든 것은 '나중에'(later) 만든 여자보다 '먼저 존재한다'는 것으로, 그것 '자체로도' 헤드십이 주어졌다는 것을 의미한다. 여자는 남자로부터 나온 '돕는 배필'로서 머리를 돕는 자이기 때문에, 여자를 '나중에' 만드신 것은 서로 일치한다. 이것이 창조 안에서의 질서(order)이다.

● 만일 여자를 아담과 '동시에'(at the same time) 만들고 아담에게 헤드십을 준다면 문제가 발생한다. 또 다른 경우 아담을 여자보다 '나중에'(later) 만들고, 아담에게 헤드십을 주는 것도

모순이다. 그러나 하나님께서는 창조의 질서 안에서 모든 과정을 하나님의 뜻에 합당하게 행하셨다. 하나님은 선(good)하시다.

● 아담은 '흙으로' 만든 반면에, 여자는 아담의 '갈비뼈'로 만들었다. 이것은 여자가 아담의 '일부분'이고, 아담이 '근원'(source)이라는 것을 가리킨다. 하나님이 하나님이신 것은 "스스로 계시는 분"으로서 모든 피조물들을 창조하시고, 영원 전부터 선재하시기 때문이다.

● 하나님께서 여자를 아담을 '돕는 배필'(helpmeet)로 만들었다. 이것은 아담의 위치가 '머리'(head)라는 것을 의미한다. 고린도전서 11장 3절의 "여자의 머리는 남자요, 남자의 머리는 그리스도요 그리스도의 머리는 하나님이시다"라는 말씀과 "남자가 여자에게서 난 것이 아니요 여자가 남자에게서 났으며 또 남자가 여자를 위하여 지음을 받지 아니하고 여자가 남자를 위하여 지음을 받은 것이니"(고전 11:8-9)라는 신약의 말씀은 여자를 '돕는 배필'(helpmeet)로 만드신 창조의 목적과 완전히 일치한다. 남자와 여자에 대한 경륜은 창조 때부터 신약시대에 이르기까지 변하지 않는다.

● 여자가 죄에 빠진 것은 "여자의 머리는 남자"라는 하나님의 정하심을 거스리고 스스로 헤드십을 취했기 때문이다. 그 결과 여자는 남편을 사모하고 더 큰 해산의 고통을 겪어야 했으며,

남편의 다스림을 받게 되었다.

● 아담 시대에는 '왕의 직분'(다스리라)과 '제사장의 직분'(제물을 드림)과 '선지자의 직분'이 구분되지 않고 모두 족장에게 있었다. 여자의 리더십이란 아담의 머리 됨 안에서 '돕는 배필'로서 아담과 함께 참여하는 것이다. 사람의 관점에서 아담과 하와는 '두 사람'이지만, 하나님의 관점으로 볼 때 '한 사람'이다. 여성 안수 주장자들의 오류는 아담의 갈비뼈로 여자를 만들고, 아담보다 '나중에'(later)에 만들었다는 중요한 사실을 대수롭지 않게 여기는데 있다. 아담은 머리(head)이며 하와는 몸(helpmeet)인 관계는 그리스도가 교회의 머리가 되고 교회는 그리스도의 몸인 것과 같다. 머리와 몸은 둘이 아니라 '하나'인 것처럼, 아담은 머리로서 여자는 몸으로서 '하나'이다.

2. 여선지자 미리암과 헤드십 관계

미리암 여선지자의 긍정적 사례; '돕는 배필'의 리더십

● 출애굽 시대에는 모세가 선지자였고, 그의 누이인 미리암도 선지자였다. 하나님의 능력으로 홍해를 육지같이 건너고, 추격하는 바로의 병거가 하나님의 심판받는 것을 보고 모세가 '먼저'(first) 하나님의 위대하신 구원을 노래했다. 그것이 출애굽기 15장 1-18절에 나타난다.

• 모세의 노래

• 이 때에 모세와 이스라엘 자손이 이 노래로 여호와께 노래하니 일렀으되 <u>내가 여호와를 찬송하리니 그는 높고 영화로우심이요 말과 그 탄 자를 바다에 던지셨음이로다</u>
• 여호와는 나의 힘이요 노래시며 나의 구원이시로다 그는 나의 하나님이시니 내가 그를 찬송할 것이요 내 아버지의 하나님이시니 내가 그를 높이리로다
• 여호와는 용사시니 여호와는 그의 이름이시로다
• 그가 바로의 병거와 그의 군대를 바다에 던지시니 최고의 지휘관들이 홍해에 잠겼고
• 깊은 물이 그들을 덮으니 그들이 돌처럼 깊음 속에 가라앉았도다
• 여호와여 주의 오른손이 권능으로 영광을 나타내시니이다 여호와여 주의 오른손이 원수를 부수시니이다

• 주께서 주의 큰 위엄으로 주를 거스르는 자를 엎으시니이다 주께서 진노를 발하시니 그 진노가 그들을 지푸라기 같이 사르니이다

• 주의 콧김에 물이 쌓이되 파도가 언덕 같이 일어서고 큰 물이 바다 가운데 엉기니이

• 원수가 말하기를 내가 뒤쫓아 따라잡아 탈취물을 나누리라, 내가 그들로 말미암아 내 욕망을 채우리라, 내가 내 칼을 빼리니 내 손이 그들을 멸하리라 하였으나

• 주께서 바람을 일으키시매 바다가 그들을 덮으니 그들이 거센 물에 납 같이 잠겼나이다

• 여호와여 신 중에 주와 같은 자가 누구니이까 주와 같이 거룩함으로 영광스러우며 찬송할 만한 위엄이 있으며 기이한 일을 행하는 자가 누구니이까

• 주께서 오른손을 드신즉 땅이 그들을 삼켰나이다

• 주의 인자하심으로 주께서 구속하신 백성을 인도하시되 주의 힘으로 그들을 주의 거룩한 처소에 들어가게 하시나이다

• 여러 나라가 듣고 떨며 블레셋 주민이 두려움에 잡히며

• 에돔 두령들이 놀라고 모압 영웅이 떨림에 잡히며 가나안 주민이 다 낙담하나이다

• 놀람과 두려움이 그들에게 임하매 주의 팔이 크므로 그들이 돌 같이 침묵하였사오니 여호와여 주의 백성이 통과하기까지 곧 주께서 사신 백성이 통과하기까지였나이다

• 주께서 백성을 인도하사 그들을 주의 기업의 산에 심으시리이다 여호와여 이는 주의 처소를 삼으시려고 예비하신 것이라 주여 이것이 주의 손으로 세우신 성소로소이다

• 여호와께서 영원무궁 하도록 다스리시도다 하였더라(출

15:1-18, 註: 길고 상세한 노래)

• 미리암의 노래

● 모세의 노래가 끝난 후, '나중에'(later) 노래를 부른 사람은 미리암이다. 그의 노래는 출애굽기 15장 19-21절에 나타난다. 19-20절은 상황의 설명으로 "바로의 말과 병거와 마병이 함께 바다에 들어가매 여호와께서 바닷물을 그들 위에 되돌려 흐르게 하셨으나 이스라엘 자손은 바다 가운데서 마른 땅으로 지나간지라 아론의 누이 선지자 미리암이 손에 소고를 잡으매 모든 여인도 그를 따라 나오며 소고를 잡고 춤추니"라고 말씀한다. 그 후 미리암의 노래는 '단 한 절'로 나타난다.

> 미리암이 그들에게 <u>화답하여</u> 이르되 너희는 여호와를 찬송하라 그는 높고 영화로우심이요 말과 그 탄 자를 바다에 던지셨음이로다 하였더라(출 15:21)

● 아래의 표는 미리암의 노래와 모세의 노래를 비교한 것이다. 양자의 관계를 통해서 모세는 헤드십(headship)으로서 '메인 메시지'를 길고 상세하고 노래했고, 미리암은 '돕는 배필'(helpmeet)로서 '간단하게' '화답'(answer)했다는 것을 알 수 있다. 모세는 "내가 여호와를 찬송하리니"라고 했는데, 미리암은 그에 대한 화답으로 "너희는 여호와를 찬송하라"고 응답했다. 미리암의 화답은 새로운 노래를 한 것이 아니라, 모세의 노래의 서두를 '모든 여인들'에게 적용한 것이다.

● 미리암은 "그는 높고 영화로우심이요 말과 그 탄 자를 바

다에 던지셨음이로다"라고 노래했다. 이것은 새로운 노래(new song)가 아니라, 모세가 노래한 첫 절을 '그대로'(same) 노래한 것이다.

● 미리암의 노래를 낮출 것도 없고(여성 안수 반대자들 경우), 의도적으로 높일 것도 없다(여성 안수 찬성자들 경우). 미리암은 '돕는 배필'(helpmeet)로서 모세의 노래에 대하여 가장 합당한 '화답'(answer)을 했기 때문이다.

	미리암의 노래	모세의 노래
응답형	**너희는** 여호와를 찬송하라	**내가** 여호와를 찬송하리니
동일 메시지	그는 높고 영화로우심이요 말과 그 탄 자들을 바다에 던지셨음이로라	그는 높고 영화로우심이요 말과 그 탄 자들을 바다에 던지셨음이로라
특징	화답 메시지, 모세의 노래 반복	메인 메시지

● 모세의 노래와 미리암의 노래의 성격과 특징을 비교하면, 그들의 관계에 하나님의 헤드십(the headship of God)의 DNA가 내재되는 것을 발견할 수 있다. 이것을 그림으로 나타나면 다음과 같다.

● 미리암은 출생적으로 모세보다 '먼저'(first) 태어났고, 모세는 '나중에'(later) 태어났다. 미리암은 모세뿐만 아니라 아론의 손위 누이로서 육신적으로(physical) 우월한 위치에 있었다. 그러나 모세는 영적으로(spiritual) '여자의 머리'로서 '헤드십'을 받았고, 미리암은 하나님의 통치와 모세의 헤드십 아래서 돕는 배필의 리더십으로 섬겼다.

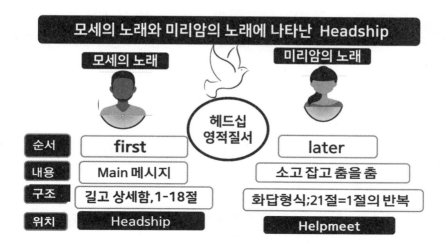

모세의 '헤드십' vs 미리암은 '돕는 배필'

● 하나님의 부르심과 위임 안에서 모세와 미리암은 선지자이다. 모세는 모든 이스라엘 백성들을 다스리는 헤드십(인도자, 지도자)이 있을 뿐만 아니라, 창세 이후로 "여자의 머리는 남자"라는 헤드십이 주어졌다. 초기에 미리암은 여선지자로 부름을 입어, 동생인 모세의 '헤드십' 아래서 합당하게 섬겼다. 그것은 출애굽 시의 모세의 노래와 미리암의 노래에 나타난다. 성경신학은 모든 신학의 뿌리가 되기 때문에 어떤 신학적인 주제이든지, 신학적인 논쟁보다는 성경에서 근거를 찾아야 한다.

• 모세가 '먼저'(first) 부름 vs 미리암은 '나중에'(later) 부름

● 모세는 구원의 노래를 '먼저'(first) 부르고, 미리암은 '나중에'(later) 노래했다. 노래의 순서에도 헤드십이 나타난다. 승용차

에 앉는 자리도 상석이 있고, 말하는 것도 순서가 있다. 만일 모세가 '구원의 노래'를 부르기도 전에 미리암이 '먼저'(first) 불렀다고 가정해 보자. 주객이 전도된 상황은 출애굽기 15장에서 찾을 수 없다.

• 모세의 노래는 길고 상세함 vs 미리암의 노래는 단 1절

● 모세의 노래는 1절로부터 18절에 해당한다. 이렇게 "길고 상세하다"는 것은 그것이 '메인'(main) 메시지라는 것을 의미한다. 여성 안수 주장자들은 모세도 구원을 노래했고 미리암도 노래를 했다는 것을 근거로 남녀의 "평등성"(sameness)을 주장하며 여성 안수의 근거로 삼는다. 두 사람이 노래에 나타난 '차이성'(differenceness)을 간과한 결과이다.

● 오페라에 등장하는 여러 배우들이 모두 노래를 한다고 해서 그들이 '동일한 위치'에 있는 것이 아니다. 주연 배우(hero)가 있고 조연 배우가 있으며, 엑스트라도 있다. 만일 조연 배우에게 주어진 대사(노래)가 주연보다 적다고 해서 주연 배우의 몫을 부른다면 오페라는 어떻게 되겠는가? 세상에서도 일어나지 않는 일이 하나님의 왕국에서 일어날 수 있다고 생각하는 것은 비정상이다. 미리암은 모세가 '메인 노래'를 부른 후에, 매우 '짧고' '간결하게' '춤추며' '화답하고' '돕는 배필'(helpmeet)의 역할을 잘 감당했다. 모세에게 헤드십이 있었기 때문에 그가 노래를 마치기까지 미리암은 그가 부를 화답의 노래는 기다려야 했다. 여기에는 영적 무질서의 상황을 찾을래야 찾을 수 없다. 모든 것이

평강(peace)이요 기쁨(joy)이 있다.

• 미리암의 노래(21절)는 모세의 노래(1절)의 반복

● 모세의 노래에 대하여 미리암은 여인들과 소고를 잡고 춤을 추며 화답(answer)했는데, "너희는 여호와를 찬송하라 그는 높고 영화로우심이요 말과 그 탄 자를 바다에 던지셨음이로다"라고 노래했다. 이것은 모세의 노래의 '첫 부분'으로 1절과 동일하다(same). 미리암의 화답은 새로운 내용을 노래한 것이 아니라, 모세가 부른 노래의 서두를 "그대로 부름으로" 화답했다. 구원의 노래의 메시지는 헤드십(headship)을 가진 모세에 의해 불려졌고, '돕는 배필'(helpmeet)인 미리암은 서두의 첫 소절을 "반복하여"(repeating) 부름으로 화답했다. 이것이 아름다운 동역이고 조화이다.

• 모세의 노래는 'Main' vs 미리암의 노래는 '화답'

● '돕는 배필'(helpmeet)로서 미리암의 노래가 "짧고 간결한 반복"이라고 해서 과소평가 하지 말아야 한다. 만일 메인 메시지가 있었는데, 아무도 화답을 하지 않았다고 하면 어떤 상황이겠는가? 만일 모세의 노래에 대한 화답(answer)이 없다면, 아무도 동의하지 않는다는 것이 되고 만다. 미리암의 노래는 "짧고 간결한 화답"의 성격이지만, 어떤 의미에서 "모세의 노래의 완성"이라고 할 수 있다. 하나님의 말씀을 반드시 '믿음으로' 응답을 해야 우리 안에 성취된다. 화답에는 길고 장황한 말이 필요없다. 오직 "아멘"으로 응

답하면 된다.

• 모세의 노래는 '머리'(head) vs 미리암의 노래는 '꼬리'(tail)

● 모세의 메인 메시지는 '머리'(head)에 해당하고, 미리암의 화답은 '꼬리'(tail)와 같다. 두 노래가 조화롭게 합쳐질 때 구원의 노래는 완성된다. 모세의 노래와 미리암의 노래는 '헤드십'과 '돕는 배필'(helpmeet)로 인해 온전하게 됐다. 미리암의 '돕는 배필'의 사역이 여성의 리더십이라고 할 수 있다. '돕는 배필'(helpmeet)의 역할은 분명 머리가 아니기 때문에 '작다'고 할수 있다. 그러나 '돕는 배필'(helpmeet)이 없다면, 하나님의 역사는 성취되지 않는다. 모세는 '머리'이고 미리암은 '돕는 배필'로한 몸이었다.

● 오늘날 여성 안수 주장자들의 관념은 "모세만 메인 메시지를 말하는 것이 아니라, 미리암도 메인 메시지를 전할 수 있으면더 좋게 않겠느냐?"라는 것과 같다. 오늘날 교회는 합당한 헤드십과 돕는 배필이 필요하다. 교회를 세우는 것은 "영적인 질서"를따라 동역함으로 이뤄진다.

• 미리암 여선지자의 부정적인 헤드십

● 여선지자 미리암이 모세의 권위에 도전하여 부정적인 (negative) 영향력을 끼친 사건이 민수기 12장에 나타난다.

모세가 구스 여자를 취하였더니 그 구스 여자를 취하였으므로 미리암과 아론이 모세를 비방하니라 그들이 이르되 여호와께서 모세와만 말씀하셨느냐 우리와도 말씀하지 아니하셨느냐 하매 여호와께서 이 말을 들으셨더라 이 사람 모세는 온유함이 지면의 모든 사람보다 더하더라(민 12:1-3)

• 모세를 비방한 미리암의 모티브

● 미리암이 모세를 비방하게 된 계기는 "모세가 구스 여인을 취할 때"였다. 아마 모세는 아내 십보라 사후에 구스 여인과 재혼했을 것이다. 모세의 재혼은 율법을 거스리는 행위가 아니었다. 미리암은 모세가 이스라엘 여인이 아닌 '구스 여인'(인종) 즉 이방 여자인 것을 기회로 비방거리로 삼았다. 미리암의 비방에는 "숨겨진 야망"이 있었다. 모세가 수많은 히브리 여인들을 제껴두고 '구스 여인'을 아내로 삼은 것도 못마땅했을 것이다.

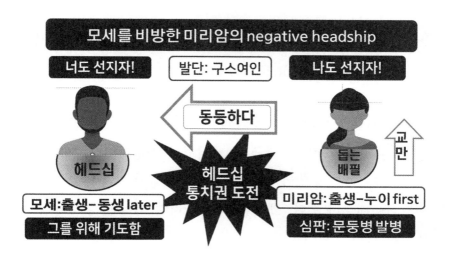

● 오늘날 여성 안수를 주장하는 자들의 뿌리가 되는 논거는 '남녀차별'(gender discrimination)이라는 세상 논리의 잣대이다. '남녀차별'은 나쁜 것이다. 그러나 여성 안수 문제는 하나님의 정하신 것으로 진리의 문제이며 '남녀구별'의 문제라는 것을 간과했다. 만일 미리암이 비방의 모티브로 삼은 구스 여인이 '불신자'라면 문제는 달라진다. 출애굽한 이스라엘 백성은 모두 유월절을 지킨 사람들이다. 그들은 혈통적인 히브리인들만 있는 것이 아니었다. 출애굽기 12장 37은 이렇게 말씀한다.

> 이스라엘 자손이 라암셋을 떠나서 숙곳에 이르니 유아 외에 보행하는 <u>장정이 육십만 가량이요</u> <u>수많은 잡족과</u> 양과 소와 심히 많은 가축이 그들과 함께 하였으며(출 12:37-38)

• 첫째, 유아 외에 장정만 60만 가량이 되는 큰 무리가 출애굽했다(about six hundred thousand on foot that were men, beside children).
• 둘째, 수많은 잡족 즉 여러 민족들이 출애굽했다(And a mixed multitude went up also with them).

● 그러므로 민수기 12장의 모세가 재혼한 구스 여인은 유월절을 통해 구원받고 출애굽 한 하나님의 백성이었다. 미리암이 이 사실을 모를 리 없었지만, 그는 이 기회를 놓치지 않고 모세를 비방하는데 사용했다. 왜냐하면, 이스라엘 백성들 중에서 구스 여인과 같이 얼굴이 검은 이방인 출신에 대한 이질감을 갖은 사

람들이 많았기 때문이다.

• 미리암의 의도와 목적

● 미리암이 모세를 비방한 말에 그의 의도가 나타난다.

> 여호와께서 모세와만 말씀하셨느냐 우리와도 말씀하지
> 아니하셨느냐 하매 여호와께서 이 말을 들으셨더라(민 12:2)

● 만일 모세가 미리암의 주장과 같은 말로 자신의 권위(헤드
십)를 세웠다고 하면 문제가 있다고 할 수 있다. 그러나 이런 종
류의 말을 모세가 하지도 않았기 때문에 비방이요 중상모략이었
다. 하나님이 세우신 헤드십은 스스로 권위(authority)를 내세울
필요가 없다.

● 여호와께서 모세와도 말씀하시고, 미리암과도 말씀하신 것
은 한편으로 사실이다. 모세도 선지자(prophet)이고 미리암도 선
지자(女, prophetess)였다.

● 미리암은 하나님께서 모세를 미리암을 비롯한 모든 이스라
엘 백성들의 머리(지도자, 헤드십)로 세우셨다는 것을 간과했다. 그
는 육신적인 '연장자'의 위치를 이용해서 모세의 헤드십에 '동등'
하게 놓으려 했다. 보고 싶은 것만 보고, 보고 싶지 않은 것을 보
고 싶어하지 않는 것이 미리암에게도 나타나고, 여성 안수 주장
자들에게도 나타난다.

그들이 주장하는 핵심은 "평등성"(sameness)이다. 모든 사람

은 죄로 오염되었기 때문에 여기에서 자유로울 사람은 아무도 없다. 그러기 때문에 내 생각이 아니라 하나님의 말씀을 바로 알아야 한다. 하나님의 백성들이 '하나님을 아는 지식'(the knowledge of God, 호 4:1)이 없는 것은 하나님의 왕국에서 벌어지는 영적인 희극(comedy)이자 비극(tragedy)이다.

● 미리암은 모세의 연장자(elder)이다. 출생에서 모세보다 '먼저'(first) 태어났다. 모세가 갈상자에 태워져 나일강에 떠내려갈 때, 그의 뒤를 따라가며 지켜봤던 '손윗 누이'이다. 출생에서 '먼저'(first) 태어났다는 것은 미리암의 '육신적인 지위'(physical)이다. 그래서 형제자매 간에도 형과 아우가 있다. 미리암은 모세가 출생의 지위를 뛰어넘는 하나님으로부터 부여받은 '헤드십'의 지위(권위)를 받았다는 것을 간과했다.

● 만일 미리암이 '먼저'(first) 태어났을지라도, 여선지자로 부름을 입지 않았다는 가정을 해보자. 감히 모세를 비방하고 대적하는 데 앞장설 수 있었겠는가? 아마 그 가능성은 상당히 줄어들 것이다. 출애굽 시 모세가 '먼저'(first) 구원의 노래를 부르고, 미리암이 '나중에'(later) 부르며 춤을 춘 것은 매우 합당하고 아름다운 동역과 조화였다. 하나님의 헤드십(the headship of God)과 모세의 헤드십(남자의 헤드십) 아래서 미리암이 '돕는 배필'(helpmeet)의 직분을 잘 수행했다.

● 시간이 지나면서 미리암의 마음 속에는 모세의 헤드십를 취하고 싶은 마음이 일어났다. 아마 이렇게 생각했을 것이다.

"하나님이 모세에게도 말씀하시고, 내게도 말씀하시는데

242 여성 안수 금지는 남녀차별인가

모세가 나보다 더 큰 '헤드십'(권위)를 갖을 이유가 무엇인
가? 게다가 나는 모세의 동생이 아니라 '손위 누이'가 아닌
가? 내가 없었다면 모세는 나일강에서 죽었을지도 모르지 않
는가? 모세가 오늘날의 모세가 된 것은 모두 다 내 덕분이다.
모세가 모세가 된 것은 미리암 때문이다. 이제는 나도 모세
와 동등한 헤드십을 가질 기회다. 나는 여성으로서 모세보다
더 세심하기 때문에 이스라엘 백성들을 더 잘 인도할수 있지
않은가?"

● 모세가 하나님이 주신 헤드십(권위)으로 하나님의 백성들
을 섬기는 것도 쉽지 않지만, 미리암과 같이 모세의 '돕는 배
필'(helpmeet)로 쓰임을 받는 것도 쉽지 않다. 사람은 남이 하
는 것은 쉽다고 간주하고 누구든지 할 수 있다고 생각하는 경
향이 있다. 무엇이든지 쉬운 것은 결코 없다. 만일 '돕는 배
필'(helpmeet)이 무언가 "육신적으로"(physical) 더 뛰어난 것이
있다면, 더욱 그러하다. 그것은 때때로 교만의 길로 이끌곤 한다.
고린도전서 10장 12절은 "그런즉 선줄로 생각하는 자는 넘어질
까 조심하라"고 경고한다.

• 하나님의 부르심과 미리암에 대한 심판; 헤드십의 확립

● 결국 여호와께서 갑자기 모세와 아론과 미리암 세 사람을
회막으로 부르셨다. 먼저 아론과 미리암에게 말씀하셨다. 두 사
람에게 '먼저'(first) 말씀하셨다는 것은 그들이 하나님의 헤드십
을 대적했기 때문이다.

내 말을 들으라 너희 중에 선지자가 있으면 나 여호와가 환상으로 나를 그에게 알리기도 하고 꿈으로 그와 말하기도 하거니와 내 종 모세와는 그렇지 아니하니 그는 내 온 집에 충성함이라 그와는 내가 대면하여 명백히 말하고 은밀한 말로 하지 아니하며 그는 또 여호와의 형상을 보거늘 너희가 어찌하여 내 종 모세 비방하기를 두려워하지 아니하느냐 여호와께서 그들을 향하여 진노하시고 떠나시매 구름이 장막 위에서 떠나갔고 미리암은 나병에 걸려 눈과 같더라 아론이 미리암을 본즉 나병에 걸렸는지라(민 12:6-10)

● 여호와께서는 아론과 미리암을 향하여 "너희가 어찌하여 내 종 모세 비방하기를 두려워하지 아니하느냐"라고 책망하셨다. 그리고 진노하셔서 구름이 장막을 떠났고 미리암은 나병에 걸려 눈과 같이 희어졌다. 나병은 피부에 나타나는 질환으로 숨길 수 없다. 미리암이 모세의 헤드십에 도전한 것은 하나님을 대적한 것이었다.

● 여성 안수 찬성자들은 모세를 비방한 것은 아론과 미리암인데, 아론은 빠진채 여성인 미리암만 문둥병에 걸린 것에 대하여 "남녀차별"이라고 주장할 것이다. 하나님은 실수하지 않고 영광스런 분이시다. 모세를 비방하는 일에 앞장 선 사람이 미리암이었고, 아론은 미리암의 의도를 알아채지 못하고 누이의 충동에 넘어간 추종자였다. 즉 미리암은 헤드십 탈취라는 범죄의 계획과 행동을 앞장선 '주범'이고, 아론은 '종범'이었기 때문이다.

3. 아달랴(女)의 왕위 탈취와 헤드십 관계

● 유다 왕국과 이스라엘 왕국에는 여왕(Queen)이 존재하지 않는다. 그런데 유일하게 여왕 아달랴가 있다. 성경의 원칙과 흐름을 아는 사람이라면 '비정상적인 상태'라는 것을 알 것이다. 여성 안수 주장자들은 언급하고 싶은 않은 인물이겠지만!

● 유다 왕국은 하나님의 통치를 받는 하나님의 왕국이다. 그래서 아담의 창조로부터 세우신 '여자의 머리는 남자'라는 헤드십을 준행하며, 여자는 '돕는 배필'(helpmeet)로서 하나님의 뜻을 따랐다. 하나님의 왕국과 이방 왕국의 정체성을 비교하면 명확해진다. 이방 나라(왕국)는 하나님의 통치를 거부하기 때문에 하나님의 법을 본성적으로 싫어한다. 따라서 아래의 표와 같이, 이방 왕국은 하나님의 왕국이 아니기 때문에 여왕(Queen)을 '머리'로 삼아 통치하는 것을 이상하게 생각하지 않는다. 이것이 중요한 차이이다.

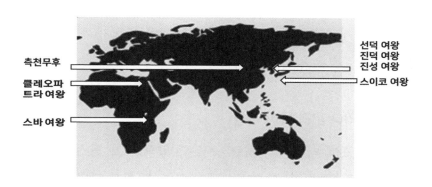

● 스바 여왕이 솔로몬의 지혜를 듣기 위해 금은보화들을 갖고 찾아온 것은 유명하다. 스바는 이방 왕국으로서 '여자의 머리는 남자'라는 하나님의 법을 알지도 못하고 지키지 않는다. "클레오파트라의 코가 한 치만 낮았더라도 역사는 달라졌다"고 회자되는 클레오파트라도(Cleopatra VII, Ptolemaic Queen of Egypt 69-30 BC) 여왕(woman)이라는 것은 잘 알려진 사실이다. 그녀는 이집트 프톨레마이오스 왕조의 여왕으로 로마의 안토니오스와 결혼하여 아들을 낳았고 이집트 왕국의 부흥을 꿈꿨지만, 실패함으로 이집트 왕조의 최후의 여왕이 됐다. 우리나라 삼국시대의 진성 여왕과 선덕여왕, 진덕여왕이 여자(woman)였다.

● 역사학자 중에 7세기의 동아시아는 여왕의 시대라고 말하는 사람이 있는데, 한반도에서는 신라의 선덕여왕과 진덕여왕이, 일본에서는 스이코(推古) 여왕 등 3명의 여왕이 왕위에 올랐고, 중국에서는 중국 역사상 유일한 여자 황제로서 당의 제3대 황제인 고종의 황후 측천무후(690년~704년)가 황제의 자리에 올랐기 때문이다. 이방 왕국에서 '여자의 헤드십'은 공통분모이다. 그러나 하나님의 왕국은 세상 왕국과 다르다. 만일 양자가 같다면 문제가 있다는 것을 의미한다. 하나님의 왕국인 교회가 세상과 같은 사상을 갖는 것은 정상이 아니다.

• 아달랴(여왕)의 특이 사항

● 위의 표에 나타난 것처럼 남 유다 왕국과 북 이스라엘 왕국의 모든 왕들은 '여자의 머리인 남자'였다. 이것은 하나님이 세우

신 헤드십의 원칙이다. 디모데전서 2장 11절과 같이 여자가 교회(하나님의 왕국)에서 가르칠 수 없고(강도권), 남자를 주관할 수(치리권) 없다. 이것은 창조로부터 구약과 신약에 이르기까지 변치 않는 원칙이다.

● 유일한 여왕의 사례는 유다 왕국의 7대 왕(여왕)인 아달랴이다. 이 단 한 번의 사례는 여성 안수 주장자들의 논리에 힘이 실리는 '성경적인 근거'가 됨에도 불구하고 한 번도 언급하지 않는 것은 이상한 일이다(모르기 때문에 그러는 것인지, 주장하기를 꺼리기 때문인지 알 수 없다). 이것은 그들의 논리적 근거가 성경적이지도 않고 복음적이지도 않다는 반증이다.

● 아달랴는 아합 왕이 이방 선지자 '이세벨'과 결혼하여 낳은 딸이다. 이세벨은 이방 나라인 시돈의 바알의 제사장인 엣바알(Eth-baal, 바알이 함께 한다는 뜻)의 딸이다. 엣바알은 아스다롯의 제사장이었는데 히람 왕가의 펠레스 왕을 살해하고 왕위에 오른 인물이었다. 아합 왕이 율법이 금한 이방 여인과 결혼한 것은 그의 야망과 욕심 때문이었다. "그 어머니에 그 딸"이라는 말이 있듯이, 어미인 이세벨과 딸인 아달랴도 그러했다. 따라서 이방신 아스다롯의 선지자였던 이세벨의 피와 DNA는 딸인 아달랴와 머리에서 발끝까지 동일했다. 아달랴의 부계는 아합이지만, 모계는 이세벨인 이방의 선지자이며 우상 숭배자라는 것을 간과하면 안된다.

● 역대하 22장 3절은 "아하시야도 아합의 집 길로 행하였으니 이는 그의 어머니가 꾀어 악을 행하게 하였음이라"고 말씀한

다. 여호람이 병으로 죽은 이후 아하시야가 왕이 되었을 때, 모친인 아달랴는 이세벨과 같이 아들의 배후에서 섭정을 했다.

아하시야 왕은 1년간 통치했는데 배후에서 권력을 행사하는 모친 아달랴의 영향으로 왕권은 매우 미약했다. 아하시야가 이스라엘 왕인 아합의 악한 길로 갔던 것은 아합과 이세벨(이방의 여선지자)의 딸이며 그의 어머니인 아달랴가 그를 꾀었기 때문이었다. 그러던 중 이스라엘 왕 예후에게 죽임을 당하자 아달랴는 그 기회를 놓치지 않고, 왕의 아들들을 살육하고 최초로 유다 왕국의 왕좌를 차지하고 스스로 여왕(Queen)이 됐다.

남북 왕국 역사상 '유일한 여왕'이 됨으로 "여자의 머리는 남자라는 헤드십"은 이 아달랴(여자)에 의해 깨졌다. 하나님의 왕국인 유다가 이방 나라와 같이 전락했다. 여왕 아달랴의 통치는 6년간 지속됐다. 이스라엘 왕국 역사에 치욕스런 일이었다.

• 아달랴의 권력욕: 왕자(손주)들을 살육하고 여왕이 됨

● 역대하 22장 10절은 아달랴가 그의 손자들인 왕자들을 모두 진멸했음을 기록한다.

> 아하시야의 어머니 아달랴가 자기의 아들이 죽은 것을 보고 일어나 유다 집의 왕국의 씨를 모두 진멸하였으나 왕의 딸 여호사브앗이 아하시야의 아들 요아스를 왕자들이 죽임을 당하는 중에서 몰래 빼내어 그와 그의 유모를 침실에 숨겨 아달랴를 피하게 하였으므로 아달랴가 그를 죽이지 못하였더라 여호사브앗은 여호람 왕의 딸이요 아하시야의 누이요 제사장 여호야다의 아내이더라 요아스가 그들과 함께 하나님의 전에

육 년을 숨어 있는 동안에 아달랴가 나라를 다스렸더라(대하
22:10-12)

● 아달랴가 유다 집의 왕국의 씨를 진멸하고, 구약 역사 최초
로 스스로 여왕이 된 것은 하나님의 주권(the sovereignty of God)
과 하나님의 헤드십(the headship of God)에 심각한 손상을 입힌
것이다. 따라서 하나님의 뜻대로 살고자 하는 신자라면 이 사건
의 심각성을 깨달아야 한다. 이것을 그림으로 나타내면 다음과
같다.

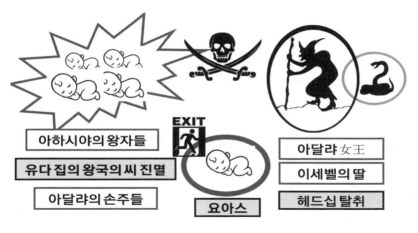

● 유다 왕국은 이스라엘 왕국과 함께 하나님의 통치를 받는
유일한 나라이다. 하나님의 통치는 하나님의 말씀이 법(law)이며,
하나님이 세우신 '다윗의 혈통'을 통해서 이뤄진다. 따라서 유다
왕국은 다윗의 혈통이 다스리며, 모든 왕들은 "여자의 머리"가 되
는 '남자'(man)들이었다. 유다 왕국에서 하나님의 헤드십은 남자

를 여자의 머리로 세우신 '남자의 헤드십'이 왕으로 있을 때 나타난다.

● 아달랴가 여왕으로 왕국을 통치했다는 것은 하나님의 왕국(the kingdom of God)으로서 유다 왕국에 대한 하나님의 주권(the sovereignty of God)과 헤드십을 찬탈했다는 의미였다. 이것은 유다 왕국의 수치이며 이방인이 기뻐하고 사탄이 기뻐하는 일이었다.

● 아달랴가 여왕으로 "여자의 머리는 남자"라는 헤드십을 깨뜨리고 '여자가 헤드십'을 탈취한 것은 하나님의 율법을 깨뜨린 "불법"(unlawful)이다. 남 유다와 북 이스라엘 왕국에서 여자가 왕이 된 사례가 한 번도 없는 것은 그것은 신성 불가침의 영역과도 같은 것이기 때문이다.

만일 아달랴가 유다 백성들의 지지를 받았을지라도 그것은 불법이다. 아달랴는 다윗 왕가의 모든 씨(자손)들을 진멸하고, 스스로 여왕의 왕좌에 앉았다. 이방인이며 우상숭배자이기 때문에 가능한 일이었다.

역사상 수많은 왕가의 여자들이 있을지라도 하나님의 법을 거스리고 '여자의 머리'는 남자라는 헤드십을 뒤집은 일이 한 번도 없다는 것을 비교한다면, 아달랴의 행위가 얼마나 하나님의 통치를 대적하는 것인지 알수 있다.

● 그림에서 아달랴 여왕 옆에 '뱀'(serpent)을 연관시킨 이유가 있다. 에덴 동산에서 여자가 뱀(the serpent)의 유혹을 받아 '남자의 헤드십'을 거역하고 스스로 '남자의 머리'의 위치를 취할 때,

선악과를 먹고 타락했다.

여왕 아달랴는 아들의 죽음을 기회로 '다윗 집의 왕가의 씨'(David's seeds)인 왕자들을 모두 살육했다. 만일 요아스를 구출하지 않았더라면 아달랴의 계획대로 다윗의 씨는 진멸되었고, 아달랴의 씨가 왕 노릇(David's seeds를 대체해서)했을 것이다.

만일 그렇게 됐다면 여자의 후손(her seed)이 우리를 구원하시기 위해 오신다는 창세기 3장 15절 '원시 복음의 약속'은 성취할 수 없게 된다. 결론적으로 아달랴가 여왕이 된 것은 뱀의 머리를 상하게 할 여자의 후손이 오시는 것을 가로막는 것으로서 옛 뱀, 마귀, 사탄이 가장 기뻐하는 일이라는 것을 의미한다. 악한 마귀는 이렇게 "여자의 머리는 남자"라는 하나님의 법을 없애기 위해서 "권력에 사로잡힌 여자 아달랴"를 자신의 도구로 사용했다. 이런 원칙은 예수님 탄생 후 헤롯 왕이 그러했고, 오늘날에는 동일하다.

● 아달랴 여왕이 유다 왕국에 존재한다는 것은 여성 안수 주장자들의 논리를 도울 수 있는 천군만마인데도 불구하고 어느 누구도 거론하지도 않는 것은 놀랍다. 그 여자가 비록 왕의 자리에 앉아 "남자의 헤드십"(치리권)을 차지했을지라도 왕자들에 대한 대살육과 더불어 불법적인 것이라는 것을 알기 때문일 것이다. 여성 안수 주장자들이 여왕 아달랴의 사례를 언급조차 하지 않는 것은 그들의 주장이 성경을 근거한 것도 아니고 복음적인 것도 아니라는 반증이다.

4. 여선지자 훌다와 헤드십 관계

● 여성 안수 주장자들이 빠지지 않고 근거로 삼는 사례가 선지자 훌다이다. 그는 의심할 바 없이 여자(woman)로서 선지자였다.

● 나무들이 모여서 큰 숲을 이룬다. 따라서 선지자의 전체 숲에서 훌다라는 여선지자를 볼 수 있어야 한다. 왕정 시대에 훌다한 명을 제외한 모든 선지자들은 남자(man)이었고, 훌다 한 사람만 여자(woman)이다. 이것이 성경의 팩트이다.

● 출애굽 시대에 미리암이 선지자였던 것과 사사 시대에 드보라(여자)가 선지자였고, 왕정 시대에 훌다(woman)가 선지자였다는 공통점이 있다. 성경에서 여선지자들이 있던 각 시대별로 정리한 것이 아래의 표이다. 족장 시대로부터 왕정 시대까지 여선지자가 누구이며 몇 명이나 있었는지 주목하자.

● 족장 시대에는 여선지자가 한 명도 없다. 오직 "여자의 머리"인 남자들(man)뿐이다.

● 출애굽 시대에는 모세가 선지자였고 누이 미리암(woman)이 선지자였다. 이것도 단 한 명의 여선지자가 있을 뿐이다.

● 사사 시대에는 여성 안수 주장자들이 빼놓지 않고 언급하는 드보라가 여(woman)선지자였다. 사사 시대는 왕이 없던 시대로서 '자기의 소견에 옳은 대로 행하던' 암흑 시대였다는 것을 감안해야 한다. 그런데도 단 한 명의 여선지자 밖에 없다.

김세윤 박사를 비롯한 여자(woman) 안수 주장자들이 '힘주어' 언급하는 여선지자(prophetess)는 사사 시대에 '단 한 명'에 불과하다. 12명의 사사 가운데 여자(woman) 사사가 드보라 단 한 명이라는 것은 통계학적으로도 어떤 원칙을 삼기에 빈곤한 사례이다. 물론 성경은 일반 학문과 다르기 때문에 예외적인 사례라는 것을 의미한다.

● 훌다가 여선지자(prophetess)였다는 것은 하나님께서 그를 사용하셨다는 것을 가리킨다. 아울러 선지자라는 성경의 큰 숲에서 볼 때, 왕정 시대에 '단 한 명'이라는 것은 하나님께서 선지자로 여자(woman)를 사용하시는데, '매우 드물게'(a little, 매우 적지만 긍정적 의미) 사용하신다는 것을 가리킨다.

● 왕의 직분과 제사장 직분은 영원한 반면, 선지자 직분은 영원하지 않다. 구원받은 성도를 "왕 같은 제사장"이라고 부르는 것도 두 직분이 영원하기 때문이다. 따라서 선지자직을 왕과 제사장의 직분과 동일하게 간주하면 문제가 발생한다. 여성 안수 주장자들이 네 명의 여선지자를 근거로 드는데, 왕과 제사장직과는 근본적으로 다른 방면이라는 것을 간과했다.

● 선지자 직분은 '왕의 직분'과 '제사장의 직분'이 타락했을 때, 하나님께서 선지자들을 세워서 그들에 대한 회개와 심판을 선포한다. 따라서 왕의 직분과 제사장의 직분이 정상적일 때에는 '강한 선지자'도 없고 회개와 심판을 촉구하는 선지자가 필요 없기 때문에 등장하지 않는다.

● 아합 시대와 같이 이방 여인과 결혼하고 이세벨이 섬기는

바알과 아세라의 선지자 850명이 유다 왕국을 장악하여 온 백성들이 우상 숭배에 빠졌을 때, 역사상 가장 많은 능력을 행했던 엘리야 선지지와 엘리사 선지자가 사역했다. 그것은 정상적인 두 직분인 왕의 직분(헤드십)과 제사장의 직분(헤드십)이 심각하게 타락했기 때문이다.

● 여선지자와 사사였던 드보라의 사례는 하와와 미리암과 훌다와 함께 성경 신학적으로 어떤 '하나님의 원칙'이 내재되어 있는지 뒤에서 논증할 것이다.

5. 여선지자 노아댜와 헤드십 관계

● 포로 후 귀환 시대에 '여(woman)선지자'가 나온다는 것은 특기할만 하다. 여성 안수 주장자들이 훌다만을 언급하고 '노아댜 여선지자'를 언급하지 않는 것은 그들의 주장이 치우쳤다는 반증이다. 왜냐하면 드보라와 훌다 외에 여선지자가 있다는 것은 그들의 주장을 강화하는 지원군이 되는데도 불구하고 언급조차 하지 않는데, 부정적인 이미지 때문이다.

● 선지자 스마야는 느헤미야가 이스라엘 백성들과 함께 성벽을 건축하는 것을 방해하기 위해 산발랏과 도비야가 주는 뇌물을 받고 여선지자 노아댜(woman)와 다른 선지자들과 함께 거짓 예언을 했다. 포로 후 귀환 시대에 두 사람도 아니고 오직 한 사람만 여자(woman) 선지자가 있는데, 그것도 거짓 여선지자였다. 이 것이 성경의 팩트(fact)이다.

● 드보라와 훌다의 경우는 하나님의 왕국을 세우기 위해서 '적극적으로'(positive) 쓰임 받은 여선지자인 반면에, 노아댜(女)는 성벽건축에 앞장서는 느헤미야를 대적하기 위해서 원수인 산발랏과 도비야의 뇌물을 받고 거짓 예언을 한 선지자였다. 노아댜는 '부정적인'(negative) 여선지자의 사례이다.

● 선지자의 사역은 하나님의 말씀을 받아 하나님의 백성들을 격려하거나, 혹은 책망하고 회개를 촉구한다. 느헤미야는 총독이

라는 지도자(통치자)의 권위를 갖고 무너진 성벽을 재건하고 있다. 느헤미야에게는 하나님의 헤드십(the headship of God)이 있다.

노아댜는 마땅히 느헤미야의 헤드십을 존중하고 결코 원수들과 결탁하여 대적하지 말았어야 했다. 그의 죄는 오늘날로 말하면 '여적죄'(與敵罪)에 해당한다. 이 죄는 법률적으로 적국과 합세하여 국가에 해를 끼친 범죄로 사사로운 이익을 위하여 나라의 주권이나 이권을 적국에 팔아먹는 행위를 가리킨다. 다른 모든 죄는 정해진 형량이 있지만, 여적죄는 단 하나의 형벌밖에 없는데, 사형이다. 이것이 대한민국의 법률이다. 그렇다면 하나님의 왕국의 법은 어떠한가?

6. 성경에 나타난 '뜻밖의' 선지자

성경에는 우리가 생각하지 못했던 뜻밖의 선지자들이 있다. 선지자 같지 않은데, 선지자 노릇을 한 경우이기 때문이다. 첫째 사례는 발람 선지자와 나귀의 경우이고, 둘째 사례는 사울 왕의 경우이다.

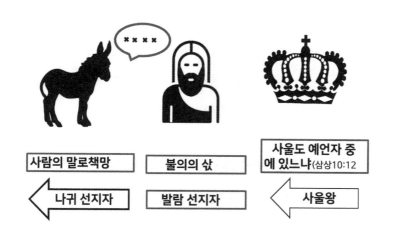

• 재물에 눈이 먼 발람 선지자

● 선지자는 선지자인데 매우 부정적인(negative) 선지자가 '발람 선지자'이다. 민수기 22장은 모압 왕이 이스라엘이 모압보다 강하다는 것을 깨닫고 발람 선지자에게 저주해 달라고 귀족들에게 많은 재물(민 22:7은 '복채')을 주어 보냈다. 이스라엘 백성들을 저주해 유다서 11절은 "화 있을진저 이 사람들이여,

가인의 길에 행하였으며 <u>삯을 위하여 발람의 어그러진 길로 몰려</u> <u>갔으며</u> 고라의 패역을 따라 멸망을 받았도다"라고 경고한다. 그는 선지자였지만 '이재'(재물)에 눈이 먼 '영적 이재민'이었다.

● 하나님께서는 발람을 "내가 이르는 말만 준행하라"(민 22:20)고 하시면서 소극적으로 허용하셨다. 우리가 주목하고자 하는 요점은 재물에 눈이 먼 '영적 이재민' 같은 발람도 하나님의 말씀을 대언(예언)했다. 이것은 선지자가 매우 '불쌍한 처지'에 있을지라도 '소극적이라도' 하나님께 쓰임 받을 수 있다는 것을 가리킨다. 물론 이것은 발람이 스스로 자랑할 것도 못 된다. 하나님께서 우상 숭배하고 패역한 이스라엘 백성들을 치시는 데, 이방 왕국을 사용하신 것과 같다. 선지자에게 예언(대언)케 하는 것은 전적으로 하나님의 주권(the sovereignty of God)이다.

• 재물에 눈이 먼 발람 선지자를 책망하는 짐승 선지자

● 역사상 짐승이 '사람의 말'을 한 경우는 발람 선지자를 책망한 나귀이다. 발람이 어그러진 길을 갈 때, 여호와의 사자(angel)가 칼을 들고 서 있었다. 짐승인 '나귀'는 칼을 든 여호와의 사자를 보았는데, 선지자인 발람을 보지 못했다. 이 어떤 선지자인가? 나귀는 주인을 구하기 위해 칼을 피하느라 몸을 벽에 대었는데 그만 발람의 발이 담에 짓눌리게 되었다. 발람은 나귀를 채찍질하고, 지팡이로 때렸다. 그때 놀라운 일이 발생했다. 짐승인 나귀가 사람의 말로 선지자를 책망했다.

<u>여호와께서 나귀 입을 여시니</u> 발람에게 이르되 내가 당신

에게 무엇을 하였기에 나를 이같이 세 번을 때리느냐 발람이 나귀에게 말하되 네가 나를 거역하기 때문이니 내 손에 칼이 있었다면 곧 너를 죽였으리라 <u>나귀가 발람에게 이르되</u> 나는 당신이 오늘까지 당신의 일생 동안 탄 나귀가 아니냐 내가 언제 당신에게 이같이 하는 버릇이 있었더냐 그가 말하되 없었느니라(민 22:28-30)

● 나귀가 '사람의 말'을 한 것을 "서당 개 삼 년이면 풍월을 읊는다"는 속담을 적용하여 해석하는 여성 안수 주장자는 없을 것이다. 하나님께서 나귀에게 사람의 말을 할 수 있는 능력을 주셨다. 이것이 참된 방언이다. 성경의 방언은 '배워서' 하는 것도 아니고, '연습해서' 되는 것도 아니다.

● 오늘날 방언(language)은 대개 '랄랄라 방언'이나 '따따다 방언', '할렐루야 방언'을 성경의 방언이라고 오도하는 경우가 많다. 헛된 은사주의가 만들어낸 사람의 모조품이다. 성경의 방언은 이 땅의 사용하는 언어(language)로서 들으면 알아들을 수 있는 "Made by God"이다. 이와 반면에, '위조 방언'은 불신자가 듣기에도 천박한 "Made by human"에 불과하다. 마치 이것은 사람이 만든 '인조 잔디'를 하나님이 만드신 '잔디'라고 주장하는 것과 같다. 발람의 나귀는 동물 역사상 '최초의 방언자'이며, 선지자를 책망한 짐승 선지자였다.

● 신약 성경에 나오는 최초의 방언의 사례는 오순절날 성령님이 '강하고 급한 바람'과 '불의 혀의 갈라진 모양'으로 임하실 때, 각 지역의 언어인 방언으로 '하나님의 큰 일'을 말했다. 천하 각

국에서 모여든 경건한 유대인들의 반응이 어떠했는가?

　　이 소리가 나매 큰 무리가 모여 각각 자기의 방언으로 제자
들이 말하는 것을 듣고 소동하여 다 놀라 신기하게 여겨 이르
되 보라 이 말하는 사람들이 다 갈릴리 사람이 아니냐 우리가
우리 각 사람이 난 곳 방언으로 듣게 되는 것이 어찌 됨이냐
우리는 바대인과 메대인과 엘람인과 또 메소보다미아, 유대
와 갑바도기아, 본도와 아시아, 브루기아와 밤빌리아, 애굽과
및 구레네에 가까운 리비야 여러 지방에 사는 사람들과 로마
로부터 온 나그네 곧 유대인과 유대교에 들어온 사람들과 그
레데인과 아라비아인들이라 우리가 다 우리의 각 언어로 하
나님의 큰 일을 말함을 듣는도다 하고 다 놀라며 당황하여 서
로 이르되 이 어찌 된 일이냐 하며(행 2:6-12)

● 방언의 원문은 '$\gamma\lambda\omega\sigma\sigma\alpha$'(글롯사)로서 그 의미는 '혀, 언어'
이다. 사도행전의 콘텍스트에서는 '언어'(language)로 해석된다.
KJV은 'tongues'으로 번역했는데, '언어'(language)라는 의미이
다.

● 발람의 나귀는 사람의 말로 선지자를 책망했다. 하나님의 백
성에 대한 책망과 회개의 촉구는 선지자의 중요한 책무였다. 따라
서 선지자의 원칙을 따라 생각하면, 하나님께서 나귀를 '불의의
삯을 위해 어그러진 길'로 가는 선지자를 책망하기 위해서 '나귀
를 선지자'로 사용하셨다고 할 수 있다. 하나님께서는 짐승인 나
귀를 통해서도 하나님의 뜻을 대신 전할 수 있으신 분이다. 이것
이 선지자의 또 다른 방면이다. 하나님께서는 나귀에게도 사람의

말을 할 능력을 부여해서, 재물에 눈이 먼 선지자를 책망하는데 '짐승'도 선지자로 사용했다.

• 사울도 선지자인가

● 성경에 나타난 선지자라는 숲을 관찰, 비교하면 하나의 원칙(principle)을 발견할 수 있다. 선지자는 히브리어 '나비'(nabi)로서 "예언자, 말하는 자"라는 의미이다. 예언에 대한 가장 큰 오해는 선지자가 '스스로' 예언한다는 생각이다. 어떤 선지자도 '스스로' 예언한 적이 없고, 하나님의 말씀을 듣고 하나님의 백성들에게 '대언'했다. 따라서 성경에 나타난 예언자는 모두 '대언자'이다. 모세를 비롯하여 사무엘, 엘리야, 엘리사, 다니엘, 에스겔, 호세아 등 모든 선지자들은 하나님의 마음을 알고 준비되어 쓰임받은 '훌륭한 대언자들'이다.

● 하나님께서는 사울에게 예언하는 무리들과 함께 예언을 하고 새 사람이 될 것을 다음과 같이 말씀하셨다.

> 그 후에 네가 하나님의 산에 이르리니 그곳에는 블레셋 사람들의 영문이 있느니라 네가 그리로 가서 그 성읍으로 들어갈 때에 선지자의 무리가 산당에서부터 비파와 소고와 저와 수금을 앞세우고 예언하며 내려오는 것을 만날 것이요 네게는 여호와의 영이 크게 임하리니 너도 그들과 함께 예언을 하고 변하여 새 사람이 되리라 이 징조가 네게 임하거든 너는 기회를 따라 행하라 하나님이 너와 함께 하시느니라(삼상 10:5-7)

● 하나님의 말씀은 그대로 성취되어 사울도 예언을 했다.

> 그가 사무엘에게서 떠나려고 몸을 돌이킬 때에 하나님이 새 마음을 주셨고 그 날 그 징조도 다 응하니라 그들이 산에 이를 때에 <u>선지자의 무리가 그를 영접하고 하나님의 영이 사울에게 크게 임하므로 그가 그들 중에서 예언을 하니</u> 전에 사울을 알던 모든 사람들이 <u>사울이 선지자들과 함께 예언함을 보고</u> 서로 이르되 기스의 아들에게 무슨 일이 일어났느냐 <u>사울도 선지자들 중에 있느냐</u> 하고 그 곳의 어떤 사람은 말하여 이르되 그들의 아버지가 누구냐 한지라 그러므로 <u>속담이 되어 이르되 사울도 선지자들 중에 있느냐</u> 하더라 사울이 예언하기를 마치고 산당으로 가니라(삼상 10:9-13)

● 사울이 예언을 했고, "사울도 선지자들 중에 있느냐"는 속담이 생겼다. 이것은 어떤 의미인가? "사울도 선지자 중에 있는 것이 사실이냐, 그가 과거에 어떤 사람인줄 아는데 그가 예언을 한 것은 어찌된 일이냐? 소가 뒷걸음치다가 생쥐를 잡았단 말이냐?"라는 의미일 것이다.

이렇게 하신 하나님의 뜻은 사울이 변화되어 사무엘과 같은 영적인 사람, 하나님의 뜻을 따라 사는 사람이 되라는 특별한 은총이었다. 결코 사울이 사무엘과 같이 변화되었기 때문에 사용하신 것이 아니다. 사무엘의 말은 성경에 기록됐지만, 사울이 예언한 것은 성경에 기록되지 않은 것 또한 놓치지 말아야 한다. 이런 사실들은 사울과 같은 사람도 하나님께서 예언케 하실 수 있다는 것

을 보여준다. 사울은 하나님의 특별한 은총을 받았지만 그 기회
를 붙잡지 못했고 자신의 길로 갔다.

● "사울도 선지자 중에 있느냐"라는 속담은 하나님께서 누구
든지 선지자로 쓰실 수 있다는 것을 의미한다. 말로만이 아니라
성경에는 실제로 다양한 종류의 사람을 선지자(대언자)로 사용하
신다. 여자도 '매우 적지만'(a little) 각 시대 별로 한 명씩 사용하
셨다.

● 그러므로 여선지자(prophetess)를 "아주 드물게"(a little) 쓰
신다고 해서 교회의 중심 헤드십인 왕(치리권)과 제사장(강도권)도
가능하다고 생각하는 것은 작아 보이지만 큰 오류이다.

7. 여 선지자들과 헤드십의 원칙들

• 일반적인 원칙

● 구약성경에서 선지자라는 큰 숲을 통해서 하나의 원칙 (principle)을 발견할 수 있다. 선지자는 하나님의 말씀을 받아 '대언'하는 역할로서 '매우 드물게'(a little) 여자(woman)를 쓰셨다. "매우 드물다"(a little)는 것은 각 시대별로 '단 한 명'을 쓰셨기 때문인데, 그래도 주목할 필요가 있다. 족장과 왕과 제사장의 경우는 전혀 허용되지 않았다.

● 하나님의 머리 되심(the headship of God) 안에서, "거의 대부분"(almost) '여자의 머리'인 남자를 선지자로 쓰셨다. 그러나 여자를 선지자로 쓸 수 없는 것은 아닌 것으로 보인다. 이것은 왕이나 제사장 같은 영원한 직분과는 구별되는 것으로도 알 수 있다. 선지자로 쓰시는 원칙은 '여자의 머리'인 남자를 쓰시되, 매우 특별한 때에 여자(woman)도 각 시대별로 '한 명'을 쓰실 수 있다는 것으로 보인다.

● 족장 시대에는 여자 선지자가 없다. 사람에게 죄가 들어온 것이 여자가 '여자의 머리는 남자'라는 헤드십을 거부하고 스스로 머리가 되었기 때문일 것이다. 성경의 팩트는 시대별로 '단 한 명'의 여선지자(prophetess)를 사용하신 반면, 아담 이후 족장 시대에는 전혀 나타나지 않기 때문이다.

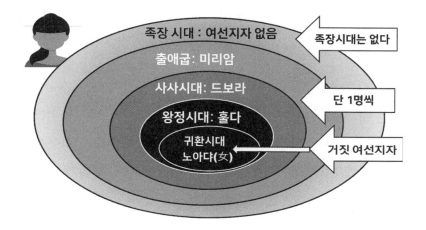

● 사사 시대의 여선지자(prophetess) 드보라는 매우 적극적인 (positive) 유형의 사역자였다. 이것은 그가 남자의 헤드십 아래서 자신의 사명을 감당했다. 뒤에 구체적으로 논증할 것인데, 그는 "랍비돗의 아내 드보라"로 불리웠다. 이것은 그가 '돕는 배필'(helpmeet)의 위치에서 합당하게 사역했다는 것을 가리킨다.

● 왕정 시대의 여선지자(prophetess) 훌다도 적극적인(positive) 방면을 나타낸다.

● 포로 귀환 시대의 여선지자(prophetess) 노아댜는 매우 부정적인(negative) 방면을 나타낸다. 그는 대적들과 손을 잡고 느헤미야가 성벽을 건축하는 일을 방해하기 위해서 '거짓 예언'을 일삼았다. 그는 거짓 여선지자였다.

8. 헤드십을 손상한 네 여자들의 유형

구약 성경에는 하나님이 세우신 헤드십의 원칙(principle)을 손
상시킨 네 명의 여자가 나온다. 이들의 공통점은 모두 '남자가 여
자의 머리'라는 하나님의 헤드십을 손상시켰다. 그 성격에는 각
각 차이가 있기 때문에, 네 종류의 사례로 보아도 무리가 없을 것
이다.

• 창조된 여자의 죄와 헤드십 관계

● 하와(타락 당시에는 여자)는 죄가 사람 안에 들어오게 한 여
자이다. 하나님께서 그를 아담의 갈비뼈를 취하여 '돕는 배
필'(helpmeet)로 만들었음에도 불구하고, 뱀의 유혹을 받아 스스
로 '머리'가 되어 선악을 알게 하는 나무 열매를 따서 먹었다. 이
것은 아래로는 '남자는 여자의 머리'라는 아담의 헤드십을 벗어
났고, 위로는 남자의 머리이신 하나님의 헤드십을 거역한 것이
다.

여자의 죄(여자의 머리는 아담이기 때문에 아담의 죄라 할 수 있다)는
눈이 밝아져서 하나님과 같이 되려는 교만과, '돕는 배필'의 위치
를 떠나 스스로 '머리'가 된 것이다. 즉 하나님의 위임된 머리의
지위를 거역하고 자신이 스스로 머리가 되어 헤드십을 취한 것이
죄이다.

● 디모데전서 2장 11-12절은 여자의 죄를 언급하면서 교회

에서 여자가 가르칠 수 없고(강도권), 남자를 주관하는 것(치리권)을 허락하지 않는 두 가지 원인을 언급한다. 이런 원인은 사도 바울 당시의 어떤 여자들 때문이 아니라 창조의 때로 거슬러 올라간다. 첫째, 이는 아담이 먼저 지음을 받고 하와가 그 후에 창조되었고 둘째, 아담이 (뱀에게) 속은 것이 아니고 여자가 (뱀에게) 속아 죄에 빠졌기 때문이다.

● 여성 안수 주장자들의 가장 큰 오류는 창조의 과정에서 아담보다 '나중에'(later) 그것도 아담의 갈비뼈로 지음을 받을 뿐 아니라, 타락할 때 여자가 '먼저'(first) 뱀의 유혹에 빠졌다는 사실을 대수롭지 않은 일처럼 간주한다. 만일 오늘날 우리가 아담과 하와의 자손이 아니라면 아담 창조와 타락과 아무 상관이 없기 때문에 '여성 안수 주장'은 힘을 얻을 수 있다. 그러나 어느 누구도 아담(혹은 여자)의 자손이 아니라고 할 사람이 없기 때문에 사도 바울이 언급한 교회 안의 하나님의 헤드십(통치의 권위)은 유효하다.

● 창세기에도 상세히 언급되었을 뿐만 아니라, 신약 성경인 디모데전서에서 성령님께서 사도 바울을 통하여 두 가지 사실을 언급한 것은 창조로부터 신약 시대와 오늘날까지 하나님의 머리 되심(the headship of God)의 원칙(principle)이 지속된다는 것을 가리킨다. 하와의 원죄는 남자의 헤드십과 하나님의 헤드십에 대한 거역의 바이러스로 오염시킨 것이다. 여자(하와)와 관계된 헤드십은 뒤에서 따로 논증할 것이다.

● 여자(하와)의 헤드십은 두 부분으로 나뉘어진다. 타락할 때 '여자의 머리'인 남자의 헤드십을 스스로 취함으로 죄에 빠진 '부정적인 유형'(negative)과 타락 후 하나님의 전하신 복음을 믿은 후 '아담의 아내'로서 '돕는 배필'의 지위를 회복한 '긍정적인 유형'(positive)이다.

● 오늘날 구원받은 여자들은 누구든지 전자의 길과 후자의 길 중에서 하나를 선택한다. 하와가 하나님의 말씀을 청종할 것인지 뱀의 유혹을 청종할 것인지 스스로 선택했다. 오늘도 어느 길을 갈 것인지는 제3자에게 있는 것이 아니라 자신의 몫이다.

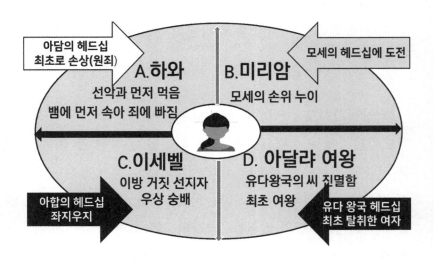

• 최초의 여선지자 미리암과 헤드십 관계

● 성경에 나타난 '돕는 배필'이라는 큰 숲을 통해서 미리암과 헤드십의 관계를 살펴보자. 선지자 미리암(여자)의 결혼 관계와 가족 관계는 성경에 나타나지 않기 때문에 그의 결혼 여부를 판단할 수 없다. 앞서 언급한 것처럼 미리암은 여선지자로서 적극적인 방면과 부정적인 방면을 함께 가진 'Mix Type'이다.

● 출애굽 할 때, 모세의 노래에 이어 미리암이 구원의 기쁨을 노래하고 춤췄을 때, '돕는 배필'로서 하나님께 영광을 돌리고 이스라엘 백성들(교회)에 기쁨을 가져왔다. 그러나 시간이 흘러 모세를 대적하는 데 앞장을 섰다. 가장 귀하게 쓰임 받았던 사역자가 앞장 서서 대적하는 자가 된다는 것은 예나 지금이나 벌어진다. 이것은 권위(지도력)와 헤드십의 문제일 뿐만 아니라 교만의 문제이다. 사람은 하나님의 위임된 헤드십을 과소평가하고 스스로 높아져서 자신의 힘으로 헤드십을 얻을 수 있다고 생각한다. 그런 사람이 여선지자 미리암이었다.

• '아론의 누이' 미리암

● 미리암에 대한 특이한 사항은 출애굽 후 모세의 노래에 이어 미리암이 노래할 때, "아론의 누이 선지자 미리암"이라고 말한다. 그는 선지자(prophetess)였고 '아론의 누이'(the sister of Aaron)였다. 여선지자는 '하나님의 위임'을 가리키고, 아론의 누이는 '출생'에서 '육신적인 위치'(physical)를 가리킨다.

● 하나님의 위임을 받은 여선지자로서 미리암은 '여자의 머

리'인 모세의 헤드십 아래 있었다. 더구나 모세는 이스라엘 백성들을 인도하는 지도자의 헤드십이 주어졌다. 모세를 대적하는 것은 하나님의 통치에 대한 반역이다. 여호와께서 미리암을 나병으로 심판하신 것은 하나님이 부여한 헤드십(the headship of God)을 대적했기 때문이다.

● 민수기 12장에서 미리암은 모세의 재혼을 기회로 "하나님이 너와만 말씀하셨느냐 우리와도 말씀하지 않으셨느냐"라는 말로 모세를 비방했다. 이것은 미리암의 마음에 모세가 가진 헤드십에 대한 야망이 있었다는 것을 가리킨다. 더구나 그는 육신적으로 모세의 '손위 누이'이다. 모세가 갓난 아기 시절 나일강으로부터 지켜보고 돌봤다는 것을 생각하면 인지상정으로 이해하지 못할 일도 아니다. 그런데 이런 것이 하나님의 일을 생각하지 않고 사람의 일을 생각하는 '인본주의적 사상'이다. 오늘날도 그런 일들이 종종 일어나곤 한다.

● 성경은 "아론의 누이 선지자 미리암"이라고 말한다. 아론은 모세의 형이었다. 그러므로 미리암의 관점으로는 아론도 '동생'이고, 모세는 '더 아랫 동생'이었다. 이런 육신적인 우월성이 그를 교만하게 만들었고, 그 결과 온 이스라엘 백성들 앞에서 모세의 헤드십(권위)에 도전하여 스스로 모세와 동등한 헤드십을 취하려 한 것으로 나타났다. 이것은 어떤 의미에서 반역이다. 천사장의 타락이나 여자(하와)의 타락과 미리암의 모세의 헤드십에 대한 도전은 원칙상 동일선상에 있다. 하나님의 헤드십에 대한 도전이다. 여성 안수 주장자들은 헤드십의 문제가 심각한 문제라는 것

을 인식하지 못하는 것 같다.

• 역대상 6장에 나타난 아론과 모세와 미리암의 관계

● 역대상 6장 1-3절에는 모세의 부친인 아므람의 자녀들을 기록한다. 여기에 세 형제와 관련된 헤드십의 문제를 볼 수 있다.

레위의 아들들은 게르손과 그핫과 므라리요 그핫의 아들들은 아므람과 이스할과 헤브론과 웃시엘이요 <u>아므람의 자녀는 아론과 모세와 미리암이요</u> 아론의 자녀는 나답과 아비후와 엘르아살과 이다말이며(대상 6:1-3)

● 레위의 아들들과 그핫의 아들들 아론의 아들들은 모두 'sons'이다. 그런데 특이한 것은 모세의 부친인 아므람을 언급할 때는 '아들들'(sons)이 아니라 '자녀들'(children)이라고 한다. 그래서 아들인 아론과 모세를 언급할 뿐만 아니라 '미리암'(딸)도 언급한다. 개역개정에서 "아론의 자녀들"이라고 번역한 것은 오역이다. 원문은 '아들들'(sons)이다. 언급된 네 명이 모두 '아들들'(sons)인 것도 일치한다.

● 여성 안수 논쟁을 다루면서 주목할 것이 있다. 아므람의 자녀들의 순서에 불일치로 보이는 부분이 있기 때문이다.

• 첫째, 미리암은 아론의 손위 누이인데도 불구하고 아론이 '먼저'(first) 기록됐다.
• 둘째, 모세는 미리암보다 '나중에'(later) 태어났는데, 미리암

보다 '먼저'(first) 기록됐다.

• 셋째, 미리암은 두 동생들보다 '먼저'(first) 태어났음에도 불구하고 세 번째 기록됐다. 이런 팩트는 흔히 '성경 오류설'이나 '성경 편집설'로 흘러가든지, 여성 안수 주장자들은 구약 시대에 '남녀차별'과 '남존여비 사상'이 만연했다고 비판한다. 모두 다 성경을 오해한 것이다. 혹시 성경에 나오는 어떤 사람이 그런 잘못을 저지를 수는 있어도, 성경의 원칙과 기록은 하나님의 선하심과 동일하다.

● 성경의 중심 주제인 하나님의 머리 되심(the headship of God)을 알지 못하면 여러 가지 문제들이 발생한다. 역대상 6장은 '출생의 순서'(physical)로 기록된 것이 아니라 '헤드십의 원칙'(headship)에 따라 기록된 것이다. 만일 이런 헤드십의 관점으로 보지 않는다면, "성경은 2% 부족하다"는 불신을 하게 된다.

● 창조로부터 하나님은 '남자를 여자의 머리'로 세우셨다. 이것은 여자는 '돕는 배필'(helpmeet)이라는 것을 의미하고 서로 조화를 이룬다. 아론과 모세는 '여자의 머리인 남자'로서 형인 아론을 '먼저'(first) 기록하고, 동생인 모세를 '나중에'(later) 기록했다. 미리암이 동생인 아론과 모세보다 '나중에'(later) 기록된 것은 그가 남자(헤드십)의 '돕는 배필'(helpmeet)이기 때문이다. 이것은 출생의 문제나 능력의 문제가 아니다. 하나님의 창조때부터 시작된 하나님 왕국의 원칙이다.

• 이방 여선지자로서 왕후가 된 이세벨과 헤드십 관계

● 구약성경에서 '이방 여자'로서 이스라엘 왕국의 왕후가 된 여자는 이세벨이다. 그는 바알의 제사장인 엣바알의 딸이며, 아세라의 여자 선지자였다. 아합 왕이 이방 여인과 혼인한 것은 하나님의 결혼의 원칙(principle)을 깨뜨린 것으로 정상이 아니었다.

● 이세벨은 아세라의 여선지자로서 이스라엘 왕국 안에 바알과 아세라 우상을 세우고 백성들도 우상 숭배에 빠졌다. 갈멜산에서 엘리야를 대적한 바알과 아세라의 선지자들이 850명이나 되었다.

● 이세벨은 남편인 아합의 '돕는 배필'(helpmeet)이 아니었다. 불신자들이 하나님의 법을 우습게 여기는 것과 같이 이세벨도 "여자의 머리는 남자"라는 것을 존중하기는커녕 거들떠 보지 않는 여자였다. 그는 남편이며 왕인 아합을 '좌지우지'하는 '더 큰 머리'였다. 그도 그럴 것이 이세벨은 이방의 관습과 사상으로 형성된 여인이었기 때문이다.

● 이스라엘 왕국은 외적으로는 아합(남자)이 '헤드십'을 가졌지만, 실상은 이세벨(여자)이 헤드십을 가졌다. 나봇의 포도원 사건은 모두 아합을 좌지우지하는 이세벨의 작품이다. 하나님의 율법은 지계표를 옮길 수 없고, 포도원인 기업을 팔 수 없었다. 그러나 이세벨은 악한 궤계로 나봇을 모함하여 돌에 맞아 죽게 하고 포도원을 차지하여 나물 밭으로 바꿨다.

● 아합과 이세벨의 헤드십 관계는 창조 때의 아담과 여자(하와)를 떠올리게 한다. 여자를 통해서 죄가 들어오고 그 결과 아담

이 죄를 지었듯이, 아합은 아내인 이세벨에게 휘둘려서 온 나라를 우상 숭배의 나라로 만들었다. 하나님이 주신 헤드십이 하나님의 말씀을 거역할 때 삼년 육개월 동안 하늘은 비를 주지 않았다.

• 역사상 최초로 여왕이 된 아달랴와 헤드십 관계

● 구약시대를 선지자라는 큰 숲을 통해서 하나의 원칙(principle)을 발견할 수 있다. 북 이스라엘 왕국은 아합 왕이 이세벨과 결혼함으로 하나님의 왕국(the kingdom of God)의 헤드십이 여자에 의하여 좌지우지하게 되었고, 그 결과 우상 숭배에 빠졌다. 이와 반면에 남 왕국 유다는 아달랴(여자)가 아들의 죽음을 기회로, 모든 왕자들을 살육하고 스스로 여왕이 되었다(구사일생으로 요아스만 도피함).

● 아달랴는 권력을 잡고 6년간 유다 왕국을 다스렸다. 단 한 번의 사례이지만 유다 왕국의 수치이며, 하나님의 왕국의 헤드십을 대적하는 바벨탑과 같았다. 하나님의 창조의 원칙, '여자의 머리는 남자'라는 원칙과 여자는 '돕는 배필'(helpmeet)이라는 원칙이 심각하게 훼손됐다.

● "여자의 머리는 남자"라는 헤드십의 '보이지 않는 부분'(Invisible)에는 하나님의 주권(the sovereignty of God)과 하나님의 머리 되심(the headship of God)이 있다. 그런 이유는 '여자의 머리는 남자'를 통해서 그리스도의 머리 되심이 나타나기 때문이다. 고린도전서 11장 3절은 "그러나 나는 너희가 알기를 원

하노니 각 남자의 머리는 그리스도요 여자의 머리는 남자요 그리스도의 머리는 하나님이시라"고 말씀한다. 여자의 머리인 남자의 헤드십을 통해서 그리스도의 머리 되심이 나타나고, 그리스도의 머리 되심이 나타나야 하나님의 머리 되심이 나타난다.

● '남자가 여자의 머리'라는 헤드십을 상실한 유다 왕국은 아달랴 여왕이 6년간 통치했지만, 실제로는 '하나님의 헤드십'이 부재했다. 오직 '여자의 헤드십'이 온 유다 땅에 충만했다. 이것은 유다 땅에 하나님의 뜻이 이뤄지지 않은 것을 의미한다. 이것은 심각한 일이다.

● 오늘날도 아달랴가 여왕이 되어 하나님의 왕국의 '헤드십'을 강탈한 것과 같은 일들이 일어난다. 아달랴가 여자로서 여왕(헤드십)이 되는 것은 개인적으로 영광스런 일이겠지만, 하나님의 왕국의 정체성을 훼손하는 가장 미워하는 악한 행위이다. 결국 아달랴는 하나님의 심판으로 죽임을 당했고, 예비된 여호야다 부부의 동역(남녀 리더십)으로 어린 요시아에게 왕권이 돌아가므로 하나님의 헤드십을 회복했다.

9. 하와에 대한 두 호칭과 헤드십 관계

● 창세기 2장과 3장에 하와를 가리키는 두 가지 호칭이 나온다. '여자'(woman)라는 호칭과 '그의 아내'(his wife)라는 호칭이다. 이 호칭을 사용할 때, 일정한 원칙(principle)이 있다. 일반적인 관점에서 보면 "그냥 하와를 가리키는 것이지 어떤 의미가 있는가?"라고 반문할 수 있다. 성경은 '작은 차이'를 통해서도 무엇인가를 말씀한다.

●성경이라는 광산에는 수많은 보화들이 매장되어 있는데, 조직 신학은 '이미'(already) 캐낸 것으로 귀하지만, 성경 신학은 '아직' (not yet) 캐내지 못한 보화들을 채굴하고 제련하는 신학적 과정이다. 박형용 박사와 박윤선 박사가 생전에 귀한 신학적 업적을 남길 수 있었던 것은 그들이 성경 신학(Biblical theology)에 뿌리를 두었기 때문이다.

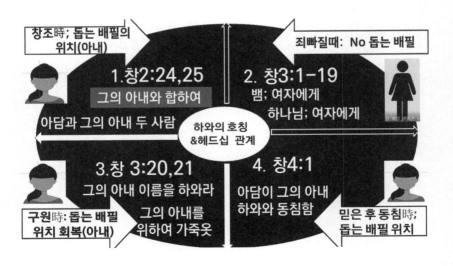

• 첫째, 창조된 후 불려진 호칭 '여자'

아담의 갈비뼈로 '돕는 배필'을 만드신 후에, 그에 대한 호칭
은 '여자'이다.

> "여호와 하나님이 <u>아담에게서 취하신 그 갈빗대로 여자를</u>
> <u>만드시고</u> 그를 아담에게로 이끌어 오시니 아담이 이르되 이
> 는 내 뼈 중의 뼈요 살 중의 살이라 <u>이것을 남자에게서 취하</u>
> <u>였은즉 여자라 부르리라</u> 하니라"(창 2:22-23)

● 이때는 창조 때로서 타락하기 전이다. 하나님이 아담의 갈
비뼈로 만드신 것을 아담은 "남자에게서 취하였은즉 여자라 부
르리라"고 말했다. 여자란 아담이 근원으로서 한 부분인 '갈비뼈'
로 만들어졌고, '사랑하는 자'라는 것을 가리킨다.

• 둘째, 여자를 만든 후, 한 몸이 될 때의 호칭 '그의 아내'

● 하나님은 아담의 갈비뼈로 여자를 만드신 후에 남자와 여자
가 합할 것을 말씀한다.

> 이러므로 남자가 부모를 떠나 <u>그의 아내와 합하여 둘이 한</u>
> <u>몸을 이룰지로다</u> 아담과 그의 아내 두 사람이 벌거벗었으나
> 부끄러워하지 아니하니라(창2: 24-25)

● 이때는 아담을 '남자'로, 여자를 '그의 아내'(his wife)라고
말씀한다. 그런 후 또 다시 '그의 아내'(his wife)라고 말하며 벌거
벗었으나 부끄러워 하지 않았다고 말한다. 만일 여기에서 '그의
아내'라고 하지 않고 '여자'(woman)라고 했다면 어떤 원칙을 찾

는 것은 불가능하다.   ● "한 몸이 되는 것"은 결혼(연합)을 통해서 이뤄진다. 외적으로 볼 때 아담과 하와는 두 사람이지만, 결혼으로 '한 몸'이 된다. 본래 하나님이 아담(사람)을 만드셨고 그를 잠들게 한 후에 갈비뼈로 여자를 만들었기 때문에, 두 사람의 결혼은 원래 '한 사람'인 아담으로 돌아가는 것이다.

● 한 몸이 될 때, 여자를 '그의 아내'(his wife)라고 부른 것은 여자가 갈비뼈로서 '돕는 배필'(helpmeet)이라는 것을 가리키고, 아담은 머리로서 헤드십(headship)이라는 것을 가리킨다. 한 몸이 될 때, 여자는 더 이상 여자가 아니라 '돕는 배필'(helpmeet)이며 '그의 아내'(his wife)이다. 하나님께서 원하는 것은 하와가 그냥(just) 여자가 아니라 '그의 아내'(his wife)로 불릴 수 있는 '돕는 배필'이다.

• 셋째, 뱀의 유혹받고 타락할 때 불린 '여자'라는 호칭

창세기 3장은 사람의 타락을 상세히 기록한다. 사람의 타락의 배후에는 뱀(옛 뱀, 마귀, 사탄)이 있고 또한 여자(woman)가 있다. 여기서 주목할 것은 사람이 타락할 때 하와를 '여자'라고 말하고 '아내'(his wife)라고 말하지 않는다. 말씀을 보자.

> 그런데 뱀은 여호와 하나님이 지으신 들짐승 중에 가장 간교하니라 <u>뱀이 여자에게 물어 이르되</u> 하나님이 참으로 너희에게 동산 모든 나무의 열매를 먹지 말라 하시더냐 <u>여자가 뱀에게 말하되</u> 동산 나무의 열매를 우리가 먹을 수 있으나 동산 중앙에 있는 나무의 열매는 하나님의 말씀에 너희는 먹지도 말고 만지지도 말라 너희가 죽을까 하노라 하셨

느니라 뱀이 여자에게 이르되 너희가 결코 죽지 아니하리라 너희가 그것을 먹는 날에는 너희 눈이 밝아져 하나님과 같이 되어 선악을 알 줄 하나님이 아심이니라 여자가 그 나무를 본즉 먹음직도 하고 보암직도 하고 지혜롭게 할 만큼 탐스럽기도 한 나무인지라 여자가 그 열매를 따먹고 자기와 함께 있는 남편에게도 주매 그도 먹은지라(창 3:1-6)

- 1절에서 뱀이 '그의 아내'에게 말했다고 하지 않고, '여자'(woman)에게 말했다고 기록한다.
- 2절에서 '아담의 아내'가 뱀에게 말한 것이 아니라, '여자'(woman)가 뱀에게 말했다고 기록한다.
- 또 다시 4절에서 뱀이 '그의 아내'에게 말했다고 하지 않고 '여자'(woman)에게 말했다고 기록한다. 6절에서 나무를 본 것이 '그의 아내'가 아니라, '여자'(woman)가 봤다고 말한다.
- 6절 하반절에서 열매를 따 먹은 자는 '그의 아내'가 아니라 여자'(woman)라고 말한다.
- 5번이나 뱀이 미혹할 때의 돕는 배필의 호칭은 '그의 아내'가 아니라 '여자'라는 공통점이 있다.

● 뱀이 유혹하고, 뱀에게 대답하고, 열매를 따 먹고 준 자는 하와이다. 그렇지만 성경은 '그의 아내'(his wife)라고 하지 않고, '여자'(woman)라고 부른다. '그의 아내'란 아담의 '돕는 배필'(helpmeet)이고, 여자는 단지 갈비뼈로 만들어진 '남자의 부분'이라는 의미이다. '돕는 배필'은 적극적인(positive) 의미이고, 여자란 '본래의 상태'만을 나타낸다. 하나님은 여자를 만드

신 후 '아담의 아내'(his wife)로서 '돕는 배필'(helpmeet)이 될 것(becoming)을 말씀했다. 하와의 타락은 '돕는 배필'이 되지 않고, '여자'라는 피조된 위치에서 죄를 지었다는 것을 의미한다. 이것은 두 호칭에 대한 '차이성'(differenceness)이며, 원칙(principle)이다.

● 6절에서 "여자가 그 열매를 따 먹고 자기와 함께 있는 <u>남편에게도</u>(her husband) 주매 그도 먹은지라"라고 말한다. 남편의 이름이 '아담'이라는 구체적인 이름이 있는데도 불구하고, 성경은 '남편'(her husband)이라고 말한다. 이것이 성경이 보여주는 관점이다. 남편이란 그가 '여자의 머리'라는 것을 가리킨다. 남편에게 주어 먹은 것은 남편이 '여자의 머리'로서 역할을 하지 못하고, 오히려 돕는 배필인 '여자'의 말을 듣고 함께 죄를 지었다. 고전 11장 3절에서 "여자의 머리는 남자"이고, "남자의 머리는 그리스도"라고 말한다. 남편인 아담의 머리는 그리스도이기 때문에, 하나님이 먹으면 죽으리라는 선악과를 먹지 말아야 했다. 아담이 그리스도를 머리(헤드십)로 삼지 않았기 때문에 '돕는 배필'의 말을 듣고 죄를 범했다.

•

• 이런 원칙은 고린도후서 11장 1-2절에도 나타난다.

내가 하나님의 열심으로 너희를 위하여 열심을 내노니 <u>내가 너희를 정결한 처녀로 한 남편인 그리스도께 드리려고 중매함이로다 그러나 나는 뱀이 그 간계로 하와를 미혹한 것</u>

같이 너희 마음이 그리스도를 향하는 진실함과 깨끗함에서 떠나 부패할까 두려워하노라(고후 11:2-3)

• 오늘날 성도의 위치는 여자로서 정결한 처녀이다. 그리고 장차 그리스도께 중매해서 결혼하여 '그리스도의 신부'(his wife)가 될 것이다. '신부 혹은 아내'는 매우 적극적인 (positive) 의미이다.

• 사도 바울은 창조 때에 뱀이 하와를 간계로 미혹한 것을 언급한다. 그는 '아담의 아내'의 위치 '돕는 배필'의 위치를 버리고 스스로 '헤드십'을 취함으로 타락했다. 그와 같이 우리들도 '남자의 머리이신 그리스도'을 떠나 부패하지 말 것을 경고했다. 여자를 미혹한 뱀은 오늘도 간계로 우리들을 미혹하여 '남자의 헤드십'을 취하여 죄에 빠지기를 원한다.

• 넷째, 아담의 신앙고백과 가죽옷을 받은 '그의 아내' 호칭과 헤드십

● 창세기 3장은 사람의 타락 후 하나님께서 뱀을 저주하시면서 '원시 복음'을 전한 후 아담이 어떻게 고백했는지를 상세히 기록한다. 여자의 호칭에 주목해 보자.

> 아담이 그의 아내의 이름을 하와라 불렀으니 그는 모든 산 자의 어머니가 됨이더라 여호와 하나님이 아담과 그의 아내를 위하여 가죽옷을 지어 입히시니라(창 3:20-21)

• 20절에서 아담은 '여자'의 이름을 하와라 부른 것이 아니라, '그의 아내'(his wife)의 이름을 하와(살았다)라고 불렀다. 이것

은 하와가 '돕는 배필'(helpmeet)의 지위인 '아담의 아내'로 돌아왔음을 가리킨다.

• 21절에서 하나님은 두 사람에게 '가죽옷'을 입히셨다. 이것은 아담과 하와가 복음을 믿었다는 것을 가리킨다. 가죽옷을 입었기 때문에 구원을 받은 것이 아니라, 마음으로 믿었기 때문에 가죽옷을 입히셨다.

• 이때 '여자'를 위해 가죽옷을 입혔다고 하지 않고, '그의 아내'(his wife)를 위해 가죽옷을 지어 입혔다고 말한다. '하와'라든지 아니면 '여자'라고 할 수 있는데, 한 번도 그렇게 부르지 않고 '그의 아내'(his wife)라고 하는 것은 그가 '참된 아내의 지위', '돕는 배필'(helpmeet)의 지위를 회복했기 때문이다.

● 하와는 여자로서 여자의 참된 위치는 '그의 아내'(his wife)라 불리는 때로서 '돕는 배필'의 위치와 지위에 있을 때이다.

• 다섯째, 하와가 아담과 동침할 때 불린 '그의 아내' 호칭과 헤드십

● 창세기 4장은 사람의 타락 후 하나님께서 뱀을 저주하시면서 원시 복음을 전한 후 아담과 하와가 동침했음을 기록한다. 그들이 동침했다는 것은 하나님께서 말씀하신 여자의 후손이 뱀의 머리를 상하게 할 것을 믿었기 때문이었다. 1절은 다음과 같이 말씀한다.

> 아담이 그의 아내 하와와 동침하매 하와가 임신하여 가인을 낳고 이르되 내가 여호와로 말미암아 득남하였다 하니라

(창 4:1)

● 1절은 "아담이 그의 여자와 동침했다"고 하지 않고, "그의 아내(his wife) 하와와 동침했다"고 말한다. 이것은 하와가 '돕는 배필'(helpmeet)의 지위인 '아담의 아내'로서 하나님이 약속하신 여자의 후손이 오실 것을 믿고 행했다는 것을 가리킨다. 물론 가인은 뱀의 머리를 상하게 할 여자의 후손은 아니었다. 아담과 그의 아내 하와 그리고 셋의 후예를 통하여 약 4,000년 후에 구원자이신 예수님이 오셨다.

● 여자의 리더십이 아담과 동등한 위치에 있어야 한다고 생각하는 것은 커다란 오해이다. 만일 하와가 '아담의 아내'(his wife)로서 지위를 회복하지 않았다면, 그리스도가 이 땅에 오실 수 없었을 것이다. 그러나 하와는 '아담의 아내'(his wife)로서 '돕는 배필'(helpmeet)의 지위를 회복함으로 하나님의 구원의 통로가 되었다.

● 하와에 대한 호칭 중 '여자'(woman)란 호칭은 '창조된 때의 본래적인 상태' 즉 '아담과 연합하기 전의 상태'를 의미한다. 이에 반하여 '그의 아내'(his wife)라는 호칭은 하나님의 정하신 헤드십에 따라 '남자는 여자의 머리'로서 '여자는 '돕는 배필'(helpmeet)로서 연합하여 하나님의 뜻을 이루는 사람이라는 의미를 내포한다.

● 오늘날 교회는 하나님의 정하심을 따라 '남자는 여자의 머

리'임을 알고 하와와 같이 '돕는 배필'(helpmeet)이 되어야 한다. 그럴 때 하나님의 역사가 있고 하나님께서 영광을 받으신다. 그래서 '남자의 머리는 그리스도'임을 증거하고 그리스도의 몸으로서, 그의 아내로서 지위를 지켜야 한다.

10. 네 명의 여선지자들의 호칭과 헤드십

여성 안수 주장자들이 성경적 근거로 드는 네 명의 여선지자는 미리암, 드보라, 훌다, 노아댜이다. 성경에서 그들을 소개하는 것에 하나의 원칙(principle)을 발견할 수 있다.

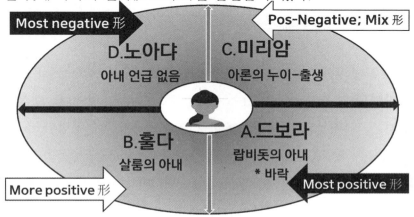

1) Most positive Type : 드보라의 호칭 '랍비돗의 아내'

● 드보라는 유일한 사사(Judges)이면서 여선지자(prophetess)였다. 드보라는 두 개의 큰 헤드십(지위, 권위)이 있기 때문에 자칫 교만할 수 있었다. 그래서 드보라는 '남자는 여자의 머리'라

는 하나님의 헤드십을 과소평가할 수 있고, 사사와 선지자도 아닌 그의 남편(her husband) 랍비돗이 '여자의 머리'라는 것을 소홀히 할 가능성이 있었다. 드보라의 기사를 보면 그런 것을 찾아볼래야 찾을 수가 없다. 드보라는 Most positive Type의 여선지자이다. 사사기 4장 4절은 드보라를 다음과 같이 소개한다.

> 그 때에 랍비돗의 아내 여선지자 드보라가 이스라엘의 사사가 되었는데(삿 4:4)

● 드보라에 대한 대표적인 호칭은 여선지자(prophetess)나 이스라엘의 사사(Judges)이기에 두 가지로 충분할 것이다. 그러나 성경은 "랍비돗의 아내"(the wife of Lapidoth)라는 '평범한 소개'를 빼놓지 않는다. 이것이 중요하기 때문이다.

● "랍비돗의 아내"(the wife of Lapidoth)라는 구절은 첫째, 그가 결혼했고 둘째, 아내 즉 '돕는 배필'로서 '여자의 머리는 남자'라는 하나님의 창조의 질서를 따르고 있다는 것을 보여준다.

• 이스라엘을 구원할 때 드보라는 '머리'의 위치에 있었는가?

● 이스라엘 자손들은 에훗 사후에 또 여호와의 목전에서 악을 행했다. 여호와께서는 철 병거 구백 대를 가진 야빈 왕의 손에 넘기셔서 이십 년 동안 이스라엘 자손을 심히 학대했다. 이스라엘 자손들이 여호와께 부르짖을 때 사사는 드보라(女)였다.

● 드보라가 이스라엘을 구원하기 위해서 이스라엘 백성들을

군사로 모집하여 칼을 들고 전장으로 나가서 싸워야 한다. 만일 드보라가 이스라엘 자손들을 소집하고 야빈 왕을 대적하기 위해 싸우러 나갔다면 드보라는 "남자의 머리"(the head of the man)의 위치를 차지한 것이다. 이것은 에덴 동산에서 머리인 아담의 헤드십을 차지하고 선악과를 먹은 여자와 같고, 모세의 육신적 연장자인 것을 내세워 모세를 비방하고 대적한 미리암과 원칙상 동일선상이다. 왜냐하면, 하나님이 정하신 '남자는 여자의 머리'라는 헤드십을 손상했다는 방면에서 같기 때문이다. 드보라가 어떻게 행했는가? 드보라는 바락을 불러 다음과 같이 말했음을 성경은 말씀한다.

> 드보라가 사람을 보내어 아비노암의 아들 바락을 납달리 게데스에서 불러다가 그에게 이르되 <u>이스라엘의 하나님 여호와께서 이같이 명령하지 아니하셨느냐 너는 납달리 자손과 스불론 자손 만 명을 거느리고 다볼 산으로 가라</u> 내가 야빈의 군대 장관 시스라와 그의 병거들과 그의 무리를 기손 강으로 이끌어 네게 이르게 하고 <u>그를 네 손에 넘겨 주리라</u> 하셨느니라 바락이 그에게 이르되 만일 당신이 나와 함께 가면 내가 가려니와 만일 당신이 나와 함께 가지 아니하면 나도 가지 아니하겠노라 하니 이르되 내가 반드시 너와 함께 가리라 그러나 네가 이번에 가는 길에서는 영광을 얻지 못하리니 이는 여호와께서 시스라를 여인의 손에 파실 것임이니라 하고 드보라가 일어나 바락과 함께 게데스로 가니라 <u>바락이 스불론과 납달리를 게데스로 부르니 만 명이 그를 따라 올라가고</u> 드보라도 그와 함께 올라가니라(삿 4:6-10)

• 이스라엘 남자들의 비참한 상태

● 드보라는 바락에게 납달리와 스불론 자손 만 명을 거느리고 다볼 산으로 싸우러 가라고 말했다. 만일 드보라가 이스라엘의 남자들을 이끌고 나간다면 '남자의 헤드십'을 취했다는 것을 의미한다. 하나님의 헤드십의 원칙은 '돕는 배필'은 남자의 헤드십을 돕는 자이다.

드보라가 바락을 군사들을 이끌고 나가서 싸우라는 것은 그를 '헤드십'(headship)을 가진 '머리'로 세운 것이었다. 만일 드보라가 '스스로' 영광을 취하기를 원했다면, 그가 남자들을 소집하여 이끌고 나가 싸웠을 것이다. 드보라가 바락을 세운 것은 자신이 '겁쟁이'였고 '기회주의자'이기 때문이 아니라, 이스라엘의 남자를 머리로 세움으로 하나님의 헤드십을 존중하고 자신을 겸허히 낮춘 행동이었다.

● 바락은 혼자 갈 수 없고 반드시 드보라가 같이 가지 않으면 가지 않겠다고 버텼다. 이것이 그 당시 이스라엘의 백성들의 실상이었다. 바락과 같은 장군이 싸우러 나가기를 두려워 하는 모습은 불신앙과 패배주의에 사로잡혀 '여자의 머리'로서 남자의 헤드십을 상실한 이스라엘 남자들의 '자화상'이었다. 그래서 하나님께서는 예외적으로(단 한 번의 사례) 여사사인 드보라를 사용하셨다. 이것은 정상적인 상태가 아니라 매우 비정상적인 상태에서, 비상조치와도 같았다. 하나님께서는 구약 역사상 최초로 여자를 사사라는 '헤드십'으로 세우셔서 이스라엘의 불신앙과 비참한 상태를 적나라하게 드러내셨다.

● 드보라는 바락을 군대를 이끄는 장군(머리)으로 세우기 위해서 '소극적'인 의미에서 함께 갈 것을 약속한다. 그래서 바락은 싸우러 나갈 수 있었다. 그러나 그 일로 바락은 영광을 얻지 못했다. 전쟁의 하이라이트는 적국의 왕을 죽이는 것이다. 바락의 연약함으로 인해 드보라가 예언한 대로 시스라는 연약한 여자에 의해 죽임을 당했다. 이것 또한 이스라엘의 남자들이 헤드십을 상실했기 때문에 하나님께서 '돕는 배필'(helpmeet)인 여자, 야엘을 통해서 역사하신다는 것을 보여준다.

• 헤벨의 아내 야엘

성경은 야엘을 소개하면서 "헤벨의 아내"(Jael Heber's wife)라고 말한다. 바락이 '여자의 머리'로서 이스라엘의 남자들을 이끌고 싸움에서 승리했고, 그의 연약함으로 인해 '돕는 배필'(helpmeet)인 "헤벨의 아내 야엘"에 의해 시스라는 죽임을 당했다. 야엘은 군대와 함께 나가서 싸운 것이 아니라, 개인적인 방식으로 시스라를 죽임으로 헤드십을 도와 승리를 가져오는데 일조했다. 야엘은 '돕는 배필'로서 하나님의 왕국을 섬겼다.

> 시스라가 걸어서 도망하여 겐 사람 헤벨의 아내 야엘의 장막에 이르렀으니(삿 4:17)
>
> 그가 깊이 잠드니 헤벨의 아내 야엘이 장막 말뚝을 가지고 손에 방망이를 들고 그에게로 가만히 가서 말뚝을 그의 관자놀이에 박으매 말뚝이 꿰뚫고 땅에 박히니 그가 기절하여 죽으니라(삿 4:21)

• 히브리서 11장에서 찾을 수 없는 '드보라'

● 히브리서 11장은 '믿음 장'이라 불린다. 구약의 믿음의 영웅들이 기록됐다. 32절 이하를 보면 구약에서 이스라엘을 구원한 사사들이 기록된다.

> 내가 무슨 말을 더 하리요 기드온, **바락,** 삼손, 입다, 다윗 및 사무엘과 선지자들의 일을 말하려면 내게 시간이 부족하리로다 그들은 믿음으로 나라들을 이기기도 하며 의를 행하기도 하며 약속을 받기도 하며 사자들의 입을 막기도 하며 (히 11:32-33)

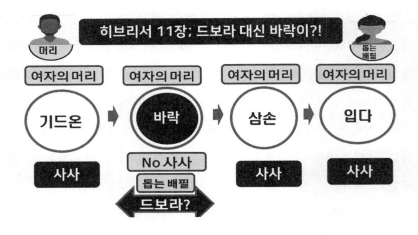

• 드보라가 없고 바락이 있다!

● 사사 기드온이 나오고, 바락과 삼손, 입다가 언급된다. 기드온과 삼손과 입다는 사사(Judges)였다. 그런데 그 가운데 "바락"

이 언급된다(바락만 검게 표시한 것은 그가 사사가 아니었기 때문이다). 바락은 사사(Judges)가 아니었다. 바락은 사사 드보라로부터 군대를 소집해 싸우러 가도록 격려를 입은 남자로서 장군이었다.

● 사람의 관점으로 볼 때, "바락"이 들어간 것은 오류 같아 보인다. 여성 안수 주장자들은 "성경 편집설"이나 "성경 오류설"의 근거로 삼을지도 모른다. "바락의 자리"에 "여사사 드보라"가 있어야 공정하다고 생각할 수 있다(여성 안수를 주장하는 자들은 하나님께서 남녀차별을 한다고 주장할른지 모른다). 이런 생각들은 성경도 하나님의 능력도 모르기 때문에 종종 일어나는 현상이다.

● 김세윤 박사는 고린도전서 14장의 "여자는 교회에서 잠잠하라"는 것은 의심할 바 없이 "여자의 가르치는 것을 금지하는 것"임을 부인할 수 없고, 그렇다고 여성 안수 주장를 포기할 수 없기 때문에 고육지책으로 '성경편집설'을 주장했다(필자가 추측하기에). 이 구절은 바울이 쓴 것이 아니라 후대에 다른 사람들이 삽입했다는 학설이다. 자신의 주장에 맞지 않다고 해서 성경 편집설을 주장하는 것은 성경이 하나님의 감동으로 기록된 말씀이라는 기본적인 가치관을 부인하는 행위이다. 예수 그리스도를 믿는 사람이라면 첫째, 하나님의 주권(the sovereignty of God)과 둘째, 성경의 권위(the authority of the bible)를 인정한다. 이 두 가지는 장로교의 기본 정신이다.

● 히브리서 11장 32절에 드보라가 언급되지 않고 '바락'이 기록된 것을 두고 여성 안수 찬성자들은 어떤 주장을 할 것인지 자

못 궁금하다. 이스라엘의 남자(여자의 머리)들이 불신앙으로 '여자의 머리'의 위치를 상실하고 대적들에게 압제와 학대를 받을 때, 하나님께서 "돕는 배필"인 여자 드보라를 사사로 세우신 것은 비상조치와도 같았다. 드보라는 사사로서 백성들을 재판을 했지만, 다른 사사와 같이 이스라엘의 남자들을 이끌고 적들과 싸우지 않았다는 것을 잊지 말아야 한다.

• 만일 드보라가 군대를 이끌고 나갔다면

● 사사 드보라는 대적과 싸워서 이스라엘을 구원해야 한다. 그러기 위해서 다른 사사들과 같이 이스라엘 자손들(sons)을 이끌고 싸워야 한다. 만일 그렇게 한다면, 창조 이래로 "남자는 여자의 머리"이며, "여자는 돕는 배필"이라는 하나님의 헤드십의 원칙을 깨뜨리게 된다(아달랴 여왕의 경우는 오랜 후인 유다 왕조이다). 드보라에게 큰 딜레마였을 것이다.

● 마치 정치 고수인 바리새인들이 예수님께 "가이사(시저)에게 세금을 바치는 것이 옳은가? 바치지 않는 것이 옳은가?"라는 시험과도 같았다. 드보라는 진퇴양난의 기로에 섰다. 그러나 드보라는 상황(situation ethics)을 따르지 않고, 하나님의 정하신 '헤드십의 원칙'(the principle of headship)을 따랐다. 이것이 드보라가 하나님의 주권(the sovereignty of God)과 하나님의 헤드십(the headship of God)을 존중하는 사람이라는 것을 가리킨다.

• 여성 안수 주장자들의 논리를 적용하기

● 드보라가 처한 상황을 오늘날에 적용할 수 있다. "오늘날 많은 여성도와 신대원 여학우 들과 사역자들이 자질도 훌륭하고 사명감이 넘치는데, 그들에게 목사 안수를 줘서 사역하게 한다고 하면 교회에 얼마나 큰 유익이 되겠는가? 왜 똑같이 공부하고 졸업을 했는데 여자라고 해서 목사 안수를 주지 않고 '남녀차별'을 하느냐? 교회가 봉건적이고 '가부장적'이지 않는가?"라고 주장한다. 오늘날 드보라의 신앙의 본질을 볼 수 있다면 얼마나 좋겠는가? 여성 안수 논쟁은 결국 진리의 싸움이다.

● 아래의 표는 모든 사사들은 그들이 '직접'(direct) 군대를 이끌고 나가서 싸웠음을 나타낸다. 왼손잡이(외팔이) 에훗과 같은 경우는 혈혈단신으로 모압 왕 에글론을 죽였다. 드보라를 제외한 모든 사사들은 "여자의 머리"인 남자로서 직접 이스라엘 백성들을 이끌고 나가 싸웠다는 공통점이 있다.

사사	압제자	싸운 과정
1.옷니엘(남)	메소포타미아왕	사사가 나가서 싸움
2. 에훗(남)	모압왕 에글론	에훗이 에글론을 죽임
3. 삼갈(남)	블레셋	소모는 막대기로 싸움
4.드보라(여)	가나안왕 야빈	바락을 군대장관으로 세워 싸움 ※
5.기드온(남)	미디안	300용사를 이끌고 직접 싸움
6. 돌라(남)	–	돌라가 일어나 이스라엘 구원
7. 야일(남)	–	
8. 입다(남)	암몬	이스라엘의 머리가 되어 싸움
9. 입산(남)	–	사사로 칠 년

10. 엘론(남)	–	사사로 십 년
11. 압돈(남)	–	사사로 팔 년
12. 삼손(남)	블레셋	나귀 뼈로 싸움,신전 무너뜨림

● 여사사 드보라는 다른 사사와 같이 압제자들을 상대해 '직접' 나가서 싸우지 않았다. 그는 '특별하게도' 바락(man)을 군대 장관으로 세워서 싸우도록 했다. 그렇게 한 이유는 무엇인가? 창조부터 "여자의 머리는 남자"라는 하나님의 헤드십을 지키기 위한 것이었다. 만일 그가 직접 나가 싸워서 승리를 거두면 드보라에겐 영광이고 온 이스라엘 가운데 자신을 높일 수 있는 절호의 기회였다. 그러나 그는 그렇게 하지 않았다. 그런 이유는 드보라가 하나님의 주권과 하나님이 세우신 남자의 헤드십(headship) 그리고 남자의 머리가 되시는 하나님의 헤드십(headship)을 존중했기 때문이다.

• 바락의 상태; 믿음이 없어 심히 연약함

● 드보라가 볼 때 바락은 믿음이 없었기 때문에 심히 연약하기 짝이 없었다. 그럼에도 불구하고 바락을 격려해서 "바락(man)을 머리(head)로" 삼았다. 이것이 드보라가 보여주는 '여자의 리더십'이고 '돕는 배필'(helpmeet)의 리더십이다. 하나님의 왕국인 교회가 대적을 물리치고 승리하기 위해서는 드보라와 같은 '돕는 배필'(helpmeet)들이 필요하다.

여성 안수 주장자들의 견해는 심약한 바락(man)을 세울 것이 없이, 드보라(woman)가 이스라엘의 군대를 이끌고 나가서 승리하면 좋다는 관점이다. 야구나 축구 경기에서도 선수들이 감독의 지시를 따르는데, 하나님의 나라 백성들이 하나님의 헤드십을 모른다는 것은 비극이다.

• 세상의 논리 "흑묘백묘론"

● 세상의 논리를 대표하는 것이 "흑묘백묘론"이다. 이 말은 1970~90년대 중국의 최고 권력자였던 덩샤오핑이 남긴 말로써, "검은 고양이든 흰 고양이든 상관없이, 쥐를 잘 잡는 고양이가 좋은 고양이이다. 중국을 잘 살게 하기 위해서라면 사회주의든 자본주의든 상관없다"는 의미이다. 여성 안수 주장자들의 논리는 "흑묘백묘론"과 같다. 교회를 섬기고 하나님을 섬기는데 여자도 남자와 같이 안수를 받고 사역하면 좋지 않으냐는 관점이다. 드보라가 가졌던 리더십과는 동이 서에서 먼 것과 같다.

• 드보라는 헤드십을 취하지 않음

● 신약 성경인 히브리서 11장은 사사들을 언급하면서 '드보라'가 있어야 할 자리에 '바락'을 기록했다. 하나님의 창조의 원칙은 '남자는 여자의 머리'로 여자는 '돕는 배필'이기 때문에 사사기에서도 드보라는 바락으로 하여금 이스라엘의 남자(군사)들을 지휘하도록 했다. 이것은 드보라가 스스로 '머리'(헤드십)를 취하지 않고 바락(여자의 머리인 남자)을 이스라엘의 남자들의 머리(헤드십)로 세운 것이다.

히브리서에도 '여자의 머리'인 바락을 기록했다. 만일 히브리서가 우리들의 관념을 따라 바락이 아닌 '드보라'로 기록됐다면, 성경에 모순이 발생한다. 물론 그것을 발견하는 사람은 극히 소수이겠지만!

● 성경은 하나님의 감동을 받아 기록된 하나님의 말씀이기 때문에 오류가 없고, 매우 순수하다. 시편 12편 기자인 다윗은 하나님 말씀의 순수성을 노래했다.

> "여호와의 말씀은 순결함이여 흙 도가니에 일곱 번 단련한 은 같도다"(시 12:6)

'순결함'이란 문자적으로 '순수함(pure)'으로 'pure words'(순수한 말씀)이다. 그 순수함을 강조하기 위해서 일곱 번 제련한 은(as silver)으로 비유했다. 오늘날로 말하면 '5 nine' 즉 99.999%의 순도를 가진 은으로 비유했다. 그러나 성경은 순수(pure) 자체이다.

• 그리스도와 교회의 관계

● 사람의 눈으로 볼 때, 성경의 원칙이 불합리해 보일 수 있다. 그런 이유는 창조로부터 아담과 여자를 만드신 과정과 목적에 대한 분명한 '메시지'를 알지 못할뿐만 아니라, 성경 전체에 흐르는 하나님의 주권(the sovereignty of God) (head)과 헤드십을 보지 못하기 때문이다. 남자와 여자의 관계가 중요한 이유는 그리스도와 교회에 대한 예표이기 때문이다.

• 머리의 대표성

● 히브리서에서 '드보라'가 아니라 '바락'이 있다는 것은 '여자의 머리'로서 있는 것이기 때문에, 그 배후에는 '돕는 배필'(helpmeet)인 사사 드보라가 있다는 것을 의미한다(몸과 머리의 원리). 드보라가 바락에게 '돕는 배필'이 되지 않았다면, 이스라엘은 승리할 수 없었다.

만일 드보라가 이스라엘 남자를 지휘하는 장군의 위치에서 싸워서 승리를 거뒀을지라도, 그것은 하나님의 헌법을 거역한 것이기 때문에 '불법적인 일'(unlawful)이 된다. 드보라와 바락의 관계는 동전의 양면과 같다. 아담과 하와의 관계처럼 '머리와 몸'의 관계이기 때문이다. 따라서 드보라가 '돕는 배필'로서의 그의 리더십은 '머리인 바락'을 세움으로 이뤄진다. 사람의 관점에서 볼 때, 불필요하고 거추장스럽게 보일지라도 이것이 하나님의 뜻을 따라 사역하는 방법이다. 온 땅에 하나님의 평강과 기쁨이 있었다.

• 머리와 돕는 배필의 동역

● 드보라와 바락의 관계는 오늘날 남자의 헤드십과 여자의 '돕는 배필'(helpmeet)로서 나타난다. 만일 여성 안수 주장자들과 같이 여성들이 돕는 배필의 위치를 버리고 남자와 같은 '헤드십'(목사 안수)을 갖기를 원한다면, 한국 교회는 '돕는 배필'(helpmeet)이 없고 머리만 있게 될 것이다. 즉 몸은 없고 '머

리만 있는' 기형이 될 것이다. 뛰어난 지능을 갖는 것이 좋다고
해서 머리가 두 개가 붙어 태어나는 아이를 좋아하는 부모는 없
다. 그런데 여성 안수 주장자들의 견해는 "머리가 '한 개' 있는 것
보다 '두 개' 있으면 더 유익하고 효과적이지 않느냐?"라는 주장
과 같다.

● 교회는 머리이신 그리스도와 한 몸이다. 만일 '돕는 배필들'
이 헤드십을 갖는 머리가 된다면, 하나님의 주권과 통치를 깨뜨
리고 만다. 돕는 배필은 헤드십을 가진 자와 하나가 되어 섬기는
것이 축복이고, 헤드십을 가진 자는 돕는 배필과 동역함으로 서
로 축복이 된다. 이것은 아내와 남편의 관계와 같다. 아내들은 머
리인 남편에게 복종하고, 남편은 몸인 아내를 제 몸과 같이 사랑
하는 것과 같다. 머리는 머리의 역할을 하고 몸은 머리 아래서 각
지체를 사용할 때 유기적인 조화를 이룬다. 사도 바울은 남편과
아내, 헤드십과 돕는 배필의 관계를 한 마디로 표현했다.

> 이 비밀이 크도다
> This is a great mystery (엡 5:32)

• 여성의 리더십이란

● 하나님의 왕국인 교회에서의 '여성의 리더십'은 세상과 같
은 '헤드십'을 추구하는 것이 아니라, '돕는 배필'(helpmeet)로서
의 리더십이다. 이런 아름다운 지위를 많은 신앙의 선진들, 믿음
의 조상인 아브라함의 아내 사라로부터, 세례 요한을 낳은 엘리

사벳과 예수님을 낳은 마리아에 이르기까지 모든 여인들이 걸어 왔다.

세상에는 세상의 법이 있고 하나님의 교회는 하나님의 법이 있다. 하나님의 왕국인 교회가 세상의 법과 사고를 따라가는 것은 문화적이고 세련된 것같아 보이지만, 그것이 "세속화"(secularization)이며 "교회의 타락"(fall)이다.

● "지금 전 세계가 한국과 사랑에 빠졌고, 모든 것은 K로 통한다"는 말이 회자 된다. 'BTS'로 대표되는 K-pop을 비롯한 K-food, K-Culture 등이 세계 사람들에게 매력적인 것은 서양의 것을 모방한 것이 아니라 '코리언 스타일'(Authenticity)을 지켰기 때문이다. 가장 한국적인 것이 가장 세계적이다. 세상도 자신의 고유한 것을 가치 있게 생각한다.

● 오늘날 교회가 세상의 사상과 문화를 받아들이는 것을 당연하게 여기고, 따라가지 못해 안달난 것 같이 보인다. 교회가 교회의 고유의 본질인 빛과 소금의 사명은 교회를 교회답게 하고 세상에 소망을 줄 수 있는 '영적 자산'(spiritual asset)이요 '권세'(authority)이다. 오늘날 교회가 힘을 잃은 가장 중요한 요인은 "세속화"(secularization)라는 것을 부인할 수 있는 사람은 없다. 이것은 역으로 교회가 세상에서 빛을 발하는 첩경은 "교회가 교회의 정체성과 본질을 회복하는 것"이라는 것을 가리킨다.

2) More positive Type : 훌다의 호칭, '살룸의 아내'

● 왕정 시대에 유일한 여선지자(prophetess)는 훌다였다. 훌다가 사역한 배경은 유다 왕 요시야가 여호와의 성전을 수리하다가 성전에서 율법책을 발견하고 옷을 찢으며 회개한 것과 관련있다. 요시야 왕은 제사장과 몇 사람에게 명령하여 이 발견한 책의 말씀에 대하여 여호와께 물을 것을 명령했을 때 그들은 다른 사람이 아니라 여선지자 훌다에게 가서 물었다.

> 이에 제사장 힐기야와 또 아히감과 악볼과 사반과 아사야가 <u>여선지 훌다에게로 나아가니</u> 그는 할하스의 손자 디과의 아들로서 <u>예복을 주관하는 살룸의 아내라</u> 예루살렘 둘째 구역에 거주하였더라 그들이 그와 더불어 말하매 <u>훌다가 그들에게 이르되 이스라엘 하나님 여호와의 말씀이</u> 너희는 너희를 내게 보낸 사람에게 말하기를 여호와의 말씀이 내가 이곳과 그 주민에게 재앙을 내리되 곧 유다 왕이 읽은 책의 모든 말대로 하리니 이는 이 백성이 나를 버리고 다른 신에게 분향하며 그들의 손의 모든 행위로 나를 격노하게 하였음이라 그러므로 내가 이곳을 향하여 내린 진노가 꺼지지 아니하리라 하라 하셨느니라(왕하 22:14-17)

• 살룸의 아내

● 훌다에 대한 호칭은 여선지자(prophetess)라고 하면 충분할 것 같은데, 성경은 "예복을 주관하는 살룸의 아내"(the wife of

Shallum)라는 '소개'를 덧붙인다. '누구의 아내'라는 것은 평범하기 이를데 없어 보이지만, 성경이 이것을 기록한 것은 매우 중요하기 때문이다.

• 돕는 배필의 위치

● 하나님께서 요시야 시대의 신앙 개혁을 격려하기 위해 많은 사람이 있을지라도 여선지자 훌다를 사용하신 것은 그가 하나님 앞에서 합당한 위치에 있었기 때문이다. 그의 남편 살룸은 예복을 주관하는 직무를 맡아 신실하게 감당했고, 살룸은 여선지자였지만 '살룸의 아내'(his wife)의 지위를 지키는 여자였다.

● 일반적으로 아내가 여선지자의 지위에 있다면, '예복을 만드는 남편'을 대수롭지 않게 여길 수 있다. 그러나 훌다는 '여자의 머리'인 남편을 존중하는 "돕는 배필"(helpmeet)이었다. 그래서 성경은 '살룸의 아내'(his wife)라고 소개한다. 성경은 남자의 머리는 그리스도라고 말한다. 따라서 훌다가 남편인 살룸의 아내, 돕는 배필이었다는 것은 성경의 관점으로 말한다면 그리스도를 머리로 삼았다는 것을 의미한다.

● 선지자 훌다의 사례는 More positive Type이라 할 수 있다. 요시야의 신앙 개혁을 격려하여 그 시대 '돕는 배필'의 사명을 잘 감당했다. 이런 정상적인 유형은 미리암의 Mix Type과 노아댜 여선지자의 거짓 선지자의 유형과 극명하게 대비된다.

3) Pos-negaitive Type: '아론의 누이' 미리암

● 미리암은 출애굽 시대에 모세와 함께 사역한 여선지자였다. 모세의 노래에 이어 미리암이 노래를 부른 것은 그가 '돕는 배필'(helpmeet)로서 매우 긍정적인 사역을 한 증거였다. 민수기 12장에서 모세를 비방하고 그의 헤드십에 도전한 사람이 아론과 미리암이라는 것은 아이러니(irony)하다.

• 아론의 누이

● 출애굽 후 미리암이 노래할 때, "아론의 누이 선지자 미리암"라고 말씀한다. 그는(Miriam) 선지자(prophetess)였고 '아론의 누이'(the sister of Aaron)였다. 여선지자는 '하나님의 위임'을 가리키고, 아론의 누이는 '출생'에서의 '육신적인 위치'(physical)를 가리킨다. 모세가 최고의 헤드십을 가지고 있기 때문에, 그의 가족일 뿐만 아니라 '손윗 누이'라는 것은 인간적으로 가장 큰 축복이다. 그러나 이것이 부정적인 영향을 줄 수도 있다.

● 미리암이 '아론의 누이'(the sister of Aaron)라는 것은 '혈통적'이고 '출생'의 방면이다. 민수기 12장에서 미리암이 모세를 비방한 것은 '모세의 손위 누이'라는 것도 크게 작용했을 것이 분명하다. 이런 육체적인 뛰어남은 자칫 교만한 마음을 품게 되고 하나님이 세우신 헤드십과 '동등하게' 될 수 있다고 생각하기 때문이다.

● 미리암이 결혼했는지는 성경에 나타나지 않기 때문에 '누구의 아내'라는 것을 확증하기 어렵다. 모세와 육신적인 관계로서 '아론의 누이'라는 것은 그에게 주어진 축복이기도 하지만, 그것이 독이 되어 모세를 대적하는 요인이 됐다. 따라서 '아론의 누이'라는 것은 '모세보다 더 연장자'(elder)라는 의미이고, 모세의 헤드십을 대적하는 지렛대가 되었다. 미리암은 '적극적인 방면'(positive)과 '부정적인 방면'(Negative)이 혼합된 유형이다. 오늘날 교회 안에도 이런 유형들이 종종 나타나곤 한다.

4) Most negaitive Type : 노아댜엔 '아내'호칭 없음

● 포로 귀환 시대에 느헤미야가 성벽을 건축할 때 여선지자인 노아댜가 등장한다. 스마야 선지자는 도비야와 산발랏에게 뇌물을 받고 거짓 예언을 했다. 그 무리들과 한 통속이 된 무리 가운데 여선지자 노아댜가 있다. 느헤미야 6장 12-14절은 다음과 같이 말씀한다.

> 깨달은즉 그는 하나님께서 보내신 바가 아니라 도비야와 산발로 범죄하게 하고 악한 말을 지어 나를 비방하려 함이었느니라 내 하나님이여 도비야와 산발랏과 여선지 노아댜와 그 남은 선지자들 곧 나를 두렵게 하고자 한 자들의 소행을 기억하옵소서 하였노라(느 6:12-14)

• 여선지자로만 소개

● 노아댜는 단지 '여선지자'(prophetess)라고만 소개한다. 드보라와 훌다의 경우처럼 '누구의 아내'(his wife)라는 호칭이 없다. 물론 노아댜에 대한 기록이 매우 짧기 때문에 그가 결혼했는지 여부를 알 수 없다. 그러나 성경에 나타난 헤드십의 숲을 볼 때 그는 '돕는 배필'(helpmeet)과는 관계가 멀다.

느헤미야는 총독으로서 이스라엘 백성들을 다스리며 성벽을 건축하는데 앞장 선 '헤드십'(지도자)이었다. 그 시대의 이스라엘 백성이라면 모두 그의 통치 아래 협력자가 되어야 한다. 노아댜는 여선지자로서 뇌물을 받은 스마야와 같은 무리에 섞여 느헤미야를 두렵게 하거나 거짓 예언을 하지 말았어야 했다. 하나님을 두려워 하지도 않은 노아댜에게서 '느헤미야의 헤드십'을 '돕는 배필'(helpmeet)이 되기를 기대하는 것은 썩은 감자를 심어놓고 싹이 나오기를 기다리는 것과 같다.

• 뇌물을 받고 거짓 예언하다

● 노아댜가 결혼을 했다면 '여자의 머리는 남자'라는 것을 이세벨과 같이 여기는 자일 것이고, 만일 결혼을 하지 않았다면 '남자의 권위'를 하찮게 여기고 자신이 스스로 '권위'가 된 여선지자일 것이라고 해도 지나치지 않다. 노아댜는 여선지자였음에도 불구하고 뇌물을 받고 적들과 내통하여 적을 이롭게 하는 '여적죄'를 저질렀다.

노아댜의 사례는 '가장 부정적인 여선지자'(Most Negative)의 유형이다. 과거에도 이런 여선지자가 있는 것처럼 오늘날도 존재한다. 소위 하나님의 교회(안상홍 증인회)에는 하나님 어머니라고 주장하는 여자가 있고, 스스로 '보혜사 성령님'이라고 자처하며 수많은 사람을 미혹해서 피지섬에 교주의 왕국을 만들다가 감옥에 간 신옥주 교주도 있다. 오늘날 노아댜 처럼 교회 안에서 불의한 삶을 위해 거짓 예언하고, 교회의 헤드십을 대적하고 자신의 헤드십을 세우는 자들이 있다.

11. 여호야다와 여호사브앗의 사례

• '돕는 배필'인 아내 여호사브앗

● 구약 시대에 유일하게 여자(woman)로서 왕이 된 자는 아달랴이다. 아달랴는 이방인이며 아세라의 선지자인 이세벨의 딸이었다. 역대하 22장은 아달랴가 아하시야 사후 그의 아들들(손주들)을 죽일 때, 왕의 누이인 여호사브앗이 요아스를 도피시켰음을 기록한다. 그는 다윗의 왕가(David's seeds)가 진멸되지 않도록 쓰임받은 '돕는 배필'(helpmeet)이었다.

아하시야의 어머니 아달랴가 자기의 아들이 죽은 것을 보고 일어나 유다 집의 왕국의 씨를 모두 진멸하였으나 왕의 딸 여호사브앗이 아하시야의 아들 요아스를 왕자들이 죽임을 당하는 중에서 몰래 빼내어 그와 그의 유모를 침실에 숨겨 아달랴를 피하게 하였으므로 아달랴가 그를 죽이지 못하였더라 여호사브앗은 여호람 왕의 딸이요 아하시야의 누이요 제사장 여호야다의 아내이더라 요아스가 그들과 함께 하나님의 전에 육 년을 숨어 있는 동안에 아달랴가 나라를 다스렸더라(대하 22:10-12)

• 남편 여호야다의 헤드십

● 요아스는 성소에 숨어 있으면서 6년간 양육되었다. 제칠년

에 여호야다는 용기를 내어 백부장들과 언약을 세웠고, 그들은 유다를 두루 다니며 유다 모든 고을에서 레위 사람들과 이스라엘 족장들을 모아 예루살렘에 모였다.

온 회중이 하나님의 전에서 왕과 언약을 세우매 여호야다가 무리에게 여호와께서 다윗의 자손에게 대하여 말씀하신 대로 왕자가 즉위하여야 할 것을 촉구했다. 많은 무리 가 요아스 왕자에게 면류관을 씌우며 율법책을 주고 왕으로 세웠고, 여호야다와 그의 아들들이 요아스에게 기름을 붓고 "왕이여 만세 수를 누리소서"라고 소리쳤다.

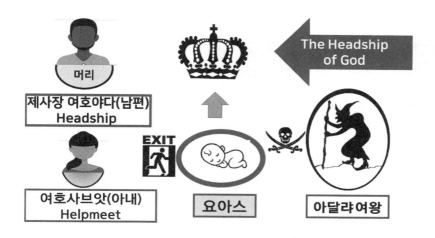

● 아달랴가 백성들이 뛰며 왕을 찬송하는 소리를 듣고 여호와의 전에 들어가 그의 옷을 찢으며 "반역이로다 반역이로다"라고 외쳤으나, 제사장 여호야다가 군대를 거느린 백부장들에게 명령

하여 아달랴를 성소에서 쫓아내어 왕궁 말문 어귀에서 죽이도록 했다(역대하 23:1-15).

●여호야다는 유다 왕국의 왕권이 다윗의 자손인 요아스에게 돌아가도록 쓰임 받은 "헤드십"이었다. 따라서 유다 왕국 역사상 "남자는 여자의 머리"라는 헤드십을 강탈하고 여왕이 된 아달랴를 몰아내고 다윗의 자손으로 왕을 세웠다.

● 여호사브앗은 제사장 여호야다의 아내로서 '돕는 배필'(helpmeet)로, 제사장 여호야다는 그의 아내 여호야다의 "헤드십"으로 하나님의 왕국을 회복하는데 동역했다. 악한 아달랴의 계략이 성공했더라면, 유다 왕국에서 다윗의 자손은 진멸되어 "아달랴의 자손"이 왕위를 계승했을 것이고, 여자의 후손으로 오실 예수 그리스도의 계보가 끊기는 절대절명의 위기였다. 그러나 하나님을 경외하는 헤드십과 돕는 배필의 아름다운 동역으로 유다 왕국을 지켰다.

12. 모세가 장성하기까지 돕는 여자들

• 모세가 장성하기까지 독특한 공통점

● 구약의 대표하는 지도자는 모세이다. 유대인들이 가장 위대하게 여기는 사람이 모세라는 것은 그 때문이다. 출애굽기 2장은 모세의 출생과 그의 어린 시절에 대한 기록인데 매우 특이하다.

아래 도표에 나타난 것처럼 모든 이름이 '실명'(name)을 거론하지 않고 '일반 명칭'으로 부른다. 90% 정도 그런 것이 아니라 100% 일반 명칭으로 부른다. 이것은 성경신학적 관점에서 하나님의 '원칙'(principle)이 있음을 의미한다.

● 모세가 태어나고 그를 보호한 사람들은 모세의 어머니 '요게벳'과 누이인 미리암이다. 그런데 요게벳을 레위 '여자'(daughter)라고 부르고, 미리암을 '그의 누이'(his sister)라고 말한다. 모세를 보고 그를 건져다가 아들을 삼은 바로의 딸이가 있다. 그 이름이 있음에도 불구하고   '딸'(daughter)이라고 말한다. 바로의 시녀가 모세를 건져왔는데, 시녀의 이름이 있음에도 불구하고 이름 대신에 '시녀'(maidens)라고 말한다. 이렇게 기록한 것은 하나님께서 말씀하시고자 하는 "메시지"가 있기 때문이다. 다음은 '헤드십'을 가진 모세와 관계된 사람들이 누구인지를 한눈에 볼 수 있게 요약한 도표이다.

• 모세를 둘러 있는 여자들

• (1절) "레위 가족 중 한 사람이 가서 레위 여자에게 장가 들어"; 모세의 어머니가 요게벳인데도 불구하고 '레위 여자'라고 말한다. 개역 개정에서 "레위 여자에게 장가들어"의 원문은 "took wife a daughter of Levi"로서 "레위의 딸을 아내로 삼았다"라는 것을 약간 의역한 것이다.

• (2절) 그 여자가 임신하여 아들을 낳으니; 여기서도 요게벳이라는 이름을 부르지 않고 '여자'(the woman)라고 말한다. 동일한 원칙으로 낳은 자가 '모세'임에도 그 이름 대신 일반 명칭인 '아들'(son)이라고 말한다. 여기에서 유일한 남자는 '아들인 모세'이다. 출애굽기의 관점은 모세가 '남자'(아들이란 남자로서 '여자의 머리'라는 것을 의미함)라는 것과 모든 돕는 자들

(helpmeets)이 '여자'(woman)로서 '돕는 배필들'(helpmeet)인 것을 보여준다.

• (3절) 3절에서 3번이나 원문에 있는 'she'가 개역 개정에서는 생략됐다. 주어 she를 넣으면 다음과 같다.

(she) 더 숨길 수 없게 되매, (she) 그를 위하여 갈대 상자를 가져다가 역청과 나무 진을 칠하고 아기를 거기 담아, (she) 나일 강 가 갈대 사이에 두고(출 2:3)

• (4절) "그의 누이가 어떻게 되는지를 알려고 멀리 섰더니"- 모세의 누이가 미리암임에도 불구하고 '이름'을 사용하지 않고 "his sister"(여자 형제)라고 부른다.

• (5절) "바로의 딸이 목욕하러 나일 강으로 내려오고 시녀들은 나일 강 가를 거닐 때에 그가 갈대 사이의 상자를 보고 시녀를 보내어 가져다가": 바로의 공주의 이름을 부르지 않고 "바로의 딸"(the daughter)이라고 말하고, 시녀들도 이름이 누구인지 말하지 않고 '시녀들'(maidens)이라고 말한다. 원문상으로는 '그녀의 시녀들(her maidens)이다.

• (7절) "그의 누이가 바로의 딸에게 이르되 내가 가서 당신을 위하여 히브리 여인 중에서 유모를 불러다가 이 아기에게 젖을 먹이게 하리이까"-미리암을 '누이'(his sister, 여자 형제)로, 바로의 공주를 '딸'(the daughter)로 말하고, 히브리 여인과 유모의 이름 대신 일반명칭인 '유모'(nurse, 아기를 키우는 자로서 여자)라고 말한다.

• (8절) "바로의 딸이 그에게 이르되 가라 하매 그 소녀가 가서 그 아기의 어머니를 불러오니"; 바로의 공주를 '딸'(daughter)로, 미리암을 '소녀'(maid)로, 요게벳을 '그 아기의 어머

니'(child's mother)라고 말한다.

•(9절) "바로의 딸이 그에게 이르되 이 아기를 데려다가 나를 위하여 젖을 먹이라 내가 그 삯을 주리라 여인이 아기를 데려다가 젖을 먹이더니"- 바로의 딸(daughter)이나 여인(woman)도 동일하게 '여자'라는 공통점이 있다.

•(10절) "그 아기가 자라매 바로의 딸에게로 데려가니 그가 그의 아들이 되니라 그가 그의 이름을 모세라 하여 이르되 이는 내가 그를 물에서 건져내었음이라 하였더라"고 말한다. 여기에 원문의 주어 'she'가 생략됐고, 바로의 '공주의 이름'이나 '공주'라고 하지 않고 "바로의 딸"이라고 말한다.

• not 고유한 이름 but 일반 명칭인 '여자'

● 성령님께서 이렇게 "일관되게" 이름이 아니라 "일반 명칭"인 "여자"(woman)로 기록하게 하신 이유는 무엇인가? 이들의 모든 공통점은 '여자'(woman)이다. 모세와 관계된 자들, 모세를 돕는 자들이 모두 '여자'라는 것을 보여주시기 위함이다. '여자'에 대한 하나님의 계획은 창조에 나타난다. 하나님께서 여자를 만드실 때 아담을 '돕는 배필'(helpmeet)로 만드셨다. 성경은 "내가 그를(아담) 위하여 배필을 지으리라"(창 2:18)고 말씀한다. 이것은 여자가 아담을 위한 '돕는 배필'(helpmeet)이고, 아담은 '여자의 머리'라는 것을 의미한다. 하나님은 두 사람이 연합하여 '한 몸'을 이루게 하셨다. 그들은 원래 '아담' 한 사람이었기 때문이다. 출애굽기 2장을 보면 모세를 '돕는 자들'(helpmeet)의 '고유한 이름'이 있음에도 불구하고, 모두 '여자'와 관련된 일반 명칭으로

사용됐다는 공통점이 있다. 성경이 보여주고자 하는 것이 바로 이것이다. 이스라엘 백성들을 인도할 모세(man, 헤드십)가 있기 위해서 수많은 여자들(helpmeets)의 도움이 있었다는 것을 보여준다.

• not 모세라는 이름 but 일반 명칭인 '아들과 아기'

● 모세가 출생하고 자라기까지 그를 둘러싼 사람들이 모두 '여자'라는 공통점이 있었다. 동일한 원칙으로 모세라는 고유 명사(이름)가 있음에도 불구하고 '일반 명칭'으로 불렸다.

• 첫째, 2절에서 "그 여자가 임신하여 아들을 낳으니"라고 말씀한다. 이 아들이 모세라는 것은 자명하다. 그런데 모세라고 지칭하지 않고, '아들'(son)이라고 말한다.

• 둘째, 3절에서 갈대 상자에 담은 아이가 '모세'임에도 불구하고 '아기'(child)라고 말한다.

• 셋째, 6절에서 "열고 그 아기를 보니 아기가 우는지라"라고 말한다. 이곳도 '모세'라고 하지 않고 '아기'(child)라고 불렀다.

• 넷째, 7절에서 '젖을 먹이려는 자가 모세'라는 것이 자명함에도 불구하고 '아기'(child)라고 부른다. "그의 누이가 바로의 딸에게 이르되 내가 가서 당신을 위하여 히브리 여인 중에서 유모를 불러다가 이 아기에게 젖을 먹이게 하리이까"

• 다섯째, 8절에서 "바로의 딸이 그에게 이르되 가라 하매 그 소녀가 가서 그 아기의 어머니를 불러오니"라고 말한다. 여기에서도 모세라고 하지 않고 '아기'(child)라고 말한다.

• 여섯째, 9절에서 "바로의 딸이 그에게 이르되 이 아기를 데

려다가 나를 위하여 젖을 먹이라 내가 그 삯을 주리라 여인이 아기를 데려다가 젖을 먹이더니"라고 말한다. 여기에서도 모세라고 하지 않고 두 번이나 '아기'(child)라고 말한다.

• 일곱째, 10절에서 "그 아기가 자라매 바로의 딸에게로 데려가니 그가 그의 아들이 되니라 그가 그의 이름을 모세라 하여 이르되 이는 내가 그를 물에서 건져내었음이라 하였더라"고 말한다. 여기서도 '모세'가 자랐다고 하지 않고 '그 아기'(child)가 자랐다고 말하고, 마지막에 가서야 '모세가 그의 아들'(son)이 됐으며, 그런 후 비로소 그 '아기'가 모세라고 밝힌다.

• not 모세 but 아기

● 출애굽기 2장에서 아기가 모세라는 것이 분명함에도 모세라고 부르지 않는다. 모두 일반 명칭인 '아들'(son)과 '아기'(child)라고 부른 것은 특별한 의도가 있다. 모세는 이스라엘을 구원할 자로 '남자'(man, 여자의 머리)라는 것을 보여준다. 하나님께서 이스라엘 백성들을 구원하시기 위해서 '여자'를 쓰시지 않고 '남자'를 쓰셨다. 이것은 창조의 계획부터 '남자를 여자의 머리' 즉 헤드십을 주셨기 때문이다. 모세는 이스라엘을 구원할 헤드십을 가진 '남자'(머리)였다.

• 머리와 돕는 배필

● 모세를 헤드십을 가진 '남자'(머리)로 세우셨다고 할 때, 여

성 안수 찬성자들은 "남녀차별"(差別, discrimination)이라고 주장할 것이다. 이 말이 얼마간 설득력이 있는 것은 "남녀 구별"(區別, distinguishment)과 유사하기 때문이다. 하나님은 '남녀차별'을 하시지 않는다. 그러나 하나님은 명확히 '남녀구별'을 하신다. '남녀차별'과 '남녀구별'은 사촌지간 같지만 DNA가 전혀 다르다. 모세가 '여자의 머리'로서 이스라엘 백성들을 구원하기 위해서 '여러 여자들'의 도움이 필요했다. 만일 다양한 여자들의 도움이 없었다면 하나님께 쓰임받은 모세는 있을 수 없다.

• 돕는 배필은 머리를 세운다

● 여자는 하나님의 계획 가운데 남자(헤드십)를 '돕는 배필'(helpmeet)로 만들어졌다. 이것을 계급이나 위계질서로 보는 것은 비슷한 것 같지만 빗나간 것이다.

여자의 기쁨과 축복과 영광은 남자의 '돕는 배필'로 남자의 헤드십을 세우는 것이다. 하나님의 구원의 역사를 위하여 모세와 같은 '남자의 헤드십'이 필요하고, 그 배후에는 돕는 배필인 여자들의 도움이 있었다. 이것이 하나님이 교회를 세우시는 방법이다.

● 여성 안수 주장자들이 '돕는 배필'이라는 것을 '우열'의 문제, '차별'의 문제로 간주하는 것은 세상적인 관점이다. 구원의 길은 길이요 진리요 생명이신 예수 그리스도밖에 없듯이, 하나님의 통치의 영역인 교회를 세우는 길도 '남자의 헤드십'을 돕는 '여자들의 도움과 헌신' 즉 '돕는 배필'(helpmeet)에 의해서다.

• 몸의 원리

● 모세는 하나님의 헤드십을 가진 남자이고, 모세를 돕는 다양한 여자들은 모세를 돕는 배필로서 하나님의 구원의 역사를 위해 쓰임 받았다. 모세는 '머리'이고 모세를 돕는 여러 여자들은 '몸'이라 할 수 있다. 그들이 하나가 될 때 '한 사람'을 이루는 것과 같이 하나님의 주권적인 섭리이다.

• 김세윤 박사의 견해를 모세에 적용하기

● 여성 안수를 찬성하는 김세윤 박사의 주장을 모세의 경우에 적용해 보자. 김 박사는 여자들도 모세와 같이 이스라엘 백성들을 인도할 수 있다는 것과 같다. 모세 한 사람이 인도하는 것보다, 여러 여자들도 모세와 함께 인도하면 하나님 나라에 유익하지 않느냐는 논리이다. 이것은 언뜻 좋아 보이지만 실상은 전혀 아니다.

• No.1 모세를 낳은 요게벳

● 모세를 임신하고 낳은 사람은 레위 여자인 '요게벳'이다. 김 박사의 주장은 "왜 요게벳(여자)은 모세를 낳아야 하느냐? 요게벳도 모세처럼 이스라엘 백성들을 인도하는 자로 쓰임받으면 좋지 않겠느냐?"는 논리와 같다. 요게벳의 사명(은사)은 모세를 낳는 것이지, 모세가 되는 것이 아니다. 요게벳이 모세가 될 수

없는 것처럼, 모세도 요게벳이 될 수 없다. 만일 요게벳(모세를 낳은 여자)이 돕는 배필(helpmeet)의 위치를 떠나서 아므람(모세의 아버지)과 같이 되려고 했다면, 인류 역사상 첫 번째 트랜스젠더가 되려고 한 여자가 되었을 것이고 모세는 존재할 수 없었을 것이다. 요게벳은 남편의 '돕는 배필'로서 모세를 잉태하고 낳았을 뿐만 아니라, 남자 아이를 죽이라는 바로의 명령을 어기고 모세(아들)를 석 달이나 숨겼다. 만일 요게벳이 담대한 믿음이 없었다고 하면, 모세를 낳았을지라도 바로의 명령에 굴복하여 모세를 죽게 했을 것이다.

● 히브리서 11장은 "믿음으로 모세가 났을 때에 그 부모가 아름다운 아이임을 보고 석 달 동안 숨겨 왕의 명령을 무서워하지 아니하였으며"(히 11:23)라고 말씀한다. 왕의 명령을 무서워하지 않았다는 것은 더 큰 권세인 하나님을 두려워하고 하나님의 뜻이 아이를 숨기고 살리는 것임을 깨달았다는 것을 의미한다. 요게벳은 '돕는 배필'(helpmeet)로서 하나님을 경외하는 여인이었다.

● 아기를 더 숨길 수 없게 되자 모세를 위하여 갈대 상자에 역청과 나무 진을 칠하고 아기를 담고 나일 강에 띄웠다. 요게벳(엄마의 역할)이 요게벳의 역할을 해야 하나님의 구원의 역사를 이루는 모세가 존재한다. 오늘날 여성도들은 가정과 교회에서 모세를 낳는 요게벳이 되어야 한다. 모세가 헤드십을 갖고 지도자로서 위대하게 쓰임 받았다고 해서 요게벳의 역할을 과소평가할 수 없다. 만일 여성 안수 주장자들과 같이 요게벳과 같은 여자들이 모두 모세가 되려고 한다면 모세도 없고 하나님의 백성을 구원할

헤드십도 없다.

• No.2 모세를 지켜보고 유모를 소개한 '소녀' 미리암

● 모세를 모세 되게 한 두 번째 여자(helpmeet)는 "손위 누이인 미리암"이다. 모세의 엄마는 임신부터 출산과 석 달의 양육과 더불어 모세를 갈대 상자에 담아 띄웠다. 이제 모세를 돕는 바톤은 '모세의 누이'(his sister)'에게 돌아갔다. 미리암은 어머니처럼 (어린 소녀이기에) 모세를 잉태하고 낳을 수 없었지만, 모세를 지켜볼 수 있었다. 이것은 또 다른 '돕는 배필'(helpmeet)의 사역이다. 그 당시 미리암은 '어린 소녀'였지만 멀리서 모세를 지켜볼 수 있었고, 바로의 딸에게 "내가 가서 당신을 위하여 히브리 여인 중에서 유모를 불러다가 이 아기에게 젖을 먹이게 하리이까"(출 2:7)라고 말할 수 있었다. '소녀' 미리암(누이)이 없었다면, 모세의 어머니인 요게벳이 젖을 먹일 수 없었을 것이다. 요게벳은 모세에게 젖을 먹이는 것뿐만 아니라 하나님의 백성으로서 여호와 하나님을 가르칠 수 있었다.

● 만일 미리암과 같은 성도들이 모세를 지키고 보호하는 역할이 아니라, 모세처럼 헤드십을 갖기를 추구한다면, 하나님의 구원의 역사는 어떻게 이뤄지겠는가? 소녀인 미리암(helpmeet)의 역할은 작은 것이었지만, 그가 없이 모세(헤드십)가 있을 수 없다. 최첨단의 우주선도 작은 나사 하나가 빠지면 불의의 사고가 발생해서 우주선은 폭발한다.

• No.3 모세를 불쌍히 여긴 바로의 '딸'

● 모세를 돕는 세 번째 여자는 '바로의 딸'이다. 바로의 딸은 나일 강에 목욕하러 왔다가 갈대 상자를 발견한다. 상자를 여니 아기가 울었다. 그 때 공주는 우는 모세를 불쌍히 여겼다. '바로의 딸'은 갈대 상자 안의 아기가 히브리 사람이라는 것을 알았다. 따라서 아기가 갈대 상자에 담겨져 나일 강에 떠내려 온 것이 바로가 히브리인의 남자아이를 죽이라는 명령으로 야기된 일이라는 것을 눈치챘다. 이제 어떻게 할 것인가? 바로의 명령을 따라 죽임 당하도록 군사에게 알릴 것인가? 하찮은 히브리 노예의 아이이니 그냥 내버려둘 것인가?

● 바로의 딸이 아기 모세를 불쌍히 여겼다는 것은 매우 놀랍다. 이것은 누가복음 15장의 탕자의 비유에서 거지꼴을 하고 돌아오는 탕자를 보는 아버지의 마음이다.

> 아직도 거리가 먼데 아버지가 그를 보고 측은히 여겨 달려가 목을 안고 입을 맞추니(눅 15:20)

또한 선한 사마리아 사람으로 비유된 예수님이 강도 만난 자를 보는 관점이다.

> 어떤 사마리아 사람은 여행하는 중 거기 이르러 그를 보고 불쌍히 여겨 가까이 가서 기름과 포도주를 그 상처에 붓고 싸매고 자기 짐승에 태워 주막으로 데리고 가서 돌보아 주니라"눅 10:33-34)

● 탕자의 아버지가 "측은히 여겨"라는 것과 선한 사마리아 사람이 강도 만난 자를 "불쌍히 여겨"는 모두 같은 뜻이다. KJV은 모두 "had compassion"으로 번역했다. 바로의 딸(helpmeet)이 히브리 아기(모세)를 불쌍히 여긴 것은 하나님의 주권적인 섭리였다.

● 여성 안수 주장자인 김세윤 박사의 견해는 "바로의 딸과 같은 여성도가 모세와 같이 이스라엘 백성들을 이끄는 헤드십을 갖고 섬기면 하나님 나라에 많은 유익이 되지 않겠는가? 왜 그를 데려다가 아들을 삼는 일을 하는 정도로 만족해야 하는가?"라는 주장과 같다. 만일 바로의 딸이 모세를 데려다가 아들을 삼는 역할이 아니라 모세처럼 헤드십을 갖기를 원한다고 한다면, 하나님의 구원의 역사는 어떻게 이뤄지겠는가?

• No.4 모세를 데리고 온 '시녀'

● 모세를 돕는 네 번째 여자는 바로의 딸의 '시녀'(maidens)이다. 갈대 상자에 담긴 아기를 보고 불쌍히 여긴 공주는 시녀를 보내어 가져오게 했다. 시녀의 역할은 조연도 아니고 '엑스트라'에 해당한다. 그런데 이 시녀(helpmeet)가 없다면 바로의 공주(딸)에게 갈대상자에 담긴 모세를 데리고 올 사람이 없다. 그렇다면 바로의 딸이 상자를 열어볼 수도 없고, 그를 보고 불쌍히 여기지도 않았을 것이고, 아들을 삼는 일은 없게 된다.

● 여성 안수 주장자인 김세윤 박사의 주장은 "바로의 시녀와

같은 여성도 모세와 같이 이스라엘 백성들을 이끄는 헤드십을 갖고 섬기면 하나님 나라에 많은 유익이 되지 않겠는가? 왜 그는 공주의 심부름 같은 일만을 해야 하는가? 이것은 남녀차별이다. 모든 사람은 다 평등하니 모두 다 모세가 될 수 있다"라는 논리와 같다. 만일 바로의 시녀가 모세처럼 헤드십을 갖기를 원한다고 한다면, 하나님의 구원의 역사는 어떻게 이뤄지겠는가? 바로의 시녀가 모세와 같은 헤드십을 갖기를 원하다면, 적어도 40년 간의 애굽의 학문을 통달해야 하고, 또 다른 40년의 광야에서의 훈련을 거쳐 준비된다면 가능하다. 하나의 문제가 남아 있다. 하나님의 창조의 원칙은 '남자를 여자의 머리'로 세우시고, 여자를 '돕는 배필'로 만드셨는데, 이 문제를 어떻게 해결해야 할 것인가!

• No.5 모세에게 젖을 먹인 '유모'

● 모세를 돕는 다섯 번째 여자는 모세에게 젖을 먹인 '유모'이다. 물론 미리암이 어머니 요게벳을 제껴두고 다른 유모를 데려가지 않았다. 여기에서는 모세를 '낳은 자'와 '젖을 먹인 자'는 동일한 여자이지만, 오늘날 모세와 같은 믿음의 지도자를 키워내는 것은 반드시 일치하지 않는다. 아기 모세에게 젖을 먹이는 것은 단순한 것 같지만 매우 중요하다.

● 모세에게 '육적인 젖'을 먹이는 것은 작은 일이 아니다. 그것 이상으로 더 중요한 것은 젖을 먹이면서 '영적인 젖' 즉 하나님의 말씀으로 양육하는 것이다(주일학교 교사와 여교역자들의 사역). 요게벳이 아기 모세에게 하나님의 백성의 정체성을 가르쳤기 때문에.

모세는 비록 소극적이었지만 매를 맞는 히브리인을 도왔다. 이런 모세의 믿음의 뿌리는 젖을 먹인 유모, 어머니 요게벳의 영향이라는 것을 의심치 않는다. 히브리서 11장은 모세의 믿음에 대하여 다음과 같이 진술한다.

> 믿음으로 모세는 장성하여 바로의 공주의 아들이라 칭함 받기를 거절하고 도리어 하나님의 백성과 함께 고난받기를 잠시 죄악의 낙을 누리는 것보다 더 좋아하고 그리스도를 위하여 받는 수모를 애굽의 모든 보화보다 더 큰 재물로 여겼으니 이는 상 주심을 바라봄이라(히 11:24-26)

● 여성 안수 주장자인 김세윤 박사의 주장은 "모세에게 젖을 먹이는 유모와 같은 여성도 모세와 같이 이스라엘 백성들을 이끄는 헤드십을 갖고 섬기면 하나님 나라에 많은 유익이 되지 않겠는가? 왜 여자는 젖을 먹이는 일을 해야 하는가? 남녀차별은 비성경적이다. 유모도 젖을 먹이는 일을 하는 것보다 모세와 같이 되는 것이 얼마나 좋은가?"라는 논리이다.

만일 유모가 젖을 먹이는 일을 버리고 모세와 같은 지도력(헤드십)을 얻으려고 나간다면 이스라엘 백성들을 인도하는 모세는 있을 수 없다. 하나님의 역사는 '여자의 머리'(the head of woman)인 남자와 그를 '돕는 배필'(helpmeet)의 동역으로 이뤄진다. 이것은 위계 질서나 계급이 아니라 '몸의 원리'이다.

● 창조로부터 하나님은 아담(남자)을 '먼저'(first) 만드시고 그

를 잠들게 한 후에 그의 갈비뼈를 취하여 여자를 '나중에'(later) 만들었다. 머리와 몸(갈비뼈)의 관계는 위계 질서와 계급이라는 말이 어울리지 않는데, '유기적인 관계'이며 '생명의 관계'이기 때문이다.

● 사도 바울은 에베소서 5장에서 "아내들아 남편들에게 복종하라"고 했고, 이어서 "남편들아 아내 사랑하기를 제 몸을 사랑하는 것 같이 하라"고 말씀했다. 그런 후에 "이 비밀이 크도다. 내가 그리스도와 교회에 대하여 말하노라"고 말씀한다. 남자와 여자, 아내와 남편의 관계는 그리스도와 교회에 대한 예표이다.
※ 신약의 나타난 남자의 헤드십과 여자의 돕는 배필의 사례들을 뒤에서 다룰 것이다.

Part 5

신약에 나타난 남녀의 리더십

1. 열두 제자 및 사도들의 헤드십

신약성경에는 구약성경과 같이 헤드십의 원칙들이 나타난다. 논증의 핵심은 각 시대별로 여자들의 리더십이 하나님의 통치의 영역인 이스라엘 백성들에게 어떻게 나타났고, 쓰임을 받았는가이다. 따라서 새 시대를 여는 신약에서 예수님께서 그의 제자들을 부르신 것은 매우 중요한 의미가 있다.

• 모두 '여자의 머리'인 남자

● 구약에서 족장과 왕과 제사장과 사사를 '여자의 머리'인 남자들을 부르신 것은 창조로부터 아담을 머리로, 여자를 '돕는 배필'로 세우신 하나님의 헤드십(the headship of God)의 원칙이었다 (예외; 사사 드보라는 헤드십을 가진 남자들의 연약함을 드러내기 위해서 단 한 번 사사를 세웠다. 그러나 드보라는 직접 이스라엘을 구원하지 않고, 바락-여자의 머리-을 지휘관headship으로 세워 싸우게 했다. 아달랴 여왕은 이방 선지자 이세벨의 딸로서 왕자들을 살육하고 불법적으로 여왕이 된 경우이다). 하나님께서 원시복음을 통해 선포하셨고, 선지자들이 예언한 메시아가 이 땅에 오셨을 때 어떤 사람을 부르셨는가는 매우 중요한 부분이다.

● 김세윤 박사를 비롯한 여성 안수 주장자들은 신약에는 모든

차별이 없어졌기 때문에, 구약 시대와 다르다고 주장한다. 주님께서 왕의 사역을 시작할 때 열두 제자를 부르셨다. 마가복음 3장 13-19절 말씀을 보자.

> 또 산에 오르사 <u>자기가 원하는 자들을 부르시니</u> 나아온지라 이에 <u>열둘을 세우셨으니</u> 이는 <u>자기와 함께 있게 하시고</u> 또 보내사 전도도 하며 귀신을 내쫓는 권능도 가지게 하려 하심이러라 이 열둘을 세우셨으니 시몬에게는 베드로란 이름을 더하셨고 또 세베대의 아들 야고보와 야고보의 형제 요한이니 이 둘에게는 보아너게 곧 우레의 아들이란 이름을 더하셨으며 또 안드레와 빌립과 바돌로매와 마태와 도마와 알패오의 아들 야고보와 및 다대오와 가나안인(the Canaanite) 시몬이며 또 가룟 유다니 이는 예수를 판 자더라(막 3:13-19)

열두 제자에게서 여자(woman)가 한 명도 없다는 것은 '하나님의 원칙'이 있다는 것을 가리킨다. 이것을 우연한 일이라고 간주한다면, 천지가 우연히 존재한다는 것과 같다.

1) 김세윤 박사의 견해

• 예수, 열둘 속에 여자를 넣지 않다

여성 안수를 주장하는 김세윤 박사는 "예수님께서 열두 제자에 여자를 넣지 않는 것"이 그의 주장에 크게 걸림이 된다는 것을 알았기에 이 문제를 해결할 필요성을 느꼈다. 그래서 그의 책에서 다음과 같은 견해를 말했다.

    그럼 왜 예수께서는 그의 가장 가까운 동역자 열두 제자들에 여자를 하나도 끼워 주지 않으셨을까? 남자 제자들은 결국 다 도망치고, 여자 제자들만 더 신실히 그를 따라 십자가까지 따라갔는데, 왜 여자들은 열두 제자 중 하나로 뽑아 세우시지 않았을까? 이것은 예수님의 문화적 상황에 대한 양보라고 할 수 있습니다. 열둘을 세운 것은 종말에 창조되는 새 하나님의 백성을 상징하는 것입니다. 즉 옛 하나님의 백성 이스라엘의 12족장들에 상응하는 것으로서 새 언약에 의한 하나님의 새 백성의 12 기둥을 상징하는 것입니다. 당시 유대교의 상황에서 예수께서 그 상징적 '열둘'을 단 한 명이라도 여자로 채웠다면 그의 하나님 나라 복음은 얼마나 큰 비판과 저항을 받았겠습니까? 그렇게 해서 하나님 나라의 복음이 효과적으로 선포될 수 있었겠습니까? 그래서 예수께서 아무리 혁명적으로 공히 남녀를 대우하고 싶어도 여자들을 그 상징적 열둘'에는 끼워 넣지 않은 것입니다. 여기서 유의해야 할 것은 예수의 하나님 나라 선포에 있어서는 남녀 관계를 바로잡는 것도 중요했지만 그것이 가장 중요한 것은 아니었다는 사실입니다. 보다 본질적인 구원이 가장 중요한 것이고, 그 본질적인 메시지가 신뢰를 얻고 설득력을 얻도록 하기 위해서, 이런 문화적 양보를 하지 않을 수 없었다는 것입니다. 예수께서 '열둘 중에 여자를 하나도 끼워 넣지 않았다는 사실을 들어 교회에서 여성의 대표성이나 리더십을 부인하려는 사람들은, 이 사실 외에도 앞서 말한 바와 같이 예수께서 여자들을 첫 복음 선포자들로 세우신 뜻을 깊이 새겨야 할 것입니다. 예수께서 기본적으로 여성의 권리를 남성과 동등한 것으로 보고 그것을 옹호하시면

서도 보다 크고 본질적인 하나님 나라의 메시지를 위해서 문
화적 적응을 하셨다는 사실, 그의 본질적인 하나님 나라 운
동이 성공하여 인간의 근본 문제와 함께 그 문제도 자연히
해결되기를 기대하셨다는 사실은, 오늘 우리에게도 시사하
는 바가 큽니다(김세윤, 그리스도가 구속한 여성, 두란노, 48-50
쪽).

2) 필자의 비평

• 김세윤 박사의 견해의 모순

● 김 박사는 열두 제자가 구약의 열두 지파에 상응하는 것으
로 새 언약에 의한 하나님의 새 백성의 12 기둥을 상징하는 중요
한 것이라고 하면서, 만일 예수께서 열둘 중에 여자를 한 명이라
고 넣었다면 큰 비판과 저항을 받을 것이기 때문에 넣지 않았다
고 주장한다.

그의 주장은 예수님은 구약과 달리 새 언약의 시대에 '여자를
한 명'이라도 넣고자 했지만, 하나님 나라의 복음이 효과적으로
전파되지 못할 것을 생각해서 포기했다는 의미이다. 구원자로 오
신 예수님께서 마치 이해득실을 따지는 이 땅의 정치가와 같이
행하셨다고 한다면, 죄와 허물이 있다는 것을 가리키고 예수님은
구원자의 자격이 없다고 할 수 있다. 김 박사의 견해는 매우 주관
적(subjective)이고 편협(narrow)하다. 그의 주장 안에는 서로 모순
되는 것이 섞여 있다. 그런 까닭은 주님의 의도와 성경의 흐름을
보지 못했기 때문이다.

• 자기의 원하는 자들을 부르심

● 예수님께서 열두 제자들을 부르시는 것은 매우 중요하다. 아마 예수님께서 아무 생각 없이 부르셨다고 생각하는 사람은 없을 것이다. 성경은 "자기의 원하는 자들"(whom he would)을 부르셨다고 말씀한다. 이것은 하나님 아버지의 뜻 안에서 "주님이 원하는 자들을 부르셨다"는 것을 의미한다. 만일 김 박사의 견해대로 새 언약의 새 백성에 "여자가 들어가야 했다면", "자기의 원하시는 자들 안에" 들어갔을 것이고 반드시 부르셨을 것이다. 그러나 그것은 주님이 원하시는 것이 아니었기 때문에 열두 제자 안에 여자들이 포함되지 않았다. 이것이 성경의 팩트이다.

• 제자들은 모두 '여자의 머리'인 남자 & 여자의 가르치는 것을 허락지 않음

● 열두 제자들의 공통점은 모두 '남자'(man)이다. 여성 안수 주장자들은 "열두 제자 모두 남자"라는 팩트를 외면한다. 왜냐하면, 여자가 한 명이라도 들어가야 "꿈보다 해석이 좋다"라는 말이 있는 것처럼 해석이라는 미명하에 무언가를 주장할 수 있는데, 그럴 여지가 전혀 없기 때문이다.

김세윤 박사는 이런 사실을 인지하고, 이것을 해결하기 위해서 "문화적인 적응"이라는 해법을 제시했다. 그의 견해는 "여자는 교회에서 잠잠하라"라는 단순한 가르침을 해석이라는 이름하에 해결하지 못하자, 후대에 어떤 사람들이 삽입한 것이라는 "성경 편집설"과 맥락을 같이 한다. 그의 주장이 성경을 근거한 것이 아니라 세상적인 관점, 실용적인 관점으로 본다는 반증이다. 예수님이 열두 명 전부를 '남자'로 부르신 것은 창조로부터 남자를 '여자의 머리'로, 여자를 '돕는 배필'(helpmeet)로 세우셨기 때문이다.

• 창조의 원칙은 신구약 변함이 없다

● 예수님께서는 시대가 바뀌었으니 한두 명의 '신실한 여자'를 부르실만한데 한 명도 부르시지 않았는가? 창조로부터 구약 시대와 신약에 이르기까지 '헤드십의 원칙'은 변함이 없기 때문이다. 남자와 여자를 창조하신 것과 여자를 '돕는 배필'로 남자는 머리(head)로 세우신 창조의 원칙은 변하지 않는다.

• 사도들도 모두 '여자의 머리'인 남자

● 열두 제자들은 예수님이 부활하신 후에 '사도'(apostles)로 보냄을 입는다. 요한복음 20장 21절은 "예수께서 또 이르시되 너희에게 평강이 있을지어다 아버지께서 나를 보내신 것 같이 나도 너희를 보내노라"고 말씀한다. '보낸다'라는 단어의 원문은 apestalken(아페스탈켄, 완료형)으로 이 단어의 명사형은 apostolos(아포스톨로스, 보냄을 입는 자, 사도)이다. 이때로부터 제자들은 사도(apostles)가 된다.

● 예수님께서 열두 제자들을 부르신 것은 그들을 훈련하시고 부활 후에 사도로 보내셔서 교회를 세우는 초석이 되게 하시려는 목적이다. 사도는 모두 "여자의 머리"인 남자들이다. 이것을 우연한 일이라고 말하는 것은 성경을 부정하는 것이다. 창조로부터

남자는 '여자의 머리'이고, 여자는 '돕는 배필'(helpmeet)로 만드신 하나님의 원칙은 변함이 없다. 물론 사도들을 돕는 많은 여성도들이 '돕는 배필'로서 사역했다.

● 만일 김세윤 박사의 주장과 같이 열두 제자 중에 여자를 반드시 넣어야 했는데 하나님 나라의 복음이 저항에 부딪쳐서 방해가 된다는 효과성의 이유 때문에 '문화적 적응'을 위해 넣지 않았다고 가정해 보자. 그렇다면 구속의 역사를 성취하시고 승천하시기 전, 열두 사도들을 보내실 때에는, 반드시 여자들을 한 명이라도 넣었어야 했다.

김 박사의 주장이 근거를 갖기 위해서 부활 후 승천하기 전에 여자들을 사도로 세우셨어야 논리적이다. 그런 사실을 찾을 없는 것은 '원래부터' 여자들을 열두 제자로 부르는 것이 주님이 원하는 것이 아니었기 때문이다.

예수님은 메시아이시며 하나님의 아들로서 그를 보내신 아버지의 뜻을 '온전히' 행하셨다. 예수님께서 열두 제자들을 부르실 때, 모두 남자들을 부르시고 여자들을 포함시키지 않은 것은 "하나님 아버지의 뜻"을 따른 것이다. 이런 닥트린은 요한복음에 많이 나타난다(요한복음 연구를 통하여 아버지와 아들의 관계를 알 수 있다).

2. 열두 제자와 남녀의 리더십

● 예수님이 사역의 초기에 부른 열두 제자들은 '모두' 남자들(man)이었다. 여자를 한 사람도 부르지 않은 것은 특이하다. 여성 안수 주장자들은 성경에 여자들도 제자로 불리웠기 때문에 여성 안수의 근거로 삼는다. 성경에는 남자들이 제자로 부름을 입었고, 여자들도 제자로 불리웠다. 이것은 보고 싶은 것만 보고, 보지 못한 것이 많다는 것을 알지 못한 결과이다.

• 강호숙 박사의 성경적 페미니즘 주장

● 여성 안수를 주장하는 강호숙 박사는 "성경적 페미니즘에 근거한 성경적·신학적·교회사적·실천적 당위성"을 다음과 같이 주장했다.

> 신약성경에도 디모데전서 4장 14절, 5장 22절, 디모데후서 1장 6절에 '안수'라는 단어가 나오긴 하지만, 사복음서나 신약성경 전반에서는 '안수'라는 말보다는 '제자'와 '증인'이라는 단어가 더 많이 부각되고 있음을 알 수 있다. 이는 예수 그리스도의 복음은 '안수받은 자'가 전해 준 게 아니라, 예수를 목격한 남녀 증인과 제자들이 하나님 나라 복음을 전하도록 보냄을 받았기 때문이다(마 28:18-20, 막 16:9-20, 눅 24:44-53, 요 21장, 행 1~3장). 또한 '목사'는 'shepherd', 'pastor'를 가리키는 단어이다. 신적 권위나

신분 변화라기보다 그리스도의 복음을 가르치며 그대로 실천하고 모범을 보여야 할 책무와 전문성을 지닌 자들로 이해된다(엡 4:11, 벧전 5:2-4)(강호숙, 예장합동, 여성 목사 안수 허하라, 뉴스앤조이에서 인용).

● 부활의 증인이 되는 것과 제자가 되는 것은 "목사 안수의 조건"이 아니라, 모든 믿는 성도가 추구해야할 사명이다. 강호숙 박사는 김세윤 박사와 함께 여자들이 증인이고 제자라는 근거로 "여성 안수"을 주장하는 것은 잘못된 적용이다.

● 주님은 승천하시기 전에 "지상 대위임 명령"이라 불리는 위대한 명령을 주셨다.

> 예수께서 나아와 말씀하여 이르시되 하늘과 땅의 모든 권세를 내게 주셨으니 그러므로 너희는 가서 모든 민족을 제자로 삼아 아버지와 아들과 성령의 이름으로 세례를 베풀고 내가 너희에게 분부한 모든 것을 가르쳐 지키게 하라 볼지어다 내가 세상 끝날까지 너희와 항상 함께 있으리라 하시니라(마 28:18-20)

● 아래의 밴다어그램은 구원받은 성도는 "집합 A"로, 그 안에 제자들은 "집합 B"로, 가장 중심부에 12 사도들은 "집합 C"로 표시했다. 구원받은 성도에는 남자와 여자가 있다. 어느 누구도 "남자는 성도지만 여자는 성도가 아니다"라고 말하지 않는다. 모두 성도라 불린다.

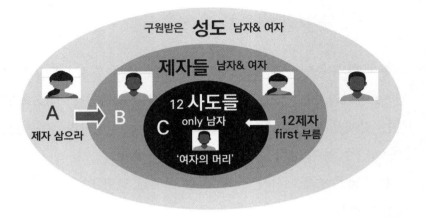

● 주님의 명령은 모든 신자가 주님을 따르는 제자가 되는 것이다. 신자가 되는 것은 "믿는 문제"로서 "Being"의 문제이고, 제자가 되는 것은 "주님을 따르는 문제"로서 "Becoming"의 문제이다. 따라서 여자 성도들 가운데 제자로 불리는 사람이 있는 것은 특별한 일이 아니다. 제자가 되었다고 해서 열두 제자들과 같이 되는 것은 아니고, 더구나 '열두 사도'와 같이 되는 것은 아니다.

● 선행과 구제하는 일을 많이 한 다비다는 "여제자"라고 불려졌다(행 9:36). 모든 족속을 제자삼으라는 주님의 지상 명령을 따라 가르쳐 지키고 주님의 가르침을 따라 사람이라는 증거이다. 제자는 모든 성도들이 추구해야 할 목표이다.

• 열두 제자와 다른 제자의 관계

● 제자와 관련해서 주목해야 할 것은 "열두 제자와 다른 제자들은 동일한 의미인가?"라는 것이다. 여성 안수 주장자들은 양자를 동일한 관점에서 보는 경향이 있다. 그래야 여성 안수의 근거가 되기 때문일 것이다. 자신의 목적과 의도를 가지고 성경을 볼 때, 종종 일어나는 현상이다.

• 열두 제자는 주께서 직접 부르심

● 열두 제자와 제자로 불린 여성(다비다)은 제자라는 면에서는 '공통점'이 있다. 열두 제자들은 사도행전에서 제자로 불린 신자들과 명확히 구별된다. 주님이 '초림' 때에 제자로 부른 사람은 열두 제자가 유일하다. 주님은 그들과 함께 했고 가르치고 훈련시켰다. 여제자로 불린 다비다는 열두 제자에 없었다. 열두 제자는 초림 때에 복음서에서 모든 제자들 가운데 가장 '먼저'(first) 제자로 부름을 입었고 특별한 훈련 과정을 거쳤다. 마치 아담을 '먼저'(first) 만드신 후에 아담을 잠들게 한 후 그의 갈비뼈로 여자를 '나중에'(later) 만든 것과 같다.

• 사도행전에 나타난 제자들

● 열두 제자는 가장 '먼저'(first) 제자로 부름을 입었고, 두 번째 아담이신 그리스도께서 십자가에 죽으시고 부활하신 후에 열

한 제자에게 모든 족속으로 제자를 삼으라는 위임 명령을 받았다 (승천 후에 맛디아가 선택됨). 열두 제자를 제외한 다른 제자들은 '시기면'에서 모두 '나중에'(later) 제자가 되었다. 즉 열두 제자는 주권적으로 예수님께서 "자기의 원하는 자들을 부른 것"이지만, 사도행전 오순절 이후에 나오는 제자들은 열두 사도들로 인해 "가르쳐 지키게 하고 제자를 삼으라"는 주님의 대위임 명령을 따라 "제자가 된 것"이다. 양자는 그 시기와 내용에 있어 큰 차이가 있다.

• 열두 제자들을 사도로 보내심

● 열두 제자들은 모두 예수님 부활 후에 사도로 위임을 받았다는 "특별성"이 있다. 사도는 apostolos(아포스톨로스)로써 "보냄을 입는자"라는 의미이다. 이때로부터 제자들은 사도(apostles)로 임명됐다. 사도행전에서 다비다가 '여제자'로 불렸다고 해서 사도가 될 수 있는 것은 아니다. 사도는 부활하신 주님에 의해서 임명된 자들이기 때문이다. 열두 사도는 신약의 대표요 교회를 세우는 기초석이다(신사도 운동은 성경을 오해한 것이다).

● 사도행전 후반부는 주님의 승천 후 그리고 오순절 성령 강림 전에 유다의 보궐로 인해 빈 자리를 채워한다는 것을 깨닫고 보선을 한 것은 참으로 놀랍다. 약 백이십 명이 예루살렘을 떠나지 말고 약속하신 성령을 받기 위해서 기도에 전념하다가, 베드로가 그 형제들 가운데 일어서서 사도의 직분을 맡을 자를 보여 달라고 기도하고 맛디아를 사도로 뽑았다.

이러하므로 요한의 세례로부터 우리 가운데서 올려져 가신 날까지 주 예수께서 우리 가운데 출입하실 때에 항상 우리와 함께 다니던 사람 중에 하나를 세워 우리와 더불어 예수께서 부활하심을 증언할 사람이 되게 하여야 하리라 하거늘 그들이 두 사람을 내세우니 하나는 바사바라고도 하고 별명은 유스도라고 하는 요셉이요 하나는 맛디아라 그들이 기도하여 이르되 뭇 사람의 마음을 아시는 주여 이 두 사람 중에 누가 주님께 택하신 바 되어 봉사와 및 사도의 직무를 대신할 자인지를 보이시옵소서 유다는 이 직무를 버리고 제 곳으로 갔나이다 하고 제비 뽑아 맛디아를 얻으니 그가 열한 사도의 수에 들어가니라(행 1:21-26)

• 사도의 자격

● 사도가 될 수 있는 기본적인 자격은 "요한의 세례로부터 우리 가운데서 올려져 가신 날까지 주 예수께서 우리 가운데 출입하실 때에 항상 우리와 함께 다니던 사람 중에 하나"이어야 한다. 따라서 "여제자"라 불린 다비다는 사도가 될 수 없고, 사도라고 불리지 않은 것은 자명하다. 오늘날 신사도 운동을 하는 사람들이 있는데 그들이 예수님 때에 항상 열두 제자들과 함께 다녔고 보냄을 입었다는 말인가?

새 예루살렘의 기초석

● 열두 사도들을 교회를 세우는 기초석이라 부를 수 있는 것은 새 예루살렘의 열두 기초석에 열두 사도들의 이름이 기록됐기

때문이다. 요한계시록 21장 14절은 "그 성의 성곽에는 열두 기초석이 있고 그 위에는 어린 양의 열두 사도의 열두 이름이 있더라"고 말씀한다.

• 사도들(복수)의 가르침(단수)

● 열두 사도들을 교회를 세우는 기초석이라고 할 수 있는 두 번째 이유는 초대교회가 "사도들의 가르침" 위에 세워졌기 때문이다. 오순절날 성령님이 강림하고 교회가 세워지고 삼천 명의 사람들이 회개하고 세례를 받고 구원받았다. 이제 그들을 어떻게 양육하고 훈련할 것인가? 사도행전 2장 42절은 "그들이 사도의 가르침을 받아 서로 교제하고 떡을 떼며 오로지 기도하기를 힘쓰니라"고 말씀한다. 가장 먼저 언급되는 것이 "사도들의 가르침을 받았다"라는 것이다. 여기에 교회의 본질이 숨겨져 있다.

첫째, 핵심 단어는 두 단어인데, "사도들"과 "가르침"이다.

둘째, "apostolon"(아포스톨론)은 apostolos(아포스톨로스, 사도)의 복수형이다. 사도들은 한 사람이 아니라 "열둘"이기 때문이다.

셋째, '가르침'에 해당하는 "Didache"(디다케)는 '단수'이다. 여기의 가르침은 일상적인 종류의 것이 아니다. KJV은 'teaching'으로 번역했다. 혹시 세상 윤리와 같은 것을 가르치는 것으로 혼동하기 쉬운데, "교리의 가르침"으로 "doctrine"의 의미이다. 교회는 세상의 교양과 철학과 문화를 가르치는 곳이 아니라 하나님의 뜻인 "doctrine"을 가르치고 배우는 곳이다. 이것이 "Didache"(디다케)의 의미이다.

넷째, 여기에서 주목해야 할 것은 단수와 복수가 "불일치"처럼 보이는 문제이다. 사도들이 '복수'라면 '가르침'도 '복수'여야 한다고 생각할 수 있다. 그러나 성경은 '단수'이다. 이것은 열두 사도들의 가르침(doctrine)이 '하나'였다는 것을 의미한다.

● 오늘날과 비교하면 얼마나 다른가? 동일한 말씀을 열 사람이 가르치면 열 가지 견해가 있는 것이 현실이다. 예를 들면, 여성 안수 문제는 초대교회에서는 문제도 되지 않았던 것인데, 시대가 바뀌고 세상 문화의 영향을 받으면서 교회 안에 들어왔다. "성경은 코에 걸면 코걸이 귀에 걸면 귀걸이다"라는 오해가 생겨나기도 했다. 그 결과 "꿩 잡는 것은 매"라는 사상이 팽배하다. 이것이 오늘날 교회가 처한 현실이고, 또한 해결해야 할 과제이다.

• 사복음서의 제자 vs 사도행전의 제자와의 차이

● 사복음서에 나오는 제자들과 사도행전에서 나오는 제자들은 동일한 제자라 불리지만 서로 큰 차이가 있다. 여성 안수 주장자, 김세윤 박사나 강호숙 박사는 양자의 관계를 구별하지 못했다. 사도행전에 '여제자'로 불린 다비다를 예수님의 열두 제자와 같은 '동일한 제자'로 간주하는 것은 문자만 보고 그 의미를 분별하지 못한 결과이다.

● 다음의 밴다이어그램은 사복음서에 나타난 제자와 사도행전에 나타난 제자들 나타냈다. 왼쪽은 열두 제자들을 중심해서 나타냈고, 오른쪽은 일반 성도들 가운데 제자로 불린 사례를 나

타냈다. 양 밴다이어그램을 통해서 사복음서와 사도행전에서 쓰인 제자들의 용례를 보면서 어떤 원칙과 차이가 있 는지 발견할 수 있다.

• 사복음서에 나타난 제자들

● 사복음서는 "집합 A"의 부분으로 사복음서에 나타난 제자들은 모두 "열두 제자들"에 대한 것이다(오른쪽 2번 밴다어그램에 있듯이 열두 제자를 제외하고 유일하게 제자로 불린 사람은 아리마대 사람 요셉이다).

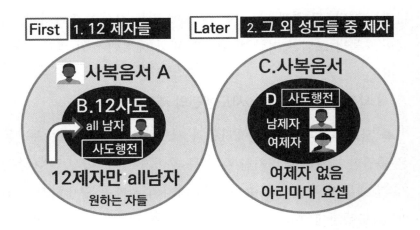

● 열두 제자들은 "예수님이 원하는 자들"을 부른 것으로 모두 "여자의 머리"인 남자(man)이다. 이것은 우연이 아니라 창조의 원칙이다. 따라서 열두 제자 가운데 "여자"를 포함시키지 않

은 것은 예수님께서 아버지의 뜻을 따른 것이다. 여성 안수를 주장하는 김세윤 박사는 예수님이 새 시대의 일꾼으로 여자를 부르셔야 했지만, 복음 전파에 저해되기 때문에 효과적인 전파를 위해서 여자를 부르지 않았다는 것은 성경적이지도 않고 자의적인 해석에 불과하다.

● 열한 제자는 (가룟 유다는 자기의 곳으로 감) 예수님 부활 후 '사도'로 보냄을 입는다. 사도행전에서 열두 제자들은 열두 사도로 사역한다. 물론 가룟 유다를 대신하여 맛디아가 열한 제자에 가입됐다. "사도행전"이란 "사도들이 행한 기록"이란 뜻이다. 열두 제자가 열두 사도가 됐다는 것은 "특별한 위치"에 있다는 것을 가리킨다. 초대교회 "사도들의 가르침"에 세워졌기 때문이다. "apostolon"(아포스톨론)은 apostolos(아포스톨로스, 사도)의 복수형으로 "사도들"이란 의미이고, '가르침'에 해당하는 "didache"(디다케)는 "단수형"이다. 열두 사도들이 가르쳤지만 "가르침은 하나"였다. 열두 사도들의 이름이 새 예루살렘의 기초석 위에 써 있는 것은 그들이 신약의 교회를 대표하기 때문이다. 이것이 열두 사도들의 '특별성'이다.

● 사도행전은 예수님의 증인들이 복음을 전파하고, 마태복음의 지상명령과 같이 제자 삼는 사역이다. 따라서 복음대로 살면 신자가 제자가 되어 주님을 따른다. 여성 안수 주장자들이 다비다와 같은 제자로 불리는 신자를 "열두 제자"와 동일하게 간주한 것은 큰 오류이다. 열두 제자는 부르심에 있어서도 예수님의 공

생애 때 아버지의 뜻을 따라 부르심을 입고, 약 3년을 함께 하고 가르침을 받고 훈련받은 사람을 가리킨다. 이들은 모두 사도로 보냄을 입었다.

• 사복음서에서 열두 제자 외에 유일한 제자로 불린 사람

● 사복음서에서 열두 제자들 제외하고 "제자"로 불리운 사람은 아리마대 사람 요셉이다. 요한복음 19장 38절은 이렇게 말씀한다.

> 아리마대 사람 요셉은 예수의 제자이나 유대인이 두려워 그것을 숨기더니 이 일 후에 빌라도에게 예수의 시체를 가져가기를 구하매 빌라도가 허락하는지라 이에 가서 예수의 시체를 가져가니라(요 19:38)

● 아리마대 요셉이 '제자'로 불렸다고 해서 열두 제자와 같은 반열로 간주하는 사람이 없다. 그런데 여성안수 주장자들, 김세윤 박사나 강호숙 박사는 제자로 불렸으니 목사 안수를 줄 수 있다고 주장한다. 제자란 예수님을 본받고 그 가르침을 따라 살기 때문에 주어진 보편적인 가치이다. 만일 여성 안수 주장자들의 견해가 맞다고 가정하면, 모든 족속을 제자 삼으라고 했기 때문에 모두 사도가 될 수 있고, 목사 안수를 받을 수 있다는 결론이 되는데, 이것은 논리의 비약이요 오류이다.

● 사복음서에서 제자로 불린 "여자"는 아무도 없다는 것은 주

목할만 하다. 그런데 사도행전에서 "여제자"로 불린 신자는 다비다이다.

> 욥바에 다비다라 하는 여제자가 있으니 그 이름을 번역하면 도르가라 선행과 구제하는 일이 심히 많더니(행 9:36)

● 다비다가 여제자로 불린 것은 "주는 것이 받는 것보다 복되다"는 주님의 가르침을 따라 선행과 구제하는 일을 했기 때문이다. 지상 대위임 명령을 따라 제자 삼는 것은 특정한 사람에게 국한된 것이 아니라, 모든 신자가 목표로 삼아야 할 가치이다. 다비다가 여제자로 불렸기 때문에 "여성 안수"의 근거로 삼는 것은 잘못된 관점이다.

3. 장로들은 '모두' 한 아내의 남편

● 구약에서 족장과 왕과 제사장이 모두 '여자의 머리'인 남자 (man)였던 것과 같이, 신약에서도 감독(목사와 장로)은 모두 '여자의 머리'(the head of woman)인 남자이다. 다음의 증거들이 이것을 증거한다.

● 디모데전서 3장 2절에서 "그러므로 감독은 책망할 것이 없으며 한 아내의 남편이 되며"(the husband of one wife)라는 것은 '기본적으로' 남자가 감독이 될 수 있고, 여자는 대상이 아니라는 것을 가리킨다. 이것은 개인적인 믿음이나 경건과 은사의 문제가 아니라 '하나님의 정하심'(God's will)이다.

●여자는 '돕는 배필'로, 남자는 '여자의 머리'로 만드셨다. 창조의 목적과 과정은 전적으로 하나님의 주권(the sovereignty of God)이다. 물론 남자일지라도 '미혼남'이나 '두 아내'를 둔 남편과 '입교자'는 기본적으로 감독이 될 수 없다.

● 디모데전서 2장 12절은 "여자가 가르치는 것과 남자를 주관하는 것을 허락하지 아니하노니 오직 조용할지니라"는 것은 원칙상 여자는 '강도권'과 '치리권'을 행사하는 목사와 장로가 될 수 없다는 것을 말한다.

● 베드로전서 5장 1절은 "너희 중 장로들에게 권하노니 나는 함께 장로 된 자요 그리스도의 고난의 증인이요 나타날 영광에

참여할 자니라"고 말한다. 베드로는 사도이며 장로였다. 베드로는 바울과 달리 "한 아내의 남편"이었다.

● 마태복음 8장 14절은 "예수께서 베드로의 집에 들어가사 <u>그의 장모가</u> 열병으로 앓아 누운 것을 보시고"라고 한다. 베드로의 장모(his wife's mother)가 있다는 것은 그가 결혼했다는 것을 가리킨다. 그래서 베드로는 장로로써 교회를 목양했다. 이에 반하여 사도 바울은 장로로써 목양하지 못했는데, 그는 '독신'이었기 때문이다. 바울은 태어날 때부터 고자도 아니고, 사람이 만든 고자도 아니고, 천국(the kingdom of heaven)을 위하여 스스로 고자가 된 사람이었다(마 19:21).

● 단어적으로도 '감독'과 '장로'는 '남성 명사'이다. 여성 명사는 없다. 사도도 동일하다. 감독이나 장로는 여자가 없고 남자에게만 주어진 직책이기 때문이다. 베드로전서 5장 1절에서 '장로 된 자'의 원문은 presbuteros인데 "남성 명사 주격"이고, 사도행전 20장 17절의 "바울이 밀레도에서 사람을 에베소로 보내어 교회 장로들을 청하니"라는 말씀에서도 "장로"는 "presbuteros"(프레스뷔테로스; 연장자, 장로, 원로)로 "남성 명사"이다. 이 단어는 영어로 장로를 뜻하는 "presbyter"와 장로회를 뜻하는 "Presbyterian Church"로 사용된다. 성경에서 여성 감독이나 여성 장로는 찾을 수 없다. 창조로부터 "여자의 머리"인 남자를 헤드십으로 세웠기 때문이다.

4. 초대 교회의 일곱 집사들

• 모두 '여자의 머리'인 남자

● 예루살렘 교회가 구제로 인한 문제가 발생했을 때, 사도들은 하나님의 말씀을 제쳐 놓고 접대를 일삼는 것이 마땅치 않음을 깨달았다. 그래서 교회의 사무를 돌볼 집사를 세운다. 사도행전 6장 3-6절은 다음과 같이 말씀한다.

형제들아 너희 가운데서 성령과 지혜가 충만하여 칭찬 받는 사람 일곱을 택하라 우리가 이 일을 그들에게 맡기고 우리는 오로지 기도하는 일과 말씀 사역에 힘쓰리라 하니 온 무리가 이 말을 기뻐하여 믿음과 성령이 충만한 사람 스데반과 또 빌립과 브로고로와 니가노르와 디몬과 바메나와 유대교에 입교했던 안디옥 사람 니골라를 택하여 사도들 앞에 세우니 사도들이 기도하고 그들에게 안수하니라(행 5:3-6)

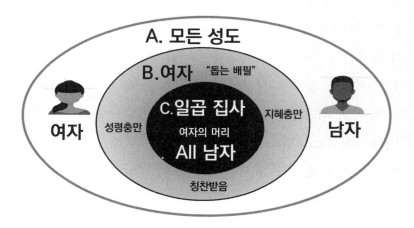

● 일곱 집사는 모두 "여자의 머리"(the head of woman)인 남자(man)였다. 신약에서 감독(목사와 장로)은 모두 '여자의 머리'인 남자인 것과 동일하다.

● 여성 안수 주장자들은 목사와 장로는 '여자의 머리'인 남자를 세웠고, 구제와 같은 사무는 여자 성도들도 할 수 있기 때문에, 한 두 명의 '여자 성도'가 들어갈 수 있을 것이라고 생각할 수 있다.

그러나 사도들은 모두 창조의 원칙을 따라 '남자들'(man)을 세웠다. 또 다른 헌법과도 같은 증거가 있다. 디모데전서 3장 12절은 이렇게 말씀한다.

> 집사들은 <u>한 아내의 남편이 되어</u> 자녀와 자기 집을 잘 다스리는 자일지니(딤전 3:12)

• 뵈뵈는 집사인가? 일꾼인가?

● 여성 안수 주장자들은 '여집사'가 있다는 사례의 근거로 "뵈뵈"를 든다. 로마서 16장 1절은 "내가 겐그레아 <u>교회의 일꾼으로</u> 있는 우리 자매 뵈뵈를 너희에게 추천하노니"라고 말한다. "일꾼"으로 번역된 원문은 "diakonos"(디아코노스)로서 "일꾼, 시중, 하인, 수행자, 집사"라는 뜻을 갖고 있다.

따라서 이 단어가 어떤 의미로 쓰일 것인지는 문맥에 따라 결정된다. 문맥은 뵈뵈가 "겐그레아 교회의 일꾼이었다"라는 것을 가리킨다. 성경의 번역본들은 모두 '집사'가 아니라 '일꾼'으로 번역했다는 것은 참조할만 하다.

- 개역 개정; "교회의 <u>일꾼으로</u> 있는 우리 자매 뵈뵈"
- KJV; "<u>a servant</u> of the church"
- 표준 새번역; "교회의 <u>일꾼이요</u> 우리의 자매인 뵈뵈"
- 킹제임스 흠정역; "교회의 <u>종</u> 우리 자매 뵈뵈"
- 우리말 성경; "교회의 <u>일꾼이요</u> 우리의 자매인 뵈뵈"
- 여성 안수 주장자: "교회의 <u>집사로</u> 있는 우리 자매 뵈뵈"(오역)

● 자매 뵈뵈가 "여집사"였을 것이라 주장하는 것은 문맥에서도 적당하지 않을뿐 아니라, 디모데전서 3장 12절 "집사들은 <u>한 아내의 남편이 되어</u> 자녀와 자기 집을 잘 다스리는 자일지니"라는 대원칙에도 맞지 않다. 이 말씀은 적어도 세 종류의 사람을 배제하는데, '여자'(woman)와 '미혼남'(bachelor)과 '두 아내를 둔 남편'(polygamy)의 경우이다. 성경의 의미가 '불확실해 보일 때' 관련 구절로 "크로스 첵크"하는 것은 기본적인 성경 해석의 과정이다.

5. 감독의 자격에 대한 헌법 조항

• 한 아내의 남편(딤전 3:2,12; 딛 1:6)

● 여성 안수란 여성을 '목사와 장로'(감독)로 세울 수 있다는 견해이다. 만일 성경에서 '목사와 장로'(감독)의 자격에 대하여 "여성을 세울 수 있다"라는 구절(조항)이 있다면, 여성 안수 주장자들의 견해가 성경적이고, 여성 안수를 금지하는 주장을 '남녀 차별'이라고 해도 할 말이 없다.

● 또 다른 경우 감독(목사와 장로)의 자격에 "남자에게만 허용된다"는 조항이 없다면, 하나님께서 남녀를 구별하지 않는 것이기 때문에 여성 안수를 주장할 수 있다(이 조항만을 본 것으로, 이런 조항이 없는 경우 여성 안수와 관련된 모든 성경을 수정이나 삭제를 해야 가능하다는 의미이다. 따라서 불가능하다).

● 교회는 하나님의 통치(kingdom)의 영역으로써, 교회의 헤드십을 가진 감독의 자격에 대하여 성령님께서는 사도 바울을 통하여 상세히 언급한다. 어떤 의미에서 세상 나라에서 가장 큰 권세(대권)를 가지고 있는 대통령의 자격보다 비교할 수 없이 높은 인성과 자질과 믿음의 비밀을 가져야 한다.

● 감독(목사와 장로)의 자격에 대하여 디모데전서 3장 1-7절은 말씀한다. 이것은 감독에 대한 '성문헌법'(a written constitution)과도 같은 조항들이다. 예수 그리스도께서 구속의 역사를 성취하

시므로 오순절 성령님이 임하셨고, 교회가 세워졌다. 교회는 그리스도의 몸으로서 이 땅에서 위임된 사역을 수행한다.

여호와의 일곱 절기 중 "유월절-무교절-초실절-오순절"로 이어지는 네 절기의 완성은 교회(Ecclessia)이다. 교회를 세우시고 목양할 교회의 헤드십(감독)에 대하여 말씀하시지 않는다면 모순이 아닐 수 없다.

성령님께서는 사도 바울을 통해서 교회의 감독들의 자격에 대하여 상세하게 말씀한다. 따라서 여성 안수 문제가 "남녀차별"의 문제인지, "성경의 원칙"의 문제인지를 분별할 수 있다.

> 미쁘다 이 말이여, 곧 사람이 감독의 직분을 얻으려 함은 선한 일을 사모하는 것이라 함이로다 그러므로 감독은 책망할 것이 없으며 한 아내의 남편이 되며 절제하며 신중하며 단정하며 나그네를 대접하며 가르치기를 잘하며 술을 즐기지 아니하며 구타하지 아니하며 오직 관용하며 다투지 아니하며 돈을 사랑하지 아니하며 자기 집을 잘 다스려 자녀들로 모든 공손함으로 복종하게 하는 자라야 할지며 사람이 자기 집을 다스릴 줄 알지 못하면 어찌 하나님의 교회를 돌보리요 새로 입교한 자도 말지니 교만하여져서 마귀를 정죄하는 그 정죄에 빠질까 함이요 또한 외인에게서도 선한 증거를 얻은 자라야 할지니 비방과 마귀의 올무에 빠질까 염려하라(딤전 3:1-7)

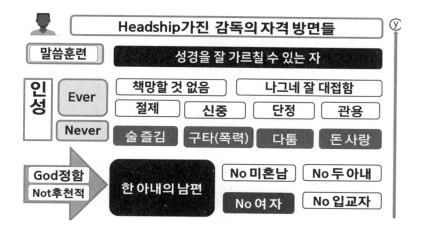

• 하나님이 정하신 감독의 방면

● 교회의 헤드십을 가진 감독의 자격 가운데 사람의 능력과 자질이 아니라 하나님이 정하신 방면은 "한 아내의 남편"(the husband of one wife)이다. 감독의 자격의 기초적인 원칙(principle)의 방면이다. 그래서 "y축"의 가장 밑부분(기초)에 위치한다. "한 아내의 남편"이라는 것은 하나님께서 정하신 것(God's will)이다. 즉 '후천적'인 자질이나 능력과 은사로 될 수 없다. 이 조항은 몇 가지를 금지하는 것이 함의됐다.

- 첫째, 감독은 남자(man)여야 한다. 남편이란 여자가 아니라 '남자'를 가리키기 때문이다.
- 둘째, 여자(woman)는 감독이 될 수 없다. 남편이란 '남자'를 가리키기 때문에 여자는 감독의 대상이 아니라는 의미이다. 여성 안수를 주장하는 김세윤 교수를 비롯한 사람들이 간과하

는 항목이다. 이것을 "남녀차별"이라고 말하는 것은 왜곡이다. 바로 뒤에서 다루겠지만 연관성을 위해 언급한다. 디모데전서 2장 13-14절은 여자가 가르치는 것(강도권)과 남자를 주관하는 것(치리권)을 허락치 않는 이유를 다음과 같이 밝힌다. "이는 아담이 먼저 지음을 받고 하와가 그 후며 아담이 속은 것이 아니고 여자가 속아 죄에 빠졌음이라(딤전 2:13-14)

• 만일 이렇게 명확한 성경 구절을 무시한다면, 성경은 사람이 편집한 것이기 때문에 교회(사람)가 다수결로 정할 수 있다고 주장하는 편이 그나마 정직하다. 아마 동성애를 지지하는 자들은 여자도 남편(남자)이 될 수 있다고 주장할 것이고, 여성 안수 금지는 "남녀차별"이라고 주장할 것이다. 그런 억지 주장에 대하여 성경을 언급할 필요도 없이 속담으로 대신한다. "호박에 줄을 긋는다고 수박이 되지 않는다."

• 셋째, 남자일지라도 '미혼남'(bachelor)은 감독(헤드십)이 될 수 없다. "한 아내의 남편"은 결혼한 남자를 가리키기 때문이다.

• 넷째, 결혼한 남자(남편)일지라도 "두 아내가 있는 남자"(polygamy)는 감독이 될 수 없다. 성경은 "한 아내의 남편"이라고 말씀하기 때문이다.

• 다섯째, '한 아내의 남편'이고 술을 즐기지도 않고 절제하고 신중하고 관용하고 나그네를 잘 대접한다고 할지라도 "입교자"(novice)는 감독이 될 수 없다.

● '한 아내의 남편'을 감독(헤드십)으로 세워야 한다는 것은 창조의 원칙과 일치한다. 하나님께서 아담(남자)을 만드신 후, 그의

갈비뼈를 취하여 '한 여자'를 만드시고, 돕는 배필로서 한 몸(하나)을 이루게 하셨다. 물론 이 조항 위에 다른 조항들에 합당한 사람이어야 한다. 첫 번째 요건은 기본 요건이기 때문이다. 여기 위에 몇 가지 방면들의 자격을 갖춰야하는데, 감독은 '없어야 할 것'이 없어야 한다.

• '없어야'할 인성의 소극적인 방면

- 첫째, 술을 즐기는 자는 감독될 자격이 없다. 성경은 "술 취하지 말라 이는 방탕한 것이니 오직 성령의 충만을 받으라"고 말씀한다. 이것은 성령 충만한 자는 결코 술을 즐기지 않는다는 것을 의미한다. 술을 즐기지 않는 자가 모두 성령 충만하지 않지만(부분 부정), 술을 즐기는 자는 성령 충만하지 않다(전체 부정).

- 둘째, 감독은 구타하지 말아야 한다. 구타는 폭력을 사용하는 것을 가리킨다. 무슨 일이 일어날 때 폭력을 사용하는 자는 감독이 될 수 없다.

- 셋째, 감독은 다투지 말아야 한다. 의견이 서로 다르다고 다툰다면 교회에는 분쟁이 끊이지 않을 것이다. 다투는 자는 감독으로서 자격 미달이다.

- 넷째, 감독은 '돈을 사랑하지 말아야'(not covetous) 한다. 감독으로 섬긴다는 것은 자신의 시간과 물질과 재능을 교회를 위해 사용한다는 것을 가리킨다. 만일 그가 돈을 사랑하는 자라면, 그는 교회를 섬기는 것이 아니라 자신의 이익의 도구로 사용하기 쉽기 때문이다.

- 오늘날 재정 문제는 교회의 가장 중요한 문제 가운데 하나이

다. 물질이란 사람을 가늠할 수 있는 시금석이다. 돈에 불의하면 불의한 자이고, 돈에 대하여 의로우면 '거의'(almost) 의로운 사람이라 볼 수 있다. 재물과 하나님을 겸하여 섬길 수 없는 것은 감독의 헤드십과 관계된다.

● 만일 여성도 가운데 술이나 구타나 다툼은 상관도 없고, 돈을 사랑하지 않고 헌신적으로 섬긴다면 감독(목사나 장로)으로 세울 수 있는가? 이것은 전체 조항 가운데 일부분에 불과하다. 기본적으로 하나님이 정하신 "한 아내의 남편"(the husband of one wife)에 부합하지 않기 때문에 여성 안수는 불가하다. 교회에는 '헤드십'과 함께 뛰어난 '돕는 배필'(helpmeet)이 있어야 한다. 이들로 교회 안에 그리스도의 헤드십과 하나님의 헤드십이 나타날 수 있다. 이것을 제켜 놓고 여성도들이 '목사 안수'나 '장로 안수'를 추구한다면, 교회는 몸이 없고 머리들만 있는 기형이 되고 만다. 하나님의 정하심을 따르고 존중하면서 섬기는 것이 진정한 섬김이요 교회가 갈 길이다.

• '있어야'할 인성의 적극적인 방면

● 감독은 책망할 것이 없고, 나그네를 잘 대접하고, 절제하고, 신중하고 단정하며 관용하는 자여야 한다. 여기의 각 방면에 대한 것은 논점의 중심이 아니기 때문에 생략한다.

● 여성 안수 주장자들의 논리는 "감독의 자격의 적극적인 방면을 가진 여성도들을 '목사'로 세우면 교회가 얼마나 유익하겠

는가?"라는 것이다. 이것은 적극적인 방면이지만 전체 가운데 일부분이다. 기본적으로 하나님의 정하심은 "한 아내의 남편"(the husband of one wife)이기 때문에 여성 안수는 불가하다.

● 이것은 '후천적'인 것이 아니라 '하나님의 주권'에 속한다. 소극적으로 말하자면 하나님께서 여자를 헤드십(목사와 장로)으로 세우는 것을 허락하지 않은 이유는 여자 자신(onnself)에게 있다. 왜냐하면, 여자(하와)가 뱀에게 속아 하나님의 준엄한 말씀과 여자의 머리인 아담의 헤드십을 무시하고 자신이 선악과를 따서 먹었기 때문이다. 그래서 죄가 사람과 세상에 들어오게 됐다. 이것을 사소한 일로 간주하는 것은 성경을 경시하는 행위이다.

● 교회에는 '헤드십'과 함께 반드시 '돕는 배필'들이 있어야 한다. 이것을 제켜 놓고 여성도들이 '목사 안수'나 '장로 안수'를 추구한다면 교회는 몸이 없고 머리들만 있는 기형이 되고 말 것이다.

세상 사람은 동성애라는 죄악을 저지를 수 있고, 신자들은 헤드십의 원칙을 훼손할 수 있다. 양자는 거의 동급이다. 왜냐하면 남녀 창조에는 두 가지 원칙이 있기 때문이다. 하나님의 정하심을 따르고 존중하면서 섬기는 것이 진정한 섬김이요 교회가 갈 길이다.

• 하나님의 관계와 교회를 세우는 가장 적극적인 방면

● 감독의 자격의 마지막은 "가르치기를 잘하는 자"이다. 가르

치기를 잘한다는 것을 세상적인 철학과 문화와 학문으로 해석하는 사람은 없을 것이다. 두 말 할 것 없이 "하나님의 말씀인 성경을 잘 가르칠 수 있는 자"여야 한다. 그러기 위해서 '성경을 잘 배우고 훈련받은 것'이 전제된다. 성경에는 하나님의 뜻이 들어 있다. 하나님의 뜻을 알지 못하고 어떻게 하나님의 교회를 섬길 수 있겠는가?

● 여성 안수 주장자들은 "여자도 신학을 하고 남자보다 더 뛰어난 재능이 있기 때문에 남자와 같이 '목사'로 세우면 교회가 얼마나 유익하겠는가?"라는 논리로 내세운다. 하나님의 창조의 계획과 그리스도와 교회의 관계를 모른다면 백 번 생각해도 옳다고 생각할 것이다. 교회는 하나님의 왕국으로서 '하나님의 주권'(the sovereignty of God) 안에서 섬겨야 한다. 내가 좋은 생각을 가졌다고 해서 반드시 하나님께 영광 돌리는 것이 아니다.

● 변화산에서 베드로는 주님께 헌신적이고 좋은 제안을 했다. "여기 있는 것이 좋사오니 내가 초막 셋을 짓되 하나는 주님을 위해서, 하나는 모세를 위해서, 다른 하나는 엘리야를 위해 짓겠습니다." 만일 베드로의 '선한 제안'대로 그곳에 초막(콘도)을 짓고 머무르셨다면 하나님의 구속의 성취는 어떻게 되었겠는가? 하나님께서는 하나님의 경륜에 눈이 먼 베드로를 치유하시기 위해 두 가지 일을 하셨다. 첫째, 구름이 홀연히 나타나 베드로의 마음을 빼앗은 모세와 엘리야 심지어 베드로 자신과 두 제자를 가리워 버렸다. 그리고 "오직 예수"만이 보이게 하셨다. 둘째, 하늘의 음성으로 "이는 내 사랑하는 아들이요 기뻐하는 자니, 너는 그의

말을 들으라"고 하셨다. 베드로는 자신의 선한 생각을 말하지 말고, 하나님의 경륜의 중심인 예수 그리스도의 말씀을 들어야 했다.

● 오늘날 여성 안수 주장자들의 논리에는 참으로 '선하고 좋은 생각들'로 가득찼다. 교회를 위해서 여자들도 남자와 같이 목사와 장로로 섬기면 하나님 나라에 얼마나 유익하겠느냐는 것이다. 왜 여자들의 사기를 꺾고 굴욕적인 복종을 강요하느냐는 것은 여성들을 기쁘게 할지는 몰라도, 하나님의 뜻을 모르는 베드로의 주장과 같다.

베드로의 '선한 생각'은 주님의 길에 장애물이 되었던 것과 같이, 오늘날 우리들의 '선한 생각'도 그리스도의 헤드십을 대적한다. 마치 나답과 아비후가 분향을 하는데 '다른 불'을 드린 것과 같다. 제사장이 분향하여 섬기는 것은 뛰어난 봉사이다.

그러나 하나님이 명하지 않는 '다른 불'을 드린다면, '하나님의 주권'(the sovereignty of God)과 머리 되심(headship)을 대적하는 행위이다. 그들은 '다른 불'을 드리다가 여호와 앞에서 죽임을 당했다. 아마 "여호와의 명하신 불"이나 "그렇지 않은 불(다른 불)"이나 "불을 붙여 분향하는 것"은 피차일반이니 아무 문제가 없다고 생각했을 것이다. 이런 인간적인 생각은 예나 지금이나 타락한 본성 안에 남아 있다.

● 성경이 여자의 헤드십(안수)을 허락하지 않는다고 여러 곳에서 말씀할지라도 여성 안수를 주장하는 것은 마치 나답과 아비

후가 '다른 불'을 드리는 것과 같다. 하나님은 하나님께서 정하신 '한 길' 외에 '다른 길', '다른 방법'을 허락치 않으신다. 아담으로부터 약 4,000년 되는 구약 시대를 통틀어 '남자는 여자의 머리'라는 하나님의 창조의 원칙을 거스리고 여자가 '왕과 제사장'이 된 사례는 한 번도 없었다(아달랴 여왕의 경우는 이방 선지자 이세벨의 딸로서 불법적인 경우라 제외한다면). 그런데 오늘날은 어떠한가!

• 디도서에 나타난 장로의 자격

● 사도 바울은 장로의 자격에 대하여 "책망할 것이 없는 한 아내의 남편"이라고 말씀한다. 디모데전서 3장의 말씀과 동일하다. 우리들의 어리석음 때문에 성경은 또 다시 말씀한다.

> 내가 너를 그레데에 남겨 둔 이유는 남은 일을 정리하고 내가 명한 대로 <u>각 성에 장로들을 세우게 하려</u> 함이니 책망할 것이 없고 <u>한 아내의 남편이며</u> 방탕하다는 비난을 받거나 불순종하는 일이 없는 믿는 자녀를 둔 자라야 할지라(딛 1:5-6)

6. 집사의 자격과 헤드십

집사의 자격은 디모데전서 3장 8-13절에서 언급된다.

이와 같이 집사들도 정중하고 일구이언을 하지 아니하고 술에 인박히지 아니하고 더러운 이를 탐하지 아니하고 깨끗한 양심에 믿음의 비밀을 가진 자라야 할지니 이에 이 사람들을 먼저 시험하여 보고 그 후에 책망할 것이 없으면 집사의 직분을 맡게 할 것이요 여자들도 이와 같이 정숙하고 모함하지 아니하며 절제하며 모든 일에 충성된 자라야 할지니라 집사들은 한 아내의 남편이 되어 자녀와 자기 집을 잘 다스리는 자일지니 집사의 직분을 잘한 자들은 아름다운 지위와 그리스도 예수 안에 있는 믿음에 큰 담력을 얻느니라(딤전 3:8-13)

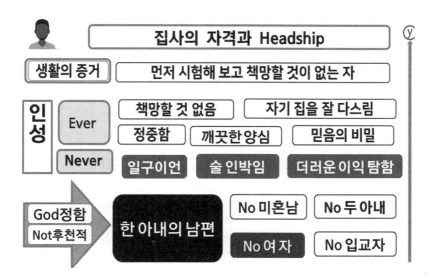

● "이와 같이 집사들도"(Likewise must the deacons)라는 것은 앞에서 언급한 감독의 자격과 동일한 원칙이 적용된다는 것을 가리킨다.

● 교회의 헤드십을 가진 감독의 자격 가운데 사람의 능력과 자질이 아니라 하나님이 정하신 방면은 "한 아내의 남편"이다. 감독의 자격의 기본 원칙(principle)이다. 그래서 "y축"의 가장 밑부분(God's will)에 위치한다. 기본적인 헤드십과 관련한 것이기에 이 방면만을 다룬다.

• 선천적인 방면

● '한 아내의 남편'(the husband of one wife)이라는 것은 하나님께서 정하신 것이다. 즉 '후천적'인 자질이나 능력과 은사로 될 수 없는 방면이다. 이 조항은 몇 가지를 금지하는 것이 함의됐다.

• 첫째, 집사(안수 집사)는 "여자의 머리"인 남자(man)여야 한다. 남편이란 '남자'를 가리키기 때문이다.
• 둘째, 여자는 집사(안수 집사)가 될 수 없다. 남편이란 '남자'를 가리키기 때문에 여자는 집사의 대상이 아니라는 의미이다. 여성 안수를 주장하는 김세윤 박사를 비롯한 사람들이 간과하는 항목이다. 이것을 "남녀차별"이라고 말하는 것은 심각한 왜곡이다. 바로 뒤에서 다루겠지만 연관성을 위해 언급한다.
• 디모데전서 2:13-14은 여자가 가르치는 것(강도권)과 남자를 주관하는 것(치리권)을 허락지 않는 이유를 다음과 같이 밝힌

다. "이는 아담이 먼저 지음을 받고 하와가 그 후며 아담이 속은 것이 아니고 여자가 속아 죄에 빠졌음이라(딤전 2:13-14)

• 여성도 집사가 될 수 있다고 주장하는 "여자들도 이와같이" 에 대한 비평과 그 의미

● "여자들도 이와 같이 정숙하고 모함하지 아니하며 절제하며 모든 일에 충성된 자라야 할지니라"라는 구절은 여성도 집사(안수집사)가 될 수 있다고 주장하는 구절로 등장한다.

● 문맥에서 "집사는 한 아내의 남편이 되어" 라는 구절은 "여자들도"라는 구절이 "여자도 집사로 세울 수 있다"라는 것이 아니라는 것을 가리킨다. 반드시 "한 아내의 남편"이어야 된다는 것이 성경의 원칙이다. 이것은 성경신학적인 방면이다. 여성 안수 주장자들이 이 구절로 여성을 '안수집사'로 세울 수 있다고 주장한다면, 모든 성경을 수정해야 가능하다.

● "여자들도 이와 같이"(In like manner also, that women)라는 구절의 헬라어 원문은 다음과 같다.

• hosautos(호사우토스)는 "마찬가지로, 이와같이"라는 의미이다.

• guinaikas(귀나이카스); 이 단어는 "아내, 결혼한 여자, 부인, 여자"의 의미를 가진 guinai(귀나이)의 목적격 복수형이다.

• 따라서 guinai(귀나이)를 "여자(일반적인)"로 번역할 것인지, "아내(결혼한)"로 번역할 것인지는 문맥에 따라 결정된다. 개역

개정이 여자로 번역된 것은 잘못된 번역이라고 말할 수 없지만, 문맥까지는 고려하지 못했기 때문에 오해를 유발할 수 있다. 디모데전서 3장 12절이 "한 아내의 남편"된 집사를 언급하기 때문에 "그들의 아내"라고 번역하는 것이 문맥에 맞는다.
• KJV이 "Even so must their wives"라고 번역한 것은 문맥과 일치한다. 성경은 QT 정도 하면 여러 가지 오류들을 피할 수 없다. 성경을 연구해야 '하나님의 가르침'(didache, doctrine)이 무엇인지를 알 수 있다. 그러므로 성경을 QST해야 한다.

● "여자들도 이와 같이"는 누구의 여자인지도 생략되어서 오해를 불러일으키기 쉽다. 적어도 "<u>그들의 여자들도</u> 이와 같이"라고 번역되었다면, '그들의'가 누군지 주목하게 될 것이고, "한 아내를 둔 남편의 여자" 즉 아내들이라는 것을 알게 될 것이다. 이 구절은 "그들의 아내들도 이와 같이"가 정확한 번역이다.

● 집사(안수 집사)는 "한 아내의 남편"이라야 자격이 있다고 하는데, 왜 "그들의 아내들도"라는 것이 필요한지 의문을 갖을 수 있다. 이것이 우리가 미쳐 알지 못했던 성경의 숨겨진 비밀이다. 집사로 세우는 것은 '한 아내의 남편'으로서 여러 가지 열거한 것들, 즉 소극적인 것이 없고, 적극적인 신앙의 덕목들이 있을뿐만 아니라, "그들의 아내들"도 그와 같은 믿음의 덕목들이 있어야 한다는 것을 의미한다.

• 집사인 남편의 아내를 언급한 이유

● 한 가지 의문이 있을 수밖에 없다. "집사(남자)에 대한 자격인가? 집사가 되고자 하는 아내의 자격인가? 도대체 집사로 누구를 세워야 한다는 것인가?" 집사는 교회를 섬기는(구제와 재정) 사람으로 그 책무를 맡은 남편뿐만 아니라 그의 아내도 동일한 자격을 갖춰야 되기 때문이다. 성경이 세상에는 있지도 않은 특별한 자격과 원칙을 말하는 근거는 무엇인가?

● 창조부터 사람을 만드실 때, 아담(남자)을 '먼저'(first) 만들고, 아담을 잠들게 한 후에 그의 갈비뼈로 '돕는 배필'(helpmeet)인 '여자를 만드셨다(이 부분은 창 2장을 참조하라). 이런 특별한 방법을 통해서 남자와 여자를 만드신 이유는 남자는 "여자의 머리'로 헤드십을 주셨고, 여자는 '돕는 배필'(helpmeet)로 만드셨기 때문이다. 집사로 세워지는 남편이 직분을 맡는 것은 '머리'(head)로서 맡는 것이다. 그러나 그 직분을 감당하기 위해서는 '돕는 배필'(helpmeet)인 '그의 아내'가 필요하다.

이것은 사람의 관점에서 '두 사람'의 자격을 보는 것 같지만, 하나님의 관점에서는 '한 사람'이다. 왜냐하면 남편은 "여자의 머리"이며 그의 아내는 "남편의 돕는 배필인 몸"이기 때문이다.

비록 외적으로 남편에게 집사의 직분이 주어지지만, 그의 아내도 동일한 자격을 갖춰야 하는 것은 '남편의 아내의 동역'으로 직분자의 사명을 감당할 수 있기 때문이다.

● 이런 원칙은 구약 시대 족장과 왕과 제사장과 선지자에게도 동일하게 적용된다. 족장과 왕과 제사장의 직분이 영광스러울지라도 '돕는 배필'(helpmeet)인 아내의 동역이 없다면 불가능하다.

이것이 "몸과 머리"의 원리를 통한 하나님의 역사하시는 방법이다. 하나님의 헤드십의 원칙은 신약시대에도 동일하다. 모든 사도들은 "여자의 머리"인 남자들이었다. 그들은 '머리'로서 배후에 그들을 '돕는 배필'(helpmeet)인 아내의 동역이 있었다.

● 오늘날 감독인 목사와 장로도 동일한 원칙이 적용된다. 머리인 남편이 목사로서 장로로서 교회를 섬기기 위해서 '돕는 배필'(helpmeet)인 아내의 동역이 있어야 한다. 돕는 자가 없이 주님이 주신 사역을 감당할 수 있는 사역자는 아무도 없다. 머리가 영광을 받으면 몸도 영광을 받고, 머리가 수치를 당하면 몸이 수치를 당하는 것과 같다.

"여자의 머리"인 남자들에게 목사와 장로와 집사의 직분을 허락하고, 여자들에게 허락지 않은 것은 놀라운 비밀이 담겨 있다. 만일 모든 여자들이 하나님에 대한 열심이 있어서 '돕는 배필'의 위치를 떠나 모두 목사가 되고 장로가 되고 집사가 된다고 하면, 하나님의 교회를 섬기는 사역은 혼란하게 되어 붕괴되고 말 것이다. 헤드십을 여자의 머리인 남자에게 주신 것도 감당할 수 없는 큰 은혜이지만, 돕는 배필의 지위와 위치를 지키고, 헤드십인 남자(남편 혹은 목사)의 동역자로 섬기는 것이 하나님의 정하신 창조의 경륜이다.

7. 여자의 가르치는 것을 허락지 않음

감독(목사와 장로)의 자격에서 "한 아내의 남편"이라는 것은 하나님의 정하신 것으로 가장 기초적인 방면이다. 디모데전저 2장은 여자가 "가르치는 것을 허락하지 않는다"고 말씀한다. 양자를 비교하면 그 의미를 알 수 있다. 하나님께서 '한 아내의 남편' 된 자들 중에서 감독의 자격이 있는 자를 세울 것을 말씀하셨기 때문이다. 모든 성경은 성령의 감동으로 기록된 것으로 그 메시지가 일치한다. 본문 말씀을 보자.

> 여자는 일체 순종함으로 조용히 배우라 <u>여자가 가르치는 것과 남자를 주관하는 것을 허락하지 아니하노니</u> 오직 조용할지니라(딤전 2:11-12)

1) 여자는 일체 순종함으로 조용히 배우라

"여자는 일체 순종함으로 조용히 배우라"는 구절만을 주목하면 참된 의미를 보지 못할 수도 있다. 일반적인 순종과 배움을 강조하는 것처럼 이해할 수 있기 때문이다. 아래 도표는 단순하지만 이 관계를 잘 보여준다.

또한 이 구절은 고린도전서 14장의 "여자는 교회에서 잠잠하라"는 말씀과 원칙상 완전히 일치한다. 성경의 메시지를 찾고 해석할 때 동일한 주제를 다루는 병행 구절을 참조하면 그 의미가 더 확실히 드러난다. 한 구절에만 얽매인다면 청동거울로 보는 것같이 희미해서 자칫 오류를 범할 수 있다. 그러나 두 세 구절을 넘어 모든 구절들을 합당한 방법으로 참조하면, 오늘날의 거울로 보는 것처럼 확연해진다. 여성 안수 주장자들의 견해를 보면 이런 방면이 소홀하다. 자신이 보고 싶은 것만 보고 말하고 싶은 것만 주장한다. 물론 이런 원칙은 모든 경우에 적용된다.

2) "조용히 배우라"는 첫째 의미

• 여자의 가르치는 것을 불허함

● "여자는 일체 조용히 배우라"는 것을 일반적인 의미로 생각하고 큰 의미를 두지 않을 수 있다. 왜냐하면, 여자나 남자나 배우는 것은 적극적인 의미이기 때문이다. 본문의 메시지는 이어지는 구절에서 명확히 드러난다. 바울을 통해서 말씀하신 성령님께서는 "여자는 조용히 배우라"는 것의 이면은 "여자의 가르치는 것을 허락지 않는다"는 것과 일치한다. 성령님과 바울의 관심은 세상에서 즉 학교나 학원이나 각종 교습소에서 가르치는 사람이 누구인가에 관심이 있지 않다.

● 세상은 하나님의 통치를 거부하고 살아가는 '이방인'으로서 '그리스도 밖의 사람들'이다. 그러나 교회는 예수 그리스도를 하나님의 아들과 메시아로 믿어 죄 사함을 받고 구원받은 사람들의 모임이며, 하나님의 통치의 영역이다.

● "교회에서 누가 가르치는가?"는 하나님의 통치(kingdom)의 한 중요한 영역이다. "여자는 일체 조용히 배우라"는 말씀의 동전

의 뒷면은 "여자가 가르치는 것을 허락지 않는다"는 것을 의미한다. 만일 여자가 조용히 배운다고 하면서 다른 한편으로 교회에서 여자가 가르친다면(헤드십의 지위를 갖고) 이것은 하나님의 명령을 거역하는 행위이고, 하나님의 통치를 훼손한다. 우리들의 생각에 여자도 잘 가르치는 사람이 있을텐데, 왜 시시콜콜하게 그런 것까지 언급하느냐는 불평을 늘어놓을 수 있다. 빙산의 '보이는 부분'(visible)만 보고 '보이지 않는 부분'(Invisible)을 보지 못하기 때문에 일어나는 현상이다.

● 고린도전서 11장에서 "여자의 머리는 남자요, 남자의 머리는 그리스도요 그리스도의 머리는 하나님이시다"라는 말씀은 그리스도의 머리 되심과 하나님의 머리 되심(the headship of God)을 가리킨다. 교회란 교회의 머리가 본질이고, 또한 그것이 나타나야 한다. 교회에서 그리스도의 머리 되심이 나타나지 않는다면 하나님의 머리 되심은 불가하다. 만일 그렇게 된다면, 그 교회는 어떤 교회라 할 수 있는가? 하나님의 머리 되심(the headship of God)과 하나님의 왕국(the kingdom of God) 그리고 하나님의 주권(the sovereignty of God)은 빛의 삼원색처럼 서로 상관관계가 있다.

3) "조용히 배우라"는 둘째 의미-

• 여자가 남자를 주관(치리)하는 것을 불허함

● "여자는 일체 조용히 배우라"의 중요한 다른 의미는 "남자를 주관하는 것을 허락하지 않는다"는 것이다. 이 메시지는 난해하지 않아서 누구든지 이해할 수 있다.

●하나님께서는 하나님의 왕국(kingdom, 통치의 영역)인 교회 안에서 여자가 남자를 주관하는 것을 허락지 않는다. 오직 남자가 주관하기를 원하신다. 왜 다소 평등해 보이지 않는 원칙을 세우셨는지 의문을 가질 수 있다.

●이런 딜레마의 문제는 하나님께 있지 않고, 우리에게 있다. 그런 이유는 무엇인가? 하나님께서는 하나님의 감동으로 기록된 66권 성경을 통해서 하나님의 백성들에게 모든 원칙과 규례들을 말씀하셨기 때문이다. 그것을 오해하고 잘못 해석하는 우리들에게 문제가 있지 않다.

● 고린도전서 11장에서 "여자의 머리는 남자요, 남자의 머리는 그리스도요 그리스도의 머리는 하나님이시다"라는 말씀은 그리스도의 머리 되심과 하나님의 머리 되심(the headship of God)을 가리킨다. 따라서 여자가 교회에서 가르치고 남자를 주관하는 것은 하나님께서 남자를 여자의 머리로 세우신 원칙을 훼손하는 것이기 때문이다.

● 남자가 '여자의 머리'(the head of woman) 되는 것은 놀랍게도 그리스도와 관계있다. 왜냐하면 '남자의 머리는 그리스도'라고 말씀하기 때문이다. 교회는 무엇이든지 그리스도의 머리 됨이 나타나야 한다. 만일 하나님의 왕국(the kingdom of God과 나라-nation은 체제가 다르기 때문에 바뀌어 쓸 수 없다)의 영역인 교회에

서 여자가 권위를 갖고 목사로서 가르치고, 남자를 주관한다면, 이것은 그리스도의 머리 되심을 훼손한 것이 된다. 그리스도의 머리는 하나님이시다. 따라서 교회 안에서 여자가 목사의 권위를 갖고 남자를 가르치고 주관하는 것은 그리스도의 머리 되심을 훼손할 뿐 아니라 하나님의 머리 되심을 훼손하는 행위이다.

● 아담 이후로부터 족장 시대(열조 시대)에 '여자 족장'은 없었다. 율법이 주어진 모세로부터 사사 시대를 거쳐 왕정 시대에 여자를 왕(king)으로 세운다든지, 제사장(priest)으로 세운 적은 한 번도 없었다. 한 번도 없다는 것은 하나님의 통치 가운데 명확한 원칙이 있기 때문이다.

● 참조: 이런 원칙에 예외의 사례가 있다. 열두 사사 중 유일한 여자 사사 드보라가 있고, 유다 왕국 가운데 아하시야의 모친이며 이방의 선지자인 이세벨의 딸인 아달랴가 여왕 노릇을 한 것이 유일한 예외이다. 따라서 이것에 대하여는 뒤에 논증할 것이다.

● 신약 시대에도 열두 제자들 모두 남자였고 여자는 한 명도 없었다. 사도들도 동일하다. 이런 것은 하나님의 통치의 영역인 교회 안에서 오직 남자를 가르치는 자와 주관하는 자로 세우시고, 하나님의 백성들은 하나님의 뜻을 따라 물이 위에서 아래로 흐르듯이 자연스럽게 행했음을 보여준다. 이런 방면에서 오늘날의 교회는 하나님의 통치에 대하여 무감각하다고 할 수 있다. 이런 현상으로 인해 흔히 교회에 하나님의 왕국(the kingdom of God)이 부재하다는 것도 무관하지 않다. 2,000여년 이라는 세

월이 흐르는 동안 초대교회가 가졌던 신앙을 잃어버리고 변색되었다고 할 수 있다. 오늘날 이구동성으로 "초대 교회로 돌아가자"는 말이 회자되는데, 진실로 그러하다.

4) 강도권과 치리권을 불허하는 근원적인 이유

이는 아담이 먼저 지음을 받고 하와가 그 후며 아담이 속은 것이 아니고 여자가 속아 죄에 빠졌음이라(딤전 2:13-14)

● 디모데전서 2장 11-12절은 교회 안에서 여자가 가르치는 것과 주관하는 것을 허락하지 않는다는 간단명료한 명령이다. 이것은 '해도 되고' '안해도 되는' 그런 종류의 것이 아니다. 반드시 해야 하는 법령(Law)과 같다. 법은 선언이며 명령이다. 그런 이후 디모데전서 2장 13-14절은 여자가 가르치는 것과 주관하는 것을 허락하지 않는 근원적인 이유를 제시한다. 여자 안수 문제는

창세기의 사람의 창조로 거슬러 올라간다.

첫째, 이는 아담이 먼저 지음을 받고 하와가 그 후에 창조되었고 둘째, 아담이 (뱀에게) 속은 것이 아니고 여자가 (뱀에게) 속아 죄에 빠졌기 때문이다.

• 창조의 순서: 아담을 '먼저'(first) vs 여자를 '나중에'(later)

● '이는'이란 구절은 여자가 (교회에서) 가르치는 것을 금한 앞 구절(11-12절)과 그 이유를 제시하는 뒤의 두 구절(13-14절)을 잇는 중요한 연결고리이다. '이는'이란 '원인을 의미'하는 단어로, 이 단어는 헬라어 "gar"(가르)로서 "...때문에, 까닭에, 왜냐하면"을 의미하는 접속사이다. 영역에서는 'for'로 번역됐다.

● 오늘날 교회에서 여자가 가르치는 것과 남자를 주관하는 것을 금한 것은 당시 헬라나 로마의 문화적인 영향을 받은 것이 아니라, 창세의 때로 거슬러 올라간다. 그 원인은 첫째, 아담(사람이란 의미)을 '먼저'(first) 창조하고, 여자를 '나중에'(later) 만드셨기 때문이다. 사람의 창조는 하나님께서 하신 일이기 때문에, 하나님의 주권(the sovereignty of God)에 속한다. 거기에는 하나님의 영원하고 선하신 뜻이 있다. 하나님께서 하신 모든 것들은 선(good)하기 때문이다. 또한 모든 것이 선하고 좋은 이유는 그것을 행하신 분이 선 (good)하시기 때문이다.

● 만일 하나님께서 교회에서 여자나 남자나 아무나 재능있고 능력 있는 사람이 가르치기를 원하셨다면 반드시 어떻게 하셔야 하겠는가? 남자와 여자를 '동시에'(at the same time) 만드셨

을 것이다. 그런데 하나님은 그렇게 하지 않으셨다. 아담을 '먼저'(first)만드시고 그런 후에(later) 여자를 만드셨다. 하나님이 하신 일에는 하나님의 뜻(God's will)이 숨겨져 있다.

• 뱀에게 속아 죄에 빠진 자 : not 남자 but 여자

● 성경적인 세계관(Biblical Worldview)의 첫째 항목은 하나님의 창조이다. 하나님의 창조를 알지 못하고 성경적인 세계관을 갖기는 불가능하다. 성경적인 세계관의 두 번째 항목은 '사람의 타락'이다. 창세기 3장은 사람의 타락에 대하여 자세히 말씀한다. 사람은 창조되었을 뿐만 아니라, 타락했다. 죄가 뱀 즉 옛 뱀이며 마귀며 사탄을 통하여 들어왔다는 것은 초신자가 아니라면 아는 사실이다.

● 여자가 하나님의 통치의 영역인 교회에서 회중들을 권위를 갖고 가르치거나 주관할 수 없는 원인은 여자(하와)가 먹으면 정녕 죽으리라는 준엄한 하나님의 경고를 불신하,고 뱀에게 속아 죄에 빠졌기 때문이다. 사람에게 원죄(original sin)가 들어오게 된 것은 아담의 죄 때문이 아니라, 여자(하와)의 죄 때문임을 명확히 제시한다.

● 만일 뱀이 아담을 미혹했고, 아담이 하나님의 경고를 불신하고 선악을 알게 하는 열매를 먹어서 먼저 죄에 빠졌다면, 혹시라도 여자(woman)가 교회에서 가르칠 수 있는 여지가 있을지도 능하다. 왜냐하면, 첫 번째로 금지한 원칙이 있기 때문이다.

아담을 먼저(first) 창조하시고 그후에(later) 여자를 만드신 것은 하나님께서 하신 것으로써 여자가 죄를 지은 것보다 선행이며 그 의미가 더 크기 때문이다. 이것을 바꾸는 것은 천지를 바꾸는 것보다 더 어렵다.

5) "그의 해산함으로 구원을 얻는다"는 의미

<u>그러나 여자들이 만일 정숙함으로써 믿음과 사랑과 거룩함에 거하면 그의 해산함으로 구원을 얻으리라</u>(딤전 2:15)

• 이광우 목사의 견해

● "여자들이...해산함으로 구원을 얻으리라"는 구절에 대한 이광우 목사의 견해는 다음과 같다.

영지주의 문헌인 <Gospel of Mary>에 의하면(이규호, 741-746) <u>여자들이 영지주의 집단 안에서 지도적 역할을</u>

감당했지만, 그 대신 값비싼 대가를 치러야 했는데, 그것은 '여성성'(feminity, womanhood)을 포기하고, 영적 성장과 지식(그노시스)를 증가시키기 위해 '성생활'과 '출산'을 포기해야만 하는 것이었다. 즉 여자들이 '지식'을 통해 구원받으려면 아이 낳는 행위를 포기해야 했다. 결국 거짓 교사들의 이 거짓 가르침을 받아들인 에베소교회의 여자들은 혼인을 하지 않으려 했고, 바울은 이러한 잘못된 가르침을 교정하기 위해 여자들이 아이 낳는 것을 포기하지 말아야 한다는 의미로, "정절로써 믿음과 사랑과 거룩함에 거하면 아이를 낳음을 통해서 구원을 얻으리라"(딤전 2:15)고 말한 것이다(이은순, 58-62).

여성 안수 반대론자들은 디모데전서 2장 12절의 "권위를 행사하다"라는 왜곡된 번역을 문자적으로 받아들여 그것을 근거로 여성 안수 반대론을 펼치고 있는데, 그렇다면 같은 문자주의 해석 원리로 디모데전서 2장 15절 "해산함으로 구원을 얻으리라"라는 말을 그들은 또 어떻게 해석할지 몹시 궁금하다. 그렇게 문자적으로 성경을 해석한다면 '미혼 여성'이나, 기혼자라도 '불임인 여성들'은 구원의 길이 영영 막혀 버리는 것 아니겠는가. 그런 식으로 성경을 제멋대로 해석하는 것이 정말 개혁주의신학에 부합한다고 생각하는가(이광우, 개혁주의 신앙과 여성 안수, 뉴스앤조이).

• 필자의 비평과 견해

● 이광우 목사가 근거로 삼은 참고 문헌은 이은순 씨의 "고전 14:33b-36의 주석적 연구", 총신대학교 대학원 Th. M 논문(지도교수 정훈택), 1995"이라는 논문이고, 이은순 씨가 인용한 구절은

이규호 씨가 "Gospel of Mary"(마리아 복음서)에서 인용한 것으로 이광우 목사가 언급한 대로 영지주의 문헌이다. 영지주의 문헌이란 정경이 아닌 '외경(外經)'에도 들지 못하는 '위경(僞經)'인데도 불구하고 근거로 들었다.

● 마리아 복음서의 한 사례를 보자. 마리아와 다른 제자들과의 갈등이 나타난다. 베드로가 마리아에게 "예수님에게 들은 말씀이 없냐"고 하자, 마리아가 숨겨진 얘기를 꺼냈다. 이 때 사도 안드레아가 자신들이 알고 있던 가르침과 다르다고 마리아를 의심하자, 베드로는 여자의 말이라고 일축해 버렸다. 마리아는 울면서 믿어달라고 하고, 제자들 가운데 레위가 마리아를 지지하면서 베드로의 태도를 나무라면서, "예수님이 말씀하신 것 이외에 더 이상 어떠한 율법이나 계명으로 꾸미지 말고 복음을 전하자"고 마무리한다. 외경이나 위경은 제3자가 '마리아'와 같은 유명한 사람의 이름을 도용하여 자신이 생각과 의도대로 쓴 소설에 불과하다.

● 그 당시 영지주의 안에서 여자들이 지도적 역할을 하기 위해서 성생활과 출산을 포기했다고 한 것과 에베소의 여성도들이 그들을 추종했기 때문에 아이 낳는 것을 포기하지 말라는 의미에서 "정절로써 믿음과 사랑과 거룩함에 거하면 아이를 낳음을 통해서 구원을 얻으리라"고 말씀했다는 것은 잘못된 적용이다. 이미 앞서 해산하는 것이 아이 낳는 것(육적인 출산)과 관련된 것이 아님을 논증했다.

● 디모데전서 4장 1절 이하에서는 '후일에' 있을 믿음에서

탈선하는 일을 언급하는데, 혼인을 금한 것이 포함된다.

> 그러나 성령이 밝히 말씀하시기를 후일에 어떤 사람들이
> <u>믿음에서 떠나</u> 미혹하는 영과 귀신의 가르침을 따르리라 하
> 셨으니 자기 양심이 화인을 맞아서 외식함으로 거짓말하는
> 자들이라 혼인을 금하고 어떤 음식물은 먹지 말라고 할 터이
> 나 음식물은 하나님이 지으신 바니 믿는 자들과 진리를 아는
> 자들이 감사함으로 받을 것이니라 하나님께서 지으신 모든
> 것이 선하매 감사함으로 받으면 버릴 것이 없나니 <u>하나님의
> 말씀과 기도로 거룩하여짐이라</u>(딤전 4:1-5)

● 이광우 목사가 말한 영지주의 영향으로 에베소 교회에 성생
활과 자녀 출산을 포기했다고 하면, 사도 바울은 여기에서 반드
시 언급되었어야 했다. 그런데 "그 당시"에 대한 것은 없고, "후
일에" 혼인을 금한 것만이 있다. 따라서 영지주의를 추종한 여자
들에게 있었던 일을 에베소 교회의 여성도들에게 적용해서, "에
베소 여성도들에게 영지주의 여자들을 따르지 말고 아이를 낳아
구원을 얻으라"는 의미로 말씀했다는 것은 문맥에 맞지도 않을뿐
아니라, 프르쿠르테스 침대식 해석에 불과하다.

● 이광우 목사뿐만 아니라 여성 안수 주장자들은 "여자들
이...해산함으로 구원을 얻으리라"는 구절에 대한 해석은 동일하
다. 그들의 견해를 그림으로 나타내면 다음과 같다.

• 여자는 믿음으로 구원받은 후, 해산하여 아이를 낳아야 구원
을 얻는다(이중 구원).

• 미혼 여성은 아이를 낳을 수 없으니 구원받지 못한다.

• 기혼 여성일지라도 불임 여성은 구원받지 못한다.

위와 같은 해석은 "구원론의 기초가 되는 은혜로 인하여 믿음으로 말미암아 구원받는다"(엡 2:8)는 것에 맞지 않다. 따라서 '구원의 ABC'에도 맞지 않는 잘못된 해석이라는 것이 드러나는 데도 불구하고 여성 안수 주장자들은 간과했다.

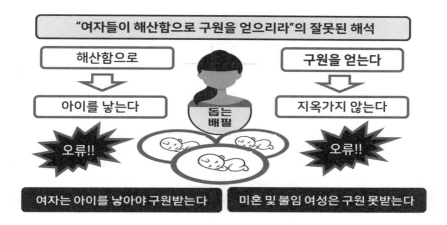

● 일반적으로 이 구절은 성경의 난제에 속한다. 그런 원인은 '성경 안으로'(inside) 들어가지 못하고 사람의 관념으로 생각하기 때문이다. 여성 안수 주장자들의 경우는 여성 안수를 사람의 관념대로 세상적인 안경을 쓰고 성경을 보기 때문이다.

• **이광우 목사의 하와가 죄에 빠진 것에 대한 견해**

● 이광우 목사는 뉴스엔조이에 기고한 글에서 "하와가 뱀에게

속아 죄에 먼저 빠진 것"에 대하여 다음과 같이 주장한다.

③ 바울의 반박 따라서 바울은 "하와가 도덕적으로나 영적으로 아담보다 우월한 존재"라는 그들의 주장을 반박하기 위해, 디모데전서 2장 13~14절에서 창세기 말씀을 인용해, 하와가 먼저 태어나지도, 우월한 지식을 소유하지도 않았고, 오히려 그 자신이 먼저 꾐을 받아 죄에 빠졌다고 설명하고 있다.(이은순, 58-62) 다시 말하면, 바울은 지금 창세기 타락 기사에서 하와가 먼저 뱀에게 속은 것과 에베소교회 여자들이 거짓 교사들에게 속는 것의 '유사성'에 주목하면서, 그들이 잘못 알고 있었던 창조의 순서와 타락에 대해 디모데전서 2장 13절~14절에서 창세기 말씀으로 그들의 잘못된 생각을 교정하고 있다. 그러므로 여기서 "여자가 두 번째로 지어졌고, 여자가 먼저 죄에 빠졌다"고 말한 것은 결코 변할 수 없는 창조의 영구적(규범적) 진리를 말하기 위해서도 아니고, 또 여자가 남자보다 열등함을 말하기 위한 것도 아니며, 단지 거짓 교사들이 가르친 내용이 잘못됐다는 것을 에베소교회 여성들에게 알려 주기 위해 창세기의 기록을 있는 그대로 단순 인용해 진술한 것뿐이다(이광우,개혁주의 신앙과 여성안수, 뉴스앤조이).

• 이광우 목사의 견해 내의 모순들

이광우 목사는 여자가 두 번째로 지어졌고 죄에 빠졌다는 것은 '변할 수 없는 사실'임에도 불구하고, 창조의 영구적 진리를 말하는 것이 아니라고 주장한다. 그렇게 말할 수밖에 없는 이유는 그래야 하와의 타락과 에베소 교회의 여성도들이 무관하게 되기 때문일 것이다.

그는 가장 중요한 것을 언급하지 않았다. 그것은 '근원'(source)의 문제로서, 여자가 '아담의 갈비뼈'로부터 만들어졌다는 팩트이다. 남자와 여자의 관계는 그가 말하는 것처럼 '반쪽'(half)과 '반쪽'(half)이 결혼애서 '하나'가 되는 것이 아니다. 남자와 여자의 관계는 마치 부모와 자식과의 관계와 비슷하다. 여성 안수 찬성자들은 이 본질적인 방면을 외면하는데, 여성들의 마음을 사는 데는 유용하여, 유명한 사회 운동가나 정치가가 될지는 몰라도 하나님의 종이 되는 것은 탕자가 아버지를 떠나 "먼 나라"에 있듯이 거리가 멀다. 하나님의 종의 자질은 능력보다 거룩과 의로움과 정직성에 있고, '하나님의 뜻'(God's will)을 바로 전하는데 있기 때문이다.

그는 에베소의 여성도들이 창조의 순서와 타락에 대하여 잘못 알고 있다는 근거없는 추정으로 사도 바울이 지적하는 문제의 본질을 회피했다.

• 올바른 해석

● 아래의 그림 중 왼쪽은 '전에'(ago) 에덴동산에서 여자가 뱀에게 속아 죄에 빠졌을 때를 나타냈고, 오른쪽 그림은 '현재'(now) 디모데가 사역할 때 있었던 여성도들에 대한 것을 나타냈다. 사도 바울은 양자를 서로 비교하여 말씀했다.

● 여자의 가르치는 것과 주관하는 것을 허락지 않는다는 것은 '모든 교회'에서 지켜졌던 원칙이었다. 고린도전서 14장 33b-34

절은 "모든 성도가 교회(원문은 churches)에서 함과 같이, 여자는 교회에서 잠잠하라"고 말씀한다. 고린도 교회에 이런 원칙을 벗어나는 여성도가 있었기 때문에 잘 알려졌고, 에베소 교회에서도 같은 문제가 있었다.

● 사도 바울이 창조의 때에 하와가 타락한 것을 예시한 것은 에베소 교회의 상황과 연관이 있기 때문이다. 이런 팩트를 여성 안수 주장자들은 다음과 같이 부정한다.

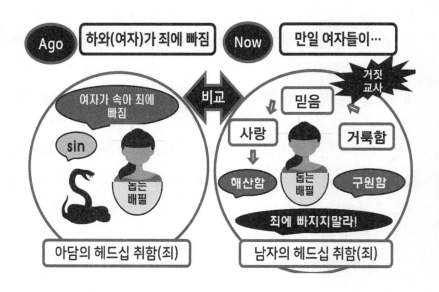

• 양자의 연관성과 메시지

● 하와가 뱀에게 속아 하나님이 세우신 '남자의 헤드십'을 탈취하여 죄에 빠진 것 같이, 에베소의 여성도들이 남자나 여자는 동일한 하나님의 형상이니 '평등'(sameness)하고, 따라서 여자들도 교회에서 가르칠 수 있고(강도권), 남자를 주관할 수 있

다(치리권)는 거짓 교사들의 '다른 교훈'에 빠졌다는 것을 깨닫게 하기 위해서 쓴 것이다. 그 당시 거짓 교사들이 남녀의 '평등성'(sameness)을 내세워 여성 안수를 주장하는 사람들이 에베소 교회에도 있는 것처럼, 오늘날에도 있다.

● 에베소 교회의 여성도들이 교회에서 (공적으로) 가르치는 것은 하와가 아담의 헤드십을 탈취한 것과 같은 것으로 하와와 같이 "죄에 빠지는 것"임을 말한다. 이것은 교회의 정체성을 훼손한다.

● 이런 상황에서 사도 바울은 에베소 교회의 여성도들에게 죄에 빠지지 않도록 권면하는 것이 필요했다. 딤전 2장 15절은 '죄의 유혹'을 받는 에베소의 여성도들에게 대한 권면이요 처방이요 명령이다.

> 그러나 여자들이 만일 정숙함으로써 믿음과 사랑과 거룩함에 거하면 그의 해산함으로 구원을 얻으리라(딤전 1:15)

● "그러나"라는 역접 접속사는 에베소 교회의 여성도들이 처한 상황을 벗어나는 영적 처방임을 가리킨다.

● 가장 난해하게 여기는 구절은 "그의 해산함으로 구원을 얻으리라"는 말씀이다. 흔히 여자들은 "아기를 낳음으로 구원을 얻는다"라고 오해한다. 성경을 QT 정도 했기 때문에 일어나는 현상이다. 이미 여기서 말하는 "구원을 얻는다는 것은 지옥에 가지 않는다"는 의미가 아님을 논증했다.

● 본문은 출산장려정책에 대한 글이 아니다. 에베소 교회의 여성도들이 남자와 여자의 동등성을 내세워 교회에서 가르칠 수

있다는 '거짓 교사들'의 '다른 가르침'에 대한 처방전이다. '전에'(ago) 하와가 아담의 '헤드십을 취해서' 죄에 빠졌던 것처럼, 에베소의 여성도들도 '남자의 헤드십'을 취하는 죄에 빠질 위기에 있었고, 사도 바울은 그에 대한 처방을 내린 것이다.

● "그의 해산함으로"라는 것이 육적인 출산이 아니라는 것은 "만일 정숙함으로써 믿음과 사랑과 거룩함에 거하면"이라는 구절을 통해서도 알 수 있다. 만일 여성 안수 찬성자들의 견해와 같이 "육적인 출산"을 의미한다면, 여자들이 "믿음과 사랑과 거룩함에 거해야" 출산할 수 있다는 의미가 되는데, 그런 방법으로 출산하는 여자는 아무도 없다. 믿음과 사랑과 거룩함은 모든 성도들이 추구해야 할 덕목들이다.

● "에베소 교회의 여성도들이 남녀가 동등하니 여자도 교회에서 가르칠 수 있다는 '거짓 교사의 가르침'에 영향을 받는 상황에서, 사도 바울의 권면을 따라 믿음과 사랑과 거룩함에 거하는 것은 자신의 '생각'과 '자아'(self)를 죽여야 하는 것이기 때문에 해산하는 것과 같다.

● 사도 바울은 갈라디아에 있는 교회에게 "나의 자녀들아 너희 속에 그리스도의 형상을 이루기까지 다시 <u>너희를 위하여 해산하는 수고를 하노니</u>"(갈 4:12)라고 고백했다. 바울이 해산한다는 것을 육적인 출산으로 이해하는 사람은 없을 것이다. 에베소 교회의 여성도들에게 '영적 해산'이 필요하고, 그들을 가르치는 사도 바울에게도 '해산의 수고'가 필요했다.

● "구원받다"라는 단어의 원문은 σωθησεται(소데세타이)으로 그 의미는 "구원하다, 안전하고 튼튼하게 지키다, 위험과 파괴로부터 구출하다"라는 의미이다. 따라서 이 단어는 문맥의 상황과 대상에 따라서 의미가 결정된다.

• 불신자에게 복음을 전할때

사도 베드로는 "너희가 <u>이 패역한 세대에서 구원을 받으라</u> (Save yourselves) 하니 그 말을 받은 사람들은 세례를 받으매 이 날에 신도의 수가 삼천이나 더하더라"(행 2:40-41)고 증거했다. 여기의 구원은 문맥에 따라 불신자들에 대한 것으로 본질적인 것, "죄와 사망"으로부터의 구원을 의미한다.

• 위기의 상황에서

● 사도 바울은 로마로 호송되어 가는 중 유라굴로 광풍을 만나 위기에 처해 있을 때에 외쳤다. "바울이 백부장과 군인들에게 이르되 이 사람들이 배에 있지 아니하면 너희가 구원을 얻지 못하리라(you cannot be saved) 하니"(행 27:31) 배에 있어야 "구원을 받는다"는 것은 죄와 사망으로부터의 구원을 의미하지 않고, 광풍을 만나 목숨이 위태로운 상황에서의 보호와 안전을 의미하는 구원이다. 이것이 문맥에 따라서 구원받은 성도들에게 쓰여질 때는 "어떤 상황으로부터의 구원"을 의미한다. 여러 시편 기자들이 여호와의 구원을 바란 것은 전자가 아니라 후자의 의미이다.

● "만일 만일 정숙함으로써 믿음과 사랑과 거룩함에 거하면 그의 해산함으로 그는 구원을 받을 것이다"라는 구절의 '구원'에 대한 고정관념이 있다.

여자들이 출산을 하면 "지옥에 가지 않는다"라는 생각이다. 하와는 뱀에게 속아 죄에 빠졌고, 에베소 교회의 여성도들은 거짓 교사의 가르침으로 인해 죄에 빠질 위험에 처해 있었고, 그 죄로부터의 구원을 가리킨다.

〈"여자(단수)"와 "그들이(복수)"에 나타난 하와와 모든 여자의 관계〉

여자들이(복수) 구원을 얻으리라	만일 (그들이) 정숙함으로써..거하면
not "여자들"(복수) but "여자" (단수)	단수에서 복수로 바뀜! 이유는?
(kjv) she shall be saved (o)	모든 여자 + '하와' 까지 언급
σωθησεται; 3인칭 단수 미래	μεινωσιν; 3인칭 복수 가정법
she는 13절의 하와를 가리킴	개역한글 ; 만일 정절로써 (원문;절제)

● 위의 표는 이해를 돕기 위해서 "여자가 구원을 얻으리라"와 "만일 (그들이) 정숙함으로써"에 대한 비교표이다. 개역개정에는 언어의 특성상 "여자"(주어)와 "구원을 얻으리라"(서술어)가 떨어져 있지만, 헬라어는 σωθησεται(소데세타이)라는 한 단어에 포함된다.

● 개역개정의 "여자들이 구원을 얻으리라"에서 "여자들"(복수)은 "여자"(단수)의 오역이다 (아마 헬라어의 인칭과 수를 몰랐다기보다, 에베소 교회의 여성도들을 가리키는 것으로 속단했기 때문일 것이다. 예

를 들자면, 수학에서 답은 맞았지만 풀이 과정에는 오류가 있는 것과 같다).
이 구절은 헬라어 $\sigma\omega\theta\eta\sigma\epsilon\tau\alpha\iota$(소데세타이)를 번역한 것으로, "그녀가 구원을 얻을 것이다"라는 의미이다. 헬라어는 동사의 수에 인칭대명사의 수와 일치하는데 "3인칭 단수 미래 수동태"이다. KJV은 "she shall be saved"으로 번역했다.

●"구원을 얻을 것이다"라는 주체가 "3인칭 단수"라는 것은 앞의 13절의 '하와'를 가리킨다. 즉 성경의 난제인 "구원을 얻을 것이다"라는 주체는 '하와'이다. 그런데 바로 이어 나오는 "만일 (그들이) 정숙함으로써 믿음과 사랑과 거룩함에 거하면"으로 번역된 원문은 "$\epsilon\alpha\nu$ $\mu\epsilon\iota\nu\omega\sigma\iota\nu$"(에안 메이노신)으로서, "$\epsilon\alpha\nu$"은 "만일...이라면, if"를 의미하고, "$\mu\epsilon\iota\nu\omega\sigma\iota\nu$"(메이노신)은 "그들이 거하면"의 뜻으로 "3인칭 복수 가정법"이다.

● 앞 구절에서는 여자를 가리키는 대명사가 "단수"였는데, 바로 이어진 구절에서는 "복수"로 바뀌었다. 즉 "그녀의"(단수)에서 "그녀들의"(복수)로 바뀌었다. 이렇게 말한 이유는 무엇인가?

에베소 교회의 모든 여성도들은 15절의 "그녀(단수)"에는 포함이 되지 않지만, "만일 (그들이, 복수) 정숙함으로써...거하면"에서는 '하와'를 비롯한 '모든 여성도들'이 포함되기 때문이다.

●이와 같이 하와와 에베소 교회의 여성도들의 관계를 교차적으로 언급한 것은 하와가 죄에 빠진 것과 에베소 교회의 여성도들이 빠지는 죄가 동일하기 때문이다. 하와도 '아담의 헤드십'을 취함으로 죄에 빠졌고(already), 에베소의 여성도들도 지금(now, 그 당시) '남자의 헤드십'을 취하여 강단에서 가르치려 하므로 하

와가 빠졌던 죄의 길을 가려고 했다.

● 그런 이유로 성령님께서는 사도 바울을 통해서 하와의 사례를 예시하여, 에베소 교회의 여성도들이 죄에 빠지지 않도록 경고했다. 하와의 실패의 전철을 밟지 말고, 죄에 빠지지 않도록 영적 처방을 내린 것이다. 이광우 목사가 양자는 서로 아무 관계가 없고, 단지 거짓 교사들이 가르친 내용이 잘못됐다는 것을 알리기 위한 것이라는 견해는 문맥과 일치하지 않는다.

● "정숙"으로 번역한 원문은 $\sigma\omega\varphi\rho\sigma\sigma\nu\nu\eta$(소프로쉬네)로서 "근신, 자제, 사리를 분별하는 마음"이라는 의미이다. KJV은 sobriety(절제)로 번역했다. 디모데전서의 문맥의 흐름을 보면 "절제, 근신, 사리를 분별하는 마음"이라는 의미가 적절하다. "만일 (그들이) 절제함으로써 믿음과 사랑과 거룩함에 거하면 (죄에 빠질 상황에서) 구원을 얻으리라"는 의미이다.

● 참고로, 디모데전서 2장 9절의 "소박함과 정절로써"에서 "정절로써"는 딤전 2장 15절의 "정숙함으로써"의 "정숙"과 같은 단어 $\sigma\omega\varphi\rho\sigma\sigma\nu\nu\eta$(소프로쉬네)이다.

● "그의 해산함으로"로 번역된 원문은 "$\tau\epsilon\kappa\nu\sigma\gamma\sigma\nu\iota\alpha\sigma$"(테크노고니아스)로 "분만, 해산, 출산"을 의미하는 "$\tau\epsilon\kappa\nu\sigma\gamma\sigma\nu\iota\alpha$"(테크노고니아)의 "여성 단수 소유격"이다. 하나님이 남자와 여자를 창조할 때, 여자를 아담보다 '나중에'(later) 만들고, 아담의 갈비뼈로 만든 것은 아담을 헤드십(headship)을 가진 머리로, 여자를 '돕는 배필'(helpmeet)로 세우셨다는 것을 의미한다. 그래서 고린도전서 11장 3절은 "남자는 여자의 머리"라고 말한다. 이 원칙은

창조로부터 구약시대를 거쳐 사도 시대와 오늘날까지 계속된다. 이것은 모든 성도들이 부활하여 죽지 않는 몸을 입게 될 때, 종결될 것이다. 그런 이유는 그 때에는 하늘에 있는 천사들과 같이 시집가고 장가 가지 않을 것이기 때문이다. 교회가 생육하고 번성하는 것은 주님이 재림하시기 전까지 일이다. 따라서 오늘날 "여자의 머리"는 남자라는 헤드십을 지키는 것은 하나님의 헤드십(headship)을 지키는 것으로서 교회의 정체성을 지키는 것이며, 하나님의 주권(the sovereignty of God)을 지키는 일이다.

8. 여자, 남자, 그리스도, 하나님의 머리 관계

• 남자의 헤드십

● 감독(목사와 장로)의 자격 중에서 "한 아내의 남편"(the husband of one wife)이라는 것과 디모데전서 2장의 "여자가 가르치는 것을 허락하지 않는다"는 것과 고린도전서 11장의 "여자의 머리는 남자이다"라는 것은 일맥상통한다. 여자가 교회에서 '헤드십'을 갖고 가르칠 수 없는 것은 "남자가 여자의 머리"이기 때문이다. 사람의 지체 중 '머리'가 있고 몸의 각 지체들이 있다.

● 만일 손과 발이 머리 노릇을 한다고 할 때, 그 사람은 어떻게 되겠는가? 머리는 머리의 역할을 하고 손과 발과 코와 입과 귀 등 모든 지체들은 자신의 기능을 발휘할 때 온 몸이 평안하다. 교회는 세상의 단체나 공동체가 아니라 '그리스도의 몸'이기 때문에 그리스도를 머리로 해야 한다. 남자의 머리는 그리스도인데, 그리스도의 머리 되심(헤드십)이 교회에서 나타나기 위해서 '여자의 머리인 남자'를 머리로 해야 한다는 의미이다. 모든 성경은 성령의 감동으로 기록된 것으로 그 메시지가 일치한다. 본문 말씀을 보자.

> 너희가 모든 일에 나를 기억하고 <u>또 내가 너희에게 전하여 준 대로 그 전통을 너희가 지키므로 너희를 칭찬하노라</u> 그러나 나는 너희가 알기를 원하노니 각 남자의 머리는 그리스도

요 여자의 머리는 남자요 그리스도의 머리는 하나님이시라
(고전 11:2-3)

● 위의 밴다이어그램은 여자와 남자와 그리스도와 하나님의 관계를 나타낸다. 여성 안수 주장자들은 당시의 헬라 문화의 영향을 받아 "남자를 여자의 머리라고 했다"고 주장하곤 한다. 그렇다면 바울이 헬라의 영향을 받아서, "남자의 머리는 그리스도이고, 그리스도의 머리는 하나님이라"고 했다는 것이 성립해야 한다.

● 수많은 신들을 섬기는 헬라 사람들이 그리스도를 머리로, 하나님을 머리(head)로 삼았다는 것을 믿는 사람은 어디에도 없다. 이것은 여성 안수 주장자들의 논리가 성경적이지 않고, 세상의 관념으로 본다는 증거이다.

● 서로 접한 양자의 관계의 공통점은 '머리'(head)이다. '머리'로 번역된 원문은 'κεφαλη'(케팔레)로써 "머리, (은유) 주인, 남편"이란 의미이다.

● 여자와 남자의 관계는 그 자체로도 중요하다. 그런데 양자의 관계로 끝나지 않고, 그리스도와의 관계, 더 나아가 하나님의 머리되심과 관계가 있다. 만일 그리스도의 머리 되심을 믿는 사람이 남자가 '여자의 머리'라는 것을 인정하지 않는다면 그리스도의 머리 되심은 허울 좋은 말뿐이 된다. 위의 포함 관계는 여자로부터 시작하여 남자의 관계, 그리고 남자와 그리스도의 관계와 궁극적으로 하나님의 머리 되심으로 나아간다.

● 이것을 고전 11장 3절에 적용하면, 첫째, 여자와 남자의 관계를 가리키는 "여자의 머리는 남자"라는 것은 "여자의 주인은 남자" 혹은 "여자의 남편은 남자"라는 의미와 상통한다. 여성 안수 주장자들이 가장 피하고 싶은 구절이다. '여자의 머리는 남자'라는 것은 팩트이다. 믿음의 조상인 아브라함과 사라에 적용해 보자. 성경의 원칙이 맞는다면 사라는 남편인 아브라함을 '주인'으로 불러야 한다. 베드로전서 3장 6절은 무엇이라고 말씀하는가?

> 사라가 아브라함을 주(lord)라 칭하여 순종한 <u>**것 같이**</u> 너희는 선을 행하고 아무 두려운 일에도 놀라지 아니하면 그의 딸이 된 것이니라(벧전 3:6)

● '주'로 번역한 헬라어 원문은 "퀴리오스"로서 "주인, 군주, 통치자"라는 의미이다. 시몬 베드로가 예수님에 대하여 "주는 그리스도시요 살아계신 하나님의 아들이십니다"(마 16:16)의 '주'와 동일한 "퀴리오스"이다.

● "…순종한 것 같이 너희도 선을 행하고"라는 것은 과거(ago) 사라가 남편을 '주인'이라고 여긴 것과 같이, '너희도' 즉 신약시대의 여성도들도 그렇게 해야 한다는 것을 가리킨다. 단순하고 명료한 콘텍스트를 부인한다면 발의 먼지를 털어버려야 할 것이다.

● "그의 딸이 됐다"는 것은 오늘날 여성도들이 사라와 같이 남편을 주인으로 여기고 순종하면 사라의 딸이 된다는 것을 가리킨다. 이것은 역으로 사라와 같이 남편을 주인으로 여기지도 않고 순종하지 않는다면 "사라의 딸이 아니다"라는 것을 의미한다. 이것은 사라가 만든 원칙이 아니라, 하나님께서 창조때부터 세우신 '헤드십'이다. 사라를 비롯한 모든 믿음의 여인들은 '여자의 머리'는 남자라는 것을 따르고 돕는 배필(helpmeet)로서 창조의 원칙을 지켜왔다.

● 둘째, "남자의 머리는 그리스도"라는 것은 "남자의 주인은 그리스도" 혹은 "남자의 남편은 그리스도"라는 의미와 상통한다. 셋째, 그리스도와 하나님의 관계인 "그리스도의 머리는 하나님이다"라는 것은 "그리스도의 주인은 하나님이다" 혹은 "그리스도의 남편은 하나님이다"라는 것과 상통한다.

• 남자와 여자의 헤드십 비교

고린도전서 11장 2-28절에 나타난 남자와 여자의 헤드십 관계를 다음 그림으로 나타냈다. "여자의 머리는 남자"이다. 아담이 '먼저'(first) 지음을 받고, 아담을 위해 여자가 지음을 받았기 때문이다. 게다가 여자는 아담과 같이 '흙으로' 만들어지지 않고 아담의 갈비뼈로 만들어졌다. 여자의 '근원'(source)은 아담이다.

이런 창조의 과정은 여자는 '돕는 배필'(helpmeet)로, 아담은 여자의 근원이며 '머리'로서 헤드십(headship)이 있다. 여자는 여자의 머리인 남자의 영광이고, 남자는 남자의 머리인 그리스도의 영광이다. 그리스도의 영광은 남자가 여자의 머리 됨 안에서 나타난다.

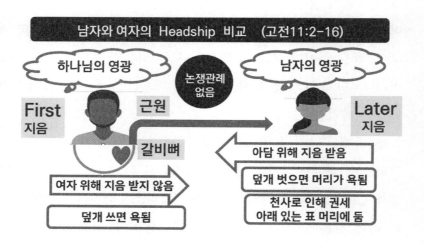

남자와 여자의 Headship 비교 (고전11:2-16)

하나님의 영광 / 남자의 영광

논쟁관례 없음

First 지음 · 근원 · Later 지음

갈비뼈

아담 위해 지음 받음

덮개 벗으면 머리가 욕됨

천사로 인해 권세 아래 있는 표 머리에 둠

여자 위해 지음 받지 않음

덮개 쓰면 욕됨

9. 아내의 복종과 남편의 사랑의 관계

• 말씀의 팩트

여성 안수를 논하는 데 중요한 말씀이 에베소서 5장 21-33절의 아내들과 남편들에게 주시는 말씀이다.

> 아내들이여 자기 남편에게 복종하기를 주께 하듯 하라 이는 남편이 아내의 머리 됨이 그리스도께서 교회의 머리 됨과 같음이니 그가 바로 몸의 구주시니라 그러므로 교회가 그리스도에게 하듯 아내들도 범사에 자기 남편에게 복종할지니라 남편들아 아내 사랑하기를 그리스도께서 교회를 사랑하시고 그 교회를 위하여 자신을 주심 같이 하라…이와 같이 남편들도 자기 아내 사랑하기를 자기 자신과 같이 할지니 자기 아내를 사랑하는 자는 자기를 사랑하는 것이라 누구든지 언제나 자기 육체를 미워하지 않고 오직 양육하여 보호하기를 그리스도께서 교회에게 함과 같이 하나니 우리는 그 몸의 지체임이라 그러므로 사람이 부모를 떠나 그의 아내와 합하여 그 둘이 한 육체가 될지니 **이 비밀이 크도다 나는 그리스도와 교회에 대하여 말하노라**(엡 5:22-33)

• 김세윤 박사의 견해

김세윤 박사는 그의 책 "그리스도가 구속한 여성"에서 "가정생활 피차 복종하고 사랑하라"는 주제의 글에서 다음과 같이 주장을 했다.

바울은 갈라디아서 3장 28절의 원칙을 에베소서에서 소위 가족 윤리, 또는 가족 간의 상호 의무 조항을 규정하는 데도 적용합니다.(엡 5:21-33) 그런데 이 문맥에서 너무나 오랫동안 사람들은 22절, "아내들이여 자기 남편에게 복종하기를 주께 하듯 하라"는 말씀부터 읽었습니다. 그러나 사실 바울이 의도한 것은 21절, 즉 "그리스도를 경외함으로 피차 복종하라"는 말씀부터 읽는 것입니다. 이것이 부부 관계에 대한 가르침에 대한 큰 제목입니다. 뒤이어 나오는 아내의 의무와 남편의 의무에 대한 규정은 그것의 부연입니다. 서로 복종하라는 것은 부부 관계에 그대로 적용됩니다. 그리스도의 주권자적 뜻에 따라, 그리고 그분께 영광 돌리는 의미로 남편과 아내가 서로 복종하라는 말입니다. 그리고 나서 그 원칙에 대한 부연 설명으로 22절에서 "아내들이여 자기 남편에게 복종하기를 주께 하듯 하라"며, 그렇게 해야 할 이유를 댑니다 (23-24절). 또 25절에 "남편들아 아내 사랑하기를 그리스도께서 교회를 사랑하시고 그 교회를 위하여 자신을 주심같이 하라"면서, 이후 구절들 (26~33절)에서 남편이 아내를 사랑해야 하는 이유를 죽 대는데, 그러다가 남편에게 아내를 사랑하라는 말을 두 번 더 되풀이합니다. 여기에서 형식적으로 봐도 누구에게 더 강한 부탁을 하고 있습니까?

"아내여 남편에게 복종하라"는 말에는 두 마디밖에 더 붙이지 않습니다. 반면 남편이 아내를 사랑해야 한다는 말에는 훨씬 긴 말을 덧붙임으로써, 강조가 바로 후자에 있음을 금방 알 수 있습니다. 내용적으로도, 아내에 대해서는 "남편에게 복종하기를 주께 하듯 하라"고 한 반면, 남편에게는 아내 사랑하기를 그리스도께서 교회를 위해 "자신을 주심 같이 하라"고 했습니다. 어느 쪽에 더 큰 요구가 주어진 것입니까? 당연히 남편 쪽입니다. 그 기준이 그리스도가 교회를 사랑하여 자신을 내어 주심입니다. 남편에 대한 요구가 훨씬 큽니다. 왜 그럴까요? 당시 남편 우위의 고대사회에서 아내가 남편에게 복종하는 것은 보편적으로 받아들여지는 윤리였기에, 그것을 가르치기 위해 두어 마디 덧붙이는 것으로 충분했지만, 남편으로 하여금 아내를 사랑하도록 하는 데는 특별한 설득이 필요했던 것입니다.이 본문의 진정한 기독교적 특성은 바로 이것입니다. 약자인 아내로 하여금 남편에게 복종하라는 전통적인 요구를 강조하는 것이 아니라, 강자인 남편에게 아내를 자아 희생의 정신으로(그리스도께서 교회를 위해 자신을 내어 주셨듯이) 사랑하라고 하는데, 일반 세상 윤리의 특성이 여기 나타난 것입니다. 이것은 고린도전서 8-10장에서 우상의 제물을 먹는 문제를 다룸에 있어 바울이 '약한 자들'보다는 '강한 자들'에게 자기 권리 희생을 더 크게 요구하는 것과 맥을 같이 합니다. 남존여비 사상이 아직도 가시지 않고 남편위주의 문화가 여전히 지배하는 한국 사회에서, 에베소서의 본문은 교회가 무엇을 강조해야 할 것인지 분명히 보여 주고 있지 않습니까? 그러나 오늘도 우리 한국 교회에서는 본문을 해석함에 있어 아내의 남편에 대한 순종의 의무를 더 강조하는 경향이 있습니다. 그것을 위해서 남편이 아내의 '머리'라는 23절의 말씀을 대단히 중시합니다. 여기의 '머리'라는 말이 고린도전서 11장 2-16절에서보다 권위의 의미를 더 강하게 나타내는 것이 사실입니다. 또 많은 사람들은 바울이 여자에 대해서는 남편에게 복종하라'는 동사를 썼고, 남편에 대해서는 아내를 '사랑하라'는 동사를 썼으니까. 분명히 남편이 위고 아내가 아래인 '위계질서'가 있다고 주장합니다.그러면 본문은 갈라디아서 3장 28절의 말씀과 근본적으로 모순을 일으키는 셈인데, 그런 주장을 하는 사람들은 이제 성경이 서로 모순되는 가르침들을 가르치고 있음을 인정해야 하고, 바울의 두 가르침 중 하나를 골라잡고 다른 하나는 버려야 하는 상황에 놓이게 되었습니다. 그런 사람들은 대개 그리스도의 복음의 정신을 뚜렷이 표현한 갈라디아서 3장 28절을 무시하고, 이 세상의 전통적인 윤리와 다를 바 없이 남존여비 사상을 가르치는 듯한 에베소서 5장 22-25절을 골라잡습니다(김세윤, 그리스도가 구속한 여성, 두란노, 92-93쪽).

• 김세윤 박사의 근본적인 오류

본문의 내용을 구분하면 다음과 같다. 김 박사는 "그리스도를 경외함으로 피차 복종하라"는 구절을(21절) 아내와 남편들에게 주시는 말씀으로 간주하여 남녀 동등성(구별성을 부인하는 의미)의 근거를 삼음으로 스스로 모순에 빠지고 말았다. 다시 한 번 그의 주장을 새겨보자.

그런데 이 문맥에서 너무나 오랫동안 사람들은 22절, "아내들이여 자기 남편에게 복종하기를 주께 하듯 하라"는 말씀부터 읽었습니다. 그러나 사실 바울이 의도한 것은 21절, 즉 "그리스도를 경외함으로 피차 복종하라"는 말씀부터 읽는 것입니다. 이것이 부부 관계에 대한 가르침에 대한 큰 제목입니다. 뒤이어 나오는 아내의 의무와 남편의 의무에 대한 규정은 그것의 부연입니다.

● 아래 표의 왼쪽 부분은 에베소서 5장의 문맥에 대한 김세윤 박사의 주장이다. 오른쪽은 필자가 보는 문맥 구조이다(문맥은 누가 보던지 알 수 있다). 양자는 큰 차이가 있다. 김 박사는 "피차 복종하라"를 21절의 "아내들에게" 주는 말씀에 붙여서, '피차'란 '아내와 남편'을 가리킨다는 견해이다.

●이에 반하여 필자가 보는 문맥구조는 "피차 복종하라"는 15절로부터 시작된 '모든 성도들에 대한 권면'에 이어지고 끝부분에 해당한다. 즉 "모든 사람"에 대한 권면은 "지혜있는 자와 같이 행하라 - 주의 뜻을 이해하라 - 술 취하지 말고 성령충만을 받으라 - 시와 찬송으로 화답하고 주께 노래하며 화답하라 - 범사에 하나님께 감사하라 - 그리스도를 경외함으로 피차 복종하라"는 것으로 '같은 그룹'에 속한다.

● 그런 후에 아내들과 남편들에게 말씀한다. 표에 나타난 것과 같이, 양자는 문맥상 서로 분리된다. 그런 이유는 "말씀의 대상"이 다르기 때문이다. 김세윤 박사의 오류는 '작아 보이지만' 심각한 오류를 유발한다. 모든 성도에 대하여 "피차 복종하라"는 것을 아내와 남편의 관계에 적용해서, 성경 전체에 흐르는 "남자는 여자의 머리"와 "여자는 돕는 배필"이라는 하나님이 세우신 헤드십을 부정하는 근거로 삼았기 때문이다.

김세윤 박사의 견해(오류)	성경의 콘텍스트
(15-20) <모든 성도에 대한 것> 21절이 여기에 속하는 데 뒤 구문으로 넘김	(15-21)지혜있는자 같이 행하라…이해하라…성령충만하 라…찬송하며…감사하라 피차 복종하라 <모든 성도에 대한 것>
〈아내와 남편들에게〉 (21절)피차 복종하라 (22절)아내들아!복종하라 (25절)남편들아!	〈아내와 남편들에게〉 (22절)아내들아!복종하라 (25절)남편들아!사랑하라
[오류]21절을 아내와 남편에게 적용함	[※]21절은 앞 구문의 모든 사람들 에 대한 것임
[모순 발생]피차 복종과 남편에게 복종하라	서로 다른 대상이기에 모순이 없다

● 갈라디아서 3장 28절에 관한 것은 Part 6의 "4. 갈라디아서 3장 28절이 여성 안수의 근거가 될 수 있는가?"라는 섹션에서 따로 논증한다(갈라디아는 교회 안의 남녀 헤드십에 대한 것이 아니라 '칭의'에 관한 것으로 모든 사람들에게 '평등하다'는 의미이다).

● 김 박사는 말씀의 대상을 구별하지 못한 결과 모순에 빠졌다. 즉 15-21절은 "모든 성도들"에게 주시는 말씀이고, 그 후에 "아내들과 남편들"의 관계를 언급한 것을 간과했다. 그래서 모든 성도들에게 주시는 말씀의 마지막 21절 "그리스도를 경외함으로 피차 복종하라"는 말씀을 아내와 남편에게 주는 말씀으로 적용했다. 이렇게 한 것은 김 박사의 여성 안수가 성경적이라는 것을 정당화시키기 위한 것으로 추측된다.

● 김 박사의 주장이 오류라는 것은 내증으로도 드러난다. 만일 21절의 "피차 복종하라"는 것이 아내와 남편에게 적용되는 구

절이라면(모든 성도들에 대한 것임), 아내들에게 "자기 남편에게 복종하기를 주께 하듯 하라"(5:23)는 것은 서로 충돌(모순)을 일으킨다. 사도 바울은 모순적으로 썼고, 성령님께서는 그 당시 잠시 조시든지 방관하셨다는 것인가?

● 만일 '피차 복종하라'는 것이 아내와 남편에게 관계된 것이라면, 서로 모순되기 때문에 적어도 사도 바울은 아내들에게 "남편에게 복종하라"는 말을 하지 말았어야 한다. 이런 상관관계에 나타나는 모순점은 김 박사의 주장이 매우 '주관적인 견해'(subjective)라는 것을 의미한다.

● 그의 견해는 여성 안수를 찬성함으로 부당하고 굴욕적인 복종을 강요하는 가부장적인 한국 교회의 희생물이 되는(주관적인 관점) 여성들을 기쁘게 할지는 몰라도, 기본적인 문맥을 왜곡하여 좌우를 분별하지 못하는 신자들을 잘못된 길로 인도하는 결과를 초래한다. 하나님의 말씀을 가르치는 헤드십을 가진 교수와 목회자의 축복과 영광은 세상 것과 비교할 수 없이 크다. 그러나 헤드십을 가진 자가 잘못된 길로 인도할 때 더 큰 책임이 뒤따른다.

● 이 문제를 한 눈에 볼 수 있도록, 양자의 관계를 밴다이어그램으로 나타냈다. 성경 본문을 보면서 "서로 피차 복종하라"는 것이 모든 성도들에 대한 것에 포함하는지, 아니면 김 박사의 주장대로 아내들과 남편들에게 주시는 말씀에 포함되는지 분별할 수 있다. 문맥을 이해하고 구문을 나누는 것은 건물의 기초를 닦은 것과 같다. 김세윤 박사는 기초를 잘못 세웠기 때문에 그 위에 세운 집은 흔들리고 무너질 수밖에 없다.

• 아내와 남편의 관계 vs 교회와 그리스도의 관계

● 본문에서 아내와 남편의 관계를 설명할 때, 세상에 있는 어떤 비유를 들지 않고, 그리스도와 교회의 관계를 통해서 설명한다. 아내와 남편에 대한 말씀은 구원받은 모든 남자와 여자들에게 주시는 말씀이다. 그런데 성경은 "이 비밀이 크도다. 내가 그리스도와 교회에 대하여 말하노라"는 결론을 내린다. 대체 사도 바울은 아내와 남편에 대하여 말한 것인가? 아니면 그리스도와 교회에 대하여 말한 것인가? 둘 다이다.

● 사도 바울은 이 땅의 아내와 남편의 관계를 통해서 그리스도와 교회의 관계를 말했다. 그러므로 아내와 남편의 관계는 우리가 생각하듯이 단순한 부부의 윤리를 뛰어 넘는다. 아래 밴다이어그램의 왼쪽 그림은 아내와 남편의 관계를 나타냈다. 오른쪽 그림은 그리스도와 교회의 관계를 나타냈다.

● 양자를 서로 비교한다면, 아내들이 왜 남편에게 복종해야

하는지를 알고, 남편들은 왜 자기 아내를 자기 몸처럼 사랑해야 하는지를 알게 된다. 부부 생활은 그리스도를 알고 교회를 알고 체험하는 하나의 '영적인 훈련장'이다. 남편들은 아내를 제 몸과 같이 사랑하는 것이 힘든 것임을 깨닫게 될 것이고, 아내들은 남편에게 순종하는 것도 어려운데 복종하는 것이 불가능하다고 느낄 것이다. 그럴 때 남편들은 그리스도께서 교회를 위하여 자신의 몸을 십자가에 주시기까지 사랑하신 것이 얼마나 크고 놀라운 일인지 깨닫게 될 것이다. 남편에게 복종은커녕, 순종하기가 어려운 아내들은 어떠한가? 자신의 머리가 남편인 것이 그리스도께서 교회의 머리 됨과 같고, 교회가 그리스도께 복종하는 것과 같음을 조금씩 깨닫고 변화하게 될 것이다.

● 김세윤 박사는 한국 교회가 아내들에게 복종하라는 것을 강조했는데, 성경에서는 아내들에게는 복종하라는 짧은 말을 했고, 남편들에게는 아내를 제 몸과 같이 사랑하라고 하면서 매우 많이 기록한 것이 실상은 성경의 강조점이 가부장적인 관습에 젖어 있는 남편들을 가르치기 위한 목적이 있다고 비판하면서 여성 안수를 주장했다.

● 성경의 강조점은 아내와 남편들 양자 모두이다. 김 박사의 주장대로 아내들이 남편에게 복종하라는 것만을 강조한 목회자들이 있을 수 있다(이런 경우 개인적인 문제임). 그런데 김 박사는 여성 안수 찬성자의 입장에서 강조점이 아내에게 있는 것이 아니라 남편에게 있다고 말함으로 성경의 메시지를 왜곡했다.

목회자가 잘못 가르치는 것은 '작은 문제'라고 할 수 있지만(가르치는 위치로 비교한다면), 목회자들을 가르치는 헤드십을 가진 교수가 잘못 가르치는 것은 더 '큰 문제'를 야기한다. 목회자는 한 교회의 성도들에게 헤드십을 가졌지만, 목회자를 가르치는 교수라는 직분은 교회의 헤드십들에게 영향을 주기 때문이다. 그의 견해는 매우 주관적이고 비논리적이다.

● 아내들에 대한 구절이 짧은 것은 '복종'이란 다른 군더더기 같은 말이 필요 없기 때문이다. 즉 남편에 대한 아내의 복종 관계를 통해서, 신랑이신 그리스도에게 배필된 교회가 복종해야 할 것을 증거하기 때문이다.

이에 반하여 남편들에게 주시는 말씀이 '길고 분량이 많은 것'은 가부장적이어서가 아니라, 남편이 아내를 제 몸과 같이 사랑해야 할 이유를 설명하기 위해서 그리스도께서 교회를 위하여 자신 몸을 내어 주신 것과 영광스런 교회(신부-아내)로 세우기 위한 하나님의 계획을 말씀하는 것이 필요했기 때문이다.

다시 말하면, 에베소서의 "영광스런 아내"라는 것은 로마서에 있는 "구원의 여정"을 실제적으로 나타낸다고 말할 수 있다. 그리스도께 정결한 처녀로 준비하여 신랑이신 주님을 사모하고 닮아가고 순교와 휴거를 통해서 장차 영광스런 교회(신부)로 어린 양의 혼인 잔치에 청함을 받는 신자가 될 것을 말하기 위함이다.

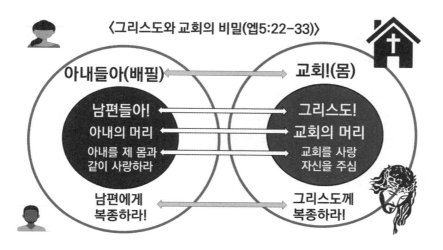

〈그리스도와 교회의 비밀(엡5:22-33)〉

아내들아(배필) ↔ 교회!(몸)

남편들아!
아내의 머리
아내를 제 몸과
같이 사랑하라

그리스도!
교회의 머리
교회를 사랑
자신을 주심

남편에게
복종하라!

그리스도께
복종하라!

● 위의 밴다이어그램은 에베소서의 남편과 아내의 관계와 그리스도와 교회의 관계를 나타낸다. 이것은 비교하면 양자의 관계를 통해서 '영적인 비밀'을 말하는 것임을 알 수 있다.

• 남편이 아내를 제 몸과 같이 사랑하는 것은 그리스도께서 교회를 사랑하셔서 자신을 주심과 같다.

• 아내가 남편에게 복종해야 하는 것과 교회가 그리스도께 복종하는 것은 서로 일치한다.

• 아내의 머리가 남편인 것은 교회의 머리가 그리스도인 것과 일치한다.

• 남편과 그리스도가 머리인 것은 아내와 교회가 그의 몸이라는 것과 일치한다.

• 교회와 그리스도가 '한 몸'인 것처럼, 남편과 아내는 '두 사람'이 아니라 '한 몸'이다.

• 아내가 남편에게 복종하는 것은 부정적인 의미가 아니라, 유기체(생명의 관계)의 관계라는 것을 의미한다.

• 아담의 갈비뼈로 여자를 만든 것처럼, 두 번째 아담이신 예수 그리스도의 '옆구리'(창에 찔린 것으로 상징)가 열려져서 '피와 물'이 나옴으로 교회가 나온 것은 예표론에서 서로 일치한다.

• 남편과 아내의 관계를 통해서 남편은 그리스도께서 교회를 사랑하신 것을 본받아야 하고, 아내는 교회가 그리스도께 복종하는 것처럼 남편에게 복종하도록 하셨다.

● 창조의 법칙은 가정에서 남편의 헤드십(headship)과 '돕는 배필'(helpmeet)인 아내로 세워지고, 교회는 여자의 머리(the head of woman)인 남자의 헤드십(headship)과 여자가 '돕는 배필'(helpmeet)로 동역할 때에 온전히 세워진다. 세상 나라는 하나님의 헤드십을 따르지 않지만, 하나님의 나라(왕국)인 교회는 반드시 하나님의 주권(the sovereignty of God)과 원칙(principle)을 따라야 한다.

10. 여자는 교회에서 잠잠하라

●"여자는 교회에서 잠잠하라"(Let your women keep silence in the churches)라는 구절은 서두에 언급했고, 여기에서 이 내용을 다룬다. 매우 단순한 구절이지만, 사실 이해하기 난해한 구절로 여겨지는데 본문의 문맥과 성경 전체의 흐름을 알면 확연히 알 수 있다. 다음은 여자에 대한 가르침을 포함하는 고린도전서 14장 전체의 문맥구분이다. 기본적인 구조에 대한 이해가 없으면 여러 가지 문제들이 발생한다.

• 김세윤 박사의 견해

● 여성 안수가 복음적이라고 주장하는 김세윤 박사는 그의 책 "그리스도가 구속한 여성"에서 다음과 같이 주장했다.

> 또 바울이 그리스도 복음의 사회적 함축 의미를 실현하는 데 주저하지 않고 적극적이었음을 반영합니다. 그런데 여자들이 말이 많은 것은 인류학적으로 보편적 현상이었는지, 갑자기 자유를 얻은 고린도교회의 여자들이 남자들과 평등하게 예배에 참여하면서 공적인 기도도 드리고 설교도 하되 굉장히 시끄럽게 한 것 입니다. 공예배가 무질서하게 된 것입니다. 여자들이 성령의 영감에 호소하면서 주께서 이렇게 말씀하신다. 저렇게 말씀하신다며 떠들어 댄 것입니다. 거기다

가 머리에 쓰던 너울조차 벗어던지고 떠들어 대니 예배의 분위기가 아주 어지럽게 되었습니다. 그래서 바울은 할 수 없이 질서를 잡아야 할 필요를 느꼈습니다.그런데 바울이 질서를 어떻게 바로잡는지 잘 살펴보십시오. 이미 말한 바와 같이, 이 문제가 발생한 것은 바울이 원래 갈라디아서 3장 28절의 원칙에 따라 교회에서 남녀가 함께 예배할 수 있고, 여자도 기도하고 설교할 수 있다고 가르쳤기 때문입니다. 그러므로 문제가 생겼을 때 우리 같으면 '여자들에게 공예배에서 기도도 하고 설교도 하게 했더니 문제가 많구만, 아무래도 여자들이 공예배에서 기도하고 설교하는 것은 안 되겠어!'라고 생각하지 않았겠습니까? 그래서 그 문제를 가장 쉽게 해결하는 방법은 여자들은 교회의 공예배에서 기도하면 안 됨, 예언하면 안 됨, 즉 "여자는 교회에서 잠잠하라"고 명령하는 것 아니었겠습니까? 그것이 당시의 일반적인 정서에도 맞고, 오늘 한국의 다수 목사들의 뜻에도 맞을 것 아닙니까? 그런데 바울은 일체 그런 말을 하지 않았습니다. 본문에 그런 뜻이 어디 암시라도 되어 있습니까? 아닙니다. 바울은 갈라디아서 3장 28절의 원칙이 처음 시행될 때 이런 부작용이 일어났음에도 불구하고 그 원칙을 포기하지 않았습니다. 갑자기 자유를 얻은 여자들이 교회에서 그 자유를 너무 절제 없이 씀으로 인해 부작용이 생겼음에도 불구하고, 바울은 그들의 그 자유를 억제하지 않습니다. 신학적인 원칙을 포기하지 않습니다. 그만큼 복음의 원칙에 투철한 것이고, 그리스도 안에 남녀 차별이 있을 수 없다는 확신에 투철한 것입니다. 바울이 여자들에게 요구하는 것은 기도할 때와 설교할 때, 다만 그들의 머리를 너울이나 수건으로 쓰라는 것입니다. 고린도전서 11장 2-16절의 긴 본문이 말하는 요점은 사실 이것 하나입니다. 이 요구를 강조하기 위해서 창세기의 창조 기사에 호소하여 남자가 여자의 머리이기에 그렇게 해야 한다고도 하고, '천사들 때문에 그렇게 해야 한다고도 하며(11:10), 심지어 머리를 짧게 기르는 남자에 반해 여자는 머리를 길게 기르는 것이 자연스럽다는 점에 호소하기도 합니다. 여기서 바울이 '머리'론을 펴는 것은 어디까지나 여자들에게 머리에 수건을 쓰라고 하기 위해서인데도 불구하고, 많은 사람들은 이를 망각하고 그것을 일반화하여, 모든 영역에서 남자 또는 남편이 여자 또는 아내에 대해 권위자 노릇을 할 수 있으므로 여자/아내가 남자/남편에게 순종하도록 가르치기 위해서라고 착각합니다. 그래서 일반 성도들이나 목사들은 말할 것도 없고 심지어 신학자들이라는 사람들까지도 본문을 다룸에 있어 '머리'(kephale)라는 말이 '원천'이라는 뜻과 함께 권위'의 뜻도 함축하고 있느냐 아니냐에 관심을 집중합니다. 이 8절에서 여자가 남자에게서 났음을 이유로 들고 있으니, 여기 머리'라는 말에는 '원천'이라는 뜻이 기본적인 것 같고, 그 '원천'이라는 뜻에서 '권위'의 뜻도 부차적으로 파생된다고 보는 것이 옳을 것입니다. 그러나 그런 논쟁이 별로 중요하지 않다는 것을 본문에서 바울 스스로 보여 줍니다. 바울은 남자가 먼저 났고 여자가 남자의 몸에서 났으니까 남자가 여자의 '머리'라는 논리를 길게 펼치다가, 남자도 여자(어머니) 뱃속에서 나오는 사실을 기억하고는 그 논리를 중단하고 있습니다(11:11-12). 그래서 할 수 없이 "그러나 주 안에서는 남자 없이 여자만 있지도 않고 여자 없이 남자만 있지도 않다. 이는 여자가 남자에게서 난 것 같이 남자도 여자로 말미암아 났기 때문이다. 모든 것들이 하나님께로부터 났다"고 자신의 논증을 종결하고 맙니다.이 말로 앞서 펼친 '머리'론을 스스로 포기하고 만 것입니다. 그러고는 그냥 머리를 짧게 기르는 남자에 반해 여자는 머리를 길게 기르는 것이 자연의 본성에 합당한 것이 아니냐고 물으면서 독자들의 상식에 호소하는 것으로 자신의 주장을 종결합니다 (11:13-15). 그렇게 함으로써 바울은 자신의 '머리'론도 상식론과 마찬가지로 창조 기사와 자연현상에 호소하지만, 신학적인 원칙의 논리라기보다는 복장을 단정하게 하는 교훈을 강화시키기 위한 임시방편적인 논리(ad hoc argument)임을 나타내고 있습니다. 그러니까 바울의 뚜렷한 하나의 의도만을 중요시해야지 여자들로 하여금 공예배 시 머리에 수건을 쓰고, 즉 복장을 단정히 하고 기도도 하고 설교도 하게 하려는 것)만을 중시해야지. 그것을 위해 스스로 펼치다만 '머리'론에 사로잡히면 본문을 제대로 보지 못하는 것입니다. 바울은 여자가 머리를 너울로 가려야 할 이유를 '천사들 때문'이라고 대는데(11:10), 많은 학자들의 노력에도 불구하고 이에 대해 다수의 학자들이 지지하는 해석은 지금까지 나오지 않고 있습니다. 그러나 바울의 의도가 명백한 본문에서 그것 역시 어디까지나 부차적인 것에 불과합니다(김세윤, 그리스도가 구속한 여성, 두란노, 81-85쪽).

● "여자는 교회에서 잠잠하라"라는 구절은 여성의 안수(강도권)에 걸림이 되는 구절 중의 하나이다. 김세윤 박사는 명백한 말씀의 팩트에 막힌 나머지, 이 구절은 사도 바울이 쓴 것이 아니라 후대에 어떤 사람들이 '삽입'했다는 "성경 편집설"을 주장했다.

논쟁의 구절은 고린도전서 14장에 위치한다. 그러므로 적어도 14장의 문맥에 따른 구조를 파악해야 한다. 김세윤 박사의 주장은 "여자는 잠잠하라"고 한 이유가 교회에서 여자들이 질서없이 방언도 하고 예언을 했기 때문이라고 말한다. 그래서 그 시대에 여자들이 교회에서 방언도 하고 예언도 했기 때문에 "여자들이 성도들을 가르치는 지위에 있었다"라고 주장한다. 그의 주장은 성경 전체의 흐름뿐만 아니라 고전 14장의 문맥을 오해했다.

〈 문맥의 구조 〉

구분	14장	주　　제
예언 (대언)	1-19절	예언;교회에 덕을 세우라
	20-25절	권면:어린아이가 되지 말라
예배 질서 원칙	26절	모일 때
	27-28절	방언할 때 질서
	29-33절	예언할 때 질서
	34-35절	**여자에 대한 질서** "모든 성도가 교회에서 함과 같이" 는 문맥상 여기에 포함됨
결론	39-40절	예언을 사모하라
		방언 말하기를 금하지 말라
		모든 것을 품위, 질서있게 하라

• 고린도전서 14장의 문맥을 따라 구조를 정리하자.

• 1-25절은 두 부분으로 나뉘어지는데 1-9절은 방언으로 인한 무질서를 예언(대언)에　비교하면서 방언은 통역이 없으면 하지 말 것과 교회에 덕을 세울 것을 말한다

• 20-25절은 지혜에는 어린아이가 되지 말 것을 권면한다. 그 내용은 방언은 믿는 자들을 위한 것이 아니라 믿지 않는 자를 위한 것이라고 말하면서 교회에서 방언을 하는 것은 쓸데

없는 일이고 어린아이와 같은 일이다. 그러므로 말씀을 전하는 장성한 사람이 될 것을 말씀한다.

• 26-35절은 예배와 관련된 여러 가지 질서에 대하여 말한다. 이것이 고린도 교회에 필요했다.

• 26절은 예배로 모일 때에 여러 가지 내용에 대해 말한다.

• 27-28절은 방언할 때의 질서에 대해 말한다. 통역이 있을 때에 방언을 할 수 있지만 반드시 차례를 따라 하되, 통역이 없으면 잠잠할 것을 말씀한다(방언은 통역이 없으면 절대할 수 없다).

• 29-30절은 예언(대언)할 때의 질서에 대해 말한다. 어떤 사람에게 계시(성령의 조명으로 말씀을 깨닫는 것)가 있을 때에 다른 사람은 "잠잠하라"고 말씀한다.

• 34-35절은 "여자들이 지켜야 할 질서"에 대해 말한다. 여자들은 교회에서 "잠잠하라"고 말씀한다. 이것은 당시 모든 교회들이 지키고 있었다.

• 39-40절은 결론 부분으로 세가지 사항을 말한다. 예언(대언, 하나님의 말씀이 예언임)을 사모하고(not 방언을 사모), 그러나 방언 말하는 것을 금하지 말라(참된 방언은 성령의 은사로 이 땅의 언어이다. 교회에서 통역이 없으면 방언을 하지 말라는 것이지 방언 자체를 금하지 않았다). 그리고 모든 것을 품위 있고, 질서있게 하라고 권면한다. 14장의 핵심 주제는 교회에서의 "영적 질서"이다.

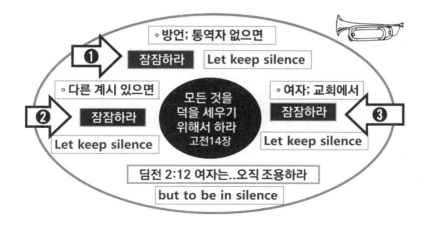

● 위의 밴다이어그램에는 영적 질서를 세우기 위해서 세 가지 "잠잠하라"(Let keep silence)고 말씀한다.

• 첫째, 방언 시 통역자가 없으면, 모두 알아듣지 못하고 야만인이 되기 때문에 "잠잠하라."

• 둘째, 어떤 사람에게 성령의 내적 조명으로 말씀을 깨닫게 되어 말할 때, 다른 사람들은 "잠잠하라." 두 세 사람이 질서없이 말하지 말라.

• 셋째, 여자들은 교회에서 "잠잠하라." 왜냐하면 율법에서 그들에게 말하는 것이 허락함이 없기 때문이다.

• 넷째, 고린도전서에서의 "여자들은 교회에서 잠잠하라"는 메시지는 디모데전서 2장 12절의 "여자는..오직 조용하라"는 메시지와 일치한다.

● 그런 후에 여자가 교회에서 조용해야할 이유를 디모데전서 2장 12-14절에서 "여자가 가르치는 것과 남자를 주관하는 것을

허락하지 아니하노니 오직 조용할지니라 이는 아담이 먼저 지음을 받고 하와가 그 후며 아담이 속은 것이 아니고 여자가 속아 죄에 빠졌음이라"고 말씀한다.

● 이것이 창조부터 변치 않은 하나님의 헤드십이기 때문이다. 초대 교회와 사도 시대의 여자들이나 오늘날의 여성도들은 모두 하와의 딸이기 때문에, 하와가 아담의 헤드십을 떠나 스스로 머리(head)가 되어 죄에 빠졌다는 사실을 잊지 말아야 한다.

● 만일 이 말씀의 대상에서 예외라고 주장하는 여성이 있다면, 하와의 딸이 아니라면 가능하다. 또한 하와의 딸이 아니라고 주장하는 것은 여자의 후손으로 오신 예수 그리스도의 구속과도 상관이 없다는 말과 같다.

• 34-35절과의 연관 구절 "모든 성도가 교회에서 함과 같이" 에 대하여

위의 표에서도 34-35절을 '회색'으로 표시한 것은 이 부분이 중요하기 때문이다. 성경을 보면 33절과 34절이 다음과 같이 표시했다.

> (33) 하나님은 무질서의 하나님이 아니시요 오직 화평의 하나님이시니라 ○모든 성도가 교회에서 함과 같이 (34)여자는 교회에서 잠잠하라(고전 14:33-34)

● 여성 안수를 주장하는 김세윤 박사는 "여자는 교회에서 잠잠하라"는 구절이 어디부터 시작되는 지를 놓쳤다(다른 여성 안수 주장자들도 동일하다).

원래 성경에는 장과 절의 구분이 없었다. 성경의 장(chapter)과 절(verse) 구분은 성경을 이해하기 좋게 하기 위해서 만들어진 것이다. 오늘날의 장(chapter)과 절(verse)로 구분한 사람은 켄터베리 주교 스테판 랑톤(1204~1205년)이다.

이후 1330년 솔로몬 벤 이스마엘은 최초로 히브리어 성경의 일부 필사본에 랑톤의 장 표시를 적어 넣었으며, 1551년 인쇄업자인 로버트 스테파누스(면류관이란 뜻으로 사도행전의 스데반과 같은 이름)는 제네바 성경에 장절을 표시하였다.

● 대개 34절부터 "여자에 대한 말씀"이라고 간주하는데 오류이다. 김세윤 박사도 "모든 성도가 교회에서 함과 같이"를 앞의 문단인 "예언에 대한 질서"에 포함시키고, 뒤의 구절과 상관없는 것처럼 간주함으로 잘못 해석했다. 그 결과 중요한 해석의 단서가 되는 구절을 잃어버렸고, 도끼를 잃고 나무를 하는 상황처럼 되었다.

● 개역 개정에서 "○ 모든 성도가 교회에서 함과 같이"라고 "○표"한 것은 이 구절이 뒤의 "여자는 교회에서 잠잠하라"(34절)에 포함된다는 것을 알려주기 위함이다. 만일 앞 구절에 붙는다면 "(33) 하나님은 무질서의 하나님이 아니시요 오직 화평의 하나님이시니라 ○모든 성도가 교회에서 함과 같이"라고 하면서 예언할 때의 질서에 대한 권면이 끝나게 된다. 음악으로 말하면 "1도 으뜸 화음"으로 끝나지 않고 "5도 딸림화음"으로 종결시킨 것과 같다. 이런 종결은 부자연스럽기 짝이 없다. 김세윤 교수를 이런 사실을 인지하지 못했다.

● 문맥을 고려하면(개역 개정도 그렇게 표시함), "모든 성도가 교회(들)에서 함과 같이 여자는 교회에서 잠잠하라"는 것으로 연결된다. "...같이"(as)라는 접속사가 수식하는 주어는 "여자들"이다.

• not 교회(단수) But 교회들(복수)

● "여자는 <u>교회에서</u> 잠잠하라"에 중요한 '스펠링'이 빠져서 번역됐다(단수와 복수를 잘 구별 안했음). 개역 개정에서 "교회"는 "단수"인데 반하여, 원문은 "교회들"(churches)이다. 헬라어 원문은 εκκλησιασ(에클레시아스, 복수 여격, 교회들)로써 εκκλησια(에클레시아, 단수)의 복수형이다. KJV은 "Let your women keep silence <u>in the churches</u>"라고 원문대로 번역했다.

● 단수와 복수의 차이는 크다. '교회'가 '단수'라고 하면 여성 안수 주장자들이 힘을 얻을 수 있다. 왜냐하면 "여자는 교회(단수)에서 잠잠하라"는 것을 '고린도 교회'(단수)만의 문제라고 주장할 수도 있기 때문이다. 그런데 "교회"는 '단수'가 아니라 "교회들"

로서 '복수'이다. 이것은 고린도 교회뿐만 아니라 '이미'(already) 모든 교회들에서 "여자는 잠잠했다", "여자는 교회 예배시에 말씀을 가르치지 않고 조용했다"는 것을 가리킨다. 당시의 교회의 상황은 어떠했는가?

- 에베소 교회에서도 여자들이 잠잠했다(Keep silence).
- 골로새 교회에서도 여자들이 잠잠했고(Keep silence).
- 데살로니가 교회에서도 여자들이 잠잠했다(Keep silence)..
- 버가모 교회에서도 여자들이 잠잠했고(Keep silence).
- 두아디라 교회에서도 여자들이 잠잠했다(Keep silence).
- 갈라디아의에 있는 여러 교회에서도 여자들이 잠잠했고 (Keep silence),
- 라오디게아 교회에서도 여자들이 잠잠했다(Keep silence).
- 서머나 교회에서도 여자들이 잠잠했고(Keep silence),
- 빌라델비아 교회에서도 여자들이 잠잠했다(Keep silence).
- 모든 교회들에서 여자들이 잠잠했다(Keep silence).
- 이와 같이 하나님의 법을 따라 고린도 교회의 여자들도 잠잠하라(Let keep silence).

● 위의 구절은 "그 당시 성도들의 <u>모든 교회들에서</u> 여자들이 잠잠한 것같이(as in <u>all churches</u> of the saints)" 고린도 교회에서도 여자들도 잠잠해야 한다(Let keep silence)는 것을 가리킨다. 여자가 교회에서 잠잠해야 한다는 것은 고린도 교회의 지엽적인 문제가 아니라, 모든 교회에서 지켜야 할 원칙(principle)이었다.

이것은 디모데전서 2장 12절에서 "여자의 가르치는 것이 허락되지 않는다"라는 말씀과도 일치한다. 여성 안수 문제의 시금석과 같은 "여자는 교회에서 잠잠하라"는 말씀은 신약교회만이 아니라, 창세로부터 오늘에 이르기까지 교회에 주시는 원칙(principle)이다.

• "여자는 교회에서 잠잠하라"를 검증할 수 있는 성경구절들

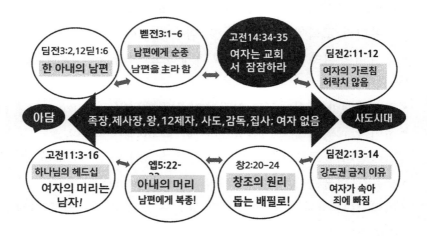

● "여자는 교회에서 잠잠하라"는 말씀은 오늘날의 여성 안수 주장이 잘못된 것임을 드러낸다. 성경은 각 저자(記者)가 다를지라도 성령의 감동으로 기록됐기 때문에 하나의 흐름 안에서 일치한다. 따라서 여성 안수와 관련된 "남자는 여자의 머리"라는 헤드십과 '돕는 배필'(helpmeet)과 연관이 있는 구절들을 함께 본다면 더 확실해진다. 한 사람의 증인도 중요하지만 두세 사람의 증인

이나 더 나아가 일곱 사람의 증인이 있다면 더 명약관화하다. 위의 표는 여성안수의 문제를 검증할 수 있는 중요한 말씀들이다. 다시 한 번 정리한다면 여성 안수에 대한 의문은 안개가 아침 햇살에 사라지듯 없어질 것이다.

Part 6

신약의 남녀 리더십의 논쟁 사례들

• 들어 가면서

신약의 시작은 여자의 후손이신 그리스도의 오심(coming)으로 시작한다. "예수님이 어떤 여자를 통해서 오시는가?"라는 것은 중요하다. 창세기에서 남자와 여자를 창조하심으로 하나님의 헤드십이 시작되었고, 여자가 '돕는 배필'(helpmeet)의 위치를 떠나 헤드십을 취함으로 타락했다. 따라서 신약은 합당한 '남자의 헤드십'과 '돕는 배필'의 동역을 통해서 시작한다.

1.'돕는 배필'인 마리아(눅 1장)

누가복음 1장은 여자의 후손의 어떻게 오셨는지를 상세하게 보여준다. 여기에는 헤드십의 원칙이 있다. 논증의 핵심은 각 시대별로 여자들의 리더십(헤드십)이 하나님의 통치의 영역인 이스라엘 백성들에게 어떻게 나타났고, 쓰임을 받았는가를 주목해야 한다. 누가복음 1장을 통해 '헤드십'과 '돕는 배필'의 관점으로 요약하면 다음과 같다.

1장 단락	내용	남녀동역
5-25절	사가랴와 엘리사벳 가브리엘 천사의 고지	헤드십과 돕는 배필
26-38절	수태고지;마리아에게	돕는 배필
39-45절	엘리사벳과 마리아의 교제	돕는 배필들
46-56절	마리아의 찬양	돕는 배필
57-80절	세례요한 출생과 사가랴예언	헤드십과 돕는 배필

● 누가복음 1장은 여자의 후손이신 예수 그리스도가 오시기 위해서 쓰임받은 사람들에 대한 기록을 상세히 보여준다(마태복음, 마가복음과는 다르다. 각 복음서의 닥트린-메시지-이 다르기 때문이다).

● 5-25절에는 사가랴와 엘리사벳에게 가브리엘 천사가 나타나 아들을 낳을 것을 예고한다. 그는 세례요한인데, 메시아가 오시기 전에 그의 길을 예비할 자가 있어야 하기 때문이다.

● 사가랴와 엘리사벳은 나이 들어 늙을 때까지 아이가 없었다. 그래도 하나님을 경외하는 부부였다. 여기서의 관점은 "왜 하나님께서 사가랴와 엘리사벳을 왕의 전령자를 낳을 부부로 선택하셨는가?"이다.

● 사가랴는 제사장(priest)으로서 자기 반열을 따라 신실하게 성소를 섬기므로 하나님을 섬긴 사람이었다. 그는 하나님이 주신 "남자는 여자의 머리"라는 헤드십을 갖고 있었다. 그의 아내 엘리사벳도 사가랴를 '돕는 배필'(helpmeet)로서 남편을 머리로 삼으므로 하나님의 머리 되심을 지켰다.

● 창조 때에 여자가 남자의 헤드십의 지위에 서서 스스로 선악과를 먹음으로 죄에 빠졌다. 구원자가 오시는 길을 예비하는 자는 반드시 "남자는 여자의 머리"라는 헤드십과 위로는 "하나님의 머리 되심" 아래 있는 자들을 사용하신다.

● 26-38절은 가브리엘 천사가 마리아를 찾아가 아들을 낳을 것을 알린다. 일명 수태고지이다. 누가복음의 관점은 "왜 가브리엘 천사가 수많은 여자들 가운데 마리아를 찾아 갔는가?"이다.

성경은 마리아를 소개할 때 "다윗의 자손 요셉이라 하는 사람과 약혼한 처녀에게 이르니"라고 말씀한다.

• 요셉과 정혼한 마리아

첫째, 마리아가 "처녀"(virgin)였기 때문이다. 윤리적으로 순결한 여자였다. 만일 마리아가 처녀가 아니었다고 하면 천사가 찾아가는 일은 없었을 것이다.

둘째, 마리아가 '다윗의 자손'(the son of David)과 약혼했기 때문이다. 만일 다윗의 자손이 아닌 다른 자손과 약혼했다고 하면 천사가 찾아가는 일은 없었을 것이다.

셋째, 마리아가 다윗의 자손 중에서 요셉과 약혼했기 때문이다. 만일 마리아가 처녀이고 다윗의 자손의 어떤 사람과 약혼했을지라도 쓰임 받지 못하는 이유는 그의 남편(husband) 될 사람도 하나님 앞에 합당한 사람이어야 하기 때문이다. 따라서 예수님을 낳는 것은 마리아 한 사람의 일 같지만, 반드시 또 다른 사람, "여자의 머리"가 될 남자(husband)가 합당한 사람이어야 한다.

• 마리아의 '돕는 배필'의 자질-"주의 계집종"

● 마리아는 하나님의 헤드십(headship) 아래 있는 여자였다. 하와는 뱀이 유혹할 때, 아담의 헤드십을 거역함으로 죄에 빠졌다. 가브리엘 천사가 전한 소식은 기쁜 소식이었지만 마리아의

입장에서 "이해할 수 없고", "받아들일 수 없는" 말이었다.

●처녀가 아이를 낳는다는 것은 한 번도 들어본 일도 없지만, 그의 인생에 'A라는 주홍 글씨'가 되기 때문이다. 그러나 "대저 주의 말씀은 능치 못함이 없느니라"는 천사의 말을 듣고, 즉시 "주의 계집종이오니 말씀대로 내게 이루어지이다"(눅 1:38)라고 받아들였다. 이것은 마리아가 하나님의 머리 되심(the headship of God) 아래 살아왔다는 증거였다. 하와는 하나님의 헤드십을 잃고 타락했지만, 마리아는 하나님의 헤드십 아래 있음으로 구원자를 잉태하는 축복의 여인이 되었다.

• 마리아와 미리암

● 46-56절은 마리아의 찬송이다. 그가 하나님의 구원을 기뻐하며 예언적으로 찬양하는 위대한 여인이었다는 것을 본다. 이것은 출애굽 시 미리암의 노래에 비견될 수 있다.

사실 "미리암"과 "마리아"는 같은 뜻의 이름이다. 미리암이 외국 언어로 번역되는 과정에서 '마리아'로 변형됐다. BC 3세기 히브리어 성경이 헬라어로 번역된 것이 "70인역"(Septuagint, LXX)인데 "마리암(Mariam)"으로 음역했고, 그후 라틴어 성경인 불가타역은 마지막 자음인 "m"이 탈락되어 "마리아(Maria)"로 음역됐다. 마리아와 미리암이 같은 이름이라는 것은 의미있다. 미리암은 모세의 헤드십에 대적한 '돕는 배필'이었는데, 마리아는 하나님이 헤드십 아래 자신을 '계집종'으로 불렀다.

• 마리아의 혼과 영

● 마리아는 "내 영혼(soul)이 찬양하며" 또한 "내 마음이 하나님 내 구주를 기뻐했다"고 찬양했다. "내 마음"이라 번역된 원문은 "my spirit"이다. 마리아는 그의 혼(soul, 생각)으로 찬양하고, 그의 영(spirit)이 구주를 기뻐한 경건하고 놀라운 믿음을 가진 여자였다.

이것을 통해서 하와가 "돕는 배필"의 지위를 떠나 스스로 "머리"가 됨으로 타락했지만, 마리아는 하나님의 헤드십 아래서 "돕는 배필"(helpmeet)의 지위를 지키는 여자였다.

• 사가랴의 헤드십과 '돕는 배필'인 엘리사벳

● 57-80절은 세례 요한의 출생과 사가랴의 예언이다. 메시아의 길을 예비할 전령자의 부모가 합당한 부부로서 하나님 앞에 경건한 사람이라는 증거이다. 사가랴는 하나님의 머리 되심과 "남자는 여자의 머리"(headship)의 위치를 지켰고, 엘리사벳은 "돕는 배필"(helpmeet)로서 남편의 머리 됨 아래에서 하나님의 머리 되심을 지킨 여인이었다.

● 구원자가 여자의 후손으로 오시기 위해서 쓰임을 받은 사람은 사가랴와 엘리사벳 부부 그리고 요셉과 마리아라는 처녀이다. 그들은 모두 하나님의 헤드십 아래서 "남자는 여자의 머리"로서, "여자는 돕는 배필"로 쓰임을 받았다. 신약을 여는데 쓰임을 받은 사람은 반드시 하나님의 머리 되심(the headship of God) 아래서 남편은 머리로, 여자는 돕는 배필로 쓰신다는 것을 보여준다.

• 누가복음에서 예수님 탄생의 중심; not 요셉 but 마리아

● 누가복음의 중점은 요셉(headship)에게 있지 않고 마리아 (helpmeet)에게 있다. 마리아는 여자로서 하나님의 구원을 위해 쓰임받은 '돕는 배필'(helpmeet)이었다. 누가복음은 "참 사람이신 그리스도"를 보여준다. 참 사람 됨의 요소는 "참되고 높은 인성" 이기 때문이다. 그래서 예수님의 출생에 대한 기록이 누가복음에 자세하게 기록된 것도 그 때문이다.

누가복음 1장의 인물들 즉 사가랴와 엘리사벳 그리고 마리아 는 뛰어난 인성을 가졌다는 것을 기록한다. 사가랴가 엘리사벳을 소개할 때 "이 두 사람이 하나님 앞에(before God) 의인(righteous) 이니 주의 모든 계명(all the commandments)과 규례대로 (ordinances of the Lord) 흠이 없이(blameless) 행하더라(walking)" 고 말씀한다. 오늘날 우리들은 하나님 앞에서 '의인'으로 주의 계 명을 따라 흠이 없는 살고 있는가?

● 누가복음 3장 23-38절에는 예수님의 족보가 기록된다. 여 기에서는 예수님으로부터 시작하여 위로 거슬러 올라간다. "그 위는"이라는 구절이 반복되면서 아담까지 올라가고 최종적으로 "그 위는"(원문은 정관사 $\tau o \nu$로서 '정관사 남성 소유격'의 뜻인데 족보의 특성을 살려 의역됐다) 하나님이라고 밝힌다.

● 누가복음 3장의 계보는 다윗의 아들 가운데 "나단 계열"이 고, 마태복음 1장의 계보는 다윗의 아들인 "솔로몬 계열"이다. 누

가복음의 중심은 '돕는 배필'(helpmeet)인 마리아이고, 요셉은 나타나지 않는다. 이에 반하여 마태복음의 중심은 헤드십(headship)을 가진 요셉이다. 하나님의 역사를 위해 두 사람이 필요했듯이, 오늘날 교회를 세우는데 요셉과 같은 헤드십을 가진 목자와 마리아와 같은 돕는 배필들이 필요하다.

2. 아기와 마리아의 인도자 요셉의 헤드십

● 누가복음에서 예수님의 잉태에 관하여 마리아가 중심이고 요셉은 나타나지 않는다. 그에 반하여 마태복음 1-2장은 요셉이 중심이고, 마리아는 나타나지 않는다. 이것이 복음서의 닥트린의 '차이'(difference)이다.

● 복음서는 평이해서 누구든지 쉽게 읽을 수 있다. 그런데 또 다른 방면으로 매우 깊고 심오하다. 창조의 헤드십의 관점을 알지 못하면 그냥 이야기와 같이 하나의 교훈으로 끝나고 만다. 여성 안수 문제는 헤드십(headship)의 문제이다. 예수 그리스도의 통로로 쓰임을 받은 마리아의 기사는 헤드십의 원칙 즉 "남자는 여자의 머리"라는 것과 "여자의 돕는 배필"의 원칙이 나타난다.

● 마리아는 신약시대의 여자의 리더십이 무엇인지를 보여준다. 오늘날 여성도들은 마리아를 통하여 여성의 리더십의 모델을 발견할 수 있다. 마태복음 2장은 예수 그리스도가 출생한 후 일련의 과정을 나타냈다. 천사의 현몽을 통해서 예수님을 죽이려는 헤롯의 궤계를 피하도록 하는데, 하나님이 일하시는 헤드십의 원칙을 발견할 수 있다. 다음은 마태복음 2장의 이해를 돕도록 그림으로 중요 메시지를 나타냈다.

● 동방 박사들은 아기 예수님께 예물을 드리고 경배를 드렸다. 헤롯은 박사들에게 아기를 찾으면 자기도 경배하도록 돌아가는 길에 알려달라고 부탁했다. 박사들은 헤롯이 아기를 죽이려는 것을 전혀 눈치채지 못했다. 하나님께서는 주권적으로 박사들의

꿈에 헤롯에게로 돌아가지 말라 지시하심으로 다른 길로 고국에 돌아갔다. 헤롯은 포기하지 않았다. 그는 박사들에게 속은 줄 알고 분노하여 베들레헴과 그 지경에 있는 두 살부터 그 아래의 사내아이를 다 죽이라는 명령을 내렸다. 요셉과 마리아는 헤롯왕이 아기를 죽이려 한다는 사실을 생각지도 못했다. 마리아의 순종과 헌신을 통해서 여자의 후손인 메시아가 탄생했지만, 악한 자에 의해서 죽음을 당할 위기에 처했다.

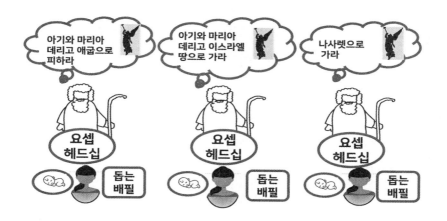

• 천사의 첫 번째 현몽: not 마리아 but 요셉에게

● 헤롯에 의해 아기를 죽이려는 음모가 진행될 때 하나님은 놀라운 일을 하셨다. 마태복음 2장 13-15절은 이렇게 말씀한다.

그들이 떠난 후에 주의 사자가 요셉에게 현몽하여 이르되 헤롯이 아기를 찾아 죽이려 하니 일어나 아기와 그의 어머니를 데리고 애굽으로 피하여 내가 네게 이르기까지 거기 있으라 하시니 <u>요셉이 일어나서 밤에 아기와 그의 어머니를 데리고</u> 애굽으로 떠나가 헤롯이 죽기까지 거기 있었으니 이는 주께서 선지자를 통하여 말씀하신 바 애굽으로부터 내 아들을 불렀다 함을 이루려 하심이라(마 2:13-15)

● 주의 천사(the angel of the Lord)가 요셉의 꿈에 나타나 헤롯의 음모를 알려주면서 애굽으로 피할 것을 알렸다. 특이한 것은 천사가 아기를 낳은 '마리아'에게 현몽하지 않고 '요셉'에게 현몽했다. 여성 안수 주장자들은 '남녀차별'이라고 주장할 것이다.

● 주의 천사가 나타난 이유는 요셉이나 마리아 때문이 아니었다. 여자의 후손으로 오신 "아기 예수님" 때문이다. 이것은 "아기와 그의 어머니를 데리고"라는 천사의 말에도 나타난다. 첫째는 "아기 예수님", 둘째는 "그의 어머니" 때문이다. 마리아는 "아기 예수님"을 낳았고, 요셉은 마리아와 정혼했기 때문에 쓰임을 받는 은혜를 누린다.

● 요셉은 천사의 지시를 따라 "아기와 그의 어머니"를 데리고 애굽으로 내려갔다. 이것은 요셉이 마리아의 '인도자'(guardian)와 '보호자'(protector)의 위치에 있다는 것을 보여준다. 요셉이 마리아의 인도자와 보호자가 될 수 있는 것은 "여자의 머리인 남자"이며 정혼한 사람으로서의 헤드십(headship)이 있을 뿐만 아니라, 인도자의 로드맵을 주의 천사가 알려줬기 때문이다.

● 마태복음에서는 마리아의 위치가 직접적으로 드러나지 않았지만, 주의깊게 보면 그의 위치를 발견할 수 있다. 마리아의 입장에서 볼 때, 요셉이 한 밤중에 일어나서 헤롯왕이 아기를 죽이

려 한다면서 애굽으로 피신해야 하고, 최고의 권력자가 아기를 죽이려 한다는 것을 믿는 것이 쉬웠겠는가? 그것을 받아들인다고 해도 이웃 도시나 이스라엘의 어떤 곳이 아니라 머나먼 타국인 애굽으로 내려가야 한다는 것을 받아들일 수 있었겠는가? 마리아가 요셉의 말에 순종하는 것은 결코 쉽지 않다. 그런데 마리아는 순종했다. 마리아는 요셉과 정혼한 여자로서 '돕는 배필'(helpmeet)이었다.

● 만일 천사가 헤드십을 가진 요셉에게 알려줬을지라도 마리아가 '돕는 배필'(helpmeet)이 아니라 에덴 동산의 '여자'와 같았다고 하면 난감한 상황에 빠지게 된다. 마리아는 요셉에게 천사가 꿈에서 나타나서 애굽으로 피신할 것을 알렸을 때, 이전에 천사 가브리엘이 나에게 나타났는데 요셉에게 나타날리 없다고 하면서 받아들이지 않았다면 큰 문제가 발생한다. 마리아는 "돕는 배필"(helpmeet)로서, 요셉은 헤드십(headship)을 가진 "여자의 머리"로서 모두 하나님 앞에서 합당한 사람이었다.

● 만일 마리아가 머나먼 애굽으로 내려가지 않고 다른 곳으로 피신했다고 하면 어떤 일이 발생하는가? 성경의 예언이 성취되지 않은 일이 발생한다. 마리와와 요셉이 생각할 때, 피신만 하면 되니까 아무 문제가 없다고 생각할 수 있다. 그러나 하나님께는 큰 문제가 된다. 왜냐하면 주께서 선지자를 통하여 "애굽으로부터 내 아들을 불렀다"라고 말씀(예언)하셨기 때문이다. 그리스도에 대한 예언이 하나라도 성취되지 않는다면 하나님 말씀의 권위와 그리스도의 자격에 흠이 발생하기 때문이다.

● 주의 천사는 요셉에게 "내가 네게 이르기까지 거기 있으라"고 하면서 또 다시 요셉에게 현몽하여 새로운 지시를 줄 것을 언급했다. 이것은 주의 천사도 요셉에게 "헤드십"(headship)이 있다는 것을 가리킨다. 요셉은 아기와 마리아의 인도자와 보호자의 역할을 하는 "목자"였다. 목자에게는 가르치는 권세(주의 천사가 알려줌)와 치리하는 권세(천사 지시대로 인도하는 권세) 즉 "헤드십"(headship)이 있다.

• 천사의 두 번째 현몽: not 마리아 but 요셉에게

● 요셉은 아기와 마리아를 데리고 애굽으로 내려가서 상당한 기간을 살았다. 아기와 마리아를 부양하기 위해서 필요한 것은 "주거비"와 "생활비"이다. 동방박사들이 왕이신 아기를 경배할 때 드린 예물들 즉 황금과 유향과 몰약을 팔아 생활했을 것이다. 하나님은 모든 것을 다 예비하셨다. 여호와 이레의 하나님이시다. 상당한 시간이 지난 후 아기의 목숨을 노리던 헤롯이 죽었다. 이런 사실을 요셉은 알 수 없었다. 성경은 다음과 같이 말씀한다.

> 헤롯이 죽은 후에 주의 사자가 애굽에서 요셉에게 현몽하여 이르되 일어나 아기와 그의 어머니를 데리고 이스라엘 땅으로 가라 아기의 목숨을 찾던 자들이 죽었느니라 하시니 요셉이 일어나 아기와 그의 어머니를 데리고 이스라엘 땅으로 들어가니라(마 2:19-21)

● 주의 천사(the angel of the Lord)가 요셉의 꿈에 나타나 헤

롯의 죽음을 알리면서 이스라엘 땅으로 가라고 지시한다. 이 번에도 마리아가 아닌 요셉에게 현몽했다. 첫 번째에 이어 두 번째에도 천사가 요셉에게 현몽한 것은 하나님의 정하신 원칙 이 있기 때문이다. 여성 안수 주장자들은 마리아와 요셉이 "평 등"(sameness)하기 때문에 마리아에게도 현몽할 수 있다고 주장 하는 것과 같다. 두 사람이 "평등"(sameness)하지만, 서로 "역할 의 구별"(differenceness)이 있다는 것을 간과했다.

● 주의 천사가 현몽하는 문제를 적용해 보자. 현몽의 객체 즉 꿈을 누가 꿀 것인가를 결정하는 것은 "사람"이 아니라 "하나님" 이다. 주의 천사가 요셉에게 현몽한 것은 "천사의 뜻"도 아니고 그를 보내신 "하나님의 뜻"이다. 하나님께서 요셉에게 현몽케 하 신 것은 그가 마리아보다 우월하기 때문이 아니다. 창조로부터 남자는 "여자의 머리"로서의 헤드십을 주셨기 때문이다. 요셉의 헤드십은 첫째 "아기 예수님"을 위한 것이고 둘째로 "마리아"를 위한 것이다.

● 주의 천사가 요셉에게 나타난 가장 중요한 이유는 누구 때 문인가? "아기 예수님" 때문이다. 천사의 지시의 목적이 "아기와 그의 어머니를 데리고"라는 말에도 나타난다. 요셉과 마리아가 귀한 사람인 것은 그들이 "예수 그리스도"를 섬기기 때문이다.

● 요셉은 천사가 현몽하여 지시한 사항을 마리아에게 알렸을 것이다. 마리아의 입장에서 생각한다면 "천사가 전에는 요셉에게 알렸다면, 이번에는 아기 예수님을 낳은 나에게 지시해야지 왜 두 번이나 아기를 낳지도 않은 요셉에게 나타났는가?"라는 생각

을 했다면 요셉의 말(지시)에 순종하지 않았을 것이다.

●요셉의 말은 "천사의 지시"이지만, 마리아의 입장에서는 "요셉의 지시"이다. 만일 마리아가 요셉의 "헤드십"(headship)을 인정하지 않았다면 순종하기 어려웠을 것이다. 이런 상황은 오늘날 우리들의 염려이지 마리아에게는 걱정거리가 되지 않았다. 마리아는 요셉의 '헤드십'을 따르는 '돕는 배필'(helpmeet)이었다.

● 오늘날 여성 안수 주장자들은 "왜 주의 천사는 요셉에게만 나타나고 마리아에게는 나타나지 않았는가? 왜 마리아는 요셉의 인도를 받아야 하는가? 마리아는 예수님을 낳았기 때문에 마리아도 인도자가 될 수 있지 않은가? 마리아가 요셉의 인도를 받는다는 것은 남녀차별이 아닌가?"라는 문제를 제기할 것이다. 성경도 모르고 하나님의 능력도 알지 못해서 크게 오해한 것이다(막 12:24). 하나님은 "남녀차별"을 하는 분이 아니지만 "남녀구별"을 하신다. 몸과 머리는 '한 몸'이라는 '평등성(sameness)'이 있지만, 머리와 몸은 각각 "차이성"(differenceness)이 있다.

● 창조 때부터 아담을 여자보다 '먼저'(first) 만드신 것은 "남녀차별"이 아니라 "남녀구별"을 나타낸다. 아담이 모든 동물들의 이름을 짓고(naming) 상당한 시간이 지난 후에 아담을 잠들게 하고 "아담의 갈비뼈"를 취하여 여자를 만들었다. 아담은 "땅의 흙"을 취해서 만들었지만, 여자는 "아담의 갈비뼈"를 취하여 만들었다. 아담이나 여자나 모두 "흙"이라 말할 수 있다. 그러나 그 근원에 차이가 있다.

아담의 근원은 "땅의 흙"이고, 여자의 근원은 "아담의 갈비뼈"이기 때문이다. 아담과 여자의 '근원'(source)이 다르다는 것은 남자와 여자가 구별되는 중요한 요소이다. 하나님의 창조의 목적과 창조의 과정은 아담을 헤드십을 가진 머리(head)로, 여자는 '돕는 배필'(helpmeet)로 지으셨다. 마리아가 구원의 통로로 쓰임받을 수 있었던 것은 그가 헤드십을 가진 요셉의 '돕는 배필'(helpmeet)이었기 때문이다.

• 천사의 세 번째 현몽: not 마리아 but 요셉에게

● 요셉은 천사의 지시대로 아기와 마리아를 데리고 이스라엘 땅으로 들어갔다. 유대의 정세를 파악하기 위해서 "누가 왕이 되었는가"는 중요한 정보였다. 요셉은 사람들로부터 헤롯의 아들인 아켈라오가 왕이 되었다는 소식을 듣고 두려워했다. 하나님의 인도가 필요한 상황에 성경은 다음과 같이 말씀한다.

> 요셉이 일어나 아기와 그의 어머니를 데리고 이스라엘 땅으로 들어가니라 그러나 아켈라오가 그의 아버지 헤롯을 이어 유대의 임금 됨을 듣고 거기로 가기를 무서워하더니 꿈에 지시하심을 받아 갈릴리 지방으로 떠나가 나사렛이란 동네에 가서 사니 이는 선지자로 하신 말씀에 나사렛 사람이라 칭하리라 하심을 이루려 함이러라(마 2:21-23)

● 주의 천사(the angel of the Lord)가 또 요셉의 꿈에 나타나서 갈릴리 지방의 나사렛으로 갈 것을 지시했다. 세 번째도 천사의 현몽은 마리아가 아니라 요셉에게 나타났다. 세 번의 꿈과 천사의 지시(order)는 하나님께서 요셉을 통하여 아기와 마리아를 인

도하신다는 것을 보여준다.

● 만일 요셉이 나사렛으로 들어가지 않았다면 어떤 일이 발생하는가? 사람의 생각에 아무데서나 살면 된다고 생각할 수 있다. 그러나 성경의 예언이 성취되지 않은 일이 발생한다. 하나님은 선지자를 통해서 메시아가 나사렛 사람이라고 불릴 것을 말씀하셨기 때문이다. 아모스 2장 11절은 "또 너희 아들 중에서 선지자를, 너희 청년 중에서 <u>나실인을 일으켰나니</u> 이스라엘 자손들아 과연 그렇지 아니하냐 이는 여호와의 말씀이니라"고 말씀한다. 개역 개정은 "나실인"으로, KJV은 "Nazarites"으로 번역됐다. 둘 다 동일한 의미이다. 나실인이란 나사렛 사람을 뜻하기 때문이다.

● 만일 요셉이 나사렛을 가자고 하는데, 마리아가 베들레헴에서 살자고 했다면 그들이 사는데는 아무 문제가 없겠지만, 하나님께는 큰 문제가 된다. 왜냐하면, 주께서 선지자를 통하여 나사렛 사람으로 불릴 것을 말씀(예언)하셨기 때문이다.

만일 그렇게 된다면 예수님에 대한 예언은 성취되지 않게 됨으로 하나님의 말씀이 성취되지 않는 일이 발생한다. 그러나 이런 상황은 가정에 불과했다. 요셉도 천사의 지시대로(order) 나사렛으로 인도했고, 마리아도 요셉의 인도를 따라 나사렛으로 들어가 살았다. 요셉은 "여자의 머리"로서 헤드십을 하나님의 머리 되심 아래에서 인도했다. 마리아는 모든 현몽과 지시가 요셉에게 있는 "헤드십" 아래에서 요셉의 '돕는 배필'(helpmeet)의 지위를 지켰다.

● 예수님이 성육신을 통해 구속을 성취하시기 위해서 마리아라는 '돕는 배필'(helpmeet)이 필요했다. 왜냐하면 여자가 여자인 까닭은 "생명을 잉태하는 힘"을 가졌기 때문이다.

● 여자의 히브리어 원문은 'issa'(잇솨)이다. 영어로는 'woman'인데, "womb(자궁)+man(사람)"의 합성어이다. 따라서 여자의 의미는 "생명을 잉태하는 자궁을 가진 사람"이란 의미이다. 요셉은 마리아처럼 생명을 잉태하는 '돕는 배필'(helpmeet)이 될 수 없다. 예수님을 잉태하는 것은 '돕는 배필'인 여자만이 할 수 있다. 누가복음에서 예수님의 탄생에 관한 중심인물은 요셉이 아니라 마리아이다.

● 예수님과 그의 어머니 마리아는 그들을 보호하고 인도하는 사람이 필요했다. 요셉은 마리아와 정혼했기 때문에 "여자의 머리"로서 마리아를 보호하고 인도했다. 천사가 현몽하여 때마다 지시한 것은 그가 마리아의 "헤드십을 가진 머리"이기 때문이다. 예수님이 공생애에 들어가시기까지 마리아뿐만 아니라 요셉이 필요했다. 이것이 하나님께서 보여주시는 하나님의 역사하는 방법이다. 교회는 하나님이 디자인하고 계획한 길을 가야 한다.

• 오늘날 교회에 적용하기

● 오늘날 여성 안수 주장자들은 남자나 여자나 '평등'(sameness)하기 때문에 여자도 안수를 받고 성도들을 가르치고 하나님 나라를 위해 헌신할 수 있다고 주장한다. 남녀 모두 동일하게 신대원을 졸업했기 때문에 동일한 목사의 자격이 주어져

야 한다고 주장한다. 세상적인 잣대로 보면 당연한 듯이 보이지만, 하나님의 관점을 완전히 빗나갔다.

이들의 주장은 어떤 여성이 아버지 학교를 졸업했으니 아버지의 자격을 주어야 한다는 것과 같고, 어떤 남성이 어머니 학교를 졸업했으니 어머니의 자격을 줘야 한다는 것과 같다. 교회는 하나님이 세우신 원칙(principle)이 있다는 것을 모르는 것 같다.

● 여성 안수 주장자들의 관점에서 마리아가 예수님을 잉태하고 낳았는데 천사가 요셉에게 나타나고 마리아에게는 현몽하지도 않고 지시하지 않은 것이 "남녀차별"로 여겨질 것이다. 하나님은 마리아에게 '돕는 배필'로서 예수님을 잉태하는 힘을 주셨고, 요셉에게는 그를 보호하고 인도하는 '헤드십'을 주셨다.

마리아는 요셉의 역할을 할 수 없고, 요셉도 마리아의 역할을 할 수 없다. 서로의 고유한 은사와 역할이 있다. 이것은 "평등성"(sameness)의 문제가 아니라 "차이성"(differenceness)의 문제이다. 에베소서에서 '먼저'(first) 아내들에게 남편에게 복종할 것을 말하고, '나중에'(later) 남편들에게도 아내 사랑하기를 자기 몸을 사랑하는 것같이 하라고 말씀한다. 그런 후에 놀라운 비밀을 언급한다.

> 이 비밀이 크도다
> 나는 <u>그리스도와 교회에 대하여</u> 말하노라
> This is a great mystery: but I speak concerning Christ and the church(엡 5:32)

● 아내와 남편의 관계 즉 남편은 "여자의 머리"이고, 아내는

"돕는 배필"의 관계를 통해서 그리스도와 교회의 관계를 보여준다. 성경은 일관되게 여자는 "돕는 배필"이고 남자는 "헤드십을 가진 머리"라고 말씀한다.

- "여자가 교회에서 가르치는 것을 허락지 않는다"(딤전 2:12)
- "여자는 교회에서 잠잠하라"(고전 14:34)
- "여자의 머리는 남자다"(고전 11:3)
- "남자는 하나님의 형상과 영광이다"(고전 11:7)
- "아담을 위하여 돕는 배필을 만들리라"(창 2:18)
- "남자가 여자에게서 난 것이 아니요 여자가 남자에게서 났다"(고전 11:8)
- "아담이 먼저 지음을 입고 하와는 그 후이다"(딤전 2:13)
- "아담이 속은 것이 아니라 여자가 속아 죄에 빠졌다"(딤전 2:14)
- "아내들이여 자기 남편에게 복종하기를 주께 하듯 하라"(엡 5:22)
- "아내들아 이와 같이 자기 남편에게 순종하라"(벧전 3:1)
- "사라가 아브라함을 주라 칭하여 순종한 것 같이 너희도 그리하라"(벧전 3:6)
- "감독은 한 아내의 남편"(딤전 3:2)
- "감독은 책망할 것이 없는 한 아내의 남편"(딛 1:6)

● 교회에서 여자가 (공적으로) 가르칠 수 없는 것은 "돕는 배필"의 역할이 따로 있기 때문이다. 교회의 감독을 "한 아내의 남편"(그리고 제반 자격이 있어야 한다)으로 세운 것은 후대에 삽입된 것도 아니고 헬라 문화의 영향을 받은 것이 아니다. 창조로부터

"남자는 여자의 머리"로서의 헤드십을 주셨기 때문이다. 타락한 사람은 하나님의 법을 본성적으로 지키지 않지만, 구원받은 교회는 하나님의 법을 지켜야 한다. 이것이 세상과 교회의 정체성의 차이이다.

● 하나님께서 디자인한 교회는 남자를 '헤드십'으로 세우시고, 여자들을 '돕는 배필'로 세우시는 것이다. 요셉의 헤드십은 마리아를 말씀(천사의 지시)으로 가르치고 보호하고 인도한 것으로 나타났고, 마리아는 '돕는 배필'로서 요셉의 지시에 순종하고 그의 보호와 인도를 받았다. 그 결과 예수님께서는 무사히 사생애를 거쳐 메시아로서의 공생애에 들어가실 수 있었다. 예수님이 메시아이시더라도 공생애로 들어가기 전의 사생애 과정에서 요셉과 마리아에게 순종하셨다. 육신 안에서 부모를 공경하고 순종하는 것이 하나님이 세우신 법이기 때문이다.

● 오늘날 교회의 헤드십을 가진 목사들은 맡기신 주의 양떼들에게 요셉과 같이 하나님의 말씀으로 가르치고 보호하고 인도해야 한다. 베드로에게 위임하신 것은 헤드십을 가진 목자들에게 대한 위임이다.

• 요한의 아들 시몬아 네가 <u>이 사람들</u>보다(원문은 *τουτων*으로 사람과 사물에 대하여 사용된다. 여기서는 문맥상 '이것들'로 153 마리의 물고기들을 가리킨다) 나를 더 사랑하느냐?
• 내 어린 양을 먹이라!(요 21:15)

- 요한의 아들 시몬아 네가 나를 사랑하느냐?
- 내 양을 치라!(요 21:16)
- 요한의 아들 시몬아 네가 나를 사랑하느냐?
- 내 양을 먹이라!(요 21:17)

● 교회가 교회된 것은 교회의 머리이신 그리스도의 헤드십 아래 있을 때이다. 그래서 교회는 하나님의 말씀과 성령의 인도하심을 따라야 한다. 오늘날 교회의 헤드십들은 "우리 교회의 당회장(헤드십)은 성령님이시다"라는 것을 잊지 말아야 한다. 그리스도의 머리 되심이 나타나는 것은 "남자가 여자의 머리"를 통해서이다. 아기 예수님과 그의 어머니에게 요셉이라는 인도자의 헤드십이 필요했듯이 교회에는 "여자의 머리"인 요셉과 같은 인도자가 필요하다.

● 교회가 교회의 본질과 정체성을 갖기 위해서 마리아와 같은 "돕는 배필"(helpmeet)들이 필요하다. 아무리 훌륭한 요셉과 같은 인도자가 있을지라도 요셉에게 "아기와 마리아"가 없다면 아무 소용이 없다. 요셉의 헤드십은 직접적으로 "아기 예수님"을 위한 것이고, 간접적으로 "그의 어머니 마리아"를 위한 것이다. 헤드십을 가진 목사와 돕는 배필인 성도의 관계는 우열의 관계나 능력의 관계가 아니다. 하나님의 경륜으로 교회의 머리가 되시는 그리스도 안에서 유기적인 동역의 관계이다.

3. 베드로의 투옥과 교회의 역할

● 사도행전의 초반부, 1-12장은 베드로를 중심한 예루살렘에서의 사역을 기록하고, 후반부인 13-28장은 바울을 중심으로 한 이방선교를 기록한다. 초반부의 마지막 장인 사도행전 12장에서 교회에 큰 박해가 있었음을 보여준다.

> 그 때에 헤롯 왕이 손을 들어 <u>교회 중에서 몇 사람을 해하려 하여 요한의 형제 야고보를 칼로 죽이니</u> 유대인들이 이 일을 기뻐하는 것을 보고 <u>베드로도 잡으려 할새</u> 때는 무교절 기간이라 <u>잡으매 옥에 가두어</u> 군인 넷씩인 네 패에게 맡겨 지키고 <u>유월절 후에 백성 앞에 끌어 내고자</u> 하더라(행 12:1-4)

● 헤롯 왕에 의해 요한의 형제인 야고보 사도가 죽임을 당했다. 헤롯은 정치가였기 때문에 백성들의 여론에 민감했다. 유대인들은 헤롯의 한 일을 기뻐하는 것을 보고 고무를 받아, 베드로도 잡아 옥에 가두었다. 헤롯은 즉시 베드로를 죽여서 유대인들의 환심을 사려 했으나 명절이기 때문에 유월절 후에 끌어내어 죽이려는 상황이었다.

• 베드로의 투옥과 헤드십 관계

● 헤롯 왕이 야고보를 죽인 후, 베드로까지 죽이기 위해서 옥에 가뒀다. 성경은 베드로를 감시하기 위해서 "군인 넷씩인 네

패"에 맡겨 지켰음을 보여준다. 헤롯은 만일의 경우 베드로가 구출될 것을 예상하여 철두철미하게 대비했다. 사도행전은 오순절 성령강림으로 시작되었다. 오순절의 헤드십(headship)을 가진 중심 인물은 사도 베드로였다. 사도행전 초반부는 베드로를 중심으로 한 예루살렘에서의 사역이다. 열두 사도는 교회를 세우는 초석이었고, 그 중에 헤드십은 베드로에게 있었다. 따라서 베드로를 죽이려는 것은 교회에 대한 대적이며 그리스도에 대한 대적이었다. 이제 교회(ecclessia)는 어떻게 할 것인가? 총독을 찾아가서 로비를 해야 할 것인가? 비밀결사대를 조직해서 탈옥을 시킬 것인가? 성경은 그런 위기를 당한 교회가 무엇을 했는지를 보여준다. 사도행전 12장 5절은 이렇게 말씀한다.

이에 베드로는 옥에 갇혔고 교회는 그를 위하여 간절히 하나님께 기도하더라(행 12:5)

● 교회의 위기는 종종 교회의 헤드십의 핍박으로 온다. 그런 상황에서 교회는 하나님께 기도했다. 기도가 교회의 힘이요 능력이다. 교회가 기도할 때 놀라운 일이 발생했다.

헤롯이 잡아 내려고 하는 그 전날 밤에 베드로가 두 군인 틈에서 두 쇠사슬에 매여 누워 자는데 파수꾼들이 문 밖에서 옥을 지키더니 홀연히 주의 사자가 나타나매 옥중에 광채가 빛나며 또 베드로의 옆구리를 쳐 깨워 이르되 급히 일어나라 하니 쇠사슬이 그 손에서 벗어지더라 천사가 이르되 띠를 띠고 신을 신으라 하거늘 베드로가 그대로 하니 천사가 또 이르되 겉옷을 입고 따라오라 한대 베드로가 나와서 따라갈새 천사가 하는 것이 생시인 줄 알지 못하고 환상을 보는가 하니라 이에 첫째와 둘째 파수를 지나 시내로 통한 <u>쇠문에 이르니 문이 저절로 열리는지라</u> 나와서 한 거리를 지나매 천사가 곧 떠나더라 이에 베드로가 정신이 들어 이르되 <u>내가 이제야 참으로 주께서 그의 천사를 보내어 나를 헤롯의 손과 유대 백성의 모든 기대에서 벗어나게 하신 줄 알겠노라</u> 하여 (행 12:6-11)

● 주께서 그의 천사(his angel)를 보내어 베드로를 구원하셨다. 교회는 세상적으로 힘이 없다. 교회가 천사를 부릴 수 있는 것도 아니다. 그러나 하나님께 간절히 기도할 때, 주께서 천사를 보내어 기도에 응답하셨다. 이것이 교회의 힘이요 권세이다.

● 여기서의 논점은 "베드로가 구출된 후에 간 곳"이 어디인가에 있다. 성경은 이제 막 구출된 베드로가 어디로 갔는지 다음과 같이 말씀한다.

깨닫고 <u>마가라 하는 요한의 어머니 마리아의 집에 가니</u> 여러 사람이 <u>거기에 모여 기도하고</u> 있더라(행 12:12)

And when he had considered the thing,

he came to the house of Mary the mother of John, whose surname was Mark;

where many were gathered together praying.

<옥에 갇힌 베드로와 그를 위해 간절히 기도하는 교회>

일어나라!

베드로
헤드십

돕는 배필
마가 요한의 모친 마리아의 집

• 마가 요한의 모친 마리아의 집

● 성경은 사도 베드로(헤드십)가 옥에 갇혔을 때, 교회 (ecclessia)가 간절히 기도함으로 주께서 천사를 보내어 구출했음을 보인다. 교회는 '어디에' 모여서 기도했는가를 주목하자.

예루살렘 교회는 여러 사람이 마가 요한의 어머니 마리아의 집에서 모여서 기도했다. 예루살렘의 모든 성도들이 모이진 않았지만, 여러 사람이 모여서 베드로의 구출을 위해 간절히 기도했다. 주님은 한 두 사람이 모인 곳에 함께 하신다고 약속했다.

● 기도하는 장소가 마가 요한의 어머니 마리아의 집이라는 것은 마리아(woman, 돕는 배필)가 중심 인물이었다는 것을 가리킨다. 마리아는 그의 집을 내어놓았을 뿐만 아니라 함께 기도하는 데 앞장 섰다. 만일 베드로 사도가 뛰어난 헤드십을 가졌을지라도 '돕는 배필'(helpmeet)인 교회가 기도하지 않았다면 죽임을 당

함으로 그의 사역은 끝났을 것이고, 교회는 지리멸렬(支離滅裂)되고 말았을 것이다. 그러나 교회는 기도하는 '돕는 배필'이 있었다.

• 헤드십을 위해 기도하는 돕는 배필들

● 성도들이 마리아의 집에서 모여서 기도했다는 것은 여자들(woman, 돕는 배필)이 기도에 앞장 섰다는 것을 보여준다. 성경은 기도에 동참한 "여러 사람"이 구체적으로 누구인지를 밝히고 있지 않지만, 여성도들이 모였을 것이다. 왜냐하면, 마리아의 집에 모였다는 것은 여성도들이 '정기적으로'(regular) 기도 모임으로 모였다는 것을 가리키기 때문이다.

● 사도들(headship)이 복음을 전하고, 일곱 집사들(여자의 머리인 남자)이 구제 문제와 제반 행정을 보며 교회를 세울 때, '돕는 배필'(helpmeet)인 여성도들은 교회를 위해서 전심으로 기도함으로 동역했다.

● 요한의 모친 마리아의 집에서 기도한 것은 베드로가 옥에 갇혔을 때만 있었던 일이 아니었다. 베드로가 천사에 의해 구출된 후 정신을 차리면서 "내가 이제야 참으로 주께서 그의 천사를 보내어 나를 헤롯의 손과 유대 백성의 모든 기대에서 벗어나게 하신 줄 알겠노라"고 깨달았다. 그리고 그의 발길은 마리아의 집으로 향했다는 것은 베드로가 그곳에서 자신의 구출을 위해 기도하는 성도들이 있다는 것을 '이미'(already) 알고 있었다는 반증이었다. 이전부터 마리아의 집에서 여러 성도들이 '정기적으로'(regularly) 모여서 교회를 위해서 기도했다. 사도들이 담대히

복음을 전할 때 기도로 동역하는 "돕는 배필"들이 있었다. 이것이 하나님께서 디자인한 아름답고 건강한 교회이다.

● 사람에게 죄가 들어온 근원은 뱀(마귀, 사탄)에 있다. 마귀는 항상 하나님의 역사를 대적한다. 복음이 사도들을 통해서 증거될 때, 악한 마귀는 정치가 헤롯을 통해서 핍박했다. 야고보는 순교를 당했고 베드로도 투옥됐다. 에덴 동산에서(ago) 뱀은 여자(woman, 돕는 배필)로 하여금 아담의 헤드십의 위치에 서서 선악과를 따먹게 함으로 죄에 빠지게 했다.

● 하나님께서는 마리아(helpmeet)를 통해서 여자의 후손이신 예수님을 보내셨다. 성령강림으로 교회가 세워진 후 교회가 흥왕했다. 마귀는 헤롯을 통해 사도들의 헤드십인 베드로를 투옥하여 교회를 대적했다. 베드로의 구출을 위해 마가 요한의 모친 마리아(helpmeet)를 중심으로 여성도들이 간절히 기도했고, 주께서 천사를 보내 응답하셨다. 교회에서 여성도들이 '돕는 배필'(helpmeet)로 쓰임받는 중요한 방면은 기도(pray)로 섬기는 것이다. 베드로의 승리는 교회의 승리이고, 이 승리는 '돕는 배필'(helpmeet)들이 헤드십을 위해 간절한 기도가 있었기 때문에 가능했다.

4. 갈라디아 3장 28절과 여성 안수 관계

● 김세윤 박사는 갈라디아서 3장 28절이 여성 안수의 근거로 그의 책 "그리스도가 구속한 여성"에서 다음과 같이 주장했다.

> 다른 면들에서와 마찬가지로 남녀 관계에 있어서 사도 바울은 예수의 정신을 가장 잘 이어받은 사람입니다. 특히 갈라디아서 3장 28절은 바울이 예수의 정신을 가장 잘 집약해 낸 말씀입니다. 한글 개역개정 성경은 "너희는 유대인이나 헬라인이나 종이나 자유인이나 남자나 여자나 다 그리스도 예수 안에서 하나이니라"고 번역하고 있는데, 꼼꼼히 짚어 보면, "유대인도 없고 헬라인도 없으며, 종도 없고 자유자도 없으며, 남자도 없고 여자도 없다. 왜냐하면 너희 모두는 그리스도 예수 안에서 하나이기 때문이다"라는 뜻입니다.
> 이것은 그리스도의 복음, 즉 '구원의 복음, 새 창조의 복음'의 사회적 함축 의미를 가장 잘 표현한 말씀이기도 합니다. 그래서 이 말씀은 기독교 사회 윤리의 가장 기본적인 원칙입니다. 그리스도 안에서 이루어진 구조과 새 창조의 질서 속에서는 불평등과 불의를 가져오는 이 세상의 모든 차별이 해소되었습니다. 대표적으로 인종적 차별, 그것도 유대인과 이방인이라는 심지어 구속사적 차별도 해소된 것이고, 상전과 노예의 신분적 차별도 해소된 것이고, 남자와 여자의 성적 차별도 해소된 것입니다(김세윤, 그리스도가 구속한 여성, 두란노, 86-87쪽)

갈라디아서 3장 28절은 어떤 말씀인가? 이해를 돕기 위해서 앞의 문맥부터 살펴본다.

> 너희가 다 믿음으로 말미암아 그리스도 예수 안에서 하나
> 님의 아들이 되었으니 누구든지 그리스도와 합하기 위하여
> 세례를 받은 자는 그리스도로 옷 입었느니라 너희는 유대인
> 이나 헬라인이나 종이나 자유인이나 남자나 여자나 다 그리
> 스도 예수 안에서 하나이니라 너희가 그리스도의 것이면 곧
> 아브라함의 자손이요 약속대로 유업을 이을 자니라(갈 3:26-
> 29)

• 갈라디아서의 주제

● 갈라디아서의 시작은 "다른 복음"에 미혹당한 성도들에게
복음의 본질을 증거함으로 시작한다. 그래서 '믿음'(faith)과 '칭
의'(Justification)라는 단어가 자주 등장한다.

> 그리스도의 은혜로 너희를 부르신 이를 이같이 속히 떠나
> 다른 복음을 따르는 것을 내가 이상하게 여기노라 다른 복음
> 은 없나니 다만 어떤 사람들이 너희를 교란하여 그리스도의
> 복음을 변하게 하려 함이라(갈 1:6-7)

● 갈라디아서 3장 28절의 앞 구절은 "믿음으로 말미암아 그
리스도 안에서 하나님의 아들이 되었다"고 말씀한다. 그런 후에
"모든 사람들, 유대인이나 헬라인이나 종이나 자유인이나 남자나
여자나 다 그리스도 예수 안에서 하나"라고 말씀한다. '하나'라는
것은 믿음으로 구원받았고 구원에 차별이 없다는 의미이다.

• 김세윤 박사의 오류

● 김 박사는 갈라디아서 3장 28절을 바울이 예수의 정신을 가장 잘 집약해 낸 말씀이라고 말했다. 필자도 동의한다. 그러면서 "유대인도 없고 헬라인도 없으며, 종도 없고 자유자도 없으며, 남자도 없고 여자도 없다. 왜냐하면 너희 모두는 그리스도 예수 안에서 하나이기 때문이다"고 하면서 여성 안수의 근거로 삼는다. 이것은 잘못된 적용이고 논리의 비약이다.

● 갈라디아서에서 언급된 "남자도 없고 여자도 없다"는 것은 믿음으로 구원받는데 차별이 없다는 것을 가리킨다. 그런데 김 박사는 이 구절을 '여성 안수'에 적용했다. 그의 주장은 갈라디아서의 주제를 벗어났다.

갈라디아서의 논점은 "믿음으로 구원받고", "그리스도의 것"이 되고 "예수 안에서 하나님의 아들이 되었다"는 관점에서 어떤 차별도 없다는 것을 가리키기 때문이다.

● 부언하자면, "남자도 없고 여자도 없다"는 김 박사의 주장을 포괄적으로 적용하면, 창조의 섭리를 부인하는 결과를 가져올 수도 있다. 하나님은 남자와 여자를 구별하여 만드셨다. 그런데 "남자도 없고 여자도 없다"는 주장은 자칫 "남자와 여자의 구별이 없다. 그러므로 제3의 성도 그리스도 안에서 차별이 없다. 동성애는 죄가 아니다"라는 빌미를 제공할 수 있다(그가 이런 것을 의도하지 않았지만, 그의 관점을 적용하자면).

●이런 제반 문제가 발생하는 것은 "남자와 여자가 차별이 없다"는 것이 믿음으로 구원받고 하나님의 자녀가 되는 것을 말하는데, '포괄적으로'(inclusively) 적용했기 때문이다.

예를 들자면, 현재의 야당인 더불어민주당과 민주정의당에 의해서 추진되고 있는 '포괄적 차별금지법'은 대다수의 사람들을 역차별하는 악법이다. 그의 견해는 갈라디아서의 논점을 벗어났기 때문에 여러 가지 문제들을 야기한다. 석원태 박사도 갈라디아서 3장 28절에 대한 여성 안수 주장의 오류를 정확하게 지적했다.

● 갈 3:28의 인접 본문은 성직이나 설교에 대한 것이 아니고 우리가 믿음으로 말미암아 하나님의 아들이 된 것에 유대인이나 헬라인이나, 종이나 자유자나, 남자나 여자에게 차별이 없다는 것이다. 믿음으로 말미암은 양자됨에 대한 무차별성을 말하고 있는 것이지 설교에 있어서 남녀 차별이 없다는 말이 아니다(석원태, 코람데오닷컴에서 인용).

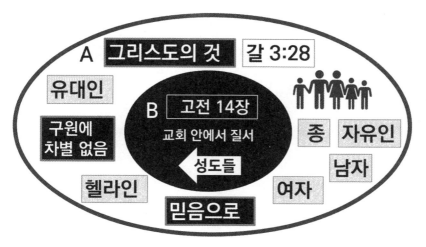

• 갈라디아 3:28(집합 A)은 '믿음의 도'에 차별이 없다는 것

● 위의 밴다이어그램의 A집합은 갈라디아서 3장 28절을 나타
낸다. 이것은 "믿음으로 구원받는데 유대인도 헬라인도 없고, 종
이나 자유인도 차별이 없다. 여자나 남자나 모두 믿음으로 구원
받기 때문에 차별이 없다"는 의미이다.

"집합 A"는 모든 사람들을 대상으로 한 믿음의 도에 차별이 없
다는 것을 가리킨다. 따라서 '집합 A'의 대상은 세상의 '모든 사
람'이다.

• 여성 안수 문제(집합 B)는 '교회 행정'에 대한 질서

● 김 박사가 갈라디아서 3장 28절을 여성 안수의 근거로 제
시한 것은 잘못된 적용이다. 여성 안수에 관한 고린도전서 14장
이나 디모데전서 2장은 모두 "교회 안의 행정 질서"에 대한 것이
기 때문이다. '집합 A'에서 어떤 사람이든 믿음으로 그리스도의
것이 되면 교회의 법을 따라야 한다. '집합 B'는 세상 사람들에게
주는 말씀이 아니라, 구원받은 교회에 대한 행정에 관한 말씀이
기 때문이다.

5. 부활의 첫 목격자 막달라 마리아

● 김세윤 박사의 여성 안수의 근거가 되는 신약성경에서의 사례들을 그의 책 "그리스도가 구속한 여성"에서 매우 짤막하게 주장했다.

> 본서에서는 신약성경의 남녀 동등성에 관한 가르침을 살펴보는 것에 집중하느라 여성이 리더십을 행사하는 예들에 대해서는 별로 살펴보지 못했습니다. 그러나 신약에서 막달라 마리아를 위시한 첫 복음 선포자들 외에 또 다른 여성 지도자들이 여럿 있었다는 사실은 잘 알려진 바입니다[루디아, 브리스길라, 다마리(행 17:34), 빌립의 딸들(행 21:9), 집사 또는 행정가 뵈뵈(롬 16:1-2), 사도 유니아(롬 16:7), 유오디아, 순두게(빌 4:2) 등(김세윤, 그리스도가 구속한 여성, 두란노, 127쪽).

● 김세윤 박사의 견해는 위의 인물들이 훌륭한 신앙을 가졌고 "여성 지도자"이며, 따라서 사도들이나 감독과 같이 "헤드십"을 가질 수 있으니 안수를 받았을 수 있다는 논리이다. 그의 견해는 지극히 단편적이고 주관적이다. 위에 언급된 각 인물별로 그들이 어떤 위치에 있고 그 섬김이 어떤 의미인지를 찾아본다.

• 성경적 페미니즘을 주장하는 강호숙 박사의 견해

성경적 페미니즘 관점으로 여성 안수를 주장하는 강호숙 박사는 "예장합동, 여성 목사 안수 허하라"는 글에서 김세윤 박사가 주장하듯이 부활의 첫 목격자인 마리아의 사례를 언급했다.

그리스도 복음 사역의 증인과 제자가 맡는 역할을 보면, 사복음서가 모두 남성 제자들이 썼다 하더라도, 그리스도의 성육신 탄생과 어린 시절과 생애는 예수의 어머니 마리아가 유일한 증인이며, 그가 예수의 참된 인간성을 증언한 독보적인 여성 지도자였음을 알 수 있다. 유대 가부장 사회에서 예수님이 열두 사도를 모두 남성으로 세웠다 하더라도, 십자가의 증인이 되지 못한 열두 제자를 부활의 첫 증인으로 세울 수 없음은 그리스도의 복음에서 남성 제자만이 증인이 되는 게 아니라, 여성 제자도 증인이 되었음을 보여 준다고 하겠다. 부활의 최초 증인이 '여성'이라는 사실과 예수 그리스도의 십자가 현장에서 희롱과 모욕, 침 뱉음과 채찍질, 십자가 처형을 목격한 '막달라 마리아'의 "내가 주를 보았다"(요 20:18)라는 독보적인 부활 증언에 우선권이 있으며('사도 중의 사도'), 이 부활 증언에 따라 신앙과 불신앙이 가려진다는 것(막 16:9-14), 이 부활 복음을 토대로 교회의 설립이 촉진되었다는 점은 교회 여성 리더십의 중요한 모델이자 근거가 된다(강호숙, 뉴스앤조이, 예장합동 여성 목사 안수 허하라).

• 부활의 첫 목격자의 의미

● 마리아가 부활의 첫 선포자가 된 것은 매우 적극적인 (positive) 의미이다. 그렇기 때문에 여성도 안수를 받을 수 있다

는 김세윤 박사의 주장은 논리의 비약이다.

● 강호숙 박사도 마리아가 제자들에게 부활을 첫째로 증거했기 때문에 "사도 중의 사도"라고 정의한 것은 대표적인 논리의 비약이고 왜곡이다(이 때는 사도로 보냄을 입기 전이다. 따라서 그의 주장은 "제자 중의 제자"라는 것이라고 표현해야 할 것을 곡해했다. 물론 이런 견해도 오류이다). 사도가 될 수 있는 기본 요건은 사도행전 1장 21-22에 언급된다.

> <u>요한의 세례로부터</u> 우리 가운데서 올려져 가신 날까지 주 예수께서 우리 가운데 출입하실 때에 항상 <u>우리와 함께 다니던 사람 중에</u> 하나를 세워 우리와 더불어 예수께서 부활하심을 증언할 사람이 되게 하여야 하리라(행 1:21-22)

● 사도는 '열두 제자'만이 될 수 있고, 맛디아가 기본 요건을 갖추었기 때문에 빈 자리를 채웠다. 따라서 열두 제자나 열두 사도는 주님이 "원하는 자들"로서 어떤 신자도 자신의 노력과 능력으로 될 수 없다. 마리아가 부활의 첫 목격자가 되었다는 것으로 열두 제자나 열두 사도에 필적할 수 있다는 논리는 지극히 주관적이고 비성경적이다.

마리아는 근본적으로 사도도 아니고, 사도가 될 수 없다. 그런데 제자들에게 부활의 소식을 증거했다는 것으로 "사도 중의 사도"라고 한 것은 잘못된 관점이다.

주님은 교회에 증인이 될 것을 명령하셨기 때문에 누구든지 주님의 부활을 증거할 수 있고, 증거해야 한다. 그렇다고 열두 제자와 열두 사도들과 같이 되는 것은 아니다. 만일 오순절 성령님이 강림하실 때 "부활의 첫 목격자"인 마리아가 일어나서 베드로의 역할을 했다면, 여성 안수 주장자들의 견해에 실오라기라도(a little) 힘이 실릴 것이다. 오순절의 중심 인물은 '마리아'가 아닌 '사도 베드로'이다.

• 부활의 첫 목격자인 막달라 마리아의 의미

● 마리아가 부활의 첫 목격자가 된 것은 매우 적극적인 (positive) 의미이다. 무엇이든지 "첫번째"가 된다는 것은 특별하기 때문이다. 요한복음은 그 세세한 상황을 보여준다.

• 마리아가 안식 후 첫날 '일찍이'(early) 아직 어두울 때 무덤에 간 것은 안식일이 지나기를 기다렸다는 것을 가리킨다. 그의 마음은 예수님이 십자가에 돌아가셨을지라도 그분께 있었다. 막달라 마리아는 주님을 사랑하는 자(the loved)였다.

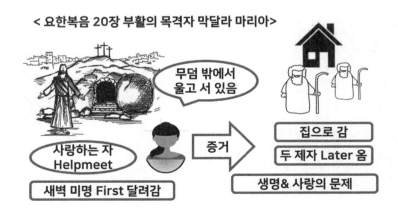

< 요한복음 20장 부활의 목격자 막달라 마리아>

• 마리아가 무덤으로 간 것은 예수님이 부활하실 것을 알았기 때문이 아니다. 부활할 것을 믿은 사람은 아무도 없었다. 그럼에도 불구하고 그녀는 무덤에 갔다.

• 마리아가 무덤에 갔을지라도 주님을 볼 수 없었다. 왜냐하면 로마의 군병들이 지키고 있었고, 무덤은 돌로 닫혀져 있었기 때문이다. 그럼에도 불구하고 마리아가 무덤에 갔던 것은 주님을 사랑했기 때문이다. 마리아가 무덤에 갔기 때문에 돌이 무덤에서 옮겨진 것을 볼 수 있었다.

• 무덤의 돌이 옮겨진 것을 베드로와 제자들에게 달려가서 전했다. "달려갔다"(ran and came)는 것은 그의 마음의 간절함을 나타낸다. 마리아는 어떤 사람들이 예수님의 시신을 가져간 걸로 생각했다.

• 다른 제자가 무덤에 갔지만 무덤에 들어가지 않고, 몸을 구부려서 세마포가 놓인 것을 보았다. "이성적"(rational)으로 제자들이 무덤에 안들어 가도 무덤 속을 볼 수 있었다. 그러나 그렇게 한 것은 주님에 대한 사랑(love)이 부족했다는 것을 가리킨다.

• 요한은 먼저 도착했지만 무덤에 들어가지 않았고, 베드로는 요한보다 늦게 도착했지만 무덤에 들어갔다. 다른 제자는 베드로가 들어간 이후에 따라 들어갔다. 무덤에 들어갔을 때 놀라운 광경을 목도했다. 무덤에 안 들어간 것과 들어간 것은 전혀 다르다. 그 상황을 성경은 상세히 보여준다.

> 시몬 베드로는 따라와서 무덤에 들어가 보니 세마포가 놓였고 또 머리를 쌌던 수건은 세마포와 함께 놓이지 않고 딴 곳에 쌌던 대로 놓여 있더라(요 20:6-7)

• 주님이 안장된 무덤 안의 상황은 주님이 부활하셨다는 증거였다. 만일 마리아의 생각대로 누군가가 예수님의 시신을 가져갔다면, 세마포가 놓여있고, 머리를 쌌던 수건은 쌌던 원래 상태대로 딴 곳에 놓여있을 수 없었다. 시체 도난범이었다고 하면, 시신을 세마포와 수건이 쌓인 채로 가져갔을 것이다. 천사들은 부활의 주님을 수종들면서 죽음의 증거인 세마포와 수건을 정돈해 놓은 것을 통해서 무덤을 찾아온 자들에게 증거가 되게 하셨다. 비록 놀라운 사실을 보았지만 깨닫지는 못했다.

• 이 상황을 목격한 제자들은 "자기들의 집으로 돌아갔다"(요 20:10). 어떤 면에서 제자들이 '집으로'(their own home) 돌아간 것은 '이성적'(rational)인 행동이었다. 주님의 시신이 없어진 것은 사실이고, 거기에 남아 있는다고 해서 문제가 해결되는 것이 아니었기 때문이다.

• 마리아는 "무덤 밖에서 서서 울고" 있었다(요 20:11). 마리아는 제자들과 같이 "이성적"(rational)이지 않고 "감성적"(emotional)이었다. 이것이 제자들과 마리아의 차이이고, 남자와 여자의 차이(difference, 다름)이다. 왜 마리아는 제자들과 같이 "집으로"(her own home) 돌아가지 않았는가? 그런다고 상황이 바뀌지 않는다는 것은 분명했다. 마리아도 돌아갈 집'이 있었지만, 주님을 사랑함으로 마음을 빼앗겼기 때문에 무덤을 떠날 수 없었다. 제자들이나 마리아나 모두 주님의 부활을 깨닫지 못했지만, 마리아는 주님을 사랑하는 자(the loved)이기 때문에 무덤을 떠날 수 없었다. 이것이 제자들

(headship)과 마리아(helpmeet)의 '차이'(difference)였다

• 마리아는 "울고"(weeping) 있었다. 왜 울었는가? 사랑하는 주님을 정체불명의 사람이 가져갔기 때문이다. 제자들은 울지 않았지만, 마리아는 울 수밖에 없었다. "운다"(weeping)는 것은 사랑하는 마음이 있다는 증거이다. 사랑하지 않는 자는 울지도 않고 울 수도 없다. 마리아는 "주님"(남자의 머리인 그리스도)을 사랑하는 자 즉 '돕는 배필'(helpmeet)이었기에 울었다.

• 마리아는 "앉아서"(sitting) 울지 않고, "서서"(stood) 울었다. 마리아가 앉지도 못하고 "서서" 운 것은 마리아의 마음이 절박했기는 것을 가리킨다. 누구든지 사랑하게 되면 자신을 돌보는 것을 잊기 때문이다. 막달라 마리아는 주님을 사랑하는 자(the loved)였다.

• 마리아는 서서 울면서도 "구부려 무덤 안을" 들여다 보았다. 바로 전에 들어가서 빈 무덤을 확인했기 때문에 또 다시 볼 필요가 없었다. 그런데도 그는 몸을 구부려 무덤 안을 들여다 봤다. 이성적으로(rational) 쓸데 없는 일이지만, 그의 마음이 주님께 있었기 때문에 그의 누웠던 자리를 또 다시 들여다 봤다.

• 마리아가 무덤을 들여다 봤을 때, 뜻밖의 놀라운 광경을 목격했다. 이제까지 아무도 없었던 무덤이었는데 흰 옷 입은 두 천사가 예수님의 시신을뉘였던 머리 편에 다른 하나는 발 편에 앉아있었다. 만일 마리아가 제자들과 같이 집으로 돌아갔더라면, 천사와 부활의 소식을 듣지 못했을 것이다. 무덤 밖에 '서서(stood)' '울고 있는'(weeping) 마리아는 주님을 사랑하는 성도로서 "돕는 배필"(helpmeet)의 모형이다. 아가서에서는 솔로몬과 사랑하는 술람미 여인의 관계를 통해서 그리스도와 교회의 관계를 예표한다. 막달라 마리아는 술람미 여인과 같이

'사랑하는 자'(the loved)였다.

• 천사들은 우는 마리아를 보고 "어찌하여 우느냐?"고 물었다. "운다"(weeping)는 것은 '소극적인'(passive) 표현이지만, 주님으로 인해 우는 울음은 "적극적"(positive)인 의미이다. 성도의 흘리는 눈물을 주의 호로병에 담을 것을 시편 기자는 노래했다. 제자들은 "울지 않았지만" 마리아는 "서서 울음"으로 인해 그의 갈망을 말할 기회를 얻었고, "사람들이 내 주님을 옮겨다가 어디 두었는지 내가 알지 못함이니이다"라고 말했다. 여전히 마리아는 예수님을 사람들이 가져간 것으로 생각했다.

• 마리아가 이 말을 하고 뒤를 돌이켜 봤고 "예수께서 서 계신 것을 보았으나 예수이신 줄은 알지 못하더라"(요 20:14)고 말씀한다. 마리아가 아직(not yet) 예수님을 알아보지 못했지만, 부활하신 예수님이 그에게 나타났다는 것은 놀라운 일이다.

• 주님이 제자들에게 '먼저'(first) 나타나지 않고, 마리아에게 '먼저'(first) 나타난 것은 어떤 의미인가? 주님은 '사랑하는 자'(the loved)에게 그를 보이신다는 것을 의미한다. 제자들도 무덤까지 왔기 때문에 천사들도 보고 예수님도 볼 수 있었지만, '자기의 집으로'(their own home) 돌아갔기 때문에 보지 못했다. 그것은 믿음(faith)의 문제가 아니라 사랑(love)의 문제이다.

• 예수님께서 "여자여 어찌하여 울며 누구를 찾느냐"고 하셨고. 마리아는 "그가 동산지기인 줄 알고 이르되 주여 당신이 옮겼거든 어디 두었는지 내게 이르소서 그리하면 내가 가져가리이다"라고 대답했다. 아직(not yet) 예수님을 알아보지 못했지만, 마리아가 동산지기에게 주님의 시신을 가져갈 것을 요청했다는 것은 주님을 사랑하는 자(the loved)가 아니면 할 수

없었다. 마리아는 주님이 돌아가셨을지라도 여전히 주님을 사랑했다.

• 예수께서 "마리아야"라며 그의 이름을 부를 때, 마리아가 돌이켜 히브리 말로 랍오니 즉선생님이라고 대답했다. 마리아는 비로소 그에게 나타나셔서 말씀하시는 분이 예수님이라는 것을 깨달았다. 주님은 십자가에 죽으셨다가 부활하셨다. 마리아는 부활의 주님의 첫 목격자가 됐다. 이런 일련의 과정은 '사랑하는 자'(the loved)가 부활의 주님의 첫 목격자가 될 수 있다는 것을 말한다.

• 막달라 마리아는 제자들에게 부활하신 주님을 증거했다. 요한복음 20장은 주님의 부활과 첫 목격자가 된 막달라 마리아와 제자들을 비교하여 보여준다. 주님의 부활의 첫 목격자가 제자들(headship)이 아니라, 막달라 마리아(helpmeet)라는 것은 그가 주님을 사랑했기 때문이다. 주님 부활의 첫 목격자가 되고 증거한 사람은 반드시 '사랑하는 자'(the loved)이어야 한다. 막달라 마리아가 주님을 사랑한 것은 그가 '돕는 배필'(helpmeet)이었다는 것을 가리킨다.

• 창세기의 아담과 돕는 배필인 여자의 관계는 "생명의 관계"이고 "사랑의 관계"이다. 마찬가지로 그리스도와 교회의 관계는 참 남편과 참 아내의 관계로서 "생명과 사랑의 관계"이다. 부활하신 주님을 찾아가고 목격하고 증거할 수 있는 사람은 막달라 마리아와 같이 "주님을 사랑하는 자"이다.

● 김세윤 박사와 강호숙 박사는 마리아가 '부활의 첫 목격자'였기 때문에 사도들과 동등한 관계라고 주장하든지, "사도 중의 사도"로 간주하고 여성 안수를 주장한다. 그것은 잘못된 적용이

다. 모든 성도들은 마땅히 막달라 마리아와 같이 주님을 사랑해야 한다.

비록 마리아는 주님이 부활할 것을 생각하지 못했지만, 주님을 사랑했기에 안식일이 지나자 마자 '일찍이'(early) '아직 어두울 때' 홀로(alone) 무덤을 찾아갔고, 무덤은 비어있을지라도 '무덤 밖에서' 서서(stood) 울고 있었다(weeping).

막달라 마리아는 그리스도의 참된 배필, '돕는 배필'(helpmeet)의 모델이다. 마리아가 부활의 목격자가 되어 제자들에게 전했다고 해서 열두 제자 가운데 한 사람이 되는 것도 아니고 사도가 되는 것도 아니다. 마리아의 사례는 아가서의 주제와 같이 "사랑의 관계"를 보여준다. 막달라 마리아와 여성 안수 문제와 전혀 관계없다. 성도라면 마땅히 주님을 사랑하는 자가 되어야 하고, 그를 증거해야 한다.

6. 유니아(Junias)는 사도인가

● 김세윤 박사는 유니아(Junias, 여성)가 사도였다고 주장한다. 따라서 유니아는 여성으로서 사도이기 때문에 여성 안수를 성경적이라고 주장한다. 과연 그러한지 로마서 18장 7절을 보자.

> 내 친척이요 나와 함께 갇혔던 안드로니고와 <u>유니아에게 문안하라 그들은 사도들에게 존중히 여겨지고</u> 또한 나보다 먼저 그리스도 안에 있는 자라(롬 16:7)
> Salute Andronicus and Junia, my kinsmen, and my fellow-prisoners, <u>who are of note among the apostles</u>, who also were in Christ before me.

● 유니아는 바울의 친척으로 바울과 함께 감옥에 갇혔던 사람이다(롬 16:7). 바울이 로마의 성도들에게 안부를 물으면서 특별히 문안하는 것으로 보아 로마에 살던 신자였던 것을 알 수 있다(롬 16:7).

• 사도들에게 존중히 여겨지다

● 바울은 안드로니고와 유니아(Junias)가 "사도들 가운데 유명한"(KJV, "of note among the apostles") 자들이다. 이것은 "사도들 가운데 유명하다. 사도들이 그들의 섬김으로 감사했다"는 의미이다. 여성 안수 주장자들은 "사도들 가운데"라는 문구를 유니아가 사도들 그룹 "가운데"(among)의 구성원임을 뜻한다고 해석한다.

따라서 유니아(Junias, 여성)가 "사도들 가운데서 유명한 사도"이었으니, 여성들도 목사 안수를 받을 수 있다는 논리이다. 로마서의 문맥은 그들이 왜 사도들 가운데 "존중히 여겨졌는지를" 보여준다.

> 내 친척이요 나와 함께 갇혔던 안드로니고와 유니아에게 문안하라 <u>그들은 사도들에게 존중히 여겨지고</u> 또한 나보다 먼저 그리스도 안에 있는 자라(롬 16:7)

• 첫째, 안드로니고와 유니아는 사도 바울과 육적으로 '친척'(kinsmen)이었다.
• 둘째, 믿음의 방면에서 "영적으로는" 바울보다 먼저 그리스도를 믿었던 사람이었다.
• 셋째, 주님을 섬기는 사람으로서는 바울이 감옥에 갇혔을 때에 그와 함께 갇혔던 사람이었다. KJV은 "Andronicus and Junia, my kinsmen, and my fellow-prisoners"이라고 번역했다. 두 사람이 바울과 함께 "감옥에 함께 갇힌 사람"이었다.
• 넷째, 그런 복음의 동역자이기 때문에 사도들에게 존중히 여겨졌다.
• 다섯째, 그러므로 로마에 있는 교회는 그에게 문안하라.
•

● 만일 김세윤 박사의 주장을 받아들인다면, 열두 사도 가운데 유니아(여성)가 가장 유명하고 뛰어난 사도라는 결론이 된다. 그렇다면 사도는 '열두 사도'를 비롯하여 '사도 바울' 그리고 '유니아'를 포함하여 14명이 된다. 그중에 유니아가 사도 가운 데

가장 유명한 사도였다고 주장하니 사도를 대표하는 헤드십을 가진 사도는 유니아라는 의미가 된다.

● 예루살렘 교회에서 중심 인물이며 헤드십을 가진 사도는 베드로라는 것은 어떻게 설명할 수 있는가? 김 박사가 '사도 중의 사도'라고 주장하는 유니아가 신약 성경에서 한 번만(한 절) 나온다는 것은 또 어떻게 해명할 것인가? 그의 주장은 성경의 흐름에 역행한다.

● 사도행전의 초반부(행 1-12장)는 사도 베드로(Peter, an apostle)를 중심으로 한 예루살렘의 사역이고, 후반부(행 13-28장)는 사도 바울(Paul, an apostle)을 중심으로 한 이방 선교 사역이다. 유니아(여성)를 사도로 부른다면 그와 함께 언급된 안드로니고도 사도라고 해야 하는데, 바울과 함께 감옥에 갇히면 누구든지 사도가 될수 있다는 논리가 된다. 이것은 성경을 원칙이 없는 책으로 만든다. 유니아는 그의 섬김으로 인해서 사도들에게 존중히 여김을 받은 '돕는 배필'(helpmeet)이었다.

• 전치사 εν의 의미

● 유니아와 관련한 중요한 구절은 "εν τοισ αποστολοισ"(엔 토이스 아포스톨로이스)이다. 그 중에서 전치사 "εν"(엔)이 중요하다. 이 단어는 "~에게, ~에서, ~가운데, ~의하여"라는 의미를 갖고 있다. 따라서 "사도들에게 존중히 여겨졌다"가 문맥에 가장 적합하다.

● 만일 "존중히 여겨졌다"라는 구절이 없이 "사도 중에서"라

는 구절만 있다면 서술어가 없기 때문에 불완전한 문장이 된다. 따라서 이 구절로 유니아가 사도라는 것을 주장하는 것은 오류임이 드러난다.

● 로마서의 문맥은 안드로니고와 유니아가 "사도로서 유명했다"는 것을 가리키지 않고, "그의 섬김 때문에 사도들에게(혹은 가운데서) 존중히 여김을 받았다"라는 의미이다. 만일 김세윤 박사의 논리로 로마서 16장을 보면 어떤 일들이 발생하는가? 브리스가와 아굴라는 그리스도 예수 안에서 바울의 동역자로서 바울의 목숨을 위하여 자기들의 목까지도 내놓았고, 바울과 이방인의 모든 교회도 그들에게 감사했기 때문에 사도라고 주장할 수 있을 것이다. 김세윤 박사가 유니아를 사도로 해석해야 여성 안수의 근거로 삼을 수 있지만, 그 결과 여러가지 모순들을 유발한다.

● 로마서 16장에 언급된 인물들은 모두 다 그리스도를 섬기는 일꾼이며 동역자며 제자로서 합당하게 그리스도와 교회를 섬기고 사도 바울과 함께 '돕는 배필'(helpmeet)로 쓰임 받았기 때문에 기록됐다. 교회는 헤드십이 있고, 그와 동역하는 '돕는 배필'에 의해서 세워진다.

사도 바울이 없는 로마 교회를 생각할 수 없고, 또한 헤드십 (headship)을 돕는 신실한 '돕는 배필'(helpmeet)이 없이 교회는 세워질 수 없다. 교회의 헤드십은 '돕는 배필'들을 귀히 여기고, 교회 성도들은 헤드십을 가진 목사를 귀히 여기고 함께 동역하는 것이 하나님이 기뻐하시는 교회이다.

7. 아굴라와 브리스길라 부부 사례

● 김세윤 박사는 브리스길라 아굴라 부부가 아볼로에게 성경을 정확히 풀어 가르친 것을 근거로 여성 안수를 주장한다. 브리스길라는 아굴라의 아내로서 여자(woman)였다. 사도행전 18장을 그 상황을 보여준다.

> 알렉산드리아에서 난 아볼로라 하는 유대인이 에베소에 이르니 이 사람은 언변이 좋고 성경에 능통한 자라 그가 일찍이 주의 도를 배워 열심으로 예수에 관한 것을 자세히 말하며 가르치나 요한의 세례만 알 따름이라 그가 회당에서 담대히 말하기 시작하거늘 브리스길라와 아굴라가 듣고 데려다가 하나님의 도를 더 정확하게 풀어 이르더라(행 18:24-26)

● 아볼로는 언변이 좋고 성경에 능통했기 때문에 가르치는 은사가 있었다. 일찍 주의 도를 열심히 배웠고 가르쳤지만 요한의 세례밖에 알지 못했다. 그가 전할 때 브리스길라와 아굴라가 듣고 '조용히' 데려다가 하나님의 도를 '더 정확하게'(more perfectly) 풀어 증거했다.

● 개역개정의 "그를 데려다가"는 "they took him unto them"라는 뜻이다. "아굴라 부부가 무리들에게서 아볼로를 데려갔다"라는 의미이다. 즉 아굴라 부부는 아볼로를 공중에서(in

public) 가르친 것이 아니라, 그를 데려다가 사적으로(privately)가
르쳤다. 그들이 헤드십(headship)을 가진 아볼로를 돕기 위해서,
돕는 배필(helpmeet)의 위치를 지키는 지혜로운 처신이었다.

● 김세윤 박사는 아굴라 부부가 아볼로를 가르쳤기 때문에(브
리스길라는 여성) 여성 안수의 근거가 될 수 있다고 주장하는 것은
모든 성도들도 성경을 바로 알고 가르쳐야 한다는 것을 간과한
것이다. 아굴라 부부가 아볼로를 가르칠 수 있었던 이유를 사도
행전 18장 1절 이하는 말씀한다.

> 그 후에 바울이 아덴을 떠나 고린도에 이르러 아굴라라 하
> 는 본도에서 난 유대인 한 사람을 만나니 글라우디오가 모든
> 유대인을 명하여 로마에서 떠나라 한 고로 그가 그 아내 브
> 리스길라와 함께 이달리야로부터 새로 온지라 바울이 그들
> 에게 가매 생업이 같으므로 함께 살며 일을 하니 그 생업은
> 천막을 만드는 것이더라 안식일마다 바울이 회당에서 강론
> 하고 유대인과 헬라인을 권면하니라(행 18:1-4)

• 첫째, 아굴라 부부가 로마 황제의 소개령으로 모든 유대인을
떠나게 했기 때문이다. 한편으로 살던 근거지를 잃은 것은 고
난이었지만 바울을 만날 수 있는 계기가 됐다.
• 둘째, 그들은 "천막을 만드는 자"로서 바울과 생업이 같았기
때문에 그와 함께 살게 되었다.
• 셋째, 안식일마다 바울이 회당에서 강론할 때마다 아굴라 부
부가 참석하여 들음으로 확실한 복음을 배우게 되었다.
• 넷째, 아볼로가 열심이 있었지만 요한의 세례밖에 몰랐다.

그런 이유는 그에게 가르쳐 주는 사람이 없었기 때문이다(이디오피아 내시의 경우도). 그런데 아굴라 부부는 사도 바울을 만나 복음의 도를 배웠고, 아볼로를 도울 수 있었다.

• 다섯째, 아볼로가 사도 바울을 만나지는 못했지만, 바울에게 배운 아굴라 부부에게 복음의 도를 배워 확실히 알게 되었다.

• 여섯째, 아굴라 부부의 입장에서 성경을 가르치는 아볼로가 요한의 세례밖에 모른다는 것은 자칫 부부가 교만할 수도 있는 상황이었다. 그러나 그들은 아볼로의 헤드십을 존중하여 "조용히"(privately) 불러 복음의 도를 "더 정확하게"(more perfectly) "풀어"(expound) 주는 겸손과 지혜가 있는 부부였다.

• 일곱째, 가르치는 자(headship)인 아볼로가 아굴라 부부에게 가르침을 받는다는 것은 쉽지 않다(헤드십을 가진 자의 약점). 아볼로는 겸손한 사람으로서 천막을 만드는 아굴라 부부의 가르침을 잘 받아 들여서 은혜로 말미암아 믿은 자에게 성경으로써 많은 유익을 끼쳤고, 예수는 그리스도라고 증언하여 공중 앞에서 힘있게 유대인의 말을 이겼다.

● 브리스길라와 아굴라 부부가 성경을 자세히 풀어 아볼로를 가르친 것은 주님을 섬기는 자라면 마땅이 있어야 할 덕목이다. 아볼로는 성경을 가르치는 '헤드십'을 가졌고, 아굴라 부부는 '돕는 배필'(helpmeet)으로서 교회의 헤드십을 돕는 훌륭한 사례이다.

● 아굴라 부부는 아볼로의 가르치는 헤드십이 부족할 때, 스스로 자신의 권위(헤드십)를 높이는 기회로 사용하지 않고, 아볼

로의 권위(headship)를 존중하기 위해 "공중"(in public)이 아니라 "조용히"(privately) 불러 개인적으로 성경을 풀어줌으로 '돕는 배필'(helpmeet)의 위치를 감당했다.

● 아굴라 부부가 아볼로를 가르쳤다고 해서 "여성 안수"의 근거로 삼는 것은 잘못된 적용이다. 브리스길라와 아굴라 부부는 바울에게 "나의 동역자"로 인정받았다. 심지어 "그들은 내 목숨을 위하여 자기들의 목까지도 내놓았나니 나뿐 아니라 이방인의 모든 교회도 그들에게 감사하느니라"(롬 16:4)고 말한다.

● 로마서 16장에 언급된 모든 사람들은 그리스도와 교회를 섬기는 바울의 동역자들이었다. 이것은 모둔 성도들이 가야 할 길이다. 사도

바울은 고린도 교회에 다음과 같이 편지했다.

우리는 하나님의 동역자들이요
너희는 하나님의 밭이요
하나님의 집이니라(고전 3:9)

For we are labourers together with God:
you are God's husbandry,
you are God's building.

8. 뵈뵈는 여집사인가? 일꾼인가?

● 여성 안수 주장자들이 여성 안수의 근거로 삼는 또 다른 사례는 자매 뵈뵈이다. 즉 자매 뵈뵈를 "집사"라고 단정함으로서, "한 아내의 남편"이 집사의 자격도 아니고, 감독의 자격인 "한 아내의 남편"이라는 것을 간과해 버림으로 여성도 안수를 받을 수 있다는 논리이다. 로마서 16장을 보자.

> 내가 겐그레아 교회의 일꾼으로 있는 우리 자매 뵈뵈를 너희에게 추천하노니 너희는 주 안에서 성도들의 합당한 예절로 그를 영접하고 무엇이든지 그에게 소용되는 바를 도와 줄지니 이는 그가 여러 사람과 나의 보호자가 되었음이라(롬 16:1-2)

● 로마서에서 언급된 인물들은 공통적으로 그들이 '섬긴 것'을 언급한다. 자매(sister) 뵈뵈는 바울과 여러 사람의 보호자가 되었기 때문에 바울이 그를 추천했다. 문맥상으로도 자매 뵈뵈는 훌륭한 일꾼이라는 것을 가리킨다.

● 여성 안수 주장자들은 뵈뵈가 "집사"였다고 주장한다. "일꾼"으로 번역된 헬라어는 διακονοσ(디아코노스)로서 "(식탁이나 다른 일에) 시종드는 사람, 수행자, 봉사자, 집사"를 의미한다. 따라서 διακονοσ가 어떤 의미로 쓰였는가는 '문맥'에서 결정된다.

● 나용화 교수는 그가 쓴 "여자 목사 임직은 성경적이다"(에페코북스)에서 뵈뵈는 '자매' '여집사'(혹은 일꾼), 보호자(혹은 '후원자')라고 하면서도, 아무런 근거없이 뵈뵈를 여집사였다고 단정했고, 이광우 목사는 그것을 성경적 근거로 인용했다. 나용화 교수가 "뵈뵈가 여집사로 교회를 인도하고 다스리는 자"라고 단정한 것은 여성 안수가 성경적이라는 고정관념을 갖고 보았기 때문이다. 뵈뵈에 대하여 살펴보자.

뵈뵈가 자매(sister)로 불린 것은 여성이기 때문이다. 만일 뵈뵈가 '집사'라고 불렸다면, 여성 안수 주장에 "약간의"(a little) 보탬이 된다(이뿐만 아니라 많은 성경의 구절들의 문제들을 해결해야 하기 때문이다). 여성 안수 주장자들은 성경적 근거가 될만한 것이 없기 때문에 뵈뵈가 집사였다고 주장해야 할 상황에 놓였다.

집사의 자격에 대한 헌법과도 같은 말씀은 디모데전서 3장 12절이다. 여성 안수 주장은 성경의 대원칙을 벗어난 것임을 알 수 있다.

> <u>집사들은 한 아내의 남편이 되어</u>
> 자녀와 자기 집을 잘 다스리는 자일지니(딤전 3:12)

● 예루살렘 교회의 일곱 집사들이 모두 '남자'(headship)이고 여자(helpmeet)가 한 명도 없다는 것도 그 때문이다.

• 성경의 번역본 참조

● 성경의 번역본들은 $\delta\iota\alpha\kappa\circ\nu\circ\sigma$(디아코노스)를 "일꾼"이나

"봉사" 혹은 "종"으로 번역했다. 번역은 문맥의 문제로서 모든 역본들이 뵈뵈를 집사로 번역하지 않았다는 것도 주목할만 하다.

- (개역 개정) 내가 겐그레아 교회의 <u>일꾼으로</u> 있는 우리 자매 뵈뵈
- (표준새번역) 겐그레아 교회에서 <u>봉사하는</u> 여교우 뵈뵈
- (킹제임스 흠정역) 내가 겐그레아 교회의 <u>종으로</u> 있는 우리의 자매 뵈뵈
- (우리말 성경) 나는 겐그레아 교회의 <u>일꾼이요</u>, 우리 자매인 뵈뵈
- (바른성경) 내가 겐그레아 교회의 <u>일꾼인</u> 우리 자매 뵈뵈
- (KJV) Phebe our sister, which is <u>a servant</u> of the church which is at Cenchrea:

● 여러 번역본들은 "일꾼인 자매 뵈뵈"로 번역했다. 이것은 문맥과 일치한다. 여성 안수 주장자들이 뵈뵈를 '집사'라고 번역하는 것은 문맥과 맞지 않다.

● 로마서 16장에 언급된 사람들은 아래의 표와 같이 복음과 그리스도를 위해서 동역자로서 수고하고 섬겼기 때문이다. 자매 뵈뵈가 언급된 것은 '교회의 일꾼'이었기 때문이다.

● 롬 16장 18절에 "이같은 자들은 우리 주 그리스도를 섬기지 아니하고 다만 자기들의 배만 섬기나니 교활한 말과 아첨하는 말로 순진한 자들의 마음을 미혹하느니라"고 말씀한다. 그런 이유는 위의 언급된 성도들은 '그리스도'를 섬겼는데, 교훈을 거슬

러 분쟁하는 자들은 '자기 배'만 섬기자들이라는 비교에도 나타
난다.

롬16장 언급된 사람들	롬16장 언급된 이유
1.자매 뵈뵈	겐그레아 교회 일꾼, 나의 보호자
2. 브리스가와 아굴라	나의 동역자, 자신의 목이라도 내놓음
3. 에베네도	아시아의 처음 익은 열매
4. 마리아	많이 수고함
5.안드로니고와 유니아	사도들에게 존중히 여겨짐
6.우르바노	나의 동역자
7. 아벨레	그리스도 안에서 인정받은 자
8. 드루배나, 드루보사, 버시	주안에서 수고한 자
9.루포와 그의 어머니	나의 어머니이다

9. 예언을 한 빌립의 네 딸들

● 김세윤 박사는 빌립의 네 딸들이 예언의 은사가 있었기 때문에, 여성들에게 안수하여 목사로 세울 수 있다고 주장한다. 성경은 '단순히' 다음과 같은 사실을 말씀한다.

> 이튿날 떠나 가이사랴에 이르러 일곱 집사 중 하나인 <u>전도자 빌립의 집에</u> 들어가서 머무르니라 <u>그에게 딸 넷이 있으니 처녀로 예언하는 자라</u>(행 21:8-9)

● 빌립의 네 딸들이 무슨 예언를 하였는지는 전혀 언급이 없다. 여성 안수 주장자들은 빌립의 딸들이 예언했다는 단면만 보고 여성도 헤드십(안수)을 가질 수 있다고 주장한다. 이미 구약 시대의 여선지자들에 대하여 논증했다. 각 시대 별로 많아야 한 명이 있었다. 즉 4,000여 년 동안 여선지자는 단 4명에 불과했다. 원칙상 선지자로 여성들을 사용하셨지만, 헤드십을 가진 남선지자가 대다수(majority)였다. 가장 중요한 것은 '드물게'(a little) 여선지자가 있었지만, 성경을 기록한 여선지자는 전혀 없다(nothing).

• 족장 시대에는 여자 선지자가 없었다. 오직 "여자의 머리"인 남자 족장이 있었다.

• 모세 시대에는 여선지자 미리암이 있었다. 그는 출애굽할 때 모세의 노래에 이어 소고를 잡고 춤을 추면서 화답했다. 성경은 "미리암이 그들에게 화답하여 이르되 너희는 여호와를 찬송하라 그는 높고 영화로우심이요 말과 그 탄 자를 바다에 던지셨음이로다"(출 15:21)라고 말씀한다. 모세의 노래는 1-18절에 이르는 "메인 메시지"였던 것에 비하여, 미리암의 노래는 '단 한 절'에 불과하다. 그것도 새로운 노래가 아니라 모세의 노래의 1절을 반복했다. 그렇다고 미리암의 노래를 폄하해서는 안된다. 그것은 화답이고, 하나님께서 그렇게 역사하셨다.

• 사사 시대에는 드보라가 여선지자였다. 그는 매우 훌륭한 선지자였다. 랍비돗의 아내로서 남편의 헤드십을 존중했고, 이스라엘을 구원할 때에도 스스로 이스라엘의 군대(남자)를 이끌고 가지 않고 바락을 격려해서 "머리"(지휘관, 헤드십)로 세웠다. 히브리서는 기드온, 입다, 삼손을 언급하면서 "드보라"를 언급하지 않고, "바락"을 언급한다. 그런 이유는 드보라가 "돕는 배필"의 위치를 떠나지 않고, 바락을 "여자의 머리"로 삼았기 때문이다.
• 히브리서에서 '바락'(Barak)이 있다는 것은 '여자의 머리'(the head of woman)로서 있는 것이기 때문에 '돕는 배필'(helpmeet)인 드보라도 함께 있는 것이다. 이것이 성경의 관점이고, 하나님의 관점이다.

• 왕조 시대의 여선지자는 훌다였다. 그는 요시야를 격려해서 신앙의 개혁을 독려한 매우 적극적인(positive) 선지자였다.

• 포로 귀환 시대에 느헤미야가 성벽을 건축할 때 대적들의 방해가 극심했다. 그 당시 여선지자 노아댜는 원수들의 뇌물을 받고 거짓 예언으로 헤드십인 느헤미야와 하나님을 대적한 가장 부정적인(negative) 여선지자였다. 그에 대한 것은 경고의 의미이다.

• 여선지자에 대한 말씀이 기록된 사례는 미리암의 경우 '한 구절'이 기록됐고, 훌다의 경우 요시아에 대한 격려가 있고, 노아댜의 경우는 '헤드십'을 대적한 사례이다. 빌립의 딸들이 예언했지만 그것이 성경에 기록되지 않은 것은 새로운 말씀이 있는 것이 아니라 교회를 격려하는 것이었을 것이다. 그래서 그 내용은 따로 기록되지 않았다.

• 빌립의 네 딸들이 예언을 했다고 해서 여성 안수의 사례로 삼는 것은 잘못된 적용이다. 사울왕도 예언을 했고, 재물에 눈이 어두워져 '불의의 삯'을 위한 발람도 예언을 했고, 심지어 발람이 탄 나귀도 사람의 말로 선지자를 책망했다. 이와 같은 선지자들이 있다고 해서 그들이 참된 선지자와 제사장이 되거나 하나님의 기뻐하는 왕이 되는 것은 아니다(전체 부정이 아니라 부분 부정의 의미).

● 여성 안수 주장자들은 미리암이 여선지자로서 모세와 같이 노래를 불렀기 때문에 헤드십을 가진 모세와 평등하다는 근거로 삼는다. 미리암은 모세에게 헤드십이 주어졌다는 차이성(differenceness)을 간과하고 선지라라는 평등성(sameness)만을 생각하고 헤드십을 비방하다가 하나님의 심판으로 문둥병에 걸렸다.

10. 유오니아와 순두게의 사례

● 김세윤 박사는 여성 안수의 근거로 유오니아와 순두게도 언급했다. 다소 의아할 수밖에 없는 것은 이들이 기록된 것은 여성 안수와는 전혀 관계가 없을뿐만 아니라, 매우 부정적인 (negative) 의미이기 때문이다. 빌립보서 4장 2-3절을 보자.

> <u>내가 유오디아를 권하고 순두게를 권하노니 주 안에서 같은 마음을 품으라</u> 또 참으로 나와 멍에를 같이한 네게 구하노니 복음에 나와 함께 힘쓰던 저 여인들을 돕고 또한 글레멘드와 그 외에 나의 동역자들을 도우라 <u>그 이름들이 생명책에 있느니라</u>(빌 4:2-3)

• 유오니아와 순두게는 모두 여성(woman)으로서 빌립보 교회의 성도였다.
• 사도 바울이 "나와 함께 복음에 힘쓰는 저 여인들"이라고 부른 것은 그들이 바울의 동역자(fellow worker)로서 교회의 일꾼이라는 것을 가리킨다. 아마 이들이 일꾼이었다는 것 때문에 여성 안수의 사례로 든 것 같은데, 잘못된 적용이다. 모든 성도는 마땅히 복음의 동역자가 되어야 하고 일꾼이 되어야 한다.
• 사도 바울이 두 여인에게 권면하고 "주 예수의 마음을 품으라"고 한 것은 그들이 주 예수의 마음이 아닌 "다른 마음"을 품

고 있었기 때문에 그들 사이에 '분쟁'과 '다툼'이 있었다는 것을 암시한다. 이런 소극적인 일들은 두 여인과 같이 교회의 일꾼으로 섬길 때 종종 일어나곤 한다. 이들 간의 분쟁은 섬기는 주도권과 의견 차이 그리고 시기심이 작용했을 것이다. 두 여인을 언급한 것은 매우 "소극적인 상황"이었다.

• 두 여인을 언급한 특별한 원인은 그들을 "권면"하기 위해서이다. '권면'이라 번역된 헬라어 "παρακαλεω"(파라칼레오)로서, "παρα"(파라)는 "옆에서", "καλεω"(칼레오)는 "부르다"라는 합성어로서 "가까이서 부르다, 권면하다. 요구하다, 훈계하다"라는 의미이다. 이것은 완곡어인 "권면하다"로 번역할지, 아니면 강한 어조인 "훈계하다"로 새겨 들어야 할 것인지는 듣는 사람의 자세에 달렸다. 비록 교회에서 분쟁을 일으켰을지라도 사도 바울의 편지를 받고 회개하는 마음이 있었다고 하면 "훈계한다"고 생각했을 것이고, 그렇지 않다면 "권면한다"고 생각했을 것이다. 성경이 "권면한다"고 번역한 것은 객관적이다.

• 유오니아와 순두게의 이름이 "생명책에 있다"는 것은 구원받은 신자의 본질적이고 공통부분으로서 전적으로 '하나님의 은혜'이지, 여성 안수의 근거와 거리가 멀다.

• 유오니아와 순두게가 성경에 기록된 것은 그들이 교회를 섬겼는데 서로 다투며 분쟁으로 비화됐다는 것을 통해서 교회를 세우고 덕을 끼치는 '돕는 배필'(helpmeet)의 위치를 떠나서 스스로 헤드십(headship)을 쟁취했기 때문이다. 여성 안수와 전혀 관계가 없다.

Part 7

여성 안수에 대한 Q&A

Q1

여성 안수 주장자들은 "여성 안수 금지가 만고 불변의 진리?"라는 견해에 냉소적으로 대하면서 시대에 따라 변할 수 있다고 주장합니다. 세상도 시대를 따라 변하고 복음을 효과적으로 전하기 위해서 교회도 변화하는 것이 필요하지 않을까요?

A1

여성 안수 주장자들의 사고와 사상을 단적으로 알 수 있는 문구입니다. 그들의 생각은 "여성 안수는 만고 불변의 진리가 아니다" 즉 "아디아포라"의 문제로 본다는 것이 드러납니다. 여성 안수를 주장하는 사람들의 대부분은 성경의 권위를 인정하지 않습니다. 그래서 해석이라는 명분으로도 어쩌지 못하면 "성경편집설"을 내세우든지, 그 당시 로마 문화나 헬라 문화의 영향을 받은 것이라는 주장을 대수롭지 않게 말합니다.

하나님이 천지를 창조하신 것이 만고불변의 진리이듯이, 남자와 여자를 창조하신 과정과 목적 또한 만고불변의 진리라는 것을 알아야 합니다. 오순절 후 사도들이 예수의 죽음과 부활을 증거할 때 대제사장과 서기관들의 너희가 무슨 권세와 누구의 이름으로 이 일을 행하느냐고 추궁할 때, "이 예수는 너희 건축자들의 버린 돌로서 집 모퉁이의 머릿돌이 되었느니라 다른 이로써는 구원을 받을 수 없나니 천하 사람 중에 구원을 받을 만한 다른 이름을 우리에게 주신 일이 없음이라"고 담대히 증거했습니다. 오직 예수 그리스도 외에 다른 구원받을 만한 다른 이름이 없다는 것도 만고불변의 진리입니다. 물론 다른 종교에도 구원의 길이 있다고 주장하는 신학자들과 목사들이 있지만, 그것은 '다른 복음'입니다. 따라서 여성 안수 문제를 시대가 바뀌면 변할 수 있다고 생각하는 것 자체가 잘못된 관점입니다.

Q2

여성 안수 주장자들은 "교세가 줄면 여성 안수를 도입할 것"이라고 주장합니다. 이것에 대하여 어떤 견해를 갖고 있습니까?

A2

여성 안수 주장자들이 말하는 것처럼 될 가능성도 배제할 수 없습니다. "교세가 줄면 여성 안수를 도입할 것이다"라는 말은 현실적의 상황을 대변해 주기도 합니다. 씁쓸하기도 하고 심지어 수치를 느끼게 하는 말입니다. 실제로 그런 이유를 들어 여성 안수를 주장하고 있기 때문이다.

소위 예수 그리스도를 믿는다는 지도자들이 "교세가 줄고" "신학대학원의 여학우들이 입학하지 않는다"는 이유를 드는 것을 볼 때, 오늘날 교회가 현실에 적응하기 위해 몸부림치고 있다는 것을 느낍니다. 오늘날 교회나 신학대학원이 세상적인 기업이라면 이해할 수 있습니다. 교회는 그리스도의 몸이며 진리의 기둥과 터라는 정체성을 잃은 것처럼 보입니다. 초대교회 성도들은 "교세가 주는 정도"가 아니라 믿음을 지키다가 모든 것을 잃고 죽임(순교)을 당했는데, 오늘날 우리들은 세상적인 것에 집착하는지 서글픈 마음이 듭니다.

교회사를 보면 그런 예를 어렵지 않게 찾을 수 있습니다. 일제강점기에 신사참배가 우상숭배가 아니라고 생각했기 때문에 찬성을 한 것이 아니라, 일제의 강압에 굴복했기 때문이라는 것을 알고 있습니다. 여성 안수의 경우는 교세가 감소하는 것을 방지하고 부흥을 꾀한다는 미명아래 "조그만 이익"을 탐한다면 얼마든지 가능한 일일 것입니다. 그러나 이것이 "소탐대실"일뿐만 아니라 교회의 하락이고, 교회의 타락입니다.

천주교가 청나라와 조선에 전래 될 초기에는 조상 숭배를 우상 숭배로 단정했습니다. 그것은 성경적인 가르침이었습니다. 그런데 동양의 조상 숭배의 관습이 너무나도 강한 나머지 포교가 되지 않자, 오늘날의 여성 안수 주장자들의 논리와 같이 1939년 법학자는 자처하는 비오 12세 교황은 조상 숭배는 부모를 공경하는 것이므로 우상 숭배가 아니라고 하면서 제사금지령을 철회했습니다.

근래에는 프란치스코 교황이 그를 알현하는 동성애자에게 "하나님은 당신을 이렇게 동성애자로 창조하셨고, 당신을 이 모습 그대로 사랑하십니다"라고 말했고, 이 소식은 순식간에 불길처럼 번져나가 수많은 가톨릭 내 동성애자들에게 큰 위로를 줬다고 합니다. 이런 까닭으로 성경은 로마가톨릭을 '음녀'라고 부릅니다. 교회가 세상의 사상과 논리를 따르면 세상이 환영하고 또한 잠시 얻는 것이 있겠지만, 그것은 교회의 본질과 정체성을 잃는 것이고 세상 사람들의 발에 밟히는 "맛을 잃은 소금"이 될 뿐입니다. 한스 크리스티안 안데르센의 "미운 오리 새끼"라는 동화가 있습니다. 미운 오리 새끼는 나중에 백조라는 정체성을 깨달았는데, 오늘날 교회는 마치 백조의 정체성을 버리고 다른 오리 처럼 되고 싶어하는 것 같은 것이 한낱 어리석은 사람의 기우이기를 바랍니다.

Q3

사명이 있는 여성 사역자들이 헌신할 기회를 뺏는 것보다 주는 것이 하나님의 나라에 도움이 되지 않나요?

A3

대부분의 사람들이 그런 관점에서 여성 안수 문제를 보고 있습니다. 보편적이고 일반적인 관점에서 사명이 있는 누군가의 기회를 뺏는 것은 부당한 일입니다. 만일 어떤 청년이 "내가 사명을 갖고 주님께 헌신하려고 하는데, 왜 입학시험 성적이 낮다는 이유로 낙방시키느냐?"고 항변한다면, 그런 청년을 특별히 우대해서 입학시켜야 할까요? 두 말 할 필요도 없습니다. 적어도 자신이 사명이 있고 헌신한다고 하면, 최소한의 입학의 컷라인을 넘겨야 할 것입니다. 입학이라는 것은 최고의 수준을 요구하는 것이 아니라 최소의 요구입니다. 만일 그런 정도도 자격을 갖추지 못한 사람이 사명이 있다고 말하는 것은 부끄러운 일일 겁니다. 무슨 일에든지 원칙이 있습니다.

여성 안수의 문제는 각 개인의 능력이나 남녀차별의 문제가 아닙니다. 하나님께서는 창조를 통하여 리더십의 원칙을 세우셨습니다. 남자와 여자를 만드시고(이것을 반대하는 것이 동성애), 남자는 '머리'(헤드십)로 여자는 '돕는 배필'로 만드셨습니다. 대개 아담과 여자를 두 사람이라고 생각하고 '동등'하다고 간주하는데, 그들은 원래 '한 사람'이었습니다. 우리들의 신체도 머리가 헤드십이 있고, 몸은 그 머리 아래서 '물 흐르듯이' 움직이는 것 같이, 남자와 여자의 관계도 그러합니다.

여성 안수 주장의 핵심은 여성 사역자들이 '돕는 배필'(부교역자)이 아니라, 남자와 같이 '헤드십'(목사 안수)을 갖어야 헌신할 수 있다는 논리입니다. 세상에서 통용되는 관념을 하나님의 나라인 교회에도 가져오는 것은 세속화입니다. 따라서 성경의 관점, 하나님의 창조의 원리의 관점에서 보지 않고, 남녀차별이나 효율성의 관점으로 본다면 문제의 본질을 이해할 수 없습니다(원칙에 대한 논증은 본론 참조). 부디 본 책을 통해 하나님의 뜻을 알고, 바른 위치에서 기쁨으로 섬기기를 바랍니다.

Q4

신대원의 여학우들이 남학우와 똑같이 공부하고 졸업했는데, 안수를 주지 않는 것은 불공평할뿐만 아니라 명백한 남녀차별이 아닌가요?

A4

맞습니다. 남학우나 여학우나 신대원에 동일한 자격으로 입학했고, 졸업을 했습니다. 만일 여학우가 남학우보다 뛰어난 성적을 얻었다면 우수상을 받을 것입니다. 만일 여자라고 해서 우수상을 수여하지 않았다면, 그것은 남녀차별입니다. 그런데 안수의 문제는 그런 문제와 성격이 전혀 다릅니다.

예를 들어보겠습니다. 필자는 과거 아버지 학교에서 훈련을 받고 이수를 했습니다. 만일 아버지 학교에 어떤 여성이 등록하고 수료했다고 가정해 봅시다. 그 여성은 아버지 학교를 수료했으니 아버지 자격을 부여받을 수 있다고 말할 수 있을까요?

아버지의 자격은 무엇을 수료해서 부여받은 것이 아니라, 결혼한 후 아들이 태어나면서 아버지가 된 것입니다. 단지 아버지 노릇을 잘 하기 위해서 아버지 학교에 등록하고 훈련받은 것입니다. 아버지가 되는 것은 선천적이 있고, 그 위에 후천적으로 배우는 것이 있는 것입니다. 여성 안수의 문제는 사람이 정한 것이 아니라 창조주 하나님께서 정하신 것입니다.

신대원에서 공부한 모든 것은 안수를 받기 위한 조건이 아니라 주님의 몸 된 교회를 섬기는 여사역자로서 잘 배우고 훈련받기 위한 과정입니다. 총신대원을 입학할 때, 총신(합동신학대원과 고신대학 신학대학원도 동일)의 정체성을 따라서 여성에게는 안수를 주지 않는 것이 정해졌던 것임을 간과하는 것 같습니다.

만일 입학할 때 안수를 준다고 약속했는데 불이행하는 것이라면, 총회장 앞의 피켓 시위나 항의는 상당한 정당성을 갖습니다. 그러나 그것은 주객이 전도된 것입니다. 세상에서는 사학법이라는 이름으로 기독교의 사학의 설립 이념과 정체성을 인정하지 않고, 불신자들도 차별받지 않는다는 명분으로 기독교 학교에 타종교의 교원이 들어올 수 있도록 하는 것은 '평등성'을 내세워 사학의 설립 이념과 종교의 자유를 침해하는 것으로서 여성 안수 주장도 크게 다르지 않습니다.

이 책을 통해서 왜 하나님께서 여성 안수를 허락하지 않았는지를 확실히 알기를 간절히 바랍니다. 모든 문제는 성경도 모르고 하나님의 능력도 모르기 때문에 일어납니다. 오늘날 여성 사역자들은 하나님의 헤드십 안에서 순종하고 섬길 것인지, 아니면 아달랴 여왕과 같이 스스로 헤드십을 쟁취해서 '내 뜻대로' 하나님을 섬길 것인지 바른 선택을 해야 합니다.

Q5

한국 교회에서 합동을 비롯한 몇 개의 교단만이 여성 안수를 허락하지 않고, 다수의 교단들이 여성 안수를 허용한다는 것은 여성안수가 성경적이기 때문에 그런 것이 아닌가요?

A5

그렇습니다. 대다수의 교단이 여성 안수를 허용했습니다. 대한예수교 합동(총신대학교)과 합신(합동신학대학원대학교)과 고신(고신대학교), 세 교단만이 안수를 허용하고 있지 않습니다. 아래의 표는 여성 안수를 허용한 교단을 연도별로 표시했고, 아래의 표는 여성 안수를 허용하지 않는 교단을 표시했습니다.

여성 목사 안수를 허용한 교단과 허용 연도					
구분	감리교	기독교 장로회	예수교 통합	예수교 성결교	성공회
연도	1930	1974	1994	2003	2009
구분	루터교	예장대신	침례교	기하성	하나님의성회
연도	2009	2009	2013	설립부터	설립부터

여성 목사 안수를 허용하고 있지 않은 교단		
예수교 장로회 합동: 총신대학교	예수교 장로회 고신: 고신대학교	예수교 장로회 합신 합동신학대학원

한국교회의 경우 세 교단을 제외하고 모든 교단들이 여성 안수를 허락했기 때문에, 지도자들과 성도들이 성경의 가르침은 여성 안수를 허용한다고 오해할 수 있습니다. 오늘날 진리를 숫자로 정하는 것이 익숙하기 때문에 벌어지는 현상입니다. 이스라엘의 역사의 실례를 들겠습니다. 솔로몬 왕 이후 남북 왕국으로 분열되었을 때 북왕국 이스라엘엔 '열 지파'가 따라갔고, 남 왕국 유다는 '두 지파'에 불과했습니다. 사람의 관점으로 볼 때, 이스라엘의 정통성은 북 왕국이라고 생각할 수 있다. 아래 그림은 남북 왕국의 소속 지파 숫자와 중요한 차이를 나타냈습니다.

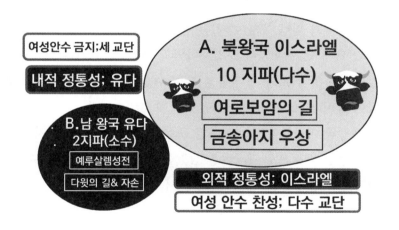

이것은 '숫자의 우상'에 빠진 사람의 관점일뿐입니다. 비록 남왕국 유다에는 '두 지파' 밖에 따르지 않았을지라도 하나님의 정통성은 '다수'인 북왕국 이스라엘이 아니라 '소수'인 유다에 있

었습니다. 남북 왕국은 하나님의 나라(왕국)임에도 불구하고 여러 가지 차이가 있습니다.

북 왕국 이스라엘은 12지파 가운데 '다수'(majority)인 10지파가 속해 있기 때문에 하나님이 정통성을 갖는다고 생각할 것입니다.

반면에 유다 왕국은 12지파 가운데 '소수'(minority)인 2지파가 속해 있기 때문에 하나님의 정통성은 북 왕국 이스라엘에게 있다고 생각할 것이다. 물론 바른 분별력이 있는 유다 백성은 숫자의 마법에 걸리지 않고, 하나님의 백성의 정체성을 지킨다는 긍지를 갖을 것입니다.

유다에는 '예루살렘 성전'에서 번제를 드린 반면, 북 이스라엘은 벧엘과 단에 '금송아지'를 만들어 번제를 드리면서 애굽에서 인도해 낸 여호와라고 경배하면서 우상 숭배했습니다. 이런 상황들은 왕국(교회)의 정통성은 '다수'(majority)인 이스라엘 왕국이 아니라 '소수'(minority)인 유다에 있었습니다.

북왕국 이스라엘의 여로보암 왕은 산당을 짓고 레위 자손이 아닌 보통 백성으로 제사장을 삼았습니다. 오늘날 여성 안수 주장자들의 생각과 같이 누구든지 제사장으로 섬기면 좋지 않으냐는 논리를 갖었습니다. 이것은 하나님의 법을 깨뜨린 것입니다. 따라서 하나님의 정통성은 '다수'(majority)인 북 왕국에 있지 않고, 하나님의 법을 따르는 '소수'(minority)인 남 왕국 유다에 있습니다.

남 왕국 유다의 왕들은 '다윗의 길'로 행한 반면, 북 이스라엘의 왕들의 대다수는 '여로보암의 길', 악한 길을 따라 행했다. 정통성은 '다수'(majority)인 이스라엘 왕국이 아니라 '소수'(minority)인 유다에 있었습니다.

남 왕국 유다는 '다윗의 자손(씨)'가 왕이 된 반면, 북 왕국 이스라엘은 왕들을 죽이고 왕조가 바뀌었다. 정통성은 '소수'인 유다에 있었습니다.

하나님은 '소수'(minority)인 유다 왕국의 후손들을 통해서 예수 그리스도가 오게 하셨습니다. 이것은 비록 남 왕국 유다가 '소수'이지만 정통성이 있다는 것을 의미합니다.

대한예수교장로회 합동과 합신과 고신은 많은 교단 가운데 '세 지파'와 같이 '소수'(minority)이고, 열 지파로 구성된 이스라엘과 같이 여성 안수를 허락한 '다수'(majority)의 교단이 있다고 해서 진리가 되는 것은 아닙니다(위의 그림이나 글의 요지는 교단의 '모든 면'을 말한 것이 아니라, '여성 안수'라는 관점으로만 본 것이다. 각 교단들은 나름대로 중요한 진리를 붙잡고 섬긴다).

• 신사참배 때의 상황

이 시점에서 떠오르는 한국교회의 역사가 있습니다. 과거 일제 시대에 개최된 제27회 장로회 총회에서 전국 23개 노회 중 17개 노회의 찬성으로 신사참배를 결의하고 국민정신총동원운동에 적극 참여했습니다. 신사 참배 결의를 반대한 지도자들은 주기철 목사, 평안북도의 이기선 목사, 이주원 목사, 경남의 한상동 목사였습니다. 이 과정에서 주기철 목사가 면직되고 후에 순교했고, 이기선 목사는 제명 됐으며, 한상동 목사는 압력으로 사면됐습니다. 한국 교회의 치욕스런 역사를 언급하는 이유는 역사의 교훈을 잊으면 또 다시 반복되기 때문입니다. 신사 참배가 교회의 정체성을 포기한 것과 같이 여성 안수 문제는 교회의 정체성에 관한 것임을 교회의 지도자라면 알아야 하기 때문입니다.

아무리 다수가 추종한다고 해도 성경의 가르침이 아니면 진리가 아닙니다. 비록 소수의 견해라 할지라도 성경의 가르침을 따른다면 그것이 올바른 길이고 교회가 갈 길입니다. 산상수훈에서 넓은 길을 찾고 가는 사람은 많지만, 좁은 문으로 들어가고 좁은 길을 찾는 사람도 적고 가는 사람도 적다고 말씀하신 것을 새겨야 합니다.

여성 안수 문제에 있어서 한국교회의 대다수 교단이 허용했다고 해서 진리로 인정되는 것은 아닙니다. 각 교단의 상황을 살펴보면 성경에 대한 오해와 효율성과 남녀차별의 이슈가 강했다는 것을 부인할 수 없습니다. 아담이 하나님의 명령을 어기고 여자가 준 선악과를 받아 먹은 것과 오늘날의 여성 안수 문제가 오우버 랩(OVER RAP) 되는 것은 이상한 일이 아닙니다. 아담이 '여자' 즉 '사랑하는 자'를 하나님의 말씀보다 사랑하므로 하나님의 주권과 헤드십을 훼손하고 타락했습니다. 오늘날 하나님의 머리 되심을 지키는 것이 아버지의 이름을 거룩히 여기고, 교회의 정체성을 지키고 교회가 사는 길입니다.

Q6

하나님의 나라(왕국)인 교회가 하나님의 통치 안에 있기 위해서 여성 안수를 허락하지 않는 것이 성경의 가르침이라고 한다면, 여성 안수를 허락한 다수의 교단은 어떻게 해야 할까요?

A6

성경의 가르침을 따라 여성 안수를 금지하고 있는 세 교단은 시류에 흔들리지 말고 교회의 정체성을 지켜가야 합니다. 이미 여성 안수를 허용한 교단의 경우 난감한 상황일 겁니다.

예를 들면, 신사참배를 결의한 후, 잘못을 회개하는데 80년이라는 세월이 필요했다는 것도 교단의 지위와 체면이 걸려있기 때문이라 추측됩니다. 그러나 하나님께 회개하고 돌이키는데 가장 빠른 길이 "지금"이라고 생각합니다. 따라서 각 교단의 소속 회원들이 성경을 연구하고 숙고하여 교회의 정체성을 바로 잡아야 할 책임과 의무가 있습니다. 이것은 교회의 본질과 정체성에 관한 진리이기 때문에, 교회의 역사를 거울 삼아 하나님 앞에서 부끄러움이 없는 교단으로 세워야 합니다. 이런 막중한 책임과 의무는 각 교단의 회원들이 결정할 몫이라고 생각합니다.

Q7

여성 안수 주장자 가운데 복음주의 학자 존 스토트(John Stott)가 엘레인 스토키의 "페미니즘의 옳은 점 What's Right with Feminism"이라는 책을 소개하면서 '성경적 페미니즘'(biblical feminism)이라는 용어를 사용했고, 또한 강호숙 박사는 '성경적 페미니즘'의 필요성을 주장하는데 받아들일 필요가 있지 않나요?

A7

존 스토트가 복음주의 학자로 널리 알려진 것을 사실입니다. 복음주의(evangelicalism)는 하나로 정의할 수 있는 실체라기 보다는 오히려 다양성을 지닌 운동이라는 것을 알아야 합니다. 그런 이유로 해서 토마스 오든(Thomas Oden)은 예수 그리스도 안에서 하나님의 복음을 신실하게 믿고 기쁨으로 받아들이는 모든 사람을 복음주의자로 정의해야 한다는 견해를 밝혔습니다. 그러므로 그가 복음주의 학자라고 해서 그의 '모든 견해'가 반드시 성경적이라는 것을 보장하지 않습니다(사안에 따라 다름).

존 스토트는 "성경적 페미니즘의 기원을 종교개혁으로 보며, 그 신학적 토대를 규정합니다. 성경적 페미니즘을 세속적 기류로 볼 것이 아니라, 창조와 구속, 사랑과 정의, 인류애와 사회적 책임에 관한 긴급한 도전이다"라고 했습니다. 종교개혁을 페미니즘의 기원으로 보는 것은 지극히 주관적인 견해이며, 성경적 페미니즘이라는 것은 사람이 만든 사상에 불과합니다. 공산주의도 성경에서 패러디 했듯이, 페미니즘도 성경에서 기원을 찾으려고 한다는 것은 이상한 일이 아닙니다. 빛과 어둠이 함께 할 수 없는 것처럼 세상적인 것과 성경은 상관이 없습니다.

존 스토트가 페미니즘을 창조와 구속, 사랑과 정의와 인류애를 언급한 것을 볼 때, 남자와 여자를 창조에 나타난 '헤드십'과 '돕는 배필'의 원칙을 보지 못했기 때문이라 생각됩니다. 흔히 존 스토트와 같이 모든 것을 포용하면 성경적이라고 생각하는 경향이 있는데 잘못된 것입니다. 일례로 WCC가 모든 종교를 포용하고 교회 일치 운동을 하는 것은 세상적으로 좋을지는 몰라도 성경의 진리와는 전혀 관계가 없습니다. 성경은 의와 불법이 함께 할 수 없고, 빛과 어둠이 서로 사귈 수 없고, 그리스도와 벨리알이 조화될 수 없다고 말씀합니다.

참고로 존 스토트(Rev. John Robert Walmsley Stott, 1921.4.~2011.7)는 영국의 성공회(Anglican Church) 사제입니다. 성공회는 영국 국왕(여왕)을 '교회의 머리'로 삼습니다. 역사적으로 영국의 청교도들이 고국을 떠나 신대륙으로 간 원인은 수장령(Acts of Supremacy, 首長令)으로 1534년 영국 왕 헨리 8세가 로마 교황청과의 관계를 단절하고, 영국 교회를 관리하는 모든 권한이 국왕에게 있음을 선포한 법령이라는 것을 아실 겁니다.

청교도들은 "교회의 머리는 영국 국왕"이라는 것을 거부했기 때문에 핍박을 받았고 신앙의 자유를 위해서 대서양을 건너 신대륙으로 갔던 것입니다. 오늘날 성공회 가운데 일부 국가에서 여성 사제를 허용하고, 심지어 동성애자 사제를 인정했다는 것을 참고할 필요가 있습니다. 시편 33편 10-12절은 세상의 사상들에 대하여 선포합니다.

> "여호와께서 나라들의 계획을 폐하시며 민족들의 사상을 무효하게 하시도다 여호와의 계획은 영원히 서고 그의 생각은 대대에 이르리로다 여호와를 자기 하나님으로 삼은 나라 곧 하나님의 기업으로 선택된 백성은 복이 있도다"(시 33:10-12)

Q8

여성 안수를 허락하지 않은 합동(합신, 고신) 교단의 여성 사역자들이 주의 사역을 열심히 하기 위해서 목사 안수를 허락하는 다른 교단으로 가는 것은 이해할 수 있는 일 아닐까요?

A8

그렇습니다. 여성 사역자들이 목사 안수를 받기 위해 타교단으로 옮기는 것을 인지상정으로 이해할 수 있습니다. 세상에서도 좋은 조건을 따라 직장도 옮기고 직업을 바꾸는 것은 이상한 일이 아닙니다. 그런데 사역자로서 반드시 짚어봐야 할 것이 있습니다. 소위 하나님의 종으로 사역한다는 것은 하나님의 뜻을 따라 섬긴다는 것을 의미합니다. "성경은 여자를 '돕는 배필'의 리더십으로 섬길 것을 창조의 경륜으로 보여주고 있고, 이것이 하나님의 주권을 거역한다는 문제를 야기한다는 것입니다. 대개 여성 안수의 문제를 '평등성'과 '효율성'의 관점으로 보고 있다는 것을 부인할 수 없습니다. 성경적 근거라는 것도 보고 싶은 것만 보고, 걸림돌이 되는 것은 성경편집설이나 당시의 단편적인 문화적인 상황으로 치부하는 현실에서 성경의 바른 가르침을 아는 것이 어려운 현실이기도 합니다.

여성 사역자가 목사 안수를 받기 위해 타교단으로 가는 선택은 자유의지에 속하고, 법적으로는 '개인의 자유'에 속합니다. 그러나 여성 안수가 하나님의 뜻이 아니라면, 여성 사역자들은 불법을 행하면서 하나님을 섬기는 결과가 될 것입니다. 따라서 모든 사역자들은 특별히 마태복음 7장의 말씀을 기억할 필요가 있습니다.

> 나더러 주여 주여 하는 자마다 다 천국에 들어갈 것이 아니요 다만 하늘에 계신 내 아버지의 뜻대로 행하는 자라야 들어가리라 그 날에 많은 사람이 나더러 이르되 주여 주여 우리가 주의 이름으로 선지자 노릇 하며 주의 이름으로 귀신을 쫓아 내며 주의 이름으로 많은 권능을 행하지 아니하였나이까 하리니 그 때에 내가 그들에게 밝히 말하되 내가 너희를 도무지 알지 못하니 불법을 행하는 자들아 내게서 떠나가라 하리라(마 7:21-23)

여성 사역자를 비롯한 모든 사역자들과 우리 모든 신자들은 예외 없이 "우리들이 어떻게 주님을 섬겼느냐"에 따라서 '그리스도의 심판대'에서 선악간에 심판을 받을 것입니다. 고린도후서 5장 9-10절은 말씀합니다.

> "그런즉 우리는 몸으로 있든지 떠나든지 주를 기쁘시게 하는 자가 되기를 힘쓰노라 이는 우리가 다 반드시 그리스도의 심판대 앞에 나타나게 되어 각각(every one) 선악간에 (whether it be good or bad) 그 몸으로 행한 것을 따라 받으려 함이라"(고후 5:9-10)

Q9

다음은 강호숙 박사가 여성 안수의 신학적 당위성으로 본 7가지 남녀 관계를 정리한 글(뉴스앤조이, 예장합동, 여성 목사 안수 허하라)에 대한 필자의 비평과 제안이다

A9

강호숙 박사의 7가지 남녀 관계 정리에 대한 필자의 비평과

성경적인 제안은 다음과 같다.

첫째, 복음주의 안에서의 여성 안수에 관한 논의는 성경 해석자의 이데올로기적, 신학적, 사회-정치적, 문화적, 가치관과 관점의 문제가 아니라 "성경의 권위"의 문제이며, 이에 따른 적용 방식의 문제이다. 그러므로 이제 더 이상, 복음주의 안에서 여성 안수가 페미니즘로 오해받지 않기 위해서 성경의 권위를 부인하는 자유주의적 사상과 신학을 버리고 성경으로 돌아와야 한다.

둘째, 성경에는 '여성 신학'도 없고 '남성 신학'도 없다. 모든 이념과 사상은 바벨탑 사건으로 인해 언어가 나뉘면서 수많은 사상과 종교와 이념들이 발생했는데, 성경은 오직 예수 그리스도가 유일한 분이심을 계시한다. 하나님께서 아담(사람) '한 사람'을 만드시고, 그를 잠들게 한 후에 남자와 여자를 구별하여 만드신 것은 하나님의 창조의 경륜이다.

셋째, 남성이나 여성은 모두 하나님의 형상을 입은 존재이고 자유의지로 하나님과 교제할 수 있는 인격적인 존재요, 인간 상호 간의 동등한 관계로 살아가는 자유적이고 주체적인 존재라는 것은 변함이 없다. 이것은 창세기 1장 27절과 같이 "그들을"(남자와 여자) 하나님의 형상으로 만들고 모든 것을 다스리게 한 것에도 잘 나타난다.

아담과 여자를 만드신 창세기 2장의 기록은 남자와 여자의 '구별성'(차이성)을 보여준다. 하나님은 두 사람의 독립된 남자와 여자를 만드시지 않았다. '먼저' 아담을 만드신 후에, 상당한 시간이 지난 후에 그를 잠들게 하셨고 아담의 갈비뼈로 여자를 만들었다. 그런 후에 그들을 연합시켜 '한 몸'이 되게 하셨다. 이렇게 하신 것은 아담을 '머리'로 세우시고, 여자는 '돕는 배필'로 세우셔서 하나님의 명령을 수행하게 하신 것이다.

넷째, 기독 신앙과 성(性)의 상관성은 하나님 뜻에 따라 서로 다른 몸으로 창조된 남녀는 인간 실존과 전인 차원에서 상호 보완적 의미를 지닌 파트너다. 파트너라는 말은 일반적인 표현으로 오류를 내포한다(마치 세상 사람들이 교회를 공동체라고 말하는 것처럼). 성경은 '머리'와 '몸'이라는 유기체로 말한다. 남자와 여자는 '평등성'(sameness)이 있을뿐만 아니라 '차이성'(differenceness)이 있다. 그것은 남자는 "여자의 머리"로, 여자는 "돕는 배필"로 세우셨다는 것이다. 이들은 '두 사람'이 아니라 원래 '한 사람'이었고, 한 사람으로 사역해야 한다. 교회는 하나님의 창조의 원칙을 따라야 한다.

다섯째, 여성 안수 주장자들이 "남성과 여성의 관계는 남성의 머리 됨에 의한 종속 관계가 아니라, 서로의 다름을 인정하지만 인격적인 관계 속에서 신뢰와 존경을 바탕으로 하나님의 사랑과 예수 그리스도의 구원, 성령의 충만 가운데 다양성, 연합과 조화, 상호 보완적 관계가 되어야 한다"는 주장은 이견이 없을 수 없는 성경의 가치이다. 그런데 성경의 진리와 충돌하는 "남성의 머리

됨의 종속 관계"라는 것이 끼워졌다. 이것이 여성 안수 주장자들의 잘못된 관점이여 근원적인 오류이다.

창조의 기본 원칙은 아담의 머리 됨과 여자의 '돕는 배필'을 통해 하나가 되는 것이다. 여성 안수 주장의 뿌리는 성경의 창조의 경륜을 부인하는 '페미니즘'을 뿌리로 하는 신학 사상이라고 말할 수밖에 없다. 강호숙 박사와 여성 안수 주장자들의 논거는 부정적인 느낌을 갖게 하는 '종속관계'라고 표현하면서, 하나님이 창조로부터 남자는 머리(헤드십)로, 여자를 '돕는 배필'로 세우셨다는 것을 부인한다. '종속 관계'라는 것은 잘못된 표현으로 '근원 관계' 혹은 "머리와 몸의 관계"로 이해하는 것이 성경과 부합한다.

고린도전서 11장 3절은 "여자의 머리는 남자요, 남자의 머리는 그리스도요, 그리스도의 머리는 하나님이시라"고 말씀한다. 명백한 하나님의 경륜을 부인하는 것은 과거 유다 왕국에서 이세벨의 딸인 아달랴가 아들의 죽음을 기회로 모든 손주들(다윗의 자손들)을 살육하고 스스로 '여왕'이 된 것에 비견될 수 있다.

여성 안수 주장자들은 남자가 '여자의 머리'라는 것을 세상적인 종속관계로 생각하는데, 큰 오해로 시작된 왜곡이다. 창조로부터 원래 아담 '한 사람'이 있었고, 머리(헤드십)와 몸의 각 지체들이 유기적으로 움직이는 것과 같다. 그래서 신약에서도 교회를 몸에 비유했다. 사람의 몸이 그의 머리의 헤드십 아래 따르는 것을 "종속관계"라고 말하는 것은 적합하지 않은 것처럼 남자와 여자의 관계도 그러하다. 몸이란 생명의 관계이고 유기적인 관계이기 때문에 세상의 어떤 것으로도 적용할 수 없다.

여섯째, 남성의 '머리론'은 그리스도가 교회의 머리 되심에 근거한다. 그리스도가 교회의 머리 되심은 군림하고 다스리는 위계적인 권위를 통해서가 아니라, 그리스도께서 교회를 위하여 자신의 몸을 주심과 같이 사랑하는 것으로 나타났듯이, 남편은 아내를 자기 몸과 같이 사랑하는 것으로, 아내가 남편에게 복종하는 것은 교회가 그리스도게 복종하는 것을 모델로 한다.

일곱째, 하나님의 기쁘신 뜻은 남성의 머리 됨과 여성이 돕는 배필로서 '한 몸'으로 섬기는 것이다. 성경적인 여자의 리더십은 하와와 같이 스스로 헤드십을 갖음으로 죄에 빠지는 것이 아니라, 남자의 헤드십 아래 돕는 배필로 동역하는 것이 성경에서 가르치는 참된 리더십이다. 구약에서는 모세를 돕는 여러 여자들을 통해서 나타났고, 신약에서는 예수님을 잉태한 마리아와 그와 정혼한 요셉의 헤드십을 통해서 나타났을뿐만 아니라, 모든 믿음의 선진들이 창조의 경륜을 따라 남자의 헤드십과 여자의 돕는 배필로 사역했음을 보인다. 오늘날 여성 안수 운동은 믿음의 선진들이 갔던 길을 벗어난다.

여덟째, 여성 안수와 여성 리더십에 관한 논의는 창조로부터 시작하여, 족장 시대와 모세시대와 구약 시대 그리고 신약시대에 이르기까지 변함이 없다. 창조의 경륜은 불변의 진리로서 하나님의 경륜을 이루는 본질이다. 따라서 여자 안수의 문제는 여자가 헤드십을 갖는 문제 같아 보이지만, 그 이면에는 하나님의 머리 되심(the headship of God)과 하나님의 왕국(the kingdom of God) 그리고 하나님의 주권(the sovereignty of God)의 문제이다. 천사장의 타락도 하나님의 머리 되심에 동등하려 했기 때문에 일어났다.

아홉째, 창조의 경륜은 두 가지로 요약된다. 하나는 남자와 여자를 만드셨다. 이 원칙은 모든 인류 즉 신자와 불신자에게 해당된다. 따라서 동성애는 쾌락을 추구하는 창조의 경륜을 거스리는 악한 행위이다. 다른 하나는 남자와 여자를 만드실 때의 모든 과정은 여자를 아담을 위한 '돕는 배필'로, 아담을 그의 헤드십을 가진 머리로 만드셨음을 나타낸다. 이 두 번째 창조의 원칙은 예수 그리스도를 믿지 않는 세상 사람(불신자)과는 상관이 없다. 세상에서는 여성이 대통령도 하고 국회의원도 하고 헬기 조종사도 될 수 있다. 어떤 제약이 없다. 그러나 예수 그리스도를 믿어 구원받은 교회는 반드시 창조의 첫 번째 원칙뿐만 아니라, 두 번째 원칙을 따라야 한다. 물론 이것은 세상에서의 직업을 가리키는 것이 아니라, 하나님의 통치의 영역인 교회에서 가르치는 것(강도권)과 다스리는(치리권) 것을 가리킨다.

역사적으로 지구상에서 택함을 받은 이스라엘 왕국만이 하나님의 통치를 받는 영역이었다. 남북 왕국 시대에도 선한 왕과 악한 왕이 있었을지라도 모든 왕가의 여자들이 이방 왕국과 같이 헤드십을 갖는 '여왕'이 되는 것을 생각지도 않았다. 그런데 유일하게 아달랴가 여왕이 되었다. 그런 이유는 그가 이방의 선지자 이세벨의 딸로서 하나님의 법을 관심하지도 않았기 때문이다.

열째, 오늘날 하나님의 통치의 영역인 교회는 반드시 창조의 첫 번째 법칙을 거스리는 '동성애'뿐만 아니라, 창조의 두 번째 법칙인 "남자의 헤드십"과 "여자의 돕는 배필"의 원칙을 따라야 한다. 두 가지 원칙은 그 위치에 있어 동일하다. 흔히 동성애는 인류를 파괴하는 악한 죄라는 것을 알지만, 창조의 두 번째 원칙이 있는지도 모르기 때문에 교회의 본질과 정체성을 훼손할 가능성이 많다.

교회는 반드시 아버지의 이름이 거룩히 여김을 받도록 하나님의 주권을 높여야 한다. 교회는 반드시 그리스도의 머리 되심과 하나님의 머리 되심이 나타나야 한다. 그것이 나타나기 위해서 "여자의 머리는 남자"가 나타나야 한다.

교회에서 남자의 머리 됨이 나타나지 않고 그리스도의 머리 되심과 하나님의 머리 되심은 나타날 수 없다. 하나님의 머리 되심은 그리스도를 통해서 나타난다. 그리스도의 머리가 하나님이신 것에는 아무 문제가 없다. 그리스도의 머리 되심은 남자의 머리는 그리스도이심을 통해서 나타난다.

오늘날 남자들은 그리스도를 머리로 삼아야 한다. 이것이 성경에 나타난 남자의 리더십이요 헤드십이다. 마지막으로 남자의 머리 됨은 "여자의 머리는 남자"라는 것을 통해서 나타난다. 이것은 세상에서 찾을 수 없다. 예수 그리스도를 믿지도 않는 자들에게 창조의 원칙을 찾는다는 것은 불가능하다. 세상 사람은 남자와 여자가 구별된다는 것도 부인하고 남자가 남자에 대하여, 여자가 여자에 대하여 순리를 역리로 쓰며 육체적인 쾌락을 위해 음욕이 불일 듯 하여 소돔과 고모라를 따라가고 있고, 남자의 헤드십과 여자의 돕는 배필이라는 것을 옛 시대의 유물을 간주한다. 오직 예수그리스도를 머리로 하는 교회만이 창조의 경륜을 따를 수 있다. 이 땅에서 그리스도가 머리 되심의 한 축은 헤드십을 가진 남자들에게 달렸다. 만일 헤드십을 부여 받은 남자들이 그리스도를 머리로 삼지 않는다면, 그리스도의 이름이 높임을 받을 수 없고 또한 아버지의 이름이 거룩히 여심을 받으실 수 없다.

아울러 이 땅에서 그리스도가 머리 되심의 또 다른 한 축은 돕는 배필들이 창조의 경륜을 따라 헤드십을 가진 남자들과 동역하는 것에 달렸다. 헤드십으로 세워질 모세가 장성하기까지 많은 여성들이 돕는 배필로 동역했기 때문에 하나님의 구원의 역사를 위해 쓰임받았고, 이것은 하나님께 영광을 돌릴뿐만 아니라, 모든 하나님의 백성들의 축복을 가져왔다. 드보라가 바락을 이스라엘의 군사들을 이끄는 장군으로 세움으로서 하나님의 경륜을 따르면서 하나님의 백성들에게 큰 승리를 가져온 것은 오늘날 우리들에게 하남의 훌륭한 모범이 된다. 여성 안수 문제는 단지 여성들이 안수를 받아 헤드십을 가진 목사가 될 수 있는가 없는가의 문제를 넘어, 하나님의 왕국인 교회의 정체성과 본질에 대한 것이다. 헤드십을 가진 남자는 예수 그리스도께서 교회를 위하여자신을 내어주시는 사랑을 본받아야 하고, 돕는 배필들은 그리스도께 복종하듯이 남자의 헤드십 아래 동역해야 한다. 이것이 교회의 비밀이며 교회의 머리이신 그리스도의 머리 되심을 높이는 길이다.

칭의론 논쟁에 대한
코페르니쿠스적인 해법 제시

◆ 새 관점 칭의론의 공로; 행위가 있어야 한다
◆ 새 관점 칭의론의 과실; 행위가 없으면 구원 탈락!

◆ 전통적 칭의론의 공로; 구원은 믿음의 문제이다
◆ 전통적 칭의론의 과실; 행위가 없으면 거짓 신자!

2017. 12. 27.　　400p.

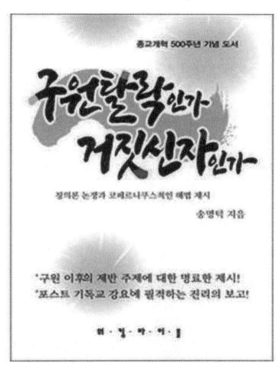

계시록과 다니엘서의
전반적인 조망

◆ 다니엘서를 통한 역사를 주관하시는 하나님의 주권
◆ 요한 계시록의 흐름과 맥을 잡아주는 명쾌한 강해
◆ 장차 일어날 일들에 대한 전체적인 조망
◆ 영광스런 주님의 재림에 대한 소망
◆ 1992.2.　510p.

박아론 박사　전 총신대학교신학대학원 원장 추천

무천년설과
역사적 전천년설을 비교 강해

◆ 무천년설 그레고리 비일과 이필찬 소장의 저서 인용
◆ 역사적 전천년설 관점에서 성경신학적으로 비평 및 해석
◆ 신구약을 관통하는 논증과 교회의 영광스런 소망 제시
◆ 헬라어 원문 및 해설, 비전공자도 쉽게 이해할 수 있음
◆ 90여 개의 이해를 돕는 도표 및 밴다이어그램
◆ 30여 개의 비교표 제시　　◆ 2022.2.　1,040p.

추천
　　　　김길성 교수　총신대학교 신학대학원 명예교수
　　　　장동민 교수　백석대학교 교목부총장
　　　　정성욱 교수　미국덴버신학대학원 교수

Youtube 워킹바이블 TV

▲650개 콘텐츠 업로드

▲성경의 난제들을 PPT로 강의

[creation&Evolution]#05 지구 나이는 얼마인가? 진화론 45...

조회수 4.6만회 · 3년 전 ·

[네피림정체]#51 하나님의 아들들과 네피림 완전정복A 타...

조회수 3.3만회 · 2년 전 ·

[네피림]#105 가나안땅의 네 피림 아낙자손! 노아홍수...

조회수 3만회 · 2년 전 ·

[성경의비밀]#55 네피림이 모 두 남자인 사실! 성염색체 XY...

조회수 2만회 · 2년 전 ·

[네피림]#116 라멕과 당시 상 황! 네피림들간의 대살육사건!

조회수 1.7만회 · 2년 전 ·

[네피림]#128 사단과 하나님 의 아들들의 대적과 음모! 오...

조회수 1.6만회 · 2년 전 ·

[휴거와 승천] #99에녹은 하늘 로 승천했는가? or 어디로 갔...

조회수 9.7천회 · 2년 전 ·

[네피림]#106 가나안땅의 네 피림과 어깨에 멘 포도송이!...

조회수 9.5천회 · 2년 전 ·

[창세기]#131 사단의 대적과 바벨탑사건! 니므롯- 적그리...

조회수 9천회 · 2년 전 ·

[낙원과 천국]#15 사도바울이 간 천국과 낙원 셋째하늘과 ...

조회수 6.6천회 · 2년 전 ·

[네피림] #114 하나님의 아들 들이 내려온 때! 창6장인가?...

조회수 6.2천회 · 2년 전 ·

[사후세계]#97 엔돌의 무당과 사무엘의 영혼! 죽은영혼을 ...

조회수 6.1천회 · 2년 전 ·

514

[천국지옥간증] #04 아담 하와
칼빈이 지옥에? 서사라목사 ...

조회수 2.6만회 · 3년 전 ·

[네피림] #122 네피림족의 3대
특징 세계최초공개! 12개 손...

조회수 2.3만회 · 2년 전 ·

[네피림] #118 성경과 야살의
책으로 본! 노아시대의 패역...

조회수 2.2만회 · 2년 전 ·

[네피림정체] #54 아브라함과
롯에게 나타난 천사들은 겉...

조회수 1.3만회 · 2년 전 ·

[네피림] #115 에녹과 에녹서!
하나님의아들들과 네피림에...

조회수 1.3만회 · 2년 전 ·

[네피림] #102 하나님의 아들들
이 네피림을 낳은 가증한 목적!

조회수 1.1만회 · 2년 전 ·

[천지창조] #45 해달별식물동
물의 창조? 아무도 모르는창...

조회수 7.8천회 · 2년 전 ·

[네피림] #146 하나님의아들들
과 네피림! 천사끼리 결혼할 ...

조회수 7.3천회 · 2년 전 ·

[네피림정체] #52 하나님의 아
들들은 자손을 낳을수 있는...

조회수 6.6천회 · 2년 전 ·

[네피림] #129 가나안땅의 거
대한 포도송이! 네피림이 포...

조회수 6천회 · 2년 전 ·

[지구창조] #44 지구나이는 6천
년인가? 지구는 언제창조되...

조회수 5.8천회 · 2년 전 ·

[영적분별] #76 ALL 천국지옥
간증사실인가? 사도바울 증...

조회수 5.7천회 · 2년 전 ·

[네피림정체] #50 기생라합과
여리고성사람에게 충격을 준...

조회수 5.2천회 · 2년 전 ·

[워킹바이블TV] #18 당신만 모
르는 할로윈데이의 비밀! 마...

조회수 5.1천회 · 2년 전 ·

[죽음과 영혼] #96 사람의 영혼
은 어떤 모양인가? 같은 형체...

조회수 5.1천회 · 2년 전 ·

515

[영적분별]#133 천국지옥간증
옹호부대! 99점 이상 서사라...

조회수 5.5천회 · 2년 전 ·

[창세기] #134 cbs신학편지 권
연경 김근주교수 오류! 창세...

조회수 5.4천회 · 2년 전 ·

[노아방주] #120 성경과 야살
의책으로 본 홍수시작 후 사...

조회수 5.2천회 · 2년 전 ·

#229 천국지옥간증자! 서사라
목사에게 날개를 달아준?!

조회수 5천회 · 1년 전 ·

#12예수님 십자가 사후, 천국
에 가셨는가? 지옥에 가셨는...

조회수 4.9천회 · 2년 전 ·

[창세기] #132 사단의 대적과
바벨탑! 니므롯이야기와 데...

조회수 4.9천회 · 2년 전 ·

[창세기비밀]#148 하나님은
아담이 선악과를 먹을 아...

조회수 4.4천회 · 2년 전 ·

[영적분별]#06 서사라목사천
국지옥간증 하와가 지옥에 ...

조회수 4.3천회 · 2년 전 ·

[네피림과 노아]#103 노아가
완전한 자라는 의미? 하나님...

조회수 4.2천회 · 2년 전 ·

[워킹바이블TV]#20 천국,낙원,
지옥 시리즈! 하늘에 올라갈 ...

조회수 3.7천회 · 2년 전 ·

[신자사후] #158 예수님 승천
시 낙원의 성도들을 하늘로 ...

조회수 3.6천회 · 2년 전 ·

[네피림] #121 거인들의 땅이
존재했다? 네피림 바산왕 옥...

조회수 3.6천회 · 2년 전 ·

[성경과 역사]#01신대륙발견,
세계역사의 제2막을 열다! ...

조회수 3.5천회 · 3년 전 ·

[네피림] #125 태양과 달도 멈
춘 위대한 전쟁! 네피림 아낙...

조회수 3.5천회 · 2년 전 ·

[네피림] #117노아의 출생의
독특성! 당황한 아버지 라멕...

조회수 3.4천회 · 2년 전 ·

516

[안전정복]#127 천국은 하늘 나라는 정말 있나요? 천국의_
조회수 3.7천회 · 2년 전

#471[마태복음강해] 74강 천국에서 쫓겨날 본 자손들! 비_
조회수 3.7천회 · 2년 전

[네피림]#112 홍수심판의 원인 네피림 모든 동물들이 멸_
조회수 4.8천회 · 2년 전

[창세기난제] #147 왜? 하나님 은 쓸데없이 선악과를 만드셨나요_
조회수 4천회 · 2년 전

[구원론] #84 나를떠나가라고 지옥행인가? 불못과 바깥 어_
조회수 3.8천회 · 2년 전

[성경의핵심]#49 에녹과 유거 하나님을 기쁘시게 동행한_
조회수 3.7천회 · 2년 전

[네피림]#113 네피림시대의 이종교배들! 오늘날의 이종_
조회수 3.6천회 · 2년 전

[천국비밀] #220 열처녀비유5 아무도 몰랐던? 열처녀비유 _
조회수 3.6천회 · 1년 전

[대환난과 유거]#61 주님예배: 지금은 대환난의 파인가? 휴_
조회수 3.3천회 · 2년 전

[법과 종교] #157 차별금지법 과 교황의 견해 프란치스코 _
조회수 3.4천회 · 2년 전

[유거] #182 엘리야의 승천 NO! 그러면 어디로 갔나요?_
조회수 3.3천회 · 2년 전

[성경난제] #204 옥에있는 영 들! 죽은자들에게 복음이 전_
조회수 3.3천회 · 2년 전

[네피림]#104 12명의 정탐꾼 과 가나안땅의 네피림의 후_
조회수 3.2천회 · 2년 전

[네피림]#111 성경의 4대 이종 교배사건! 에서의 이방결혼_
조회수 3.2천회 · 2년 전

[네피림]#130 사단과 하나님 의 아들들의 욥오! 네피림들_
조회수 3.1천회 · 2년 전

517

[위갱바이블TV] #28 Wow! 오순절 성령강림! '불의 혀의 오_
조회수 1.7만회 · 3년 전

[성경과 역사]#02 콜럼버스의 신대륙발견! 아멧에 대한 노_
조회수 1.7만회 · 3년 전

[휴거]#100 죽지않고 휴거된 에녹! 죄와 사랑의 법의 예외_
조회수 1.7만회 · 3년 전

[알콜달콤]#150 기독교인은 술을 마시면 안되나요? 1
조회수 1.6만회 · 3년 전

[창세기]#135 cb4 신약편치 창세기의 뱀은 진짜말을 했나_
조회수 1.6만회 · 3년 전

[창세기] #248 뱀에대한 저주! 배로 다닌다는 것은 어떤 의_
조회수 1.4만회 · 1년 전

 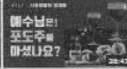 

[한국비밀] #217 멸처녀비유2 세관정리의론! 미련한처녀는_
조회수 1.5만회 · 1년 전

[신앙난제]#149 신양생활의 딜레마! 예수님은 포도주를_
조회수 1.5만회 · 3년 전

[성경의 모든 것]#32 서사라 욕사 천국지옥 간증목격1*안_
조회수 1.5만회 · 2년 전

[고난주간6]#301 죽지가 사후 3일간 예수님 행적! 지옥강_
조회수 1.3만회 · 1년 전

[창세기] #249 뱀에대한 저주 2! 흙을 먹는 것은 어떤 의미_
조회수 1.2만회 · 1년 전

[법과 윤리]#159 차별금지법 이통과된 국가들! 도대체 어_
조회수 1.2만회 · 3년 전

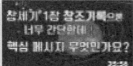  

[성경]#173 창세기1장 창조기 록으로 너무간단한데! 핵심_
조회수 1.3만회 · 3년 전

[창세기의 과학]#162 노아홍수 이런 최장수 모두볼까 969세_
조회수 1.2만회 · 3년 전

[위갱바이블TV] #29 당신만 모르는 성경의 비밀! 사물에_
조회수 1.2만회 · 3년 전

518

[성령세례 물세례]#27 성령세
례는 알겠는데 물세례 성령...

조회수 1.9천회 • 2년 전 •

#362 백신 짐승의표인가? 맞
느냐 안맞느냐! 그것이 문제...

조회수 1.9천회 • 1년 전 •

[네피림]#124 네피림 골리앗
과 다윗! 골리앗이 가드사람...

조회수 1.8천회 • 2년 전 •

[카톨릭대변혁]#46 프란치스
코교황 사제독신주의 포기예...

조회수 1.8천회 • 2년 전 •

[워킹바이블TV] #26 법룬스님
도 몰라 성경은 뭐래 죽음 후...

조회수 1.8천회 • 2년 전 •

#473[양과 염소비유] 마태76
강: 재림과 양과염소비유! 양...

조회수 1.7천회 • 2년 전 •

[칭의론]#79 기독교신자90%
종말은? 전통적 칭의론 거짓...

조회수 1.7천회 • 2년 전 •

[성경묵상QST]#42 네떡을 물
위에 던지라! 오해된 솔로몬...

조회수 1.7천회 • 2년 전 •

#472[양과 염소비유] 마태복
음 75강: 주님의 재림과 양과...

조회수 1.6천회 • 2년 전 •

#329 랄랄라 방언 & 따다다 방
언! 성령의 은사인가요??

조회수 1.6천회 • 1년 전 •

[천국낙원지옥]#24 부자와 나
사로 비유인가? 다큐멘터리 ...

조회수 1.5천회 • 2년 전 •

#349 서서라목사 천국간증!
한국전쟁 예언! 곧! 피할수없...

조회수 1.5천회 • 1년 전 •

#338 치킨게임 트럼프재선 성
공 성경예언 주장! 어떻게 된...

조회수 1.4천회 • 1년 전 •

[영적전쟁] #78 기독교신자
90%종말은 어떻게 될 것인...

조회수 1.4천회 • 2년 전 •

[감람산강화]#225 마태복음24
장25장 감람산강화 완전정...

조회수 1.4천회 • 1년 전 •

[구원론] #82 종교개혁&새관
점칭의론의 공통 오류!

조회수 1.3천회 · 2년 전 ·

[신학오류] #08 다른종교를 믿
어도 구원을 받을 수 있나요...

조회수 1.3천회 · 2년 전 ·

[워킹바이블TV]#30 CBS성경
사랑방 차준희교수의 오류!...

조회수 1.3천회 · 2년 전 ·

[창세기]#244 선악과를 먹은
후! 하나님과 같이 되어! 선악...

조회수 1.2천회 · 1년 전 ·

[성경난제]#151 기독교인은
술을 마시면 안되나요?3 구...

조회수 1.2천회 · 2년 전 ·

[천국비유]#219 열처녀비유4
슬기있는자와 미련한 처녀의...

조회수 1.2천회 · 1년 전 ·

#331 방언은 영의비밀을말한
다!? 한방에 끝내는 방언의...

조회수 1.1천회 · 1년 전 ·

[창세기와 음식] #163 사람은
창조때 무엇을 먹었는가? 육...

조회수 1.1천회 · 2년 전 ·

[주일예배] #181 하나님은 어
떤 분이신가요? 나는 스스로...

조회수 1.1천회 · 2년 전 ·

[창세기] #236아담과 하와가
선악과를 먹은 후! 왜 즉시 죽...

조회수 1.1천회 · 1년 전 ·

#474[양과 염소 비유] 마태77
강 양과염소의 비유와 영원...

조회수 1.1천회 · 2년 전 ·

#353 마지막 때의 징조 - 멸망
의 가증한 것들 07

조회수 1.1천회 · 1년 전 ·

#337 치킨게임 주장; 세째날
아담은 여자의후손으로! 여...

조회수 1.1천회 · 1년 전 ·

[역사]#123 625전쟁 70주년
과거현재미래! 군사및 사상...

조회수 1.1천회 · 2년 전 ·

#395 사탄결박권; 모세의 시
체를 둔 미가엘과 마귀의 싸움

조회수 1천회 · 1년 전 ·

520

Youtube **워킹바이블 요한계시록**

▲ 77개 콘텐츠 업로드

▲ PPT 강의 및 성경신학적 해석

[요한계시록]#05 대환란의 중심! 적그리스도는 누구인가?...

조회수 1.3만회 · 1년 전 ·

[요한계시록]#04 짐승의 표 666! 99% 증거는 무엇인가?...

조회수 1.1만회 · 1년 전 ·

[요한계시록]#15 두 감람나무와 두 촛대! 두 증인은 누구인...

조회수 3만회 · 1년 전 ·

[요한계시록] #20 예수재림& 죽은성도의 부활과 휴거 &...

조회수 1.3만회 · 1년 전 ·

[예수재림]#42 휴거될 것인가? 남겨질 것인가? 대환란의 맞...

조회수 1.4만회 · 1년 전 ·

[요한계시록]#13 천년왕국 1왕 노릇하는 자들은 누구인가요?

조회수 1.4만회 · 1년 전 ·

[요한계시록] #17 대환란 두 증인의 사역시기! 언제인가?...

조회수 1.1만회 · 1년 전 ·

#62 적그리스도와 대환란 과거인가? 미래인가? 멸망의기...

조회수 2만회 · 1년 전 ·

[요한계시록]#38 하나님의 말곱 등불, 일곱 영! 어떤 의미...

조회수 980회 · 1년 전 ·

[요한계시록]#27 해의 딸과 12 별여자가 낳은자: 남자아이...

조회수 818회 · 1년 전 ·

[요한계시록]#43 대환란과 영 원한복음 1 왜 천사들이 전하...

조회수 792회 · 1년 전 ·

[다니엘서]#53 다니엘의 신상 & 세계역사! 세상나라들은 _

조회수 734회 · 1년 전 ·

[요한계시록]#01 세계최초대
공개 사탄의 화신 적그리스...
조회수 2.4만회 · 1년 전 ·

[요한계시록]#03 계7장 이스
라엘의 인맞은 자 제14장 ...
조회수 1.4만회 · 1년 전 ·

[요한계시록]#02 짐승의 표
666! 베리칩인가?
조회수 1.7만회 · 1년 전 ·

[말씀연]#49 1st인 첫맞은 단
자의 비밀 아무도 몰랐던 생...
조회수 1.4만회 · 1년 전 ·

[요한계시록]#47 말씀연 첫맞
은 첫맞은 단자는 누구인가?...
조회수 1.2만회 · 1년 전 ·

[사탄의정체]#34 루시퍼 사탄
에스겔28장의 기원과 지위...
조회수 1.2만회 · 1년 전 ·

[천년왕국]#36 무천년설과
전천년설 신학교별 성왕 목...
조회수 898회 · 1년 전 ·

[요한계시록]#10 천년왕국! 성
경을 보는 두 관점: 무천년설...
조회수 884회 · 1년 전 ·

[요한계시록]#11 사탄의 무저
갱 감금! 무천년설과 전천년...
조회수 848회 · 1년 전 ·

[요한계시록]#61 교황은 적그
리스도인가? 큰 음녀와 짐승...
조회수 732회 · 1년 전 ·

[요한계시록]#28 1000년만의
비밀최초대공개! 하늘의 24...
조회수 701회 · 1년 전 ·

[요한계시록]#06 사탄의 전략
마귀의 적그리스도의 은밀한...
조회수 699회 · 1년 전 ·

[요한계시록]#29 24장로들은
언제 창조됐는가? 천사들은...
조회수 568회 · 1년 전 ·

[요한계시록]#50 예수승천과
계시록관계! 첫째인 첫맞과...
조회수 542회 · 1년 전 ·

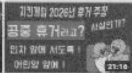

#67 지킨계임 2026년 공중유
거주장! 유거가 공중휴거??
조회수 538회 · 1년 전 ·

522

[말씀연]#48 1st인 원말과 단자 누구인가2 적그리스도No_
조회수 ...회 · 1년 전

[요한계시록]#21 신자들이 모르면 평생 후회할? 그리스도_
조회수 ...회 · 1년 전

[요한계시록]#29 24장로들존 언제 창조됐는가? 천사들문_
조회수 ...회 · 1년 전

[요한계시록]#23 하늘의 전쟁: 천사장 미가엘과 사탄의 전쟁
조회수 ...회 · 1년 전

#65 치킨게임 2026년 휴거 주장: 원말을 단자가 트럼프 대_
조회수 ...회 · 1년 전

[이사야서]#55 천년왕국: 칼을 쳐서 보습을1 칼을 쳐서 낫을_
조회수 ...회 · 1년 전

[요한계시록]#37 천년왕국 바로보기: 무천년설 불못이 생_
조회수 ...회 · 1년 전

[요한계시록]#51 네생물과 24장로들의 찬양 공통점& 차_
조회수 ...회 · 1년 전

[요한계시록]#26 해와 달과 12별의 면류관을 쓴 여자가 낳_
조회수 ...회 · 1년 전

[요한계시록]#33 하나님보좌 앞의 네 생물1 사복음서와 어_
조회수 ...회 · 1년 전

#71 십일 동안의 환란을 이기고 생명의 면류관을 받은 서머_
조회수 ...회 · 1년 전

[요한계시록]#44 천사가 전하는 영원한복음 vs 은혜의 복_
조회수 ...회 · 1년 전

[요한계시록]#14 대환란 두 증인에 대한 유튜브견해들1 분_
조회수 ...회 · 1년 전

#64 치킨게임 2026년 휴거 주장: 작은책이 천국열쇠의 영_
조회수 ...회 · 1년 전

#70 요한계시록의 엠곰교회 '오이다'(I know)의 주님
조회수 ...회 · 1년 전

성경적 남녀 리더십과 헤드십

여성 안수 금지 남녀차별인가

김세윤 교수의 "그리스도가 구속한 여성"에 대한 비평

초판 1쇄 발행 2022. 10.25

지은이   송명덕
펴낸이   송명덕
펴낸곳   워킹바이블
출판등록 2017-000033
주소   경기도 화성시 동탄공원로3길 4-24 301
전 화   031)8003-0417(Fax 겸용)
이메일   mdsong91@hanmail.net
카페   cafe.naver.com/kingdomheaven
유튜브   워킹바이블TV, 워킹바이블요한계시록연구소
ISBN: 979-11-962479-3-5(03230)
가격   25,000원